옛사람의 편지

옛사람의 편지

1판 1쇄 2018년 5월 25일

지은이 손문호

펴낸이 모계영
펴낸곳 가치창조
출판등록 제406-2012-000041호
주소 서울특별시 영등포구 영신로220, 1101호(영등포동8가, KnK디지털타워)
전화 070-7733-3227 **팩스** 02-303-2375
이메일 shwimbook@hanmail.net
ISBN 978-89-6301-161-5 (03910)
인쇄 송현문화

가치창조 공식 블로그 http://blog.naver.com/gachi2012

사람과 시대를 잇는 또 하나의 역사

옛사람의 편지

손문호 지음

가치창조

| 차례 |

| 서문 |

도서출판 가치창조 모계영 대표의 권유로 우리 전통의 인문학을 재조명하는 '사람을 향한 인문학' 시리즈 기획에 참여하게 됐다.

옛사람들의 편지를 주제로 하는 책의 집필을 맡아 달라는 모 대표의 제안에 처음에는 망설였다. 옛 편지라면 한문 내지 고문으로 작성되었을 것인 만큼 한문학 또는 국문학을 전공한 사람의 영역이라는 생각이 들었기 때문이다. 모 사장은 내 전공이 동양정치사상사 내지 한국정치사상사이기 때문에 한문이나 고문에 대한 조예가 남다를 것인 만큼 문제가 없을 거라 생각했을 것이다. 물론 웬만한 문헌은 읽었지만 전공자에 비길 것은 아닐 터였다.

그즈음에 나는 가족과 친척들의 배려로 독서와 저술을 위해 경주 양동마을로 낙향했다. 설창산 후면의 삽실 재실에 기거하면서 '사호(沙湖) 서당'으로 이름을 붙였다. 사호는 그곳의 옛 이름이라고 한다. 손씨와 이씨의 집성촌인 양동마을 태생의 회재 이언적에 대한 평전을 쓰기로 작정하고 회재의 문집은 물론 그와 관계된 글들을 읽기 시작했다.

글 중에는 회재 이언적의 아들인 잠계 이전인이 부친을 현양하기 위해 퇴계 이황에게 지도를 요청한 데 대한 퇴계의 답신들, 그리고 회재의 손자이자 잠계의 아들 구암 이준이 소재 노수신에게 조부의《대학장구보유》발문을 요청하는 편지 등이 있었다. 그 편지들을 읽으면서 주인공들의 생각과 정서는 물론 그들의 삶, 나아가 당시의 사건과 역사에 대해 보다 구체적이면서도 풍성한 이해에 도달할 수 있었다. 또한 편지글 자체에 대한 매력을 느끼게 되었다. 그동안 읽었던 다른 편지와 이번 역사적인 인물들의 편지를 모으고 생각을 보탠다면 한 권의 책이 될 수 있겠다는 쪽으로 생각이 흐르면서 모 사장의 권유를 받아들이게 됐다.

오늘날 일상에서는 편지가 거의 사라졌다. 평소 그에 대해 아쉬워하곤 했었다. 적어도 나에게 대학 시절까지는 편지가 소통의 매체 가운데 단연 압도적인 비중을 지녔었다. 소통의 횟수나 범위, 특히 신속성은 스마트폰으로 이메일과 SNS 등을 이용하는 오늘날과 비교할 수 없을 정도로 제한적이었다. 그러나 심도나 질은 그때가 훨씬 좋았다는 느낌이 있다. 옛사람들에게 편지는 그보다도 의미가 훨씬 더 컸을 것이다.

퇴계 이황은 주자의 저술 가운데서 편지를 특히 중시했고, 그 자신도 주옥같은 편지를 많이 남겼다. 퇴계는 조선은 물론 세계적으로도 드물게 위대한 주자학자이지만 그가 주자의 문집인《주자대전》을 처음 제대로 접했던 때는 43세 때였다. 주자의 저술 가운데 사서집주나《소학》《근사록》등은 별도로 이미 고려 말 이래 보급되어 경전의 권위를 누리고 있었지만 조선에서《주자대전》이 간행된 것은 그즈음의 일이었던 것이다. 퇴계는 이후 벼슬을 버리고《주자대전》과 씨름하면서 위대한 학자로 거듭났다.《주자대전》은 원집만 해도 100권으로 속집과 별집까지 합치면 121권이나 되는 방대한 분량인데, 그 가운데서 공경대부와 문인 그리고 친구와 주고받은 편지가 많아서 48권에 이르렀다. 퇴계는 그 편지들을 고르고 간추려《주자서절요》를 만들었다.

퇴계의《주자서절요》서문에 의하면, 주자는 편지를 통해 '상대방의 자질과 학문 수준에 따라 그 사람의 병통에 맞게 처방을 하거나 그 사람의 수준에 맞게 담금질을 했다. 경우에 따라 억누르거나 추켜세우고, 권장하거나 가로막고, 격려하여 적극적이게 만들거나 주의를 주어 조심시키기도 했다.'고 한다. 주자는《논어》의 가치를 특별히 강조하면서 무엇보다 그 대화체 형식을 강조했다. 일방적인 설교가 아니라 특정 상황에서 이루어진 현장의 대화가 적절하고 절실한 소통을 가능케 한다는 것이었다. 퇴계는 자신의《주자서절요》를 '주자의 논어'라고 규정했다. 편지는 대화에 버금가는 소통의 형식이라는 뜻이었다.

편지글을 통해 옛사람들의 삶을 풍성하게 재생시킬 수 있을 거라는 기대를 가졌다. 그러나 그런 의욕이나 기대는 바로 걱정과 두려움으로 바뀌었다. 편지의 선정 자체가 쉽지 않았다. 일반적으로 잘 알려지지 않은 새로운 편지를 발굴하고 싶었지만 여러 가지를 갖춘 것들은 대체로 이미 많이 조명된 뒤였다. 독해와 집필에 있어서도 폭과 깊이를 갖추는 동시에 남다른 섬세함을 보이고 싶었지만 나 자신의 전공 틀을 벗어나기는 어려웠다.

결과적으로 이 책은 인문학 일반을 지향하는 출판사의 기획 의도와 달리, 어설프게 나의 전공의 연장인 '편지로 읽는 조선의 정치사'가 되고 말았다. 편지를 따라가다보니 체계적이고 엄밀한 서술의 논저가 아니라 수필이 될 수밖에 없었다. 그러나 출판사의 기획 의도를 감안하여

필자의 전공 영역을 넘어서는 사회 · 경제 · 문화에 관해서도 용기 있게 언급했다. 편지에 나타난 사건과 시대의 주인공들의 구체적인 언술들은 관련 영역 교과서를 통해 얻을 수 있는 이해의 선을 넘을 수 있게 해주는 측면이 있을 거라 자위한다. 이 책이 독자들로 하여금 정치와 역사에 대해 보다 섬세하고 폭넓은 이해를 얻게 하는 데 조금이라도 도움이 되기를 기대한다.

사호서당의 동양고전강독회에 참여하고 있는 국어 선생님들이 교정을 맡아 고생해주었다. 이 자리를 빌려 감사의 인사를 드린다.

30여 년간 기자생활을 해온 나의 아내 김혜림, 그의 비판적 지적이 큰 힘이 되었음을 기록해두고 싶다.

2018년 5월

옛사람들을 추억하며

손문호

정달가에게 보내는 편지

정도전이 정몽주에게 쓰다

이단인 불교가 날로 성하고 우리의 유교는 날로 쇠잔하여, 백성들을 짐승과 같은 지경에 내몰고 도탄에 빠뜨렸습니다. 온 천하가 그 풍조에 휘말려 끝이 없으니, 아! 통탄할 일입니다. 그 누가 이를 바로잡겠습니까. 반드시 학문을 바르게 닦음으로써 덕망과 지위가 뛰어나 사람들이 믿고 복종할 만한 자라야 이를 바로잡을 수 있을 것입니다.

백성들은 어둡고 어리석어서 무엇을 취하고 무엇을 버려야 할지 모릅니다. 뛰어난 자가 나와 이단을 물리치면 이단을 버리고, 이단을 제창하면 이단을 신봉합니다. 이는 백성들이 뛰어난 자를 믿고 복종할 줄만 알았지, 도의 옳고 그름은 모르기 때문입니다.

옛날에 맹자는 비록 궁색하여 평민의 자리에 있었지만 마침내 양주(楊朱)와 묵적(墨翟)을 물리치고 공자를 높였는데, 천하가 맹자를 따랐던 것은 덕망이 족히 뛰어나 그를 믿고 복종했기 때문입니다. 소연(蕭衍)은 어둡고 아는 것이 없었지만 불교를 일으켜 풍속을 바꾸었는데, 천하가 그를 따랐던 것은 지위가 족히 높아서 그를 믿고 복종했기 때문입니다. 공자가 '군자의 덕은 바람〔風〕이요, 소인의 덕은 풀〔草〕이니, 바람이 풀

위로 불면 풀은 반드시 바람에 따라 눕는다.'고 한 것은 바로 이를 두고 한 말입니다. 공자 · 맹자 뒤로는 어진 임금과 참된 선비가 없어서, 세교(世教)는 점점 쇠퇴하고 사설(邪說)은 방자하게 돌았습니다. 덕망과 지위가 뛰어나 위에 있는 자마저 그에 따라 제창했으니, 아! 그 폐단은 이루 다 말할 수가 없었습니다.

송(宋)에 와서야 참된 선비들이 번갈아 일어났습니다. 그들은 전래한 경서를 바탕으로 끊어진 도통을 계승하여 우리의 유교를 붙들고 이단인 불교를 물리쳤습니다. 배우는 자들이 거기에 쏠려 따르게 되었습니다. 이 또한 덕망이 뛰어나 사람들이 그 선비들을 믿고 복종했던 것입니다. 다만 애석하게도 그들에게는 덕망만 있었을 뿐 지위는 없었습니다. 그래서 도를 세상에 크게 펴서 사설(邪說)의 뿌리를 뽑지는 못했습니다. 불교의 폐단이 깊숙이 파고듦으로써 일거에 단절시키는 것이 어려웠기 때문이기도 합니다.

우리 동방은 그 폐단이 더욱 심합니다. 사람마다 이단을 돈독하게 믿어 근엄하게 받들고 있습니다. 명색이 대유(大儒)라 불리는 자까지도 도리어 이단을 찬송해 마지않아 그 명성과 위세를 도와 고무하고 진동시키고 있습니다. 그러니 덕망 있는 자들이 좋아하는 것만 따르는 저 어리석은 백성들이야 어떻겠습니까.

그래서 선왕(先王)의 학문은 사라진 듯 고요하며, 눈과 귀로 보고 듣는 것은 이단이 아님이 없습니다. 강보에 싸인 어린아이가 처음 말을 배울 적에도 불교의 말을 외며, 소꿉장난하는 시절에도 문득 불교 의례를 시행합니다. 그 습관이 성품으로 내면화함으로써 태연히 여기고 그 그릇됨을 깨닫지 못하니, 간사함이 마음에 스며들어 몹시 굳어져 깨뜨릴 수가 없게 되었습니다. 총명한 선비라 할지라도 모두 그 공허한 말에 현혹되고 있습니다. 특히 불교의 화복설(禍福說)이 그럴듯하여 어리석은 사람들은 그 화복설을 기뻐하기도 하고 두려워하기도 합니다. 그리하여 높이 받들고 따르지 않는 이가 없습니다. 그래서 기강은 무너지고 윤리는 사라지고 풍속은 쇠퇴했습니다. 가세는 기울어 파산하고 부모와 자식이 이산하게 되었습니다. 그러니 짐승 같은 생활을 하게 되고 도탄에 빠져 허덕이는 지경에 이르지 않을 수 있겠습니까.

그러나 다행하게도 사람 본연의 성품은 하늘이 다할 때까지 없어지는 것이 아닙니다. 이렇게 어지러운 세파 속일지라도 진리와 정의를 밝히는 한두 선비가 나와 이단의 피해를 깊이 깨닫고 논파하며 통탄하다가 사람들에게 명확히 분석해줍니다. 그러면 간혹 그들의 말을 들어 믿고서 깨우치는 자들이 생기게 됩니다. 이는 옳고 그름을 가리는 마음이 사람마다 있기 때문입니다.

다만 그런 사람은 지위가 높지 않으므로 백성들이 그를 잘 따르지 않습니다. 불교를 위하는 자와 시비를 하다보면, 그들 역시 그러한 마음이 있기 때문에 스스로 그름을 잘 알아서 자주 말이 궁해집니다. 그러나 굴복하는 것을 수치로 여겨서 애써 이기려고만 합니다. 그래서 지위 높은 공경들이 이단을 높여 받드는 말과 대유들이 찬송하는 말을 이끌어다가 상대편의 말을 꺾으려 하기도 합니다. 그들은 "어찌 의롭지 못한 일을 그분께서 믿겠는가? 그분의 지위와 학덕으로도 받들고 찬송하는 것이 이와 같은데, 그대는 도리어 불교를 그르게 여기니 그대가 그분보다 더 낫다는 말인가."라고 말합니다. 그에 대해 만일 "지위는 공경이 되었어도 도는 배우지 못할 수 있고, 대유라고 불리어도 학문이 바르지 못할 수 있다. 다만 본심에서 판단하여 사특하고 정직함을 분별할 따름이지, 어찌 그분이 그런다고 해서 덮어놓고 그것이 옳다고 하겠느냐."라고 응답한다면 그들의 말을 이길 수도 있습니다. 그러나 그 말은 아랫사람으로서 윗사람을 비방한 죄에 해당할 뿐만 아니라, 사람들이 그 말을 믿지 않고 오히려 미쳤다며 비웃고 헐뜯어 받아들일 곳이 없게 됩니다. 그러니 상대편이 듣고도 잠자코 말하지 않는 것입니다. 그러면 불교를 위하는 자들은 의기양양해서 '나의 말이 이겼다.'고 떠들어댑니다.

불교의 사특함은 입으로는 다툴 수가 없으며 백성들의 현혹은 이치로써 깨우치게 할 수가 없는 것임을 알았습니다. 오직 학술이 바르고 덕망과 지위가 뛰어나서 사람들이 믿고 복종할 사람만이 그들을 바르게 할 수 있다는 것을 알았습니다.

나의 벗 달가(達可, 정몽주의 자)는 참으로 그 적격자라고 하겠습니다. 달가에게 지금 그만한 지위는 없다 해도 학자들이 달가의 바른 학문과 뛰어난 덕망에 깊이 감복한 지 이미 오래되었기 때문입니다. 나처럼 용렬한 사람도 세상의 비웃음을 아랑곳하지 않고 개연히 이단을 물리치는 데 뜻을 두게 된 것 역시 달가를 의지했기 때문입니다. 하늘이 달가를 내신 것은 참으로 우리 유교의 복이라 하겠습니다.

그런데 요즈음 오고 가는 말을 들으니, '달가가 《능엄경(楞嚴經)》을 보니 불교에 현혹된 것 같다'는 것입니다. 그래서 나는 '달가가 《능엄경》을 보지 않으면 어찌 그 교설의 사특함을 알 것인가? 달가가 《능엄경》을 보는 것은 그 속의 병통을 알아서 치료를 하자는 것이지, 그 도를 좋아해서 정진하자는 것은 아니다.'라고 했습니다. 그러나 한편으로 '나는 달가가 부처에게 아첨하지 않는다는 것을 보증할 수 있다. 그러나 옛날에 당의 한창려(韓昌黎)가 승려 태전(太顚)과 더불어 한번 이야기한 것이

뒷세상에 구실이 되고 있는 것을 보면, 달가는 사람들의 믿음과 존경을 받고 있는 처지여서 그 행위가 우리 유교의 흥폐(興廢)를 가름하고 있으므로 자중해야만 한다.'고 생각했습니다. 백성들은 어둡고 어리석어서 의혹되기는 쉽고 깨우치기는 어려우니 달가는 한번 생각해주시기 바랍니다.

上鄭達可書

異端日盛 吳道日衰 驅民於禽獸之域 陷民於塗炭之中 四海滔滔 未有紀極 嗚呼痛哉 伊誰正之 必也 學術之正 德位之達 爲人所信服者 然後可以正之矣 且下民昏愚 不知取舍 苟有一時之達者 闢之則去之 倡之則和之 此蓋但知達者之爲所信服 而不知道之有邪正也 昔孟子雖窮而在下 卒能闢楊墨尊孔氏而天下從之 蓋以德達而其德足以信服乎天下也 蕭衍雖昏而無知 卒能興佛教易風俗而天下從之 蓋以位達而其位足以信服乎天下也 孔子曰 君子之德風 小人之德草 草上之風 必偃 其是之謂歟 自是以來 上無賢君 下無眞儒 世教陵夷 邪說橫流 達而在上者 又從而倡之 嗚呼 其弊有不可勝言者矣 及宋之盛 眞儒迭興 挾遺經繼絶統 扶斯道闢異端 而學者靡然從之 斯亦以德達而爲人所信服故也 惜乎 有德無位 不能大行於世 永絶邪說之根本也 然而中國學士 尙賴其說 莫不以扶斯道闢異端爲己任 雖其弊之深也 不能遽絶 尙可望夫斯道之復振也 若東方則其弊尤甚 人皆好之篤而奉之謹 又號爲大儒者 反爲讚誦歌詠 助揚聲勢 鼓舞振動 彼下民之昏愚 惟從達者之好者爲如何也 於是先王之學 寂寥無聞 耳目所接 無非異端 襁褓孩兒 學語之始 卽誦其言 嬉戲之時 便設其儀 習與性成 恬不知非 邪與心熟 堅不可破 雖聰明之士 眩惑其空玄 暴悖之人 喜懼其禍福 莫不尊奉依歸 毁倫滅理 風俗頹敗 傾家破產 父子離散 其禽獸之歸 塗炭之苦 亦不可旣矣 幸玆秉彝 極天罔墜 雖在波頹之中 尙有一二明經之士

深知其害 竊議而私歎之 往往辨之於人 則或有所聽信而開悪之者 是理義之心人皆有之矣 然下焉不尊 民卒不從 及與爲佛者辨之 則彼亦有是心 自知其非屢至辭窮 然恥爲之屈 惟務自勝援引公卿之尊奉 大儒之讚誦 以折辨者 乃曰夫豈不義而某公信之 以某公之位之德而尊奉讚誦如此 汝反非之 汝能賢於某公歟 辨者若曰 位爲公卿而於道有不學 號爲大儒而於學有不正 但當質諸本心辨其邪正而已 豈以某公之故 而遽以此爲是云爾 則爲有說矣 然此不惟獲以下訕上之罪 人反不信 以爲狂妄 譏笑毁謗 使無所容 辨者默然無言 彼爲佛者意氣洋洋 自以爲吳說勝也 是知異端之邪 不可以口舌爭也 下民之惑 不可以義理曉也 惟其學術之正 德位之達 爲人所信服者然後可以正矣 吳友達可其人也達可雖無其位 達可之學 學者素服其正也 達可之德 學者素服其達也 以予昏庸 不恤譏議 慨然有志於闢異端者 亦以達可爲之依歸也 天生達可 其斯道之福歟 近聞往來之言 達可看楞嚴 似佞佛者也 予曰不看楞嚴 曷知其說之邪 達可看楞嚴 欲得其病而藥之 非好其道而欲精之也 旣而私自語曰 吳保達可必不佞佛 然昌黎一與太顚言 後世遂以爲口實 達可爲人所信服 其所爲繫於斯道之廢興 不可不自重也 且下民昏愚 易惑難曉 達可幸思之

무릇 왕조의 교체는 역성(易姓)혁명이란 말로 칭송된다. 그러나 이는 말 그대로 왕의 성만 바뀔 뿐 오늘날 우리가 생각하는 혁명이란 말에 어울리는 변화를 수반하는 경우는 드물다. 조선왕조의 출범도 얼핏 보면 예외가 아니었다. 왕씨에서 이씨로 왕의 성씨가 바뀌었으나, 사회경제적으로 근본적인 변화가 있었던 것은 아니고, 정치제도의 변화도 크지 않았다. 신구 귀족 사이에 관직의 이동이 있었고, 그에 따라 토지나 노비 등 생산수단이 재분배되었을 뿐이다. 재산, 지위, 명예를 놓고 목숨 거는 권력투쟁의 되풀이였다. 그러나 조선왕조의 출범은 드문 경우에 해당한다. 장차 승자가 될 혁명파의 선봉들은 그런 현실적인 가치들을 부산물에 불과한 것으로 보는 듯이 '유교입국(儒教立國)'의 머리띠를 둘렀다. 불교의 시대에서 유교의 시대로 문명사적 전환이 선명하게 예고되고 있었다.

이 편지의 발신자 정도전(鄭道傳, 1342~1398)이나 수신자 달가 즉 정몽주(鄭夢周, 1337~1392)는 모두 당대의 유자였다. 생애 대부분 정도전은 정몽주를 존경하며 따랐다. 이 편지에서 정도전은 정몽주가《능엄경》읽는 것을 비판하고 있다. 하지만 그것이 전부는 아니다. 비판 너머로 정도전이 정몽주의 사람으로서 정몽주에게 보내는 충정이 엿보인다. 그러나 후에 정몽주는 고려왕조의 충신, 정도전은 조선왕조의 공신으로 갈라선다. 서로 정치적 입장이 다른 데에서 나온 결과였지만 그 근저에는 보다 근본적으로 유교 이념에 관한 두 사람의 인식 차이가 자리 잡고 있었다. 이 편지글에 그것이 잘 드러난다.

정몽주의 본관은 연일(현재의 영일 또는 오천)이며 호는 포은(圃隱), 자는 달가이다. 그는 연일 호장의 후손으로 상경 종사한 정습명(鄭襲明, 1076~1151)의 후예이다. 정습명은 김부식(金富軾, 1075~1151)의《삼국사기》찬술에 참여했고, 강직한 성품으로 예종과 인종을 거쳐 의종의 신임을 받았으나 배척당하자 노년에 음독자살을 했다. 의종은 김부식의 아들 김존중 등의 참소를 받아들여 그들의 방종을 질타하던 정습명을 배척하다가, 급기야 정중부의 난을 당해 시해된다. 뒤이은 무인 정권 시대에 정습명의 자손들은 낙향하여 연일의 호족 신분으로 돌아갔다.

정몽주는 유생이었던 정운관(鄭云瓘)과 영천 호족의 딸 이씨 사이에서 태어났다. 외가가 있던 영천에서 태어나 자라 본가가 있던 포항을 거쳐 개경으로 옮겨 살았다. 이런 점을 들어 현재 영천과 포항이 서로 정몽주의 출신지임을 주장하고 있다. 영천의 임고서원이 정몽주를 제향하는 주 서원이다. 포항 시내 각종 공공시설에도 정몽주의 호를 따서 포은 도서관, 포은 체육관이라고 이름을 붙였다. 묘소는 경기도 용인시 수지에 있는데, 거기에서도 간선도로를 포은대로라고 명명하는 등 나름 정몽주와 연고가 있음을 내세우고 있다.

1357년(공민왕 6) 정몽주는 감시(監試, 일명 국자감시로 진사를 뽑던 시험)에 합격했다. 어사대부 신군평(申君平)이 주관한 감시였다. 1360년에는 문과에 급제했다. 이때 정당문학 김득배(金得培, 1311~1362)가 지공거였는데 정몽주가 삼장(三場)에서 잇달아 장원(壯元)을 차지했다. 이에 정몽주는 지공거와 급제자 사이에 사제관계가 형성되는 관례에 따라 김득배의 제자가 되었다. 1361년 홍건적 20만 명이 고려에 침입하여 개경을 함락시켰다. 김득배는 정세운, 안우, 이방실 등과 함께 개경을 탈환하는 데 공을 세웠지만 김용의 모략에 걸려 다른 사람들과 함께 처형을 당했다. 정몽주는 죽은 김득배의 시신을 수습하게 해줄 것을 왕에게 청하여 그 시신을 거두고 직접 제문을 지었다. 김득배의 억울한 죽음에 대해 하늘에 항의하는 형식의 제문으로, 사마천의 《사기》 '백이열전'에 실린 천도시비(天道是非)를 연상케 하는 명문으로 유명하다.

1363년 정몽주는 동북면도지휘사 한방신의 종사관으로 여진족 토벌에 참가했다. 당시 이성계(李成桂, 1335~1408)가 서북면 병마사로 출전하고 있었다. 이후 정몽주와 이성계는 두 번 전장에 동행한다. 첫 번째는

1380년(우왕 6) 이성계가 전라도 운봉(雲峯)에 출전하여 왜구를 토벌한 황산대첩에 정몽주가 조전원수(助戰元帥)로 동행했다. 두 번째는 1383년 이성계가 여진족을 토벌하기 위해 동북면에 출전했을 때 정몽주가 조전원수로 함께했다.

이에 앞서 1355년에 부친상을, 10년 뒤인 1365년에 모친상을 당했는데 정몽주는《주자가례》에 따라 삼년상을 치렀다. 불교 의식이 통용되던 당시로서는 매우 이례적이었다. 왕이 이런 정몽주를 효자라 하여 동네에 정문(旌門)을 세워 표창했다. 유자로서 칭송을 받고 있었던 것이다.

1367년 정몽주는 성균관박사에 취임했다. 그때부터 본격적인 정치 행보에 나섰다. 그즈음 개혁을 추구하는 유신 세력이 성균관 교수와 유생들을 중심으로 형성되는바, 정몽주가 그 중심에 서게 됐다.

당시는 신돈(辛旽, ?~1371)의 집권기였다. 공민왕(恭愍王, 1330~1374)은 1351년 즉위한 뒤 줄곧 개혁을 추진해왔다. 80여 년간 고려 내정을 간섭하던 원에 기생하여 권력을 독점하던 권문세족을 누르고 그들에 의해 왜곡된 왕정을 회복하기 위한 개혁이었다. 초기에는 기철 등 비리에 연루된 친원 권문세족을 제거하는 등 개혁은 나름 성과가 있었다. 그러나 결과적으로 권문세족이 축출된 자리에 조일신, 김용 등 공민왕 자신의 친위 세력이 권모술수를 통해 들어섰을 뿐 개혁 정치는 난관의 연속이었다. 더구나 공민왕이 진정으로 사랑한 왕비 노국공주마저 1365년에 세상을 떠나자 공민왕의 개혁 의지는 완전히 꺾이고 만다. 신돈의 등장을 계기로 개혁 정치는 새로운 국면에 들어섰다.

신돈은 권력에 중독되어 타락 · 자멸하고 말았지만 결과적으로 그를 통해 새로운 정치 기운이 조성되었다. 신돈은 권문세족의 과두 지배를 지양하고 왕정의 회복을 지향했다. 권문세족이 부당하게 점유한 토지와 노비 문제를 해결하기 위해 전민변정도감을 설치했다. 과거제를 정비하고, 근무 기간에 따라 차례로 관리를 승진시키는 순자법(循資法)을 실시했다. 그런 개혁들은 유신들의 정치적 지향과 일치했다. 그 과정에서 유신들의 진출이 두드러졌다.

그와 관련하여 가장 중요한 신돈의 업적은 성균관의 중영이었다. 신돈은 무너진 건물을 중수하고 유생 백 명을 뽑아 수용·교육했다. 성균관은 학문의 전당으로 정치 개혁의 보루였다.

이때 목은 이색(李穡, 1328~1396)이 성균관대사성에 부임했다. 이색은 14세 때 성균시에 합격한 뒤 아버지 이곡(李穀, 1298~1351)을 따라 원나라에 가서 그곳 국자감에서 공부하여 성리학의 세례를 받은 인물이다. 그보다 앞선 세대에 속하는 익재 이제현(李齊賢, 1287~1367)이 안향(安珦, 1243~1306), 백이정(白頤正, 1247~1323), 권부(權溥, 1262~1346) 등을 이어 원나라에 드나들면서 성리학을 체득하고 귀국한 뒤 공민왕의 개혁 정치에 참여하고 있었다. 이색은 그런 이제현의 문하에 들고 그 역할을 계승했다. 40세 즈음에는 성균관대사성이 되어 정몽주 등을 교관으로 삼고 성리학을 본격적으로 연구·토론하며 유생들을 교육하는 데 힘을 기울였다.

정몽주가 《주자가례》에 입각하여 부모상을 치렀다는 데에서 알 수 있듯이 그보다 훨씬 이전부터 그는 성리학에 침잠해 있었다. 20대 초반에 그가 성리학 경전인 《대학》과 《중용》의 중요성을 주위에 설파했다는 기록이 있다. 당시 주자집주(朱子集註)에 대한 그의 강설이 너무 뛰어나 좌중이 모두 놀라워했다고 한다. 뒷날 원나라 유학자 호병문(胡炳文, 1250~1333)의 《사서통(四書通)》이 고려에 들어왔을 때 정몽주의 강설과 다르지 않아 사람들이 더욱 탄복했다. 스승 격인 이색조차도 정몽주가 이학을 논하는 것은 '횡설수설해도 이치에 맞지 않음이 없다'고 하며 정몽주를 '동방 이학의 비조'라고 칭송할 정도였다.

정몽주는 이후 한동안 다른 직을 겸하면서도 성균관을 떠나지 않았다. 성균관에서 학덕을 통해 30대 초반이라는 비교적 젊은 나이에 신진 유생들의 중심이 되었다. 권문세족의 전횡을 타파하고 건전한 왕정을 회복하려는 개혁 세력의 선봉이 되었던 것이다.

1372년 정몽주는 명나라의 서촉 평정을 축하하기 위해 파견된 사절단의 서장관(書狀官)으로 북경에 다녀왔다. 귀로에 난파를 당하여 죽을 고비를 넘기고 그 이듬해에 돌아왔다. 그 후로도 정몽주는 여러 차례 명나라에 사행을 다녀왔다. 1374년 공민왕이 살해되고 우왕이 즉위했다. 우왕 대는 이인임(李仁任, ?~1388)의 시대였다. 이인임은 신돈의 몰락 후 정치의 중심에 서서 우왕을 즉위시키는 데 주도적 역할을 한 뒤 전권을 휘둘렀다. 권문세족의 과두적 지배와 친원 정책을 지향하는 반동 현상이 두드러졌다. 그사이에 정몽주는 경상도 안렴사로 나갔다가 조정에 복귀했다. 1375년 원의 사신을 영접하는 것에 반대하며 이인임을 논핵했다. 성균관의 동학 동지들이 그를 따랐다. 그러나 그의 나이는 30대 후반, 아직은 역부족이었다. 그는 결국 언양으로 유배되었다.

유배는 2년 만에 풀렸다. 이후 정몽주는 주로 명나라와 일본에 사행을 다녀오거나 여진족과 왜구 토벌에 종사관으로 참전하는 등 주요 관직을 역임했다. 1382년에는 진공사(進貢使) 청시사(請諡使, 전왕의 시호를 요청하기 위해 보내는 사신)로 두 차례나 명나라에 갔으나 모두 입국을 거부당해 요동에서 되돌아왔다. 1384년에는 성절사(聖節使, 중국 황제의 생일을 축하하기 위해 보내는 사신)로, 1386년에는 복제와 세공(歲貢) 문제로 명나라에 다녀왔다. 당시 명나라가 고려 정벌의 빌미로 세공 문제를 트집 잡고 고려 사신을 억류시키는 일도 서슴지 않아 고려 중신들은 모두 사행을 꺼리는 경향이 있었다. 그러나 정몽주는 사신의 임무를 마다하지 않고 고려의 요구를 관철시키는 공을 세웠다. 1388년에도 사행을 시도했으나 명나라와 관계가 악화되어 요동에서 돌아왔다.

정몽주는 일본에도 사행을 다녀왔다. 1377년(우왕 3)에 왜구의 금압을 요청하여 응납을 받고 왜구에게 납치되었던 고려인 수백 명을 귀국시켰다. 그때 일본인들이 정몽주의 인품에 감복하여, 나중에 정몽주가 죽었을 때 그 소식을 듣고 추모제를 올리는 사람도 있었다고 한다.

정몽주는 진정한 유자였다. 그의 학식은 위에서 언급한 대로 탁월했다. 그의 이력은《논어》'자로'에 나오는 '시 삼백 편을 외운다 해도 정치를 맡겼을 때 제대로 못 하고, 사방에 사신으로 나갔을 때 알아서 하지 못한다면 아무리 시편을 많이 외운들 무슨 소용이 있겠는가[誦詩三百 授之以政 不達 使於四方 不能專對 雖多 亦奚以爲]'라는 글귀를 떠올리게 한다. 전장에서, 사행에서 정몽주는 주어진 역할을 충실히 수행했다. 권모술수도 아니고, 송양지인(宋襄之仁)도 아닌 진정한 덕능으로써.

1388년 이인임이 몰락했을 때 정몽주는 그간 주어진 역할을 충실히 수행함으로써 중망을 지닌 원로가 되어 있었다. 1388년 52세 때 정몽주는 재정 책임자인 삼사좌사로서, 정승의 반열인 문하찬성사로서 정치 전면에 떠올랐다. 당시 정치권력은 권문세족의 과두적 지배를 대변하는 조민수와 위화도 회군을 통해 최고의 무인 권력자가 된 이성계로 양분

되어 있었다. 그리고 왕정의 회복을 바라는 유신들의 영수는 여전히 이색이었다. 이색은 조민수와 제휴하여 창왕을 옹립했다.

1389년 이성계는 조민수와 이색을 제압하고 최고의 권력자로 부상한다. 이른바 폐가입진(廢假立眞)을 내세워 창왕을 폐위하고 공양왕을 옹립했다. 이 일에 이성계는 정몽주의 동의를 구했다. 이색이 아니라 정몽주가 유신의 영수로서 역사의 전면에 부상했음을 보여주는 순간이었다. 이색의 미온적인 행보에 가려져 있던 유신의 왕정 회복 기치가 선명해진 것이다. 전제 개혁을 비롯한 제반 개혁이 추진되었다. 그 중심에 정몽주가 있었다. 바야흐로 정몽주의 시대가 시작되었다.

그러나 거기까지였다. 무인 이성계를 옹립하여 새 왕조를 창건하려는 움직임이 나타났다. 유신들은 분열되었다. 급진적인 유신들은 이성계를 추종했다. 정몽주는 충신불사이군이란 명분을 내세워 그에 반대했다. 건곤일척의 권력투쟁에서 정몽주는 패배했다. 그는 이성계의 아들 이방원이 보낸 조영무 등에 의해 1392년 대낮에 개성 선죽교에서 척살당했다. 이로써 고려왕조의 막이 내려가고 조선왕조의 막이 올라갔다.

공민왕 이후 고려 말기에 정몽주와 이성계는 각각 문무 방면에서 새 시대를 열어갈 기대주로 성장해갔다. 고려왕조의 마지막 장면 이전에는 두 사람이 외우내환을 극복하고 개혁을 추진하는 데 의기투합했다. 정몽주와 이성계 두 사람 사이에는 정도전이 있었다. 정도전은 정몽주를 통해 이성계를 만났다. 그 만남을 계기로 정도전은 정몽주의 사람에서 이성계의 사람으로 바뀌어가게 된다. 이 편지는 그 뒤의 것인데 적어도 이 편지를 쓸 때까지는 정도전이 정몽주의 사람이었다.

정도전은 봉화 정씨로서 봉화 호족의 후예이다. 고조부 정공미가 호장이었다. 정도전은 부친 정운경(鄭云敬, 1305~1366)과 인근 영주 호족의 딸 우씨 사이에서 태어났다. 정운경은 향교에서 수학하다가 1326년(충숙왕 13) 사마시(司馬試)에, 1330년 문과에 급제하고 이듬해 상주목 사록으로 나가면서 벼슬을 시작했다. 정도전이 태어났을 때 그는 홍복도감판관 자리에 있었다. 그 뒤 내외의 여러 관직을 거쳐 1358년 지형부사(知刑部事)와 1359년 형부상서에 특별히 제수되었고, 1363년 검교밀직제학(檢校密直提學)을 끝으로 벼슬에서 물러났다. 정도전은 개경에서 태어나 부친의 임지를 따라다니며 자랐거나 세거지 영주를 왕래하며 살았을 것이다.

정운경은 목은 이색의 부친 이곡과 각별한 사이였다. 그래서 정도전은 자연히 이색을 종유하고, 더 거슬러 올라가 이제현의 문하에 들 수 있었다. 이제현과 이곡이 사우(師友) 사이였기 때문이다. 정도전을 직접 가르친 스승은 최림(崔霖, ?~1356)이었다. 그는 이색과 향시(鄕試)에 동년 급제한 사이였고 그의 장인이 이곡과 속발(束髮) 동학한 사이였던바, 정도전과 이색은 자연 가까울 수밖에 없었다.

정도전은 1360년(공민왕 9) 성균시에 합격한다. 시관은 이교, 박계양이었고 그는 원천석, 이집, 김구용 등과 동방급제를 했다. 1362년 정도전은 홍건적의 침입으로 말미암아 청주 망선루에서 시행된 과거에 급제한다. 시관은 지공거 홍언박과 지도첨의 유숙이었다. 이때부터 정도전은 부친을 이어 관리의 길을 걷기 시작했다. 1363년에는 충주목의 사록을, 1364년에는 개경으로 돌아와 전교주부를, 1365년에는 왕의 비서직인 통례문지후를 역임했다.

정도전은 1366년 1월에 부친상을, 12월에 모친상을 당하여 영주로 내려가 3년간 여묘살이를 했다. 이 무렵 그는 정몽주가 보내준 《맹자》를 매일 반 장씩 또는 한 장씩 정독했다. 그 이전부터 정도전은 정몽주와 교유하고 있었을 것이다. 정도전이 성률(聲律)을 공부하고 있었을 때였다. 민자복으로부터 "글짓기는 말예(末藝)이다. 이른바 신심(身心)의 학문이 있다. 그 말이 《대학》과 《중용》 두 책에 갖추어져 있다."는 정몽주의 말을 전해 듣고 정도전이 그 두 책을 구하여 읽으니 잘 알지는 못했으나 못내 기뻤다고 말한 것으로 전한다. 그들은 새로운 유학 즉 주자학의 동학으로서 동류의식을 공유하고 있었던 것이다.

한양 삼각산 밑에는 정도전의 옛집이 있었다. 1369년 그는 그곳으로 돌아와 학문에 정진했다. 1370년 성균관을 중수하여 대사성 이색 밑에 정몽주, 이숭인, 김구용 등이 학관으로 주자학을 강론한다는 소식을 듣고 그는 개경을 다녀왔다. 그들은 학문적 동류의식을 넘어 정치집단을 이루는 단계에 들어서 있었다.

이색, 정몽주, 정도전을 비롯한 유신 세력이 신돈의 개혁책 가운데 하나인 성균관 중영을 통해 성장했지만 어디까지나 불교 승려인 신돈의 집권에 대해서는 근본적으로 비판적이었다. 정도전은 상을 마치고도 관직에 복귀하지 않았다. 이는 정도전의 과격한 성격을 잘 보여준다. 신돈에 대한 반대를 숨길 수 없었던 것이다. 정도전은 관직에 복귀하지 않은 것이 아니라 못한 것일 가능성이 크다. 앞서 이존오(李存吾, 1341~1371)가 신돈을 직설적으로 비판했다가 왕의 노여움을 사 유배되어 울분으로 요절한 바 있었다. '구름이 무심탄 말이'로 시작하는 이존오의 유명한 시조는 신돈의 전횡을 풍자한 작품이다. 이런 이존오는 정도전과 남달리 각별한 사이였던 듯하다. 1370년 이존오의 방문을 받고 그를 위해 시를 써주었다는 사실이 정도전 연보에 특기되어 있다.

1371년 신돈이 주살되었다는 소식을 듣고서야 정도전은 개경으로 돌아왔다. 성균관 학관들의 천거로 박사(정7품)에 임명되어 주자학을 강론하기 시작했다. 그 뒤 제사 의식을 관장하는 태상(太常)박사에 오르더니 예의정랑(禮儀正郎, 종6품)으로 자리를 옮겼다.

1374년 9월에는 공민왕이 시해되었다. 명나라 사신이 귀국길에 살해되는 사건마저 일어났다. 이에 정도전은 공민왕의 죽음과 명나라 사신의 살해 사건을 명나라에 고할 것을 주장했다. 친명 노선을 밝히며 친원파 권신 이인임과 맞섰던 것이다. 1375년(우왕 원년)에는 성균사예, 예문응교(정4품), 지제교 등에 제수되어 문한(文翰)직을 맡아보았다. 그해에 원나라 사신이 명나라 협공을 도모하기 위해 입국할 때 정도전을 영접사로 임명하자, 정도전은 원나라 사신의 목을 베겠다고 저항하면서 친명 노선을 거듭 천명했다. 이 일로 그는 이인임 등 친원파 실세의 미움을 받아 전라도 나주 회진현 거평부곡(현재의 전남 나주시 다시면 운봉리 백동마을)으로 귀양을 갔다.

이 편지는 《삼봉집》 제3권 서(書)에 수록되어 있는데, 그다음 편지가 〈금남잡제(錦南雜題)〉의 '나주의 동루에 올라서 부로들에게 효유하는 글[登羅州東樓諭父老書]'이다. 그것이 을묘년 즉 1375년에 쓴 것이라 하니 이 편지 역시 그즈음에 쓴 것이리라. 정도전은 그해 말 유배지에서 불교를 비판하는 글 〈심문〉 〈천답〉 두 편을 저술하기도 했다. 불교 비판에 예민하던 때였다. 그는 정몽주가 《능엄경》을 즐겨 읽는다는 소문을 듣고 참을 수가 없었던 것이다. 그게 아니라면 수년 전 정도전이 승려 신돈의 집정을 비판하며 관직에 나가기를 거부했던 공민왕 말기에 쓴 것일까?

1377년 유배가 완화되어 정도전은 영주로 돌아왔으나 왜구의 침입으로 단양, 제천, 원주, 안동 등지로 피란을 떠나야 했다. 1380년에는 개경 이외의 곳에 편한 대로 거주하는 것이 허락되어 한양의 삼각산 옛집으로 돌아왔다. 삼각산 밑에 삼봉재를 짓고 학업과 교육에 힘썼다. 유생들이 모여들었다. 그러나 그곳 재상들의 핍박을 받아 부평과 김포 등지로 거처를 옮겨 다녀야 했다. 이는 정도전과 같이 유배된 정몽주가 2년 만에 풀려나, 비록 조정의 요직은 아니지만 명나라와 일본에 사행을 다녀오거나 왜구 토벌에 종사관으로 참가했던 것과 대조된다. 정도전은 아예 관직에서 배제되었던 것이다. 그의 과격한 성격에 대한 비호감이 컸던 듯하다.

42세 때인 1383년(우왕 9) 가을에 정도전은 당시 동북면 도지휘사로서 함경도 함주에 나가 있던 이성계와 만난다. 정도전은 이듬해 다시 함주에 있는 이성계를 찾는다. 흔히 이때부터 정도전이 이성계를 왕으로 옹립하는 역성혁명을 마음에 품었다고 한다. 그러나 당시 정도전은 이성계의 사람이라기보다 여전히 정몽주의 사람이었을 것이다. 정도전은 정몽주를 찾아 함주로 갔다가 이성계를 만난 것일 수도 있다. 정몽주도 이성계의 조전원수로서 함주에 있었던 것이다. 다만 확실한 것은 정도전이 이성계를 만나고 나서 그에게 일생을 걸 만큼 좋은 인상을 받았음을 자술한 바 있다.

1384년 함주에서 돌아온 정도전은 전교부령으로 복직되고, 이어 서장관이 되어 성절사 정몽주를 수행하여 명나라 금릉을 다녀왔다. 그 뒤 1385년 4월 명나라에서 돌아와 성균좨주(3품)와 지제교에 제수되었고, 1386년 6월 명나라를 다녀온 정몽주를 위해 '포은봉사고서(圃隱奉使藁序)'를 썼다. 이는 그가 아직 정몽주의 사람이었음을 보여주는 확실한 증거이다.

1387년(우왕 13) 정도전은 외직을 요청, 남양부사로 나갔다. 혜정(惠政)을 베풀어 칭송을 받았다. 1388년(우왕 14, 창왕 즉위년) 6월 이성계가 위화도 회군으로 정권을 잡자 왕의 비서직인 밀직부사(3품)로 임명되었고, 8월 이성계의 천거로 성균관대사성(3품)에 올랐다. 정도전이 정치 전면에 나서기 시작한 것이다. 그때까지도 아직 정도전은 정몽주의 정적이 아니었다. 그해 10월에 〈도은문집서(陶隱文集序)〉를 썼던바, 도은 이숭인은 이색과 정몽주의 우군이었던 만큼 정도전은 그들과의 동류의식을 버리지 않고 있었다.

이윽고 우왕의 뒤를 이어 그의 아들 창왕이 즉위했다. 이는 이성계 세력이 아니라 그와 더불어 위화도 회군을 주도한 조민수가 주동하고, 거기에 이색이 동조하여 이루어진 결정이었다. 창왕 옹립을 주도한 조민수 세력은 권문세족의 과두적 지배라는 구질서를 벗어나지 않으려 했다. 유신 집단은 조민수와 제휴한 이색, 이숭인 등을 사실상 제명했다. 그때까지도 정몽주와 정도전은 등을 돌리지 않았다.

1389년 창왕 즉위 1년 만에 이성계와 유신 집단은 창왕을 폐위, 공양왕을 즉위시켰다. 공양왕은 구질서에 연연하여 보다 근본적인 개혁에 대한 갈망을 충족시켜주지 못했다. 급기야 이성계를 옹립하려는 역성혁명의 시나리오가 제시되었다. 정몽주는 역성혁명을 반대하는 세력의 중심에 섰고, 정도전은 역성혁명파의 선봉에 섰다. 비로소 정도전은 정몽주의 정적이 되었다. 정몽주는 정도전을 제거하기 위해 수하의 김진양으로 하여금 정도전을 비난하는 상소를 올리게 했다. 1392년 이방원에 의해 정몽주가 피살되고 새 왕조의 창건이 급물살을 타는 짧은 기간에 정도전은 정계에 화려하게 복귀했다.

조선왕조의 개창과 함께 정도전은 좌명공신 · 문하시랑찬성사 · 동판도평의사사사 · 판호조사 · 판상서사사 · 보문각대학사 · 지경연예문춘추관사 · 의흥친군위절제사 · 봉화군에 임명되어 정치 · 경제 · 군사적 실권을 장악하고 부귀를 누렸다. 1397년 정변을 일으킨 이방원에 의해 살해될 때까지 정도전은 새 왕조의 모든 일을 명실상부하게 주도한 설계자였다. 이방원은 이성계의 다섯 번째 아들로, 정도전이 막내 이복동생 이방석을 세자로 책봉하는 데 앞장서자 정변을 일으켰다. 고려 왕실의 잔재 청산을 위해 구세력은 물론 거의 평생 동안 동지였던 스승 이색과 벗 이숭인 등을 끝내 죽인 것도 정도전의 뜻이었다.《조선경국전》 등을 통해 새 왕조의 기틀을 제시하고, 한양 천도와 경복궁 영건도 그의 의도대로 이루어졌다.《고려사》를 통해 역사도 자신의 뜻대로 정리했다. 정도전은 "유방이 장량을 이용한 것이 아니라, 장량이 유방을 이용한 것이다."라고 하면서 조선을 개국하는 데 이성계보다 자신의 공이 더 컸음을 과시했다. 이성계 자신도 왕위에 오른 뒤 술자리에서 "삼봉이 아니었다면 어찌 내가 이 자리에 있을 수 있겠는가?" 하고 정도전을 치하했다. 아무튼 정도전은 이성계의 분신이 되었다. 그러나 훗날 태종이 되는 이방원의 사람은 아니었다.

다시 편지 내용으로 돌아가보자. 고려왕조 말기의 화두는 개혁이었다. 개혁의 이념은 유교였다. 그런데 정몽주는 당대의 유자라는 이름에 걸맞지 않게 소문이 날 정도로 불교 경전의 하나인《능엄경》을 즐겨 읽었다. 그것이 유자들이 추구하는 개혁과 모순되는 것은 아니라고 생각했던 것이다. 그러나 정도전의 생각은 달랐다. 개혁의 이유인 시대의 부조리가 바로 불교에 뿌리를 두고 있었기에 불교를 척결하지 않고는 개혁이 불가능했고, 개혁의 성패는 무엇보다 지도자의 자세에 달려 있다고 보았던 것이다. 편지에서 정도전은 정몽주에게《능엄경》을 읽지 말 것을 간청하고 있다.

《능엄경》은 당시 승려뿐만 아니라 사대부에게도 인기 있던 불교 경전이었다. 8세기경 중국에서 찬술한 위경(僞經)이라는 주장이 설득력을 얻고 있다. 그만큼 불교 교리를 중국식으로 잘 설명한 경전이라는 뜻도 된다. 송대에 와서 성리학, 주자학이라 불리는 신유학이 대두되었는데, 그 과정에서《능엄경》이 중요한 역할을 했다. 그 이전 공자 · 맹자의 유교에서는 심성(心性)에 관해 섬세한 논의가 결여되어 있었다. 성리학은 그 부분을 불교에서 차용하여 메움으로써 유교의 새 지평을 열 수 있었다. 주자(朱子)를 비롯한 성리학자들이 많이 본 불교 경전이 바로《능엄경》이었던 것이다.

《능엄경》은 일찍이 고려에 전래되었다. 지금의 춘천 청평사에 족적을 남긴 이자현(李資玄, 1061~1125)이 이 경전을 즐겨 읽었다고 한다. 무인시대에는 승려와 문인의 교류가 활발했는데, 그것이《능엄경》의 유포에 좋은 토양이 되었다. 고려 말기에는 특히 사대부들이 이 경전을 즐겨 읽었다고 한다. 당시 고조되던 유교와 불교의 대립이라는 분위기에 비추어볼 때 이는 매우 이채롭다. 고려 말 사대부들은 그들의 우상이었던 주자가 즐겨 읽었다는 사실로 인해《능엄경》이 불경이라는 사실에 둔감해졌던 것일까? 그보다는 당시 유교와 불교의 대립이 일반적으로 알려진 것만큼 그리 심각한 것은 아니었다는 것으로 보아야 할 것이다.

고려 말은 안으로는 이른바 권문세족이라 불리는 특권 귀족의 전횡과 탐학 현상이, 밖으로는 원의 침탈에 이은 홍건적과 왜구의 침략으로 말미암아 민생의 피폐 현상이 극에 달한 시기였다. 이런 고려 말의 시폐는 불교의 치성 및 타락과 직간접으로 결부되어 있었다. 승려들이 특권 귀족과 더불어 부정부패의 주범이 되기도 했고, 사원은 그 온상이었다. 불교는 교리 자체가 현실 초월을 지향하기 때문에 시대와 사회의 현실을 직시하는 데 한계가 있었다. 특히 고려 말에 불교 자체의 타락으로 말미암아 벽불 척불 소리가 격앙되고 있었는데, 정도전이 불교 비판의 선봉을 맡았다.

고려 말 불교에 대한 비판은 이른바 신흥사대부들에 의해 주도되었다. 그들은 중국 송나라 시대에 성립된 성리학 내지 주자학의 세례를 받은 사람들이었다. 중국 송나라 시대에 와서 불교 비판과 유교 부흥 운동이 일어났다. 그것은 정호 · 정이 형제와 주자 등에 의한 신유학의 대두에서 비롯되었다. 신유학은 공자 · 맹자사상을 이어 인간의 본성과 의리에 초점을 두었기 때문에 성리학이라고도 하고, 대표적인 사상가들의 이름을 따서 정주학 또는 주자학이라고도 한다. 주자학은 송대를 통해 체제의 이념으로 자리를 잡았고, 현실 유지의 보수적 사상으로 원에 수용되었다. 주자학은 원의 간섭을 받던 고려에도 이식되었다. 고려에서는 신유학이 현실 타파라는 개혁적 사상으로 변용되었다. 신흥사대부들은 유교적 질서를 지향하며 권문세족과 불교 비판에 주력했다. 정도전은 고려 말의 개혁적 신흥사대부 가운데에서도 가장 강경한 척불 · 벽불론자였다.

불교에 대한 비판적 인식은 신흥사대부들에 의해 공유되었지만, 그 내부에서는 강온에 차이가 있었다. 강경파는 불교 교리를 근본적으로 비판하며 승려와 사원에 대한 철저한 거세를 주장했다. 온건파는 불교에 대해 정치사회적 타락상은 교정하되 종교로서의 역할은 인정하는 입장을 취했다. 정도전이 〈불씨잡변〉 〈심기리편〉 등 불교 비판서를 저술한 데에서 알 수 있듯이 그는 불교 비판에 강경한 입장을 취했다. 정몽주는 가장 권위 있는 유학자였지만, 불교 경전 중 하나인 《능엄경》을 즐겨 읽는다고 소문이 날 만큼 불교 비판에 온건한 입장을 취했다.

편지 내용에서도 언급되고 있지만, 불교의 대중적인 위력은 화복설에서 나온다. 불교 교리는 연기설(緣起說) 내지 인연설(因緣說)에서 출발하는데, 그것이 화복설로 둔갑한 것이다. 아무튼 불교에 대한 비판은 예외 없이 화복설을 겨냥한다.

그 대표적인 사례로 인용되는 것이 중국 남북조시대의 남조 왕조 가운데 하나인 양나라 무제의 일이다. 소연(464~549)은 그의 이름이다. 그는 문치주의를 표방하며 선정을 베풀기도 했지만, 수차례나 왕위를 버리고 스스로 사원의 노비가 되는 등 불교를 맹신했다. 그 결과 나라의 기틀이 송두리째 흔들리더니 신하였던 후경의 난을 당해 양무제 자신은 유폐되어 죽음을 맞았다. 얼마 지나지 않아 양나라 자체도 멸망했다. 불교에 대한 신앙이 복은커녕 일신과 나라에 비참한 결과만 초래했다는 비판적 사례의 주인공이 되고 말았다.

한창려는 당나라의 대문장가 한유(韓愈, 768~824)를 말한다. 창려는 호이고, 퇴지(退之)가 자이다. 황제가 석가의 손가락뼈를 모셔다가 법석을 열려고 하자 '논불골표(論佛骨表)'를 올려 반대한 것으로 유명하다. 이 글의 상당 부분은 중국에 불교가 들어오기 전 그 옛날에 이미 중국은 태평시대였다는 내용으로 역시 화복설을 비판하고 있다. 나중에 한유는 태전이라는 고승을 만나는데, 홍련이라는 기생을 보내 태전의 파계를 유도하는 시험을 해보지만 실패하고 오히려 그가 태전에게 감화를 받아 불교에 대한 생각을 바꾸게 된다는 일화가 전한다. 사실 여부를 떠나 벽불론으로 유명한 한유가 불교를 옹호하는 설화의 주인공이 되었고, 그것은 한유가 태전을 만난 사실에 기인한다는 것이 정도전의 주장이다. 정몽주가 불교 비판을 위해 《능엄경》을 읽는다 해도 그것은 후대에 오해만 사게 될 것이므로 읽지 말라고 정도전은 당부하고 있는 것이다.

정도전에게 불교는 맹자에 있어서 양주와 묵적의 사상과 같은 격이었다. 정도전은 고려왕조 말기의 시폐가 정신적으로 불교와 밀착되어 있다고 보았다. 맹자가 전국시대의 시폐와 결부시켜 양주와 묵적을 소리 높여 성토했듯이 정도전은 고려왕조 말기의 시폐와 결부시켜 불교 척결을 소리 높여 외쳤던 것이다.

맹자는 전국시대의 혼란이 무엇보다 잘못된 사상에서 연유한다고 보았다. 양주는 위아(爲我)를 주장했는데 그것은 무군(無君)을 뜻하고, 묵적은 이타(利他) 겸애(兼愛)를 주장했는데 그것은 무부(無父)를 뜻한다며 이 두 사상이 범람하여 선정(善政)의 기준을 혼란시킴으로써 폭정(暴政)이 만연하게 되었다는 것이다.

이 편지에서 《맹자》의 인용은 한 번에 그쳤지만, 《맹자》는 정도전의 정치사상을 이해하는 데 매우 중요한 책이다. 앞서 밝혔듯이 정도전과 정몽주의 인연도 《맹자》를 매개로 이루어졌다. 정도전의 정치사상에서

《맹자》는 가장 특징적인 전거라고 할 수 있다.

정치사상으로서 《맹자》의 핵심은 무엇보다도 민본 관념이라고 할 수 있다. 백성의 복락(福樂)이 정치의 궁극적 목적이라는 것이다. 나아가 맹자는 '백성이 가장 귀하고, 사직은 그다음이며, 군주는 그보다 더 가볍다'고 보았다. 심지어 '백성을 수탈하고 억압하는 폭군은 징벌하여 추방할 수 있다'고 주장한다. 그런 경군귀민(輕君貴民) 폭군방벌론(暴君放伐論)은 맹자 이후 진(秦)과 한(漢) 시대를 통해 일반화된 군주전제정치 측면에서 보면 지나치게 과격해서 수용되기 어려웠다. 《맹자》가 유교 경전인 사서 중 하나로 등장한 것은 그때로부터 천년도 넘게 세월이 지난 송대의 일이다.

경전이 되고 나서도 《맹자》는 한때 위험시되어 금서로 취급받았다. 이 책을 금서로 탄압했던 주인공은 바로 정몽주, 정도전과 동시대 인물인 명나라 태조 주원장이다. 주원장은 임금이 신하를 지푸라기처럼 여기면 신하는 임금을 원수처럼 여긴다는 대목을 읽다가 격노하여 "이 늙은이가 지금 살아 있었다면 죽음을 면치 못했을 것이다. 당장 이자의 신주를 사당에서 내치고 책을 불태워라."고 엄명을 내렸다. 그러나 이 금서 조치의 효력은 그리 오래가지 못했다. 그것은 전제군주정에 대해 맹자가 얼마나 엄중하고 민감한 메시지를 담아냈는지를 보여주는 역사적 사건이다.

《맹자》에 입각하여 정몽주와 정도전은 고려왕조 말기의 정치적 혼란과 부패, 민생 피폐를 극복하기 위한 이론과 열정을 공유하고 있었다. 정도전은 정몽주를 통해 《맹자》에 접근하게 되었지만, 정몽주의 경우보다 《맹자》로부터 훨씬 더 직접적인 메시지를 받았다. 권근(權近, 1352~1409)은 정도전을 일컬어 '동방의 맹자'라고 칭송한 바 있다. 정도전에게《맹자》는 하나의 경전을 넘어 현실 정치의 기본 준칙이 되었다.《맹자》에 입각하여 새로운 왕조의 청사진을 그린 것이다. 바로 그런 정도전의 청사진에 입각하여 조선왕조가 건설되었다. 조선은 세계사상 초유로《맹자》에 입각한 왕조였다고 할 수 있다.

조선왕조 정치의 실제가《맹자》에 입각한 정도전의 설계도를 액면 그대로 감당하기는 어려웠던 모양이다. 조선왕조의 설계자 정도전이 실질적인 조선왕조의 개창자라 할 수 있는 태종 이방원에 의해 제거된 것이 그 증좌이다. 하지만 정도전의 설계도는 결국 조선 정치사에서 구현된다. 사림(士林) 정치가 바로 그 산물이다. 사림 정치는 왕정의 틀을 고수했지만 정치의 의미를 민본 위민에, 정치의 중심을 군주가 아닌 신료에 둔다. 신료 가운데에서도 군주와 가까운 재상에 두는 것조차 바람직하지 않다고 보아, 사림 정치 시기에는 하급 관직인 언관의 정치적 비중이 엄청나게 높아졌다.

정몽주가 죽고 불과 수년 만에 정도전도 죽었다. 그사이에 왕조 교체가 이루어졌다. 이 격동의 시기를 앞두고 정몽주와 정도전은 공존할 수 없는 정적이 되었지만, 그 이전 30여 년 동안 두 사람은 서로가 서로를 가장 신뢰하는 동지였다. 다섯 살 선배로서 학덕과 지위 면에서 앞서가던 정몽주가 정도전을 계몽하고 발탁했다. 그리고 고려왕조의 혁신에 대해 누구보다 확고한 이론과 열정을 가진 존재가 되도록 이끌었다.

그러나 편지 행간을 보면 정몽주와 정도전은 불교에 대해 입장 차이를 넘어 대립마저 느껴진다. 앞으로 펼쳐질 조선왕조의 숭유억불 정책이 선명하게 드러나 있다. 정몽주와 정도전은 각각 고려왕조의 종말과 조선왕조의 시작을 상징하는 인물이다. 고려왕조를 지키려는 세력의 선봉이었다는 점에서 정몽주가 고려왕조의 충신이자 조선왕조의 역신이었다면, 정도전은 고려왕조의 역신이자 조선왕조 개창의 명실상부한 일등공신이었다.

그런데 정작 조선 시대를 통틀어 존숭받은 인물은 정도전이 아니라 조선왕조의 개창을 막다가 살해된 정몽주였다. 반면에 정도전은 조선왕조 개창 몇 년 뒤에 왕자들을 모해하여 왕조를 위태롭게 했다는 죄명으로 살해됨으로써 역신, 간신이란 낙인을 면치 못하게 되었다. 그는 이방석의 왕위 계승을 승인하고 이방원을 비롯한 다른 왕자들의 거세를 시도하다가, 왕위를 노린 이방원에 의해 제거된다. 이방원은 정도전을 폄하하기 위해 의도적으로 정몽주를 현창했다. 충역의 이름이 뒤바뀐 것이다. 심지어 이방원은 정몽주를 죽인 것도 정도전의 음해로 말미암은 것이었다고 정도전에게 그 책임을 전가했다. 임금으로 즉위한 다음에는 정몽주를 영의정부사에 추증했다.

정도전은 또한 처세에 능한 모사가로 낙인찍혔다. 그런 낙인은 오랫동안 지워지지 않았다. 중종 이후 사림파가 득세하여 정몽주를 충절의 상징으로 새삼 부각시키면서, 상대적으로 정도전에 대한 폄하는 더욱 고착되었다. 선조 때 일어난 정여립(鄭汝立, 1546~1589) 모반 사건의 주동자 길삼봉이란 이름도 정도전의 호, 삼봉을 따서 조작되었다. 광해군 때 역모를 꾀했다 하여 처형당한 허균(許筠, 1569~1618)의 혐의 가운데에도 허균이 정도전의 시문을 애호했다는 내용이 들어 있었다.

정도전의 복권은 400여 년 뒤에 정조가 정도전의 시문집《삼봉집》에 관심을 가지면서 서서히 이루어졌다. 정조는 정도전의 빠진 글을 모으고 재구성하여《삼봉집》을 수정 · 간행하게 했다. 공식적인 복권에는 그보다 더 많은 시간이 소요되었다. 고종 2년(1865) 조대비에 의해 정도전의 공신 칭호 회복이 건의되었고, 흥선대원군은 경복궁을 중건하면서 그 설계자였던 정도전의 공을 인정하여 관작을 회복시키고 문헌이라는 시호를 내렸다. 고종은 조선왕조 개창에 기여한 정도전의 공을 기려 그 후손들이 사는 경기 양성현(현재의 안성과 평택)에 사당을 건립하도록 했다. 또한 '유종공종(儒宗功宗)'이라는 현판을 특필 · 하사하고, 불천지위를 인정하여 위패를 봉안하고 제사를 받들게 했다.

그러나 왕조 중심의 사관과 그것을 조장한 일제 식민 사관 아래에서는 정도전에 대한 부정적 인식이 근본적으로 불식되기 어려웠다. 민국의 시대에 와서도 박정희 정권 때 권위주의 정치 · 문화를 조성하기 위해 정몽주를 충절의 상징으로 새삼 부활시켰다. 시대착오적으로 정도전에 대한 폄하가 조장되었다. 1980년대 이후에는 한영우 교수의 연구를 계기로 정도전을 재조명한 저술이 우후죽순처럼 쏟아져 나왔고, 근래에는 정도전을 주인공으로 내세운 사극들이 인기리에 방영되었다.

동봉산인 잠공 김시습 선생께 답하는 편지

남효온이 김시습에게 답하다

며칠 전 선생께 더할 수 없는 후의를 입었습니다. 하찮은 저를 귀히 여겨 '여산(廬山)의 손님 환송에 멀리 호계(虎溪)를 건넜다'는 일화를 연상하도록 먼 길까지 전송해주셨으니, 그 은혜와 영광을 이루 말로 표현하기 어렵습니다. 더구나 재주 없고 보잘것없는 몸은 무엇을 이루어보겠다고 분발할 생각도 없고 한 모퉁이를 들면 나머지 세 모퉁이를 미루어 헤아릴 만한 지혜조차 없는데도 불구하고, 몸을 닦고 세상 사는 법을 가르쳐주시며 옛글을 인용하여 정성껏 반복해주셨으니 이런 큰 복이 없습니다. 머리가 부서지는 지경에 이르지 않고는 이 은혜를 갚을 길이 없을 것 같습니다.

일찍이 듣기로 천 근이나 나가는 무거운 물건도 맹분(孟賁) 같은 장사가 들기에는 쉽고, 매우 가벼운 깃털 하나도 초파리가 짊어지기에는 너무 무겁다고 합니다. 그것은 힘에 강하고 약한 차이가 있기 때문입니다. 사람의 행실도 그와 같습니다. 특별히 애쓰지 않고도 도에 맞는 사람이 있고, 힘써 노력해야만 도를 행할 수 있는 사람도 있습니다. 힘써 노력해야만 하는 사람이 깊이 생각하지 않고도 도를 터득하고, 애쓰지 않고도 도에 맞기를 원하지 않는 것은 아닙니다. 다만 그가 태어날 때부터 타고난 기질이 맑고 순수하지 못하기 때문에 마땅히 남보다 백배나 더 공을 들여야 하고 스스로 쉼 없이 노력해야만 하는 것이겠지요. 두텁고 엷은 덕의 차이가 그런 결과를 가져오기 때문에 그러합니다.

술의 미덕에 대해서는 오경(伍經)과 제자(諸子) 및 제사(諸史)에 자세히 실려 있습니다. 술을 적당히 마시면 손님과 주인 사이에 좋은 분위기를 이룰 수 있고 노인을 봉양할 수 있으며, 책상을 마주하고 마시면 글이 나오고, 세상에 나가 마시면 사리에 어긋남이 없을 수 있습니다. 수심에 잠겼다가도 술을 마심으로써 풀 수 있고 답답한 가슴도 술로 편안하게 할 수 있습니다. 그러니 술은 즐거이 천지와 더불어 그 조화(調和)를 이루게 하고, 만물과 더불어 그 조화(造化)를 통하게 하며, 옛 성현들과 함께 벗할 수 있고, 천백 년의 세월이 잠깐 사이에 가는 듯하게도 합니다.

그러나 술의 중용을 잃으면 해악이 큽니다. 옥에 갇힌 사람처럼 산발하고 끝없이 노래하고 어지러이 춤추며 주인과 손님이 인사하는 정중한 자리에서 고래고래 소리 지르고 서로 읍양해야 할 자리에서 엎어지고 넘어지고 합니다. 예의를 잃어버림은 물론 갑자기 광기가 발동해서 절도가 없어지고, 심하게 되면 까닭 없이 제 마음대로 생각해서 트집을 잡아 싸움을 걸기도 합니다. 그러다 작게는 몸을 망치고, 크게는 집안을 망치고, 더 크게는 나라를 망치는 사람들이 흔히 있습니다.

술의 화가 그와 같지만 주공(周公)과 공자는 술을 마셔도 어지럽지 않았으며, 술의 덕이 그와 같지만 진준(陳遵)과 주의(周顗)는 술을 마시다가 몸을 망치게 되었습니다. 이처럼 술의 중용을 얻느냐, 잃느냐 하는 차이는 머리카락 한 올의 여유도 용납하지 않으니 어찌 삼가지 않을 수 있겠습니까. 이런 까닭으로 모자라는 사람이 마음을 굳게 다잡지 못하고 술 마시는 일에 절제하지 못하면 달콤한 맛이 사람을 당겨 더욱 위태롭고 어지러워져 점점 술주정이 심해지고, 나중에는 자기가 술주정을 하는 줄도 모르는 경우가 있기 마련입니다.

선비로서 뜻이 굳지 못한 사람은 마땅히 몸가짐을 단속하고 마음속으로 잘잘못을 철저히 가려서 혼란의 뿌리를 막고 끊어내는 노력을 보통 사람보다 백배나 더한 뒤에야 겨우 술의 화를 면할 수 있는 것입니다. 그래서 《서경》에는 술을 경계하는 '주고(酒誥)'가 있고, 《시경》에는 '빈지초연(賓之初筵)'이 있으며, 양자운은 술로써 잠(箴)을 지었고 범노공은 술로써 시를 지었습니다. 저라고 해서 어찌 조용히 술잔을 들고 향음주(鄕飮酒)나 향사(鄕射)를 행할 때 제대로 예절을 지키고 싶지 않겠습니까. 다만 마음이 약하고 덕이 두텁지 못한지라 술맛에 이끌려 절제하지 못하면 초파리가 깃털 하나도 짊어지지 못하는 것과 같이 술을 이기지 못하여 마음이 흐트러지고 행동은 난잡해질까 두려운 것입니다.

저는 젊어서부터 술을 몹시 좋아하여 중년에 구설수에 오른 일이 적지 않았습니다. 급기야 버릇없는 주정뱅이가 되어 스스로도 영영 버린 몸으로 치부하고 말았습니다. 그러고 나니 몸과 마음이 모두 외부의 자극에 놀아나 나날이 정신은 소모되고 행실은 처음 마음먹었던 뜻을 저버리게 되어, 모르는 사이에 부덕(不德)에 길들어 집 안에서까지 함부로 술주정을 부리다가 어머님께 큰 부끄러움을 드렸습니다. 맹자가 바둑 두고 술 마시기 좋아하여 부모 돌보지 않는 것을 불효라고 했는데, 하물며 술주정이야 말해 무엇하겠습니까. 깨어서 스스로 생각해보면 삼천 가지 죄 가운데 가장 큰 죄가 불효인데 무슨 마음으로 다시 술잔 들 엄두를 내겠습니까. 이에 천지신명에게 다짐하고 참배한 뒤 제 마음에 맹세했습니다. 그러고는 어머님께 "지금부터 군부(君父)의 명이 아니면 감히 술을 마시지 않겠습니다." 하고 아뢰었습니다. 술에 취하여 정신을 잃는 것이 싫어서 그랬습니다. 그러니 신에게 제사 지내고 나서 마시는 음복이나 헌수를 드리고 나서 돌리는 진하고 달콤한 좋은 술이 창자를 적셔도 정신이 어지럽지 않다면 제가 어찌 그것까지 사양하겠습니까.

저의 뜻이 대략 이와 같으니 선생께서 비록 술을 마시라고 하교하신다 해도 맹세한 말을 저버릴 수 없는 상황입니다. 제가 맹세한 말을 저버릴 수 있다 하더라도 마음을 속일 수야 있겠습니까. 설혹 제가 제 마음을 속일 수 있다 하더라도 귀신을 업신여길 수야 있겠습니까. 또 귀신을 업신여길 수 있다 하더라도 천지를 소홀히 여길 수야 있겠습니까. 천지를 소홀히 한다면 몸 둘 곳이 어디 있겠습니까. 하물며 인자한 어머님께서 자식을 기르면서 늘 술을 조심하라고 이르시다가 술을 끊겠다는 말을 들으시고 기쁜 빛이 얼굴에 어렸으니, 술을 끊겠다는 저의 맹세를 어찌 바꿀 수가 있겠습니까.

아! 깨어 있는 굴원(屈原)이나 술에 취한 백륜(伯倫)이 본래 둘이 아니요, 청백함으로 성인의 반열에 오른 백이(伯夷)나 화순함으로 성인의 반열에 오른 유하혜(柳下惠)가 마침내 한가지 도에 이르니, 선생께서는 애써 술 마실 수 없는 목생(穆生)을 잘못한다고 탓하지 마시고 한 글자 서신을 내려 그 가부를 결정해주시기 바랍니다.

오월의 뜨거운 더위 속에 선생의 생활이 온갖 복으로 가득하기를 빌며, 도가의 연단(煉丹) 만드는 데 쓰는 신묘한 복령(茯苓) 한 봉지를 올리오니 솥 속 오토(烏兎)일랑 혼자 드시지 말고 저에게 좀 나누어주시고, 베개 속《홍보(鴻寶)》로 이 뼈만 남은 앙상한 몸도 함께 건져주시기 바랍니다.

答東峰山人〔岑公〕書

日者蒙先生莫大之賜 廬山送客 遠渡虎溪 恩榮幸甚 又不以淺弊 無憤悱反隅智識 敎之以持身設施之方 援引古義 反覆丁寧 幸亦大焉 自料不知碎首 無以仰報

然僕嘗聞之 千鈞之重 而孟賁擧之則易 一羽之輕 而醯雞負之則重 何者 力之强弱致然也 人之行也亦然 有從容中道者 有勉强行道者 彼勉强者 非不欲不思而得 不免而中 其氣駁質濁 已稟於有生之初 故當百倍其功 自强不息 何者 德之厚薄然也

夫酒之爲德 伍經子史詳矣 得其中則 可以合賓主 可以養耆老 行之几席而有文 達之天地而不悖 愁腸得酒而解 鬱臆得酒而泰 怡然與天地同其和 萬物通其化 古聖賢爲師友 千百年爲閑中 失其中則 囚首散髮 恒歌亂舞 叫呼乎百拜之間 顚仆於相讓之際 敗禮滅義 發作無節 甚者 無故而憑心怒目 爭鬪或起 小而殞身 中而亡家 大而亡國者 比比有之

是故 酒禍如此 而周公孔子用之則不亂 酒德如此 而陳遵周顗用之則殺身 其得失之間 不容一髮 可不愼哉

是故 中下之人 所執不堅 而用之不節 則甘味移人 愈危愈亂 漸至於酗 而不知其所以酗者 有理之必然 爲士而志不堅者 當躬飭內訟 杜絶亂根 百倍平人

然後可以免此禍矣

是故 書載戒酒之誥 詩有賓筵之篇 揚子雲以之著箴 范魯公以之作詩

吳豈不欲從容桮酒 進退揖讓於鄕飮鄕射之間哉 但恐心弱德薄 甘其味而不節 則散亂而不自勝 有如醯雞之不能負一羽耳

僕自少酷好麴糵 中歲遭齒舌不少 肆爲酒狂 自分永棄 身爲物役 心爲形使 精神自耗於曩時 道德日負於初心 不意馴致不德 肆酗於家 大貽慈母之羞 孟子以博奕好飮酒不顧父母之養爲不孝 況於酗乎 醒而自念 則罪在三千之首 何心復擧桮酒乎 於是 質之天地 參之六神 誓之吳心 告諸慈堂 自今以後 非君父命不敢飮

所以如此者 惡其醉也 若夫祭神而受胙則有飮福 獻壽而有酬則甘醇美醴沃腸而不亂者 吳何辭焉 僕之志 大略如此 先生雖有勸酒之敎 言之不可食也如此 吳言可食吳心可欺乎 吳心可欺鬼神可謾乎 鬼神可謾天地可忽乎 天地可忽則措諸身何處 況慈母育子 每敎省酒 及聞此語 喜動於色 斷酒之誓 庸可渝乎

塢呼 醒屈醉倫 本非二致 淸夷和惠 竟是一道 先生不可强以不飮之穆生爲累 冀以一字示可否

仲夏極熱 伏惟 先生動止萬福 煉方所用神苓一封呈上 鼎裏烏兎 莫使獨對 枕中鴻寶 兼濟枯骨

❖

어느 때인가 갑자기 남효온(南孝溫, 1454~1492)이 김시습(金時習, 1435~1493)에게 술을 마시지 않겠노라 선언했다. 그에 대해 김시습이 '술을 아주 끊는 것은 바람직하지 않다'는 편지를 써서 남효온에게 보냈다. 그에 대한 답장이 위에 실린 편지이다. 행간에서 경전과 일상의 틀을 벗어난 호방한 정신세계와 가족을 걱정하고 사회나 시대를 격정적으로 고뇌하는 섬세한 감수성을 동시에 읽을 수 있다. 술에 얽힌 격언과 일화는 덤이다.

동봉산인(東峯山人)은 김시습을 가리킨다. 그가 수락산 동봉에 기거할 때 쓰기 시작한 별호일 것이다. 산인은 자신이 붙인 호칭이고, 잠공은 타인이 높여 부른 말인 듯하다. '岑' 자의 훈이 멧부리여서 잠공이 산인과 같은 뜻이기 때문이다. 김시습은 설잠(雪岑)이라는 법명을 사용했는데, 거기서 딴 말일 수도 있겠다.

김시습의 본관은 강릉(江陵)이며, 자는 열경(悅卿), 호는 매월당(梅月堂)·청한자(淸寒子)·벽산청은(碧山淸隱)·췌세옹(贅世翁) 등이다. 선대는 태종무열왕의 후손인 김주원(金周元)이다. 증조부 김윤주(金允柱)는 안주목사(安州牧使)를, 조부 김겸간(金謙侃)은 오위부장(五衛部將)을, 부친 김일성(金日省)은 음보(蔭補)로 충순위(忠順衛)를 지냈다. 모친은 울진 선사 장씨이다.

김시습은 을묘년(1435, 세종 17)에 한양 반궁 북쪽에서 태어났다. 태어난 지 8개월 만에 혼자서 글을 터득했으니 외조부는 말도 못 하는 그에게 《천자문》을 먼저 가르쳤다. 그는 세 살에 이미 시를 지을 수가 있었다. 그를 오세(五歲)라고 부르는데, 이는 크게 문리(文理)를 깨달은 나이를 두고 가리키는 말이다. 나중에 그것은 발음이 같은 오세(傲世)로 의미가 전환된다. 오만하게 세상을 내려다보고 자족을 추구한다는 뜻이다.

남효온의 자는 백공(伯恭)이요, 호는 추강(秋江) 또는 행우(杏雨)이다. 재주와 행실은 남다르고, 먹고 입는 것은 거칠었다. 그가 늘 암말을 타고 다니므로 아이와 부녀자가 그 뒤를 따라다니면서 손가락질하며 웃었다고 한다. 본래 술을 몹시 즐겼는데, 모친의 꾸지람을 듣고서 '지주부(止酒賦)'를 짓고는 10년 동안 술을 마시지 않았다. 지주부는 그의 나이 28세가 되던 해인 성종 12년(1481)에 지은 것인데 문집에는 그런 제목의 글이 없다. '주잠(酒箴)'이 그것일 것이다. 남효온은 풍병이 나자 좌절하여 다시 술을 마시다가 병세가 좀 가라앉으니 '부지주부(復止酒賦)'를 짓고 5년 동안 술을 마시지 않았다. 후에 병세가 위독해지자 다시 좌절하여 술과 같이 살다시피 하다 세상을 마쳤다. 건강이 안 좋으면 술을 끊었다가 나아지면 마시는 것이 상례인데 예사롭지 않은 행동이었다.

김시습은 1435년생이고 남효온은 1454년생으로 두 사람의 나이가 근 스무 살이나 차이가 나니 세대가 다르다고 해도 과언이 아니다. 그럼에도 불구하고 두 사람은 당대 어느 누구 못지않게 서로 의기투합하였다. 동병상련이라는 말이 더 적합할지도 모르겠다. 시대와 사회의 비리를 못 참아 생긴 속병을 두 사람은 같이 앓았던 것이다. 아무튼 글자 그대로 망년지우(忘年之友)였다. 두 사람은 모두 술을 매우 좋아하고 자주 취하도록 마시곤 했다. 남효온은 결국 39세의 나이에 요절하는데 술병 때문이었으리라.

지주(止酒)를 재고하라는 김시습의 권고 편지에 대해 남효온은 농반진반으로 그 권고를 받아들일 수 없는 심정을 답장에다 거듭 토로하고 있다. 그런 남효온에게 술을 갑자기 끊지 말라고 할 만큼 김시습은 애주가였다. 당연히 술에 관한 일화도 많다. 방랑생활 중 가끔씩 서울에 들르기도 했는데, 어느 날 김시습이 서울에 와 머물자, 신숙주(申叔舟, 1417~1475)가 그를 술에 취하게 한 다음 자기 집으로 데려갔다. 김시습은 술이 깨어 자신이 있는 곳이 신숙주의 집인 걸 알고 아무 말 없이 나가려고 했다. 신숙주가 그의 옷깃을 잡고 "열경(김시습의 자)은 어찌하여 한마디 말도 아니하는가?" 하니, 김시습은 말없이 옷깃을 끊어버리고 나갔다고 한다. 또한 서울에 왔다가 길에서 우연히 서거정을 보면 그의 이름을 마구 부르는 등 주사를 부리곤 했다.

김시습은 특히 정창손(鄭昌孫, 1402~1487)을 심하게 비난했다. 하루는 술을 마시고 길을 가다가 영의정 정창손의 행차와 마주치자 "이놈아, 그만 해먹어라!" 하고 소리를 질렀다. 괴애 김수온이 죽었을 때에도 길에서 정창손을 만난 김시습은 "네 종놈이 죽었구나!" 하고 소리를 질렀다. 김수온이 늘 정창손의 글을 대필해준 사실을 가지고 놀린 것이었다. 이렇게 김시습이 높은 대신을 욕보이자 그 죄를 물어야 한다고 주장하는 사람들이 있었다. 그래도 신숙주, 서거정 등은 개의치 않았다.

정창손, 신숙주, 서거정은 모두 김시습보다 나이도 훨씬 더 많고 지위도 훨씬 더 높은 사람들이었다. 그들은 김시습의 내면을 존중했던 것일까? 아니면 그의 존재를 외면했거나 무시했던 것일까?

답장처럼 실제로 남효온이 단주했는지는 의문이다. 무릇 애주가, 호주가들이 흔히 그렇듯이 폭음과 단주를 되풀이했을 가능성이 크다. 이렇게 반복되는 폭음과 주사 때문에 어머니의 질책이 있었을 것이다. 언제 어떤 사건이 있었는지 답장에 구체적으로 언급되진 않았지만, 인사불성이 되도록 술을 마시고 엄청난 사고를 쳤던 것 같다. 어머니는 술에 절어 기행을 일삼는 아들을 걱정한 나머지 충격적인 질책을 했던 게 아닌가 싶다. 남효온의 어머니는 선비에게는 학문이나 재주보다 기개와 절의가 더 중요하다고 가르칠 만큼 남다른 교육철학으로 유명한 인물이었다. 남효온은 시대와 사회의 불의와 비리를 직시하고 현실과의 타협을 불허하는 인생을 살았는데, 그것은 그런 어머니의 영향과 무관하지 않을 것이다.

여산과 호계 이야기는 중국 남북조시대 동진의 고승 혜원(慧遠, 334~416)과 도연명, 육수정(陸修靜, 406~477) 이 세 사람에 얽힌 일화이다. 혜원은 어린 시절 유교와 도교를 배워 널리 육경에 통달했으며 특히 노장사상에 뛰어났다. 21세 때 반야경을 읽고 유교와 도교의 가르침은 껍데기에 불과하다고 생각하여 반야성공(般若性空)의 학문 즉 불교에 귀의했다. 47세 때 여산 동림사(東林寺)에 바랑을 내린 후 82세에 입적할 때까지 근 35년 동안 한 번도 여산 밖으로 나가지 않았다. '그림자는 산을 나서지 않고, 발자취는 속세에 들이지 않는다[影不出山 跡不出俗]'는 글을 걸고는 손님을 배웅할 때 절 밑으로 흐르는 개울인 호계를 넘지 않기로 철칙을 정하여 지켰다.

일화에 따르면, 이런 혜원이 귀거래사로 유교적 안빈낙도의 상징이 된 도연명과 도교 경전 총목인 《삼동경서목록(三洞經書目錄)》으로 유명한 육수정을 전송하다가 이야기에 몰두해 그만 호계를 넘고 말았다고 한다. 호계를 한참 지나친 뒤에야 이를 깨달은 세 사람은 서로 마주 보며 박장대소했다. 종교와 이념을 초월해 진리의 말씀을 나누느라 세 사람이 웃으며 다리를 건넜다는 데에서 이 일화를 호계삼소(虎溪三笑)라고 한다.

이 호계삼소 일화는 허구이다. 도연명이 365년에 태어나 관직을 버리고 여산을 찾은 때가 404년이고, 죽은 때가 427년이다. 도연명과 혜원이 여산에서 만났다고 하는 것은 연대상 문제가 없다. 문제는 육수정이다. 육수정은 406년에 태어나 461년에 여산으로 들어갔다가 477년에 죽는다. 혜원이 죽었을 때 육수정의 나이는 열 살이었다. 육수정이 여산에 들어갔을 때는 이미 혜원이 죽은 지 근 50년이 되어가던 때였다. 이 일화에는 불교의 관점에서 유교와 도교를 통섭하려는 의도가 깔려 있을 것이다.

혜원이 지은 《사문불경왕자론(沙門不敬王者論)》이라는 책은 정치사상사에서도 유명하다. 승려는 군주에게 경의를 표할 필요가 없다는 뜻이다. 중국에 불교가 전래된 것은 한대의 일이다. 남북조시대에 와서 불교는 세속의 권력, 권위와 경쟁할 정도로 치성했다. 동진의 유빙(劉氷)과 환현(桓玄, 369~404)은 그 시대의 권력자로서 세속 권력의 입장에서 불교를 굴복시키고자 했다. 그에 반해 혜원은 불교의 정신적 지주였다. 혜원이 여산 밖을 나가지 않은 데에는 그런 상징성이 있다.

내로라하는 문인들이 혜원의 그림자가 드리운 여산을 좋아했다. 이와 관련하여 이백(李白, 701~744)은 '동림사 스님과 이별하며[別東林寺僧]'라는 시를 남겼다.

동림사에서 손님을 보내던 곳	東林送客處
달 뜨고 흰 원숭이 우네.	月出白猿啼
웃으며 떠나가매 여산이 멀어지니	笑別廬山遠
어찌 호계 지남을 번거롭다 하리오!	何煩過虎溪

이백에 이어 백거이(白居易, 772~846)와 소식(蘇軾, 1036~1101) 등이 여산을 동경하여 시문의 소재로 삼고는 했다.

답장에서 무엇을 이루어보겠다고 분발할 생각도 없고, 한 모퉁이를 들면 나머지 세 모퉁이를 미루어 헤아릴 만한 지혜조차 없다[不憤不啓 不悱不發 擧一隅 不以三隅反]고 한 것은《논어》'술이'에 나오는 구절을 인용한 말이다. 공자는 그런 사람에게는 다시 가르쳐주지 않는다[則不復也]고 했다. 술을 아주 끊지 말고 적당히 마시라고 거듭 간곡히 권하는 김시습의 편지에 대해 남효온이 겸양의 마음을 표한 것이다.

주공 단(旦)은 지덕을 겸비한 성인으로서 장수했다. 그 비결이 좋은 술을 적당히 마신 데 있었던 듯하다. 이 술이 바로 주공백세주이다. 주공 단이 즐겨 마시고 100세까지 장수했다고 전해오는 약술이다.《논어》'향당'에 의하면 공자는 술을 마심에 한량이 없었지만 만취에 이르지는 않았다[唯酒無量 不及亂]고 한다. 그 구절에 대해 조선 후기 명군으로 꼽히는 정조는 술을 마시지 않아야 할 때 술을 마시지 않는 용기가 있어야 하는 것이고 술을 마셔야 할 상황이 되었을 때 기쁘게 한껏 마시는 것이어야 한다고 해석했다. 공자는 주역 64괘 중 마지막 괘인 미제(未濟)에 대해 믿음을 두고 술을 마시면 허물이 없을 것이나[有孚于飮酒 無咎] 그 머리를 적시면 믿음은 있으나 바름을 잃게 되는 것[濡其首 有孚失提]이라고 해석을 달았다. 상통하는 말이라 할 수 있겠다.

진준은 중국이 전한에서 후한으로 넘어가는 시기인 왕망(王莽) 때 사람이다. 술을 좋아하고 호기가 있었다. 손님들이 집에 모여 술을 마시면 대문을 닫아 빗장을 걸고는 손님들이 타고 온 수레 굴대의 빗장[轄]을 모두 우물에 던져버렸다. 만사를 잊고 술을 마시자는 뜻이었다. 그래서 진준투할(陳遵投轄) 또는 그의 자 맹공(孟公)을 따서 맹공투할이라는 고사성어가 생겼는데, 허심탄회한 교유와 접대의 상징으로 인용되곤 한다. 이 고사는《한서(漢書)》92권 유협전(遊俠傳)에 전한다.

진준은 호주(好酒)를 매개로 평판을 얻어 왕망에 의해 중용되었다. 과음으로 인하여 실수가 잦아 관직에서 축출되곤 했지만 끝까지 왕망의 신임을 잃지는 않았다. 왕망의 패망 뒤에도 경시제 유현에 의해 발탁되었다. 결국 그는 광무제 유수의 군대에 의해 살해되었다. 죽을 당시에도 술에 취해 있었다. 술에 취해 죽은 만큼 진준의 생애는 호주의 폐해 사례로 인용되지만, 그의 관운은 거꾸로 호주와 연관 지어 언급되기도 한다. 그의 동료이면서 호학과 엄격한 처신으로 이름난 장송(張悚)과 그는 곧잘 대비되곤 했다. '범생'이었던 장송에 비해 술꾼 진준이 더 좋은 평판과 관직을 누렸고, 진준과 장송 둘 다 살해되는 불운을 당했지만 그래도 진준이 더 오래 살았던 것이다.

주의는 중국 남북조시대 진나라 사람으로 술에 취해 사흘 만에 깨어난 일이 있을 정도로 술을 좋아하여 실수가 많았다. 그는 반란을 일으킨 왕돈(王敦)에 의해 죽임을 당하는데, 만취하여 제대로 말을 하지 않은 탓이었다. 왕돈이 반란을 일으켰을 때였다. 그의 사촌 왕도(王導)가 때마침 궐로 들어오는 주의를 보고 일가의 목숨을 살려 달라고 간청했다. 왕돈의 반란으로 말미암아 왕씨 일가가 멸문지화의 위기에 빠졌던 것이다. 주의는 곧장 조정에 들어가 왕도는 충신이니 죽이면 안 된다고 황제에게 간언했다. 황제가 그 간언을 받아들이자 주의는 너무 기뻐 술을 잔뜩 마시고 나서야 조정을 나왔다. 이때 왕도가 주의를 불렀다. 주의는 술에 취해 좌우 시종에게 "저 역적들을 도륙해야 높은 관직에 오를 수 있소." 하고만 말했다. 왕도는 그 말을 곧이곧대로 받아들였다. 훗날 왕돈이 반란을 성공시킨 뒤 주의를 죽일지 말지 왕도에게 물었을 때 왕도는 아무

대답도 하지 않았다. 주의의 취중 발언을 그대로 받아들여 악심을 품었던 것이다.

'주고'는 주공의 동생 강숙(康叔)이 은나라 고도(故都)에 부임했을 때 그 지역 백성들이 술을 너무 좋아하므로 주공이 이를 경계시키기 위해 지은 글이다. '빈지초연'은 위나라 무공이 술을 마신 뒤 허물을 뉘우치는 뜻을 읊은 시이다. 양자운은 맹자의 성선설과 순자의 성악설 사이에서 인간의 본성에는 선악이 혼재한다고 주장한 한대의 사상가 양웅(楊雄, BC 53~AD 18)이다. 그의 '주잠'은 주객(酒客)과 선비를 각각 술 부대[鴟夷]와 우물가 두레박[井瓶]에 빗대어 쓴 글로 주객이 법도 있는 선비를 조롱하는 내용을 담고 있다. 당시 황제였던 성제가 주색에 빠진 것을 풍간하는 취지로 지은 글이었다. 앞에서 언급한 진준이 양웅의 '주잠'을 읽고 자신은 술 부대에, 장송은 우물가 두레박에 빗대어 장송을 놀린 바 있다.

범노공은 북송의 명재상인 노국공 범질을 말한다. 조카 범고가 자신을 천거해주기를 바라자 범질이 '너에게 술을 즐기지 말기를 경계하노니, 술은 미치게 만드는 약이요 좋은 음식이 아니다'는 내용의 시를 지어주었다.

굴원은 전국시대 초기 초(楚)나라 왕족이자 충신으로서 회왕에 의해 중용된 인물이다. 견문이 넓고 기억력이 뛰어나고 역대 치란에 밝았다. 초나라를 부강하게 하기 위해 회왕은 굴원에게 헌령(憲令)을 기초하도록 명을 내렸다. 굴원은 구상을 다지고 초안을 잡았다. 정적 근상(靳尙)이 그 초안을 내놓으라고 하자 굴원은 거절했다. 근상은 "굴원이 학식을 빙자하여 대왕을 업신여기며 무엇인가 딴마음을 품고 있는 듯합니다." 하고 회왕에게 굴원을 참소했다. 회왕은 그 말을 믿고 굴원을 배척했다. 이런 회왕의 처사에 굴원은 장편의 시로써 울분을 토로했는데 그 시가 '이소(離騷)'이다. '離'는 만나다를 뜻하고 '騷'는 근심을 뜻한다. 즉 근심을 만났다는 뜻이다. 그 후 초나라는 제나라와 단교하면 600리 땅을 떼어주겠다는 미끼에 속아 진(秦)나라 장의(張儀)의 연횡설을 수용했다. 소진(蘇秦)의 합종설에 입각하여 진나라와 대결하던 정책을 바꾼 것이다. 제나라와 친교를 끊자 초나라는 고립무원의 지경에 이르렀고 급기야 진나라의 침략에 직면하게 되었다. 굴원은 다시 등용되어 수도인 영으로 돌아왔으나 거듭되는 근상의 참소 때문에 강남지방으로 추방되었다. 굴원은 상수(湘水)가를 방황하면서 시 '천문(天問)'을 써냈다. 172가지 의문을 제기하여 하늘에 호소하는 형식의 시로 울분과 탄식을 표현했다. 회왕의 아들인 경양왕 27년(BC 278)에 초나라는 멸망한다. 진나라 장수 백기(白起)가 드디어 초나라 수도 영을 함락시키고 선왕의 무덤인 이릉(夷陵)을 불태웠다. 이 소식을 들은 굴원은 '어부사'를 남기고 분연히 돌을 안고 멱라수에 몸을 던져 죽었다. 어부사를 통해 굴원은 자신이 추방당한 이유를 '뭇사람이 모두 취해 있는데 나만 홀로 깨어 있어[衆人皆醉我獨醒]'라고 밝혔다. 굴원이 죽은 날이 음력 5월 5일이다. 이 단오절이 바로 굴원을 기리는 날이다. 단오절 음식으로 쫑즈(粽子)가 있다. 물고기들이 굴원의 시신을 먹을까 염려하여 쫑즈를 고기밥으로 강물에 던져주고 시신을 찾았다는 데에서 유래한 음식이다.

이 답장에서 깨어 있는 사람의 대표 격으로 굴원이 등장했다면 술 취한 사람의 대표 격으로는 백륜이 나온다. 백륜은 유영(劉伶, 221~300)의 자이다. 《삼국지연의》의 배경인 위진시대 죽림칠현 중 한 사람이다. 죽림칠현은 부패한 정치권력에 대한 저항의 뜻으로 벼슬을 멀리하고 현실을 도피하여 죽림으로 숨어든 일곱 선비를 일컫는다. 그들은 모두 무한 주량을 자랑하는 호주가였는데 그중에서도 유영이 으뜸이었다.

하루는 유영의 처가 울면서 술을 끊으라고 애원했다. 유영은 신에게 기도하고 금주를 맹세할 테니 신주(神酒)를 가져오라고 했다. 처가 신주를 가져오자 유영은 '하늘은 유영을 낳고, 술로써 이름을 날리게 하셨다'며 기도하는 듯싶더니 신주를 단숨에 들이켜고 취해버렸다. 유영은 집에 있을 때 취하면 옷을 홀딱 벗곤 했다. 그 모습을 본 사람이 그를 비난했다. 유영은 "나는 천지를 집으로 생각하고 집을 의복이라고 생각한다네. 자네는 왜 내 의복 속으로 들어오는가?" 하고 응수했다. 한번은 유영이 상대가 안 될 만큼 건장한 사람과 술을 마시다 싸움이 벌어졌다. 그 사람이 주먹을 치켜들고 때리려 하자 유영은 "나는 계륵(鷄肋) 같은 사람이니 자네가 주먹 쓸 가치가 없네." 하여 봉변을 면했다. 취중에도 상황을 파악하고 대처하는 능력을 가지고 있었던 것이다. 아무리 술에 취해도 쓸데없는 싸움은 피하려는 군자의 면이라고 보아야 할지?

많은 시문을 남긴 죽림칠현과 달리 유영은 술의 덕을 칭송한 '주덕송' 한 편만 남겼다. 이 글은 《고문진보》 후집에 수록되어 있다. 만취한 사람이라면 누구나 술의 덕을 느낄 수 있으니 술이야말로 시공을 초월하게 하고 물아일체의 경지에 이르게 한다는 내용을 담고 있다.

맹자가 이르기를, 백이는 성인으로서 청렴한 사람이고 유하혜는 성인으로서 온화한 사람[伯夷聖人之清者也 柳下惠聖人之和者也]이라고 했다. 주나라 무왕이 은나라를 정벌하자 백이는 이를 불충이라고 보아 주나라 조정에 나가지 않았다. 유하혜는 노나라 대부로서 군주의 성품이 어떠하든 백성에게 도움이 된다면 벼슬길에 나가고 잘리면 물러났다. 언제나 사심 없이 일에 전념하며 스스로를 지켰던 것이다. 이렇듯 백이와 유하혜는 진퇴 · 거취가 판연히 달랐지만 맹자는 두 사람을 모두 성인의 반열에 올렸다. 각각 진퇴 · 거취의 전범이 된다는 것이다. 술을 마시거나 말거나 나름의 이유가 있다는 것이 남효온의 논리이다.

목생은 한나라 초원왕(楚元王)의 총애를 받는 신하였다. 그가 술을 좋아하지 않았기 때문에 초원왕은 잔치를 베풀 때마다 항상 그를 위하여 단술을 준비시켰다. 그 뒤 초원왕이 죽고 이왕(夷王)과 무왕(戊王)이 즉위해도 초원왕 때와 다름없이 목생을 대우했다. 그러나 길게 가지 않았다. 단술을 준비하지 않았던 것이다. 목생은 신하를 대하는 무왕의 뜻이 태만해졌다고 판단했다. 그는 무왕 곁을 물러나면서 "지금 떠나지 않는다면 앞으로 초나라 사람들이 길거리에서 내게 재갈을 물릴 것이다." 하고 말했다. 결국 무왕은 오나라와 함께 반란을 일으켜 양(梁)나라를 공격했다가 패하여 스스로 목숨을 끊었다. 이로써 목생을 가리켜 앞날을 내다보고 한발 앞서가는 혜안의 소유자라고 일컫게 되었는데, 술을 못 마시게 된 남효온이 목생을 자처하고 있는 것이다.

'烏兎(오토)'에서 '烏'는 까마귀로 해를, '兎'는 토끼로 달을 가리킨다. 세월을 뜻하기도 하지만, 여기서는 도가의 연단을 뜻한다. 《홍보》는 중국 한나라 회남왕 유안이 베개 속에 간직했던 도술 서적인데, 신선의 도술을 상징한다.

남효온과 김시습이 망년지우 사이였던 것은 분명하지만 스무 살이란 나이 차이로 보아 두 사람 사이는 사제에 가까웠다고 하는 것이 더 적절한 표현일 것이다. 남효온과 교유했던 같은 세대 인물을 살피려면 먼저 그의 성균관 수학 시절로 돌아가야 한다.

남효온은 한양 오부학당의 하나인 남학(南學)을 거쳐 성균관에 진학했다. 당시 성균관에서는 은진 출신 유생 강응정(姜應貞) 등의 주도하에 소학계(小學契)가 결성되는 등 유교의 근본적 실천을 강조하는 도학주의가 태동하고 있었다. 소학계 회원으로는 박연, 김용석, 신종호, 손효조, 정경조, 권주, 정석형, 강백진, 김윤제 등이 있었다. 이들은 매월 초 정례적으로 모여 《소학》을 강론했다. 강응정을 공자, 박연을 안연으로 부르면서 결속을 다지고 《소학》을 철저하게 실천했다. 이때 남효온은 동년배인 이심원, 강응세, 김굉필, 정여창 등과 함께 그 세례를 받았을 것이다. 특히 김굉필, 정여창 등이 평생 '소학동자'를 자처했던 것은 그것과 맥락을 같이하는 일이었다.

남효온은 《소학》을 통해 유교적 실천을 강조하는 선을 넘어서 더욱 적극적인 정치 참여를 지향했다. 특히 동년배로서 생원진사시에 같이 급제한 이심원(李深源)과 의기투합했다. 1478년(성종 9) 이심원은 훈구공신 세력의 퇴출을 주장함으로써 먼저 세상을 놀라게 했다. 그로부터 보름 뒤 흙비가 무섭게 내렸다. 놀란 성종이 이런 재앙은 분명 까닭이 있다고 여겨 신하들에게 직언을 구하자, 남효온이 그에 응해 상소를 올렸다. 여러 가지 시폐와 그 대책을 진술하는 가운데 단종의 모후 현덕왕후의 소릉을 복위시켜야 한다는 주장을 담았다. 천재지변은 세상의 억울함을 반영하는바, 단종 모자의 억울함이 흙비의 근본 원인이라는 논리였다. 남효온이 완곡한 표현을 썼음에도 불구하고 금기였던 세조의 어두운 치세를 공개적으로 들추어냄으로써 엄청난 파장을 일으켰다. 그의 나이 25세 때의 일이었다.

현덕왕후는 단종을 낳다가 산고로 죽었다. 그 뒤에 현덕왕후의 어머니 아지와 동생 권자신이 단종 복위 사건에 연루되어 죽고, 단종이 노산군으로 강등됨에 따라 현덕왕후는 폐위되었다. 그 복위를 남효온이 주장한 것이다. 일단 소릉복위는 문종의 왕비를 복위시키는 것이었지만, 단종 폐위와 맞물린 세조 즉위와 그로 인해 배출된 공신의 명분을 부정하는 의미로서, 세조의 손자였던 성종과 세조의 공신들이 권력을 장악하던 당시에는 금기 사항이었다. 도승지 임사홍과 영의정 정창손 등 당국자들이 나서서 그를 잡아다 국문할 것을 주장하기까지 했다. 세상 사람들도 그를 미친 선비로 지목할 만큼 충격적인 일이었다.

남효온의 상소가 조정에 파장을 일으키고 공신들의 반발을 샀음에도 불구하고 처벌로 이어지지는 않았다. 광동(狂童)의 헛소리일 뿐이니 불문에 부친다는 것이었다. 남효온의 현실 참여의 뜻은 좌절을 면할 수 없었다. 현군의 자질을 지닌 성종 시대가 열렸으니 새로운 세상에 대한 기대가 한껏 부풀어 있었다. 그것이 물거품이 된 듯했다.

이심원과 안응세(安應世)의 불행은 좌절을 심화시켰다. 훈구공신의 퇴출을 주장하는 상소를 올렸던 이심원은 남효온과 마찬가지로 당장의 처벌을 면했지만, 얼마 지나지 않아 결국 유배되어 장단과 이천을 전전했다. 이심원은 자신을 태종의 넷째 아들 성녕대군의 봉사손으로 들이려 한 조부의 뜻에 불응했고, 훈구파의 핵심 인물이었던 고모부 임사홍의 간사함을 고발했다는 이유로 급기야 조부를 비롯한 내외의 친족에 의해 불효불목(不孝不睦)이란 죄목에 걸려들었다. 이심원의 불행은 남효온에게 동병상련의 아픔을 주었다. 설상가상으로 그때 절친 안응세마저 유명을 달리했다. 안응세는 본관이 죽산(竹山)으로 자는 자정(子挺)이고, 호는 월창(月窓)이다. 그는 남효온과 사마시 동년 급제자로 남효온 스스로 가장 친한 벗은 안응세라고 여러 차례 고백한 바 있다. 그는 고결한 성품에 엄준한 성인군자 그대로라고 칭송받는 한편, 술을 너무 좋아한 것이 흠으로 지적되었던바, 남효온과 음주를 매개로 격의 없이 교유했을 것으로 짐작된다. 남효온과 동년배인 그는 26세에 요절한다.

그즈음에 남효온과 김시습의 교유가 시작된 듯하다. 김시습이 경주를 떠나 한양으로 올라왔다가 1483년 다시 관동으로 내려가는데 아마 그 사이의 일일 것이다. 남효온은 1480년(성종 11) 사마시에 합격했으나 끝내 대과에는 응시하지 않았다. 그러자 김시습이 그에게 "나는 선왕의 두터운 은혜를 받았으니 벼슬하지 않는 것이 마땅하네만, 그대는 나와 다르니 세도를 위해 한번 벼슬길에 나가는 것이 옳지 않겠는가?" 하고 물었다. 남효온이 답하기를, "소릉이 복위된 뒤에 응시해도 늦지 않을 것입니다." 하니, 김시습이 더 이상 권하지 않았다고 한다.

김시습은 자신도 벼슬길에 나가지 않았다. 세조 집권 초기에는 단종 복위 시도 사건과 이시애의 난 등으로 극심한 혼란을 겪었지만 이후 강력한 통치를 통해 표면적으로는 국정이 안정되어갔다. 그러나 예종 즉위 후 남이(南怡, 1441~1468) 등을 역모로 몰아 처형시킨 '남이의 옥사'가 일어나고, 그 파장이 가시기도 전에 예종이 요절, 어린 성종이 즉위함에 따라 정치적 혼란은 심화되었다. 그러나 성종이 성장했을 때에는 삼대에 걸친 왕위 계승을 통해 정권의 정당성이 확보됨으로써 안정된 치세의 기미가 보이기 시작했다. 성종은 세조의 혈통이었지만 세조 대 공신들에 대해 비판적인 김종직 등 이른바 사림 계열을 중용함으로써 새로운 정치를 기대하게 만들었다. 김시습도 그런 분위기에 따라 닫힌 마음을 열고 벼슬길을 다시 생각하기도 했다. 그러나 김시습은 끝내 벼슬길에 나가지 않았다. 기본적으로 세조의 뒤를 이은 정권의 정당성을 받아들일 수 없었기 때문에 그랬을 것이다.

이러한 정치적 행보로 말미암아 김시습은 절의파로 불린다. 절의파란 그때그때의 추세나 업적 또는 이익보다는 영구불변의 대의명분에 일생을 건 사람들에 대한 호칭이다. 조선 절의파는 주로 세조의 왕통을 부정한 소위 사육신, 생육신 등을 가리킨다. 그 정신적인 계보는 조선왕조의 수용을 거부한 두문동 72현으로 소급되고, 조선왕조 창건 이전에 피살된 고려의 충신 포은 정몽주까지 거슬러 올라간다.

두문동은 개성 교외 만수성 남쪽에 있던 마을이다. 72현의 숫자나 명단은 다분히 허구적이지만 신규, 임선미, 김충한, 조의생, 민안부, 성사제, 이의 등의 이름이 회자되고 있다. 조선왕조에 출사하기를 거부한 고려 유신들이 두문동에 모여 집단생활을 했는데, 이방원이 그들을 해산시키기 위해 마을에 불을 질렀고, 그중 일부가 불에 타 죽었다고 한다. 두문동 유신들 중 가장 젊었던 황희는 백성을 위해 출사하라는 선배와 동료들의 권고를 받아들여 두문동에서 나왔다는 설이 있다. 아무튼 후세 사람들에게 절의파는 정몽주와 두문동 72현의 불사이군 정신을 계승한 선비들로 인식되고 있다.

절의파는 후세에 붙은 이름일 뿐 실제 세력으로 그 존재를 드러냈던 것은 아니었다. 정치 일선에 나서기를 거부함으로써 정신적으로만 생명력을 지닐 수 있었지만, 그래서 영생을 누릴 수 있었다. 정치 세력으로서의 의미는 사림파에게 부여되었다. 사림파는 절의파를 대신하여 세조 이래의 훈구공신 세력과 대립했다. 그 과정에서 사림파는 엄청난 시련을 겪지 않을 수 없었다. 사림파의 종장 김종직이 쓴 〈조의제문(弔義帝文)〉이 세조의 정당성을 부인하는 취지의 글이라 하여 본인은 부관참시를 당하고 후학들도 살상을 당했다.

남효온은 죽림거사를 자처했다. 홍유손, 신영희, 한경기, 우선언, 이정은, 이총, 조자지, 이현손, 노섭, 유방 등과 주로 어울렸다. 그들은 3세기 후반 현실도피적인 청담에 몰두하던 중국 위진시대의 죽림칠현을 닮고자 했다.

남효온이 29세가 되던 해인 성종 13년(1482) 어느 봄날, 일행은 조자지의 집에 모였다. 그때 홍유손이 "오늘날 세상이 벼슬하기에는 마땅치 않으니 우리는 죽림칠현이 되어 호탕한 놀이나 하자."라고 제안했다. 남효온, 홍유손, 조자지를 비롯하여 이정은, 이총, 우선언, 한경기는 중국 청담파가 즐겨 썼던 소요건(逍遙巾)을 준비하고 술과 안주를 가지고 흥인문 밖 대밭에 모였다. 이현손, 노섭, 유방 등은 뒤늦게 합석했다. 일행은 날이 저물도록 화타(華陀)의 비방(秘方)으로 빚었다는 도소주(屠蘇酒)를 돌리면서 한껏 노래하며 춤추다 헤어졌다. 그들은 죽림거사 또는 죽림우사(竹林羽士)를 자처했다. 우사란 선인(仙人)을 추구하는 도교의 도사(道士)를 달리 이르는 말인데, 선인은 날개가 있다는 데에서 유래한다.

중국 후한 말, 환관이 득세하여 비리가 만연하자 정치 비판 즉 인물평론을 중심으로 경세를 지향하는 청의(淸議)가 일어났다. 청의를 주장한 무리는 자신들의 관로를 막은 당고(黨錮)의 화를 겪으면서 경세를 포기하고 은둔을 지향하게 된다. 삼국시대 촉(蜀)나라의 정치가 제갈공명 같은 존재를 청의의 한 부류라고 볼 수 있다. 위(魏)나라에 이르러 언론 탄압이 자행되고 유학이 쇠퇴하자 청의는 노장(老莊)의 공리(空理)에 바탕을 둔 철학적 담론으로 변질되었다. 이를 청언(淸言)이라고 한다. 위나라 말기에는 사마(司馬)씨 일족이 국정을 장악하고 전횡을 일삼자 청언은 현실도피를 노골적으로 추구하는 청담(淸談)으로 다시 변질되었다. 위나라 하안(何晏)과 왕필(王弼)이 그 선구였고, 죽림칠현에 이르면 청담은 극에 달해 난숙하게 된다.

위진시대는 소설《삼국지》에 나오듯 조조의 위나라가 한나라 왕조를 끊고 그 조위를 진나라가 대체하는 과정에서 들어선 시대였다. 진나라는 조조의 책사로서, 유비의 촉나라 제갈공명과 경쟁했던 사마의의 아들 사마소로부터 출범했다. 아무튼 위진 교체기는 적어도 표면적으로 대의를 기치로 내걸었던 삼국시대와 달리 불의와 폭력이 노골적으로 난무하던 시대였다. 사마씨에 의한 왕조 찬탈은 그 자체가 불의였다. 그 과정은 살육을 불사하는 폭력으로 얼룩졌고, 숨 막히는 감시와 숙청이 잇달았다. 일군의 문사들이 그에 대한 저항의 뜻으로 현실도피를 추구하여 청담과 음주, 시문, 가무 등을 일삼았다. 혜강(嵇康), 완적(阮籍), 산도(山濤), 향수(向秀), 유영(劉伶), 완함(阮咸), 왕융(王戎) 등 7인이 바로 죽림칠현이다. 그중에서도 대표 격이었던 혜강은 사마씨에 반대하는 진영에 가담했다. 진왕조가 성립된 뒤 그에 대한 반감을 청담과 음주 등을 통해 감추었음에도 불구하고 끝내 처형을 면치 못했다. 이후 중국 위진시대의 죽림칠현은 권력에 대한 저항의 표현으로서 현실도피를 추구하는 문사의 모델이 되었다.

우리 역사에서 청담의 부류는 남효온 등의 죽림우사 말고도 그 앞뒤로 또 있었다. 먼저 고려 후기 무인 시대에 즈음하여 이인로(李仁老), 오세재(吳世才), 임춘(林椿), 조통(趙通), 황보항(皇甫抗), 함순(咸淳), 이담지(李湛之) 등 일군의 문사들이 난세의식을 공유하고 음주와 시문에 탐닉했다. 그들을 중국의 죽림칠현에 준하여 강좌칠현 또는 해좌칠현이라고 했으며, 그 모임을 죽림고회라고 불렀다.

그 뒤로는 조선 광해군 때 고관의 서자(庶子) 7인이 정계에 진출할 수 없는 신세를 한탄하며 소양강가에 무륜당(無倫堂)을 짓고 그곳에서 시를 쓰고 술을 마시며 함께 지냈는데, 그들 역시 중국의 죽림칠현에 준하여 강변칠우(江邊七友)를 자처했다. 영의정 박순(朴淳)의 서자 응서(應犀), 목사 서익(徐益)의 서자 양갑(洋甲), 심전(沈銓)의 서자 우영(友英), 병사 이제신(李濟臣)의 서자 경준(耕俊), 상산군(商山君) 박충간(朴忠侃)의 서자 치인(致仁)·치의(致毅), 그리고 신원미상의 서얼 허홍인(許弘仁) 등 7인. 그들은 조령(鳥嶺, 문경새재)에서 은을 싣고 가던 상인을 죽이고 은 수백 냥을 약탈한 죄로 체포된 이른바 칠서(七庶) 사건을 일으켰다. 그것은 소북파와 대북파의 당쟁에 이용되어 소북파가 숙청당하는 계축옥사(1613)로 이어졌다.

칠서의 계축옥사 즈음, 조선에서는 임진왜란을 거치며 그 책임 선상에서 사족 적자 중심의 경직된 사회질서에 대한 저항이 분출되고 있었다. 칠서 사건은 재능이 뛰어난 서자들이 세상에 대한 불만을 표출한 사건이었다. 이 사건은 정인홍과 이이첨 등 집권파였던 대북 세력이 반대파인 소북 세력을 제거하는 데 이용되었다. 대북 세력은 정권의 안정을 위해 영창대군과 인목대비를 제거하려고 획책했던바, 칠서 사건의 배후에 영창대군과 인목대비를 옹호하는 서인과 남인이 있고, 그리고 다시 그 배후에 소북 세력이 그들과 제휴하고 있다고 몰아갔다.

칠서 사건 하면 무엇보다 허균을 빼놓을 수 없다. 칠서는 허균의 지인들이었다. 그 사건은 그의 작품《홍길동전》의 모티브이기도 했다. 허균은 그 사건에 연루된 것이 아니냐는 의혹을 피할 수 없었다. 그는 집권파 이이첨 등과의 교분을 통해 처벌을 모면했다. 그러나 5년 뒤 이이첨과 허균이 대립하게 되면서 그 사건이 재론되어 결국 허균은 역모의 죄로 능지처참을 당하고 만다.

세조의 왕위 찬탈에 대한 논란은 이미 삼대가 흐른 성종 대인 만큼 직접적인 논란의 대상에서 벗어나 있었다. 그러나 이른바 훈구공신의 특권은 대가 바뀌었음에도 불구하고 그때마다 공신 훈작을 더하여 배가됨으로써 훈구 세력의 기원인 세조의 왕위 찬탈의 부당성을 되새기게 만들었다. 그것을 감수하는 대가로 드러난 기대 심리는 훨씬 더 도덕적인 정치에 대한 요구로 나타났다. 말할 것도 없이 청담은 그런 비판의식의 발로였다.

청담파 교유에 있어서 눈에 띄는 존재는 홍유손, 한경기, 유방, 노섭 등이다. 홍유손은 남효온보다 스무 살 더 많은 향리 출신의 선비였다. 한편 한경기는 한명회의 손자였고, 유방과 노섭은 각각 유자광과 노사신의 아들이었다. 한명회, 유자광, 노사신은 모두 훈구공신 중 핵심이라 할 만한 존재였다. 훈구공신의 과도한 특권과 전횡을 묵과할 수 없어 현실을 외면한 사람들 중에 핵심 훈구공신의 자제들이 있었던 것이다. 청담파는 신분과 세대를 초월한 집단이었다. 청담이 그만큼 폭넓은 동조를 얻고 있었고, 일면 성종 대의 시국이 청담을 포용할 만한 여유가 있었다는 뜻일 것이다. 뒷날 연산군 대에는 시국이 경색되어 사화가 일어나자 청담파 인사들이 거기에 연루되어 일망타진되다시피 한다. 그때 훈구공신의 자제들은 가문의 비호를 받아 살아남는다.

청담은 분명히 시대와 사회에 대한 극단적 비판의식의 발로였지만, 현실도피를 지향함으로써 한계와 비판을 면할 수 없었다. 현실의 변화를 추동하는 데 필요한 자세와 역량을 결여했기 때문이다. 그러한 비판의 주체는 이른바 도학파였다. 김굉필과 정여창 등이 도학파의 선봉이었다. 남효온이 위언격론(危言激論)을 불사하자 김굉필과 정여창 등 도학파는 무모하다는 이유로 그에 동조하지 않았다. 남효온, 홍유손, 신영희 등이 죽림우사를 자처했을 때 도학파는 그들이 세상을 깔보고 시사를 비웃는다고 비판했다. 경박하고 무책임한 냉소주의라는 것이었다.

도학파는 청담파와 비판 정신을 공유했지만, 현실도피가 아니라 현실참여를 사명으로 인식했다. 도학파는 현실과 시대에 대한 학문적 성찰을 무엇보다 강조했다. 도학파에게는 물러남이 나아감 즉 직접 참여 이상으로 비중을 지니지만, 도학파는 그것을 청담파의 현실도피와 질적으로 다르다고 구별했다. 도학파의 물러남은 학문적 성찰을 뜻했다. 도학파의 관점에 따르면 청담론은 방향감각과 속도감각을 상실한 오류로 보였다.

도학파와 청담파의 차이는 시문론에서도 잘 드러난다. 도학파는 불교나 노장적 청담은 물론 유교 내에서도 시문을 그 자체로 중시하는 문학론을 이단시했다. 도학파의 시문론은 당대의 문호이자 스승이었던 김종직마저 시문에 빠졌다고 하여 비판한 데에서도 드러난다. 남효온은 김종직에게 직접 수학한 바가 없었지만 말년에 그와 상봉하고 서신을 주고받기도 하면서 김종직을 스승으로 받들었다. 남효온은 도학파의 비판을 인정하지 않았다. 세상의 불의와 비리를 직시하고 표현하는 것, 적어도 풍자하는 것이 시문의 역할이라고 보는 청담의 관점에서 볼 때 도학파는 독선적이고 위선적이었기 때문이다. 남효온이 죽음을 앞두고 와병 중이던 때에 김굉필이 문병을 왔으나, 남효온은 돌아보지도 않았다.

청담파와 도학파 그리고 김종직의 관계에서 눈에 띄는 존재는 김일손이다. 김일손은 1464년생으로 남효온이나 김굉필보다 열 살 어린 후배였다. 그의 근거지가 청도였던 만큼 인근의 선산과 밀양을 오갔던 김종직이나 현풍 땅 김굉필과 자연스럽게 명실상부한 사우관계를 맺게 되었다. 김일손은 약관 시절부터 빼어난 문장으로 소문난 터였다. 문학적 감수성이 뛰어났던 김일손은 시문을 중시하던 청담파와 교유관계가 돈독했다. 남효온과 김종직 그리고 김굉필의 착잡한 관계에서 김일손은 그들 모두와 두터운 신뢰를 유지했다.

남효온은 말년에 가까운 1490년 삼각산 중흥사에 다시 나타난 김시습을 김일손과 함께 찾았다. 세 사람의 만남은 상징적이다. 그때 남효온이 〈육신전〉 저술을 막 마치고 난 다음의 일이었다. 이 작품은 그의 일생에 분수령이 되었던 '소릉복위소'에서 한발 더 나아가, 단종의 복위를 도모하다가 처형당한 사육신의 전기였다. 세조 시대를 받아들일 수 없어 세속을 떠난 김시습, 소릉복위소와 〈육신전〉을 쓴 남효온, 그리고 김일손이 만난 것이다.

특히 김시습은 〈육신전〉의 주인공들인 사육신의 시신을 거둔 사람이다. 세조 2년(1456) 단종 복위를 기도했다가 실패한 성삼문 등 이른바 사육신이 거열형(車裂刑)을 당해 죽던 날, 온 장안 사람들이 살벌한 분위기에 눌려 벌벌 떨고 있을 때 한밤중에 몰래 버려진 시신들을 바랑에 담아다가 임시로 노량진 강변에 매장한 사람이 바로 김시습이었다고 전한다. 지금 노량진에 있는 사육신 공원의 유래가 여기서 시작됐다.

김일손은 남효온 사후 소릉복위소를 세 번에 걸쳐 올리고, 노산군의 입후치제(立後致祭) 즉 후사를 정하여 제사 지낼 것을 주장했다. 노산군의 입후치제는 이루어졌다. 얼마 후 성종은 한때는 국모였던 노산군 부인 송씨에게 적몰 재산을 돌려주었고, 송씨는 정미수(鄭眉壽)를 양자로 삼아 제사를 맡겼다.

정미수는 단종의 생질이었다. 단종의 누이 경혜공주(敬惠公主)와 정종(鄭悰) 사이에서 태어났다. 그는 정종이 역모의 죄로 처형되고 경혜공주가 관비로 전락한 상태에서 태어난 유복자였다. 문종의 외손으로 유일하게 살아남은 혈육이었다. 세조의 정비 정희왕후가 정미수를 거두었는데, 그는 성종이 어린 시절 임금이 되기 전 궁궐 밖에 살 때 곁에서 성종의 시중을 들었다.

김일손은 김종직의 〈조의제문〉을 사초에 올렸다. 그것은 중국 초나라 의제(義帝)를 애도하는 제문 형식의 글이다. 그러나 속뜻은 단종의 죽음을 애도함으로써 세조의 등극을 비판하는 내용이었다. 그것은 뒷날 연산군 때 대역 불충의 표출로 고발되어 관련자들이 일망타진되는 이른바 무오사화의 빌미가 되었다. 김종직은 그 작자로서 부관참시를 당했고, 그 글을 사초에 올렸다는 이유로 김일손은 능지처참을 당했으며, 같은 맥락에서 소릉복위소의 선구 남효온은 부관참시를 당했다. 김굉필과 정여창 등 도학파도 당여라 하여 화를 당했다.

남효온의 생애는 마흔 살도 못 채운 채 마감되어 비교적 짧은 편이었는데, 생애 후반마저도 현실과 유리된 방외인의 삶이었다. 그러나 남효온은 지성사적으로 중요한 족적을 남겼다. 우선 《귀신론》을 꼽을 수 있다. 주리론에 편중된 조선 유학사에서 기(氣)에 대한 관심은 귀신론으로 전개되었다. 귀신을 하늘과 땅 사이에서 일어나는 기의 현상으로 이해한 것이다. 남효온은 나이 서른 즈음에 그 초고를 끝냈다. 남효온의 귀신론은 김시습의 귀신론을 계승하여 심화시킨 것이라고 볼 수 있다.

김시습은 30대 때 《금오신화》를 집필했다. 이는 〈만복사저포기(萬福寺樗蒲記)〉 등 절간을 배경으로 하는 귀신 이야기, 즉 전기(傳奇)소설의 묶음이다. 그 내용은 일견 '공자는 괴력난신(怪力亂神)에 관해서는 말하기를 삼갔다'는 유교적 합리주의에 저촉되는 기조였다고 볼 수 있다. 그러나 〈신귀설〉 등 다른 글에서 김시습은 귀신을 기의 현상이라고 설파함으로써 오히려 유교의 소박한 합리주의를 넘어 과학적 합리주의로 나아갔다. 김시습의 귀신론에 의하면 '하늘과 땅 사이는 오직 하나의 기의 풀무[天地之間 惟一氣槖籥耳]'이고 귀신이라는 것은 기의 '굴신(屈伸)' 현상일 뿐이다.

김시습과 남효온의 귀신론은 모두 성리학의 선구 주돈이, 장횡거, 소옹 등의 '기'론에 바탕을 둔 것이었다. 그러나 김시습이 스스로 승려 행세를 하고 남효온이 청담을 자처한 대목에서 알 수 있듯이, 그들의 기론은 각각 불교와 노장사상 내지 도교적인 외피를 입고 있었다. 김시습과 남효온의 그런 한계는 서경덕에 의해 극복된다. 서경덕의 주기론에 와서야 본격적으로 성리학적 기론에 입각한 조선 기학의 계보가 시작된다. 김시습과 남효온의 귀신론이 그 선구였다고 볼 수 있다.

남효온의 저술 가운데 가장 유명한 것은 역시 〈육신전〉이다. 생애 후반인 1489년 35세 때 세거지 의령에 머물면서 저술했다. 1485년 4월 그는 금강산을 유람하고 나서 그해 9월부터 죽기 전 해인 1491년까지 송도를 시작으로 호남, 지리산, 해운대, 청도 운문사, 관서를 유람했다. 마지막에 다시 호서와 호남을 유람했는데, 관서를 유람한 뒤에는 잠시 의령에 머물렀다. 모친의 당부로 선대가 물려준 전장을 살피고 아픈 몸도 돌보기 위해서였다. 〈육신전〉 저술은 그때의 일이다.

육신은 세조의 왕위 찬탈을 부정하며 단종을 복위시키려다 발각되어 처형당한 충신 중 대표 격인 성삼문, 하위지, 유응부, 박팽년, 이개, 유성원 등 6인이다. 세조의 왕통이 계승되는 한 그들은 분명 충신이 아니라 역신이었다. 그러나 정몽주와 마찬가지로 시간이 흐른 뒤 그들은 후세에 충절의 상징으로 반전 · 부활한다. 남효온의 〈육신전〉이 그 결정적 계기가 되었다.

단종 복위 사건 당시 남효온은 두 살이었기 때문에 당시 남은 기록과 전해 들은 말에 근거해 글을 썼을 것이다. 그런 만큼 어느 정도 주관적인 허구가 가미됐을 가능성을 부정할 수는 없다. 남효온이 〈육신전〉의 저자라는 사실 자체를 허구로 보는 설이 있을 정도이다. 그럼에도 불구하고 〈육신전〉은 사실의 기록인 양 권위를 누렸다. 두 세기 반이 흘러 숙종 대에 와서야 단종의 복권과 함께 충신들의 신원(伸寃)이 이루어졌다. 정조 대에는 단종을 위해 충성을 바친 모든 신하에게 어정배식록(御定配食錄, 임금의 명에 의해 공신의 신주를 배향하는 것)을 편정하기에 이르렀다. 모두 〈육신전〉에 입각한 일이었다.

〈육신전〉의 주인공들은 당시 처형당했다는 사실을 강조하려는 뜻에서 사육신으로 불렸다. 한편 세조의 치세를 부당하게 여겨 관직을 포기한 인물들은 생육신으로 추숭되었다. 김시습과 남효온을 비롯하여 원호, 조려, 이맹전, 성담수 등이 생육신으로 불렸다.

남효온을 제외한 생육신은 모두 세조 대의 인물이라 할 수 있다. 세조가 단종을 내쫓고 왕위를 찬탈했을 때(1455) 남효온은 겨우 두 살이었다. 그럼에도 불구하고 남효온은 어느 누구보다 더 자연스럽게 생육신으로 불린다. 25세가 되던 해인 1478년(성종 9)에 올린 소릉복위소와 뒤이어 저술한 〈육신전〉으로 인해 남효온에게 생육신이란 호칭이 부여된 것이다. 그러나 죽은 남효온은 소릉복위소로 말미암아 연산군 10년 갑자사화 때 부관참시를 당하고 그 일족은 몰락하는 화를 당하게 된다.

사육신이라는 말은 남효온의 〈육신전〉에서 연유한 것이며, 생육신은 다시 사육신에서 파생한 말이다. 그런 만큼 생육신은 사육신보다 더 허구적인 측면이 강하다. 뒷세대인 남효온이 생육신에 들어 있어 더욱 그렇다. 그래서 남효온 대신 권절을 생육신에 넣기도 한다. 권절은 문무를 겸비한 선비이자 세조의 회유를 거절한 인물로 유명하다. 아무튼 중종 8년(1513) 소릉복위가 실현되자 남효온은 신원이 되어 좌승지에 추증되었고, 숙종 때 남효온 등 여섯 명이 조려가 배향된 서산서원에 봉향되었는데, 그것이 생육신의 유래로 추정된다.

남효온이 소릉복위 상소나 〈육신전〉을 저술한 취지는 모두 분명히 세조 대 이래의 훈구공신 세력에 대한 반대였다. 훈구공신 세력에 대한 비판은 당시 공론에 가까웠다. 남효온이 유독 격하게 비판적 입장을 취했던 것은 그의 가계와 관련이 있을지도 모른다.

남효온은 의령 남씨로서 그의 고조부는 남재(南在)이다. 남재는 동생 남은(南誾)과 함께 일등 개국공신이었다. 남은은 정도전과 같이 이방원에 의해 제거되지만, 형 남재는 태종 즉위 후 영의정에 오른다. 그러나 그 뒤 증조부 남간(南簡)은 종삼품 직제학, 조부 남준(南俊)은 정6품 감찰, 그리고 부친 남전(南佺)은 생원에 그치는 등 가세가 기운다. 증조부 남간의 맏형 남지(南智)가 김종서 등과 같이 단종 때 고명대신을 지냈고, 둘째 형 남휘(南暉)의 손자가 남이였다는 것이 그와 관련이 있을 것 같다. 남지는 계유정난 때 세조에 의해, 남이는 신구 공신 간 권력투쟁의 와중에 역모를 꾸몄다 하여 예종에 의해 제거되었다. 남효온의 장인 윤훈은 세조 초기에 공신이었지만 사노를 죽였다는 이유 등으로 성종 때까지 직위를 박탈당했는데, 그것 역시 남효온 가문의 쇠락과 무관하지 않을 것이다.

그렇다고 남효온의 가문이 완전히 몰락했던 것은 아니다. 그랬다면 수학이나 청담적인 생활조차 어려웠을 것이다. 유한(有閑)의 신분이 아니고는 불가능에 가까운 생활이었기 때문이다. 남효온은 세거지 의령에 물려받은 재산이 있었다. 한양에서 태어나 살며 경기 일대에 그만한 경제적 기반을 쌓고 있었던 것이다. 그는 고양 행주에 있는 전장(田莊)으로 생계를 유지하며, 그곳에 경심재(敬心齋)라는 현판을 걸고 독서와 집필에 힘썼다. 한강 마포와 동작, 서강을 오가며 노닐었고, 지금의 난지도 자리인 양화진 근처 압도에 띠풀로 집을 짓고 기거하기도 했다. 그러다가 팔도 유람을 떠나곤 했다.

세조를 계승한 후대의 왕들은 남효온의 〈육신전〉을 단호히 부정했다. 중종 때 소릉복위가 실현됨에 따라 상소에 대한 신원은 이루어졌지만, 〈육신전〉을 둘러싼 논란으로 말미암아 더 이상의 추증은 없었다. 그러나 언급한 바와 같이 숙종 대를 거쳐 정조 대에 와서 〈육신전〉은 공인되고 남효온은 이조판서에 추증되었다.

그런데 뒷날 뜻밖의 반론이 제기된다. 1970년대의 일이다. 사육신에 유응부를 대신하여 김문기가 들어가야 한다는 주장이 나왔다. 실록에 입각하여 〈육신전〉을 반박한 것이다. 실록에 의하면 사육신에 유응부가 아닌 김문기가 거론되며, 함길도절제사와 재상을 지낸 사람이 김문기하나밖에 없는 것으로 나온다. 남효온이 실록을 볼 수 없었으니 사실을 혼동했다는 것이다. 아무튼 이 반론은 국사편찬위원회에 회부되어 인정을 받았고, 김문기는 사육신의 묘역에 봉안되기에 이르렀다. 그때 항간에는 김문기의 창녕 김씨 후손들이 실권자 김재규의 힘을 빌려 유응부를 김문기로 바꾸려고 모사했다는 말이 돌았다. 김재규는 중앙정보부장으로서 박정희 전 대통령을 사살한 인물이다.

추강 남효온에게 답하는 편지

김종직이 남효온에게 답하다

추강 족하! 내가 호남에서 (전라도관찰사를 지내고) 한양으로 돌아온 지 거의 반년이 되었는데도 그동안 우리 추강의 안부 서신이 한 번도 오지 않아 이상하게 여겼네. '추강이 지난해에는 호남, 영남을 두루 노닐면서 진한과 변한의 유적들을 남김없이 답사했으니 지금은 철령 이북이나 혹은 패강 이서지방에 있는 것인가, 두만강을 거슬러 올라가 말갈 읍루의 옛터를 바라본 다음 마자수(압록강)에 배를 대놓고 국내성과 환도성 지역을 찾아가 이리저리 배회하며 머물다가 아직 돌아오지 않은 것인가, 그것이 아니라면 어째서 이토록 그림자도 안 보이고 소식조차 없을 수 있단 말인가' 하고 생각했다네.

그런데 오늘 새벽 뜻밖에 재상에게나 올리는 글처럼 반듯하게 쓴 편지를 받았지. 뜯어보니 바로 우리 추강의 편지더군. 아! 추강은 어찌하여 나를 그토록 부끄럽게 대접하는가? 나는 쇠해가는 꼴이 날로 심해져서 겉치레를 돌보지 않은 지가 오래되었는데, 어찌 이리 과분하게 갖추어 쓴 편지를 받을 수 있겠는가?

자술한 만가(挽歌) 네 수가 뒤에 실려 있기에 두세 번 읽고 나서야 비로소 추강이 그간 멀리 노닌 것이 아니라, 병치레했음을 알게 되었네. 한스럽게도 가을, 겨울 이래로 나 또한 아파서 열흘 가운데 아흐레를 누워 있느라 족하를 찾아가 담화를 나눌 수 없었던 걸세. 먼저 그 만가를 완상해보니 족히 도연명과 진소유(秦少游, 1049~1100)의 뒤를 이을 만하더군. 또한 그것으로 인하여 우리 추강의 수명이 다한 것이 아님을 충분히 알 수 있었네. 도연명과 진소유 두 사람의 만가는 모두 임종 시에 지은 것이었지. 그래서 도연명의 것은 매우 허탈하고 진소유의 것은 몹시 슬프기만 할 뿐이라, 굽이굽이 이어가는 맛은 없더군. 우리 추강은 마치 세상에서 액운을 만나 상심한 듯 끝부분에 '36년을 지나는 동안〔三十六年間〕 언제나 세상 사람들의 시기를 받았네〔長被物情猜〕'라고 썼지만, 못내 스스로를 존중하고 또 세상을 걱정하는 마음이었네. 이 어찌 아침 이슬처럼 갑자기 죽을 사람의 글이겠는가? 추강 같은 사람에게 병마〔二豎〕가 비록 그 몸을 괴롭힐지라도 그 수요(壽夭)까지 조종할 수야 있겠는가? 다만 '조석 사이에 명이 다하리라〔大數朝夕〕'는 말은 녹명(祿命, 운명론)에 가까우니, 추강으로서는 의당 할 말이 아닌 듯하이.

옛사람 가운데에는 수장(壽藏) 즉 가묘(假墓)를 미리 쓴 사람이 흔히 있었다고 하더군. 또 향리의 노인 가운데에는 관곽을 미리 마련하고, 심지어 의금(衣衾) 등 염습물(殮襲物)까지 완벽하게 준비해두고 스스로 그 속에 누워 있곤 하면서 생을 마칠 때까지 그렇게 지낸 이들을 본 적이 있었지. 그것은 급할 때의 용도에 대비하기 위해서만 그런 것이 아니고, 간혹 은밀히 수명을 기원하는 방술이라 하여 비웃는 사람도 있었네. 지금 추강의 만가도 이와 같은 것이 아닌가? 이 말은 농담일세. 때는 삼지일(三之日, 동지 이후 세 번째 달 즉 정월)이라 양기가 화창하여 만물이 다시 소생하고 있으니, 오직 자당(慈堂) 어른을 위해서라도 삼가 몸 조심하기 바라네. 이만 줄임세.

答南秋江書

秋江足下 僕自湖南還都下 幾及半載 而竊怪吳秋江之問一不至 意以爲秋江往歲 遍遊湖嶺之外 辰弁二韓之遺蹟 搜討無餘 今則其人 必在鐵嶺以北 或浿江以西 溯豆漫 而望勿吉 挹婁之墟 艤馬訾 而訪國內 丸都之域 仿佯底滯而不返尒不然 何其絶無影響 至此極耶 今晨剝啄 忽得淨箚端楷如投公孤之門者 拆而觀之 乃吳秋江之書也 噫 秋江何待僕之薄邪 僕衰朽日甚 不修邊幅 久矣 何以當君子虛辱之儀邪

自述挽歌四章 載其左方 讀之再三 然後始信秋江非遠遊也 乃病也 所恨者秋冬來 僕亦病 一旬九臥 不得造求而晤語也 姑玩其詞 足以嗣淵明，少游之遺響矣 然因是 又足以知吳秋江年齡之不窮也 彼二人之歌 皆臨絶之作 故陶則曠達 秦則哀楚而止耳 更無紆餘不盡之味 吳秋江 則似傷其在世六厄而竟云三十六年間 長被物情猜 其自讚也 深矣 且有拳拳不忘斯世之慮焉 是豈溘先朝露之人哉 如秋江者 二竪雖能困苦其身 焉能操縱其壽夭乎

但其大數朝夕之說 近於談祿命 恐非秋江之所宜道也 僕嘗聞 古之人 多有豫作壽藏之兆者 又嘗見鄕中老人 自治棺槨 至其衣衾斂襲之物 無一不備 常常自臥其中 以迄沒齒 此盖非徒爲緩急之用 或有哂其暗行祈禳之術者焉 今秋江之擬挽 無乃類是耶 斯言戱尒

三之日 陽氣和煦 品彙昭蘇 所冀爲慈闈 愼自調攝 不宣

이 글은 김종직이 남효온에게 보낸 답장이다. 남효온이 성종 20년(1489) 정월에 보낸 시 '자만(自挽)' 즉 자작 만가(挽歌)에 대한 김종직의 답신이다. 김종직이 쉰일곱 살에 전라감사로 나갔다 돌아온 뒤 쓴 답신이었다. 김종직은 남효온의 스승이다. 답신에서 스승과 제자의 따뜻한 정이 느껴진다. 둘은 20년 이상 나이 차이가 나는 사제지간이지만 김종직은 그의 이름을 부르지 않고 '우리 추강'이라고 늘 호를 불렀다. 그만큼 남효온을 존중했다는 뜻이다.

만가는 상여꾼이 상여를 메고 가면서 부르는 구슬픈 소리, 즉 죽은 사람을 애도하는 노래나 시를 말한다. 일반적으로 남의 죽음을 애도하면서 짓는 것이나, 남효온은 자신의 죽음을 애도하면서 만가를 지었다. 다분히 자조적인 글이었다. 그처럼 자신이 직접 지은 만가로는 중국 육조시대 도잠의 '의만가사(擬輓歌辭)'와 북송시대 진관(秦觀)의 '자작만사(自作輓詞)'가 대표적이다. 연명과 소유는 각각 그들의 자이다. 김종직은 남효온의 만가를 그 두 사람의 만가와 비교하여 격조 있는 만평을 내고 있다.

이수(二竪)는 두 아이라는 뜻으로《좌전》의 진(晋)나라 경공(景公) 이야기에 나온다. 진 경공이 어느 날 중병이 들어 용하다는 진(秦)나라 의사를 불렀다. 의사가 달려올 무렵 경공은 꿈을 꾸었다. 꿈에 두 아이가 나타나 대화를 나누었다. 한 아이가 "이번에 오는 의사는 매우 용하다는데 어떡하지?"라고 하니, 다른 아이가 "그러면 황(肓)과 고(膏) 사이에 숨자. 아무리 용한 의사라 해도 거기에 숨으면 어쩔 수 없을 거야."라고 했다. 꿈에서 깬 경공은 막 도착한 의사에게 진찰을 받았다. 의사는 병이 이미 고황(膏肓)에 들어 치료할 수가 없다고 했다. 과연 경공은 얼마 지나지 않아 죽었다. 고는 심장 끄트머리에 달려 있는 작은 지방 부위이고, 황은 심장과 횡경막 사이에 있는 공간이다. 침으로 치료하기에는 너무 깊고 위험해서 손을 쓰기도 어렵고 약물로도 치유가 불가능한 곳이다. 그로부터 이른바 난치병을 가리키는 고황지질(膏肓之疾), 병마(病魔)를 가리키는 이수라는 말이 생겼다.

김종직의 자는 효관(孝盥) 또는 계온(季昷)이며, 호는 점필재(佔畢齋)이다. 길재(吉再, 1353~1419)의 학통을 이어받은 김숙자의 3남 2녀 중 막내아들로 태어났다. 어려서부터 문재를 인정받아 세인의 기대를 모으고 일찍이 출사의 길에 나섰다. 1446년 비록 소과에 낙방하는 아픔을 겪었으나, 그때 지은 '백룡부(白龍賦)'를 본 태학사 김수온이 뒷날 문형(文衡)을 맡을 솜씨라고 감탄했다고 한다. 이윽고 김종직은 1453년 진사가 되고, 1456년(세조 2) 정월 문과에 응시했으나 낙방, 1459년 29세의 나이로 문과에 급제하여 관직생활을 시작한다.

김종직의 세거는 선산인데, 태어나 자라기는 외가가 있던 밀양이었다. 조(曺)씨에게 장가든 이후로는 주로 처가가 있던 금산에서 살았다. 금산과 임지를 오갔던 것이다. 외가에서 자라고 처가 부근에 사는 것이 당시에는 흔한 풍속이었다. 가정적으로는 몹시 불우하여 3남 1녀를 두었으나 모두 일찍 여의는 아픔을 겪었다. 1482년(성종 13) 52세 때에는 첫 번째 부인 조씨마저 잃고는 밀양으로 돌아온다. 3년 뒤에는 18세의 문씨를 두 번째 부인으로 맞아 아들을 보았다. 그 아들이 일곱 살이 되던 해인 1492년에 김종직은 세상을 떠났다. 제자 남효온이 세상을 떠난 그해였다.

김종직은 흔히 사림파의 '종장(宗匠)'이라 불린다. 학덕이 높고 잘 가르쳐서 많은 제자를 거느렸다는 뜻이다. 당대의 내로라하는 신진들이 그의 문하에 출입했다. 《점필재집》 문인록에 등재되어 있는 신진의 명단은 다음과 같다.

김맹성(金孟性) 정여창(鄭汝昌) 김굉필(金宏弼) 조위(曺偉) 남효온(南孝溫) 김일손(金馹孫) 권오복(權五福) 유호인(兪好仁) 박한주(朴漢柱) 이원(李黿) 이주(李胄) 이승언(李承彦) 원개(元槩) 이철균(李鐵均) 곽승화(郭承華) 강흔(姜訢) 권경유(權景裕) 이목(李穆) 강경서(姜景叙) 이수공(李守恭) 정희량(鄭希良) 노조동(盧祖同) 강희맹(姜希孟) 임희재(任熙載) 이계맹(李繼孟) 강겸(姜謙) 홍한(洪翰) 무풍부정 이총(茂豊副正 李摠) 정승조(鄭承祖) 강백진(康伯珍) 강중진(康仲珍) 김흔(金訢) 김용석(金用石) 홍유손(洪裕孫) 이종준(李宗準) 최부(崔溥) 표연말(表沿沫) 안우(安遇) 허반(許磐) 유순정(柳順汀) 정세린(鄭世麟) 우선언(禹善言) 신영희(辛永禧) 손효조(孫孝祖) 김기손(金驥孫) 강혼(姜渾) 주윤창(周允昌) 방유녕(方有寧) 양준(楊浚)

문인 또는 사우관계 하면 흔히 같은 향리에 거주하며 가르침을 받으려고 스승의 집을 드나드는 문생을 생각하기 쉽다. 사실 그런 경우는 드물었다. 경향을 막론하고 관리로서 한 고을을 맡아 다스리면서 문생을 접하는 경우가 많았다. 사우관계는 과거 시관과 급제자, 성균관 교관과 유생 사이에서도 형성되었다. 한두 번 학문적 질의와 토론이 오갔던 사이, 심지어 추천한 사람과 추천받은 사람 사이도 그렇게 명명될 수 있었는데, 그럴 경우 기록이 분명치 않으면 논란거리가 되는 일도 있었다. 더 나아가 존경하는 사람에게 직접 가르침을 받는다는 것은 아예 불가능하지만 그 사람의 도나 학문을 본으로 삼고 배우는 것을 뜻하는 사숙

(私淑)까지도 그 범주에 넣는 경우가 있다.

한편 문인 또는 사우관계로 불릴 만큼 충분한 근거는 있지만 문인록에 들지 않은 경우도 더러 있었다. 훈구공신의 후예들도 김종직에게 수학한 경우가 드물지 않았는데 대체로 문인록에 빠져 있다. 예를 들어 세조가 하사한 군사 서적에 주를 다는《병장설(兵將說)》간행에 임하여 신숙주는 김종직에게 도움을 청하는 동시에 손자인 신종호와 신용개를 보내 배우게 했다. 그런데 신종호와 신용개는 김종직의 문인록에 빠져 있다. 강구손 또한 부친 강희맹이 김종직과 친분이 있어 그의 문하를 드나들었는데도 역시 문인록에 그 이름이 보이지 않는다.

뒷날 중종반정의 주역이 되는 유순정과 성희안도 모두 김종직의 문인으로 알려져 있는데, 유순정만 문인록에 등재되어 있고 성희안은 빠져 있다. 중종 때 주요 인물이었던 남곤(南袞, 1471~1527) 또한 김굉필 등과 함께 김종직에게 수학한 인물인데 문인록에 그의 이름이 보이지 않는다. 아마 남곤은 사림파의 상징 조광조(趙光祖, 1482~1519)를 죽음으로 몰고 간 기묘삼흉(己卯三凶)에 들었기 때문에 훗날 김종직의 문인록을 작성 또는 정리할 때 의도적으로 제외시킨 듯하다. 남곤이 김종직의 문하라는 사실은 사림의 나라 조선이 망하는 때인 1910년에 와서야 공공연히 드러낼 수 있었다.

경주의 손중돈(孫仲暾, 1463~1529)도 김종직의 문인록에는 빠져 있지만 그의 문인으로 알려진 사람이다. 손중돈의 부친 손소(孫昭, 1433~1484)는 김종직과 동방급제한 사람으로서 김종직이 손소의 묘비명을 썼다. 손중돈은 1482년 사마시에, 1489년 문과에 급제하여 관로 초기에 예문관봉교 등 청환직을 역임한다. 김종직은 노모 봉양차 외직을 자청하여 선산부사로 재직하던 중 모친상을 당해 삼년상을 치르고, 1482년 조정에 올라가 홍문관, 승정원, 예문관제학과 이조참판 등을 두루 거치고, 1489년에는 형조판서에 오른다. 그와 동방급제한 친구의 아들 손중돈이 한양에서 과거를 준비하고 또 급제한 후 관로에 오르는 과정에서 김종직의 문하를 드나들었으리라는 추측은 자연스럽다. 아무튼 그를 통해 그의 생질 이언적(李彦迪, 1491~1553)도 사림파의 계보에 들게 된다.

편지 내용이나 문인록에 등재된 여러 문인의 관계로 보아 남효온과 김종직의 관계는 각별히 돈독한 사제관계임에 틀림이 없다. 남효온은 김종직의 문인록에 올라 있는 정여창, 김굉필과 동년배로 성균관 시절 당시 유행하던 소학운동에 동참하는 등 한때 그들은 동학 동지였다.

남효온은 소릉복위소를 올렸다가 조정에 수용되기는커녕 심각한 위협을 받았다. 소릉은 단종의 모후라는 이유로 단종이 노산군으로 강등됨에 따라 폐위된 문종의 비(妃) 현덕왕후의 능호이다. 소릉복위는 문종의 배필로서 현덕왕후의 능을 복권시켜야 한다는 말이지만 단종의 폐위, 나아가 세조의 왕통을 부정하는 의미도 함축되어 있어 당시로서는 금기가 아닐 수 없었다. 상소로 말미암아 물의를 빚자 남효온은 좌절하여 청담으로 세월을 보낸다. 그때 어울렸던 홍유손, 이종준, 우선언, 이총, 신영희 등도 김종직의 문인록에 올라 있다. 남효온보다 10년 연하인 김일손은 스승 김종직과 연상인 김굉필 등으로부터 기대와 신뢰를 모은 인물인데, 남효온과 각별한 사이였다. 그는 남효온이 상소를 올린 지 수십 년 만에 소릉복위 상소를 세 번에 걸쳐 올리며 노산군(단종)의 입후치제, 즉 후손을 정하여 제사 지낼 것까지 주장했는데 남효온의 소릉복위소와 〈육신전〉으로부터 영향을 받았음에 틀림이 없다.

남효온과 김종직의 만남은 비교적 만년의 일이었다. 기록에 의하면 성종 18년(1487) 동지섣달, 남효온은 김종직의 처남이자 문인인 조신(曺伸)의 소개로 나주에서 김종직을 만난다. 그에 앞서 성종 12년(1481) 성균관에 환멸을 느낀 우선언과 홍유손 등 죽림우사에 속한 벗들이 김종직에게 몰려갔다. 당시 김종직은 모친상을 당하여 선산에서 여묘살이를 하고 있었다. 그는 신진들의 우상이었다. 남효온은 그때 벗들과 동행하지 않았지만 김종직에 대한 흠모는 그들과 별반 다르지 않았을 것이다. 그러다가 마침내 남효온과 김종직의 만남이 이루어졌고, 이후 두 사람은 서로 시문을 주고받곤 했다.

김종직이 벼슬길에 나섰던 세조 시대는 이른바 사육신의 단종 복위 운동과 이시애의 난 등 격렬한 저항이 뒤따르던 시대였지만 왕과 공신들의 강권과 수완을 통해 표면적으로는 안정을 찾아갔다. 세조의 뒤를 이은 예종이 즉위하자마자 신구 공신 세력 사이에 권력투쟁이 발발하여 불안이 조성되었다. 이른바 남이의 옥사가 그것이다. 더구나 예종이 즉위한 지 열 달 만에 요절하여 불안은 더욱 고조된 상황에서 1469년 열세 살밖에 안 된 성종이 즉위했다. 초기에는 성종이 어리고 정국이 불안했던 만큼 훈구공신에 의존할 수밖에 없었고 왕권은 위축되었다. 그러나 성종이 성장하면서 정국에 변화가 일기 시작했다. 먼저 훈구공신 세력에 의해 잠식되어왔던 왕권이 안정되어갔다. 당시 훈구공신 세력의 특권과 전횡에 대한 불만이 조야에 만연해 있었다. 신진 관료들이 훈구공신 세력을 비판하고 나섰다. 김종직은 중진 관료로서 신진 세력의 중망을 받고 있었다. 성종은 김종직을 중용했다.

김종직이 성종에게 중용되고 신진 세력의 중망을 받게 된 것은 일단 그의 출신과 그간의 이력에 연유한다고 볼 수 있다. 김종직은 아버지 김숙자로부터 가학을 전수받았는데, 김숙자는 여말선초 절의파의 대표 격인 길재의 문인이었다. 김종직에게는 불사이군 덕목에 투철한 절의파의 정서가 가학을 통해 전수되었다. 그는 비록 세조 때 관직에 나갔지만, 훈구공신과 그 정서를 달리했다. 김종직은 훗날 생육신 중 한 사람으로 호명되는 이맹전의 문하를 드나들었다. 일찍이 〈조의제문〉을 지어 세조의 왕위 찬탈을 풍자하였다. 또한 소릉복위소와 사육신의 충정을 다룬 〈육신전〉의 저자 남효온이 김종직의 문하에 등재되어 있다. 그런 일련의 사실을 통해 보더라도 김종직의 반공신적 정서가 느껴진다.

〈조의제문〉은 중국 진한 교체기 때 초나라 의제의 죽음을 애도하는 글이다. 진나라 말기 패왕 항우는 의제를 옹립하여 초나라를 부활시키지만 의제의 측근 송의를 죽이고 이어서 의제마저 죽였다. 〈조의제문〉은 의제를 단종에, 항우를 세조에, 송의를 김종서에 비유하는 것으로 해석되어 뒷날 무오사화의 빌미가 된다. 그의 제자 김일손이 사관으로서 〈조의제문〉을 사초에 올린 것이 문제가 되었다. 그 글 어디에도 세조의 등극을 비난하는 직접적인 표현이 명기되어 있지 않았지만, 작성 시기가 단종이 영월에서 죽은 때와 같은 것으로 보아 그 의도에는 의심의 여지가 없었다.

김종직이 〈조의제문〉을 지은 때는 세조 3년(1457)이다. 당시 그는 과거에 낙방한 뒤 부친상을 당해 밀양에서 여묘살이를 하고 있었다. 그즈음에 성삼문 등이 상왕 즉 단종의 복위를 꾀하다 실패하자, 단종은 상왕에서 노산군으로 강등되어 영월로 유배되어 몇 달 후 세상을 떠난다. 세간에는 '시신을 강물에 던졌다', '영월의 호장이 들쳐 메고 사라졌다'는 등 풍설이 난무했다. 김종직이 성주로 갈 일이 생겨 답계역에서 묵었는데 꿈에 의제가 나타나 '항우가 나를 죽여 침강(郴江)에 빠뜨렸다'고 하소연했던바, 꿈이 실로 신기하여 집필한 글이 바로 〈조의제문〉이다. 침강은 단종의 시신을 던졌다는 영월의 동강을 연상시킨다.

김일손이 그 글을 사초에 올린 때는 1490년, 즉 그가 노산군의 입후치제를 주장하고 남효온의 〈육신전〉을 사적에 비추어 첨삭하던 때였다. 그 글을 사초에 올린 취지 역시 시점으로 보아 세조의 등극을 비난하려는 목적이 분명하다. 아무튼 무오사화(1498)가 일어나 이미 죽은 김종직은 부관참시를 당하고 김일손은 능지처참을 당한다.

〈조의제문〉과 아울러 '화도연명술주(和陶淵明述酒)'도 무오사화에 걸렸다. 화도연명술주는 1470년(성종 1) 김종직이 40세가 되던 해, 함양군수로 나갔을 때 지은 시였다. 그 취지가 과연 세조의 왕위 찬탈을 겨냥한 것이었는지 그것은 알 수 없다. 그러나 그렇게 읽혀서 김종직을 대역부도의 죄로 처형하는 데 또 다른 증거가 되었다. 그것은 제목 그대로 도연명의 시 '술주(述酒)'에 화답하여 지은 시였다. 도연명의 시는 중국 남북조시대 유유(劉裕)의 제위 찬탈을 비판한 시라고 알려져 있다. 유유는 진(晋) 공제(恭帝)를 폐위시키고 칭제하면서 국호를 송(宋)으로 바꾸고, 이어서 공제를 죽였다. 김종직은 시의 서문에다 도연명의 시에 '충분(忠憤)'의 뜻이 담겨 있다고 쓰고, 도연명은 멸족의 화가 두려워 은어와 비유로 적었지만, 천년 뒤에 태어난 자신은 유유가 두려울 것이 없으므로 그 흉악함을 드러낼 수 있으며, 이것이 바로 춘추필법이라고 적었다.

김종직은 김시습을 비롯한 생육신과 달리 세조 시대에 출사했다. 〈조의제문〉을 지었지만 그 2년 뒤인 29세(1459) 때 문과에 급제하고 승문원 발령을 시작으로 관직생활을 이어간다. 그러나 출신과 정서 때문인지 세조의 치세 동안 김종직의 관직생활은 순탄치 않았다.

세조 9년(1463) 여름에 그는 불사(佛事)의 부당함을 간언하다가 파직을 당했다. 이듬해 7월에는 세조가 '능력 있는 문신을 천문 · 지리 · 음양 · 의학 · 사학 · 시학 · 율려(律呂) 등 한 분야에 배속시켜서 익히게 하라'는 전교를 내렸는데, 김종직은 "사학과 시학은 본래 유자의 일입니다만 나머지는 잡학(雜學)인데 문신에게 힘써 배워 능통하게 하라는 것은 좋은 일이 아닙니다." 하고 반대했다가, 곤장을 맞고 투옥되었다. 참고로 당시 김종직은 사학 부문에 배속되어 있었다. 이후 1년 정도 벼슬길에서 물러나 있다가 다시 경상도 평사로 나가게 된다.

이와 같은 김종직의 이력에 나타나듯이 세조의 치세 동안 그의 관직생활은 대체로 불우했다. 세조의 재위 자체와 그 노선에 대한 비판적인 정서를 감추지 못했기 때문일 것이다. 그것은 김숙자와 길재로 거슬러 올라가보면 학통의 정서에서 연유하는 것이고, 당시 김종직은 장년의 혈기로 말미암아 그것을 억제할 수 없었다고 볼 수 있다.

성종의 친정에 즈음하여 세조 이래 훈구공신 중심의 정국을 타개하려는 새로운 정치 분위기가 조성되었고, 김종직이 중망을 받기 시작했다. 성종 집권 초기에 김종직은 외직을 자청하여 함양군수와 선산부사로 나갔다. 서정을 쇄신하여 큰 치적을 남기니 칭송이 자자했다. 외직에 나간 경험을 바탕으로 그는 유향소의 복립을 주장했다. 유향소는 사족을 중심으로 한 향촌 자치 기구로, 중앙집권 체제에 장애가 된다고 해서 폐지된 상태였다. 그러나 유향소가 폐지되자 수령과 향리가 훈구공신 세력의 주구가 되어 탐학과 비리를 일삼는 부작용이 발생했다. 유향소의 복립은 탐학과 비리의 방지 대책이라는 의미를 지니게 된다.

그가 외직에 나가 있던 시절, 무엇보다 빼놓을 수 없는 일은 인근의 신진들이 그의 문장과 학술을 숭모하여 몰려들었다는 점이다. 김종직은 가학의 전통에 따라 《소학》을 기본으로, 읽어야 할 경전을 순서대로 정해주고 철저하게 독파하도록 가르쳤다. 이때 김종직에게 배운 문인들이 학문적 성취를 통해 대거 관직에 진출함으로써 이른바 '경상도선배(先輩)당'이 결성되었다. 선배는 한글인 선비의 한자식 표현이다. 선배당이란 곧 사(士)의 당으로 이른바 사림파의 원래 호칭이다. 김종직이 바로 사림파의 종장이 되었던 것이다.

김종직은 1479년 모친상을 당하여 삼년상을 마친 뒤 1482년(성종 13) 52세 때 홍문관응교로 복직한 다음 1484년(성종 15) 좌부승지와 도승지에, 1485년(성종 16) 이조참판에, 1486년(성종 17) 예문관제학에 올랐다. 1487년(성종 18) 5월에 전라도관찰사로 나갔다가, 1488년(성종 19) 5월에 홍문관제학으로 조정에 복귀하여 10월에 한성부좌윤을 거쳐, 1489년(성종 20) 59세 때 형조판서(2월) 및 지중추부사(8월)에 올랐다. 이후 사직하고 밀양으로 귀향한 뒤 1492년에 그곳에서 죽었다.

50대 중반 무렵 김종직은 정치적 영향력 면에서 전성기를 맞이한다. 도승지 자리는 왕을 직접 대하는 권력의 핵심부였다. 이조참판은 관료의 인사를 총괄하는 자리였다. 게다가 김종직은 성종으로부터 경연관이란 직책을 부여받아 왕을 직접 대할 기회를 많이 누렸다.

그러나 김종직은 경연 자리에서 시국을 진단하거나 정책을 건의하는 일보다 학술이나 문장과 관련하여 자문하는 일에 더 치중했다. 제자들로부터 현실에 안주하는 것 아니냐는 우려와 비난을 받았다. 그것은 남효온의 《사우명행록(師友名行錄)》에 나오는 홍유손과 김굉필 편을 통해서 알 수 있다.

홍유손이 한양으로 가서 점필재 선생에게 간하기를, "시사(時事)를 건의하지 않고 어찌 헛되이 남의 작록을 취하고 계십니까. 지금 학자들은 노자와 부처를 미워하지 않는 이가 없으나, 처신에 있어서 노불을 벗어난 이는 하나도 없습니다. 둥글게 행하고 모남을 싫어하는 것이 노자이고, 혼자만 행하고 남을 돌보지 않는 것이 부처이기 때문입니다."라고 했다. 이 일로 선생이 그를 간사하다고 하며 미워했다.

…… 중략 ……

점필재 선생이 이조참판이 된 뒤로 국사를 건의하는 일이 없자, 김굉필이 시를 지어 올렸다.

도란 겨울에 갖옷 입고 여름에 얼음물 마심에 있거늘	道在冬裘夏飮氷
비 개면 가고 비 오면 멈출 것이지, 어찌 늘 다닐쏜가.	霽行潦止豈全能
난초도 세속을 따르면 마침내 변할 것이니	蘭如從俗終當變
소는 밭 갈고 말은 타는 거란 이치를 누가 믿으랴.	誰信牛耕馬可乘

했는데 점필재 선생이 다음과 같이 답하였다.

분에 넘치게 관직이 경대부에 이르렀으나	分外官聯到伐氷
임금 바루고 세속 구제하는 일 내 어찌 능히 하랴.	匡君救俗我何能
후배의 우졸하단 비웃음 가르침으로 받겠지만	從教後輩嘲迂拙
구구하게 권세와 이익을 좇지 않으리라.	勢利區區不足乘

했다. 담담한 듯 하지만 언짢은 기색이 감춰지지 않았다. 이로부터 김굉필은 점필재 선생과 갈라서게 되었다[貳於畢齋].

이런 남효온의 기록은 뒷날 김종직 평가에 그대로 인용되곤 했다. 이황도 김굉필의 시를 해석하며 김종직 평가를 같이 내렸다. 즉 김종직이 도학엔 뜻을 두지 않고 문장에만 치중한 점을 비판한 시라고 해석한 것이다. 이황은 처음엔 김종직의 시문은 전아(典雅)하여 도에 가깝다고 평가했다가 말년엔 그의 평생 사업은 화려한 문장[詞華]일 뿐이었다고 폄하했다. 허균은 〈김종직론〉을 지어 더욱 신랄한 비판을 가했다. 시문의 경지에 있어서는 허균도 김종직을 극찬했다. 그러나 김종직을 위선자라고 질타했다. 이록(利祿)이나 취하고 명망을 훔치는 자라고 말이다. 허균은 〈조의제문〉과 화도연명술주에 대해서도 김종직이 두 작품을 지어 세조의 왕위 찬탈을 비난했으면서도 조정에 나간 것은 더욱 가소로운 일이라며 그 취지를 비판했다.

이황, 허균 등의 김종직론은 뒷날 문묘 종사에 그대로 반영된다. 김종직은 분명 사림파의 종장이었지만 뒷날 그를 제치고 그의 제자인 김굉필과 정여창이 문묘에 배향되었다. 문묘에 배향된다는 것은 국가로부터 학덕을 인정받아 당대는 물론 후대까지 영구히 나라의 스승으로 추앙된다는 뜻이다. 김종직이 문장과 학술엔 탁월했지만, 업적과 덕망이 만세의 사표로 받들기엔 부족했기에 그 반열에 들지 못했을 것이다.

김종직에 대한 비판과 폄하는 엄정한 기준을 적용한 것임에 틀림없다. 그러나 그 기준은 시대를 초월하는 석학준덕이나 순교자에게 적용해야 할 기준일지 모른다. 김종직은 애초에 그러한 기준에 입각하여 평가하기 어려운 인물이었다.

김종직이 아버지 김숙자를 거쳐 절의파 길재의 도통을 이어받았다는 이야기는 다분히 신화적이다. 김종직의 아버지 김숙자는 고려에 대한 충절로 조선의 관직을 마다한 길재의 이미지와 달리, 세속적으로 관직 진출을 지향한 인물이었다. 그는 조강지처 한씨를 버리고 밀양 박씨를 재취로 들였다. 김종직은 밀양 박씨의 소생이다. 김숙자는 과거에 급제하여 관직에 나가지만 조강지처를 버렸다는 이유로 제재를 받곤 했다. 그에 대한 보상심리로 아들의 성공적인 관직생활을 바랐고, 김종직은 그 기대에 부응했다. 김종직 역시 친족이나 문인이 관직에 나가는 것을 기뻐했다. 〈조의제문〉이나 화도연명술주 등에서 볼 수 있듯이 세조의 찬위를 부당하게 보는 인식이 있었던 것은 분명하다. 그러나 김종직은 절의파와 달리 세조의 조정에 나가면서 그리 심각하게 갈등을 느끼지는 않았다.

김종직은 훈구공신들과도 특별히 대립적이지 않았다. 훈구공신 세력 가운데에서 문장과 학술에 능했던 신숙주는 물론 전형적인 모사 한명회에게도 적대감을 드러내지 않았다. 한명회가 시를 청하자 그는 계유정난의 공훈을 들어 한명회를 찬양했다. 또한 그가 함양군수로 재직 중 유자광의 시가 새겨진 학사루 현판을 보고 모욕하며 철거시킨 것이 훗날 사화의 한 단서가 되었긴 하지만, 당대에는 유자광에게 선물을 받고 심지어 답시까지 보내기도 했다.

언급한 바 있듯이 김종직은 세조 때 불사와 잡학을 간쟁하다가 배척당하기도 했지만, 성종 때에는 간쟁하기보다 다소 영합하는 쪽으로 바뀌었다. 이런 일화들이 전한다. 하나는 김종직이 창경궁 상량문을 작성하면서 '빨리 짓지 말라고 해도 백성이 다투어 와서 일했다'며 《서경》과 《맹자》의 주나라 문왕 이야기를 인용하니, 오히려 성종이 지나친 표현이라고 하여 고치도록 했다는 일화이다. 다른 하나는 정희왕후 상중에 성종과 월산대군이 시를 주고받은 것을 두고 홍문관이 문제를 삼았을 때 성종이 그것이 잘못한 일인지 묻자 김종직이 "시문은 음악과 다르니 무엇이 해롭겠습니까." 하고 대답했다는 일화이다. 어느 경우나 신하의 상투적인 언행의 범위를 벗어나는 것은 아니었지만, 강직한 도학적 사림의 이미지가 느껴지지 않음은 사실이다.

이조참판 재직 시 공석 중인 동부승지를 천거할 때였다. 이조판서 이승원이 세 사람을 적으면서 윤은로(尹殷老)를 맨 위에 올렸다. 처음에는 김종직이 '중궁전의 인척으로 인망이 없는데 물의가 있을 것'이라며 반대했다. 이에 이승원이 윤은로의 이름을 지우자, 그다음에는 "이름을 이미 썼으니 다시 지울 것은 없는데, 영돈녕(領敦寧)이 들으면 나를 어떻게 생각하겠습니까." 하고 말했다. 영돈녕은 폐비 윤씨에 이어 중전에 오른 정현왕후의 생부 윤호(尹壕)였는데, 그가 친척 윤은로를 배제한 것에 유감을 가질까봐 김종직은 전전긍긍했던 것이다. 그와 관련하여 훈구파 계열의 사관이 김종직이 도승지로 발탁되던 날, 기사를 쓰면서 '김종직이 정론을 내고도 뜻이 확고하지 않아 권세에 아부하는 꼴이 되었으니 평소의 명망은 어디에 있는가.'라는 사평을 달았다.

율곡 이이의 《석담일기(石潭日記)》 선조 9년 6월조에도 김종직의 일화가 실려 있다. 김종직이 성종에게 "성삼문은 충신입니다." 하자 성종의 안색이 변하니, 다시 그가 "주상에게 변고가 생기면 소신이 마땅히 성삼문이 되겠습니다." 하자 성종의 안색이 돌아왔다고 한다. 《논어》 '헌문'에 나라에 도가 있으면 위언위행(危言危行)하고, 나라에 도가 없으면 위행언손(危行言孫)하라는 말이 있다. 위언은 강직한 말을, 언손 즉 손언은 완곡한 말을 가리킨다. 한자리에서 위언이 언손으로 바뀐 것이다. 《논어》에 비추어보면 나라에 도가 없다고 깨달았다는 것인데, 그렇다면 위행 즉 거취를 분명히 했어야 마땅하다. 김종직은 늙어 병들 때까지 그럭저럭 지냈던 것이다.

김종직은 본인의 의지나 기질에 어울리지 않게 훈구공신을 비판하는 세력의 중심에 서 있었다. 그에 대한 평가는 그러한 주위 사람들의 기대에 의거하여 내려졌다. 그의 지위가 높아지는 만년에 이를수록 그를 향한 비판은 거세졌다. 그런 비판 앞에서 김종직은 불편한 기색을 감추기 어려웠지만, 기본적으로 겸손하게 스스로의 한계를 인정했다. 중진으로서 투철한 면모는 없었지만, 그렇다고 위선적이거나 고집스런 학자는 아니었다. 점필재라는 호에 그 인품이 잘 나타나 있다. 이를 한자로 쓰면 '佔(볼 점)'에 '畢(마칠 필)'인데, 이때의 '필'은 간필(簡畢)을 뜻한다. 책을 엿볼 뿐이라는, 다시 말하면 글을 즐겨 읽지만 그 뜻의 실천가를 자임하기에는 부족하다는 겸손의 뜻이다.

성종 22년(1491) 늦가을 김종직은 병이 들어 밀양에 돌아와 있었다. 남효온 본인도 병든 몸으로 그를 찾아와 영남루에 올라 다음과 같은 시를 지었다.

시루봉 도사께서 푸른 소에서 내리시니	甑峰道士下青牛
자부의 신선들이 의관 갖추고 운집했네.	紫府仙曹冠佩稠
천년에 한 번 나오는 사람은 점필재 김 선생이요	千載一人金佔畢
백 년을 이어온 명승지는 밀양의 영남루라오.	百年勝地嶺南樓
물결 부딪는 성 뿌리엔 찬 못이 수려하고	城根浪打寒潭秀
서리 깊은 모래언덕엔 밤 잎이 가을이라.	沙岸霜深栗葉秋
풍악 소리 울려서 먹은 귀가 밝아오지만	聾耳漸明歌管發
타향서 듣는 음악이라 근심만 가득하네.	他鄕聽樂摠堪愁

병든 제자가 병든 스승에게 바치는 마지막 헌시였다. 첫 시구는 김종직이 행차하자 수많은 선비가 모여들었다는 뜻이다. 자부(紫府)는 도교에서 말하는 신선이 사는 곳이다. 그다음 해에 스승 김종직과 제자 남효온은 모두 세상을 떠난다.

김종직은 죽은 지 6년 만에 무오사화를 당해 다시 한 번 죽는다. 묘가 파헤쳐지고 시신은 목 베임을 당한다. 집이 적몰되어 부인 문씨는 운봉현 관비가 되었고, 13세였던 아들은 나이가 어리단 이유로 간신히 극형을 면했다. 문씨는 18세에 재취로 들어가 10년 만에 부군을 여의고 서른을 갓 넘긴 나이에 관비로 전락한 것이다. 평생 김종직에 대한 존경의 마음을 간직하며 살았다고 한다.

의정 홍자미와 대헌 조효직에게 보내는 편지

숙부 조원기가 조카 홍언필과 조광조에게 쓰다

생질인 자미(홍언필)가 한가한 관직으로 물러난 것은 참으로 남자다운 일이요, 조카 효직(조광조)이 천거를 받은 것은 진실로 세상에 드문 일로서 하례할 일이다. 그러나 이 늙은이[조원기 자신]처럼 허물도 없고 자랑스러울 것도 없는 것이 스스로 편안히 보전하기에는 족하다. 영예로울 것도, 축하받을 것도 없는 일이지만 끝내 걱정 없이 지낼 수 있음은 참으로 즐거운 일이다.

특히 효직이 천거를 받은 것은 기쁜 일이나 아울러 근심이 따른다. 천거를 받고 못 받는 것은 자신에게 달려 있고, 잘되고 못되는 것은 하늘에 달려 있으니, 사람이란 누구나 자신에게 있는 것을 다할 수 있을 뿐이다. 명성이 성대하면 그에 따르는 실질을 맞추기 어렵고, 칭찬하는 자가 있으면 헐뜯는 자가 또 나와 배척하기 마련이다. 그것은 고금을 막론하고 늘 있는 우환이다.

지나치게 곧은 말과 교만한 행동이 스스로를 해치고 패망에 이르게 한다는 훈계는 내가 효직에게 굳이 깨우쳐줄 필요도 없을 것이다. 무릇 사람은 세상에서 더불어 살아야 한다. 새처럼 높이 날아가 혼자 살 수도 없고 짐승처럼 멀리 달아나 혼자 살 수도 없다. 반드시 어느 정도 세속에 맞추어야 다른 사람의 미움을 면할 수 있다.

일찍이 두기공(杜祁公)이 문인들을 경계하여 말하기를, "재주와 학식을 감추어라. 자신을 잘 다듬어 주위에 기왓장 맞추듯 하라. 규각을 드러내지 마라〔韜晦 毁方瓦合 無露圭角〕." 그렇지 않으면 "일에 도움이 되지 않을 뿐 아니라 화만 초래할 뿐이다〔無益於事 而祗足取禍爾〕."고 했다. 지금은 때가 두기공 시절로부터 아득히 멀고 세상길 험한 것이 만 배나 심하니, 내가 경계하는 것이 어찌 소견이 없는 것이리오.

작년 가을 사관(四館)의 논의도 그 한 증험이라 할 것이다. 당시 한두 군자가 막고 억제하지 않았던들 그 헐뜯는 자들의 예봉에 굴복당하지 않을 수 있었겠느냐. 우리 집안의 가세는 먼 선조 때부터 염근자수(廉謹自守)함으로써 그런대로 풍족하여 더 바람이 없었다. 그런데 형〔조광조의 아버지 조원강(趙元綱, ?~1500)〕이 일찍 죽고 너희 삼 형제가 모두 학업을 마치지 못한 데다 혼자된 누이마저 궁핍하게 사니 실로 말하기조차 한심하게 되었다. 나는 갑자사화에 연루되어 가산을 거의 탕진했고, 비록 무죄로 풀려났으나 가업을 다시 일으키지 못했다. 지금은 객지를 전전하여 아득히 만 리 밖에 있으니 집안일에 뜻을 둘 수 없다. 괴롭고 근심스러운 것을 이루 다 기록하기 어렵다.

다만 '벼슬하는 것이 가난하기 때문에 하는 것은 아니지만 때에 따라서는 가난하기 때문에 하는 경우도 있다〔仕不爲貧 而有時爲貧〕'고 했으나, 어찌 지금이 가난을 면하기 위해 벼슬할 때이겠느냐. 집이 가난하고 부모가 늙어서 벼슬을 하게 되지만 뒤로 학업에 전념하기 위해 벼슬을 그만두려면 쉽지 않다. 그래서 옛 성인도 벼슬 사양하는 것을 흰 칼날 밟는 것에 비유하여 어려운 일이라 했던 것이다. 무릇 남의 일 말하기 좋아하는 사람들이, 설혹 네가 벼슬에서 물러난다 하더라도 위선이라고 비방하지 않을지 어찌 알 수 있겠느냐. 이것이 나의 걱정인바 이번 천거가 기쁜 것만은 아니고 근심스러운 이유이다. 오직 허물없고 명예 없이 지내는 것이 참으로 몸을 보전하는 길이라 할 것이다. 옛날 마복파(馬伏波)가 교지(交趾)에 있으면서 글을 보내어 그 형의 아들 엄(嚴)과 돈(敦)을 경계한 일이 있었다. 내가 너희로 하여금 어진 이름을 잃지 말고 가업을 이루어 문호를 온전히 지키기 바라는 뜻은 마복파와 다를 것이 없다.

與甥姪洪議政子美趙大憲孝直書

美之投閑 眞男兒事也 直之被薦 眞稀世事而誠可賀也 唯叟之無咎無譽 足自安保 雖無可謂之榮與賀矣 其所以終至於無憂 則信可樂也 直之被薦 喜與憂並 薦在我用在天 夫人特盡其在我者爾 盛名之下 其實難副 夫旣有譽之者 則毁之者又從而擠之 此古今通患也 若危言狂驕害己敗身之戒 則吳於孝直不當警也 凡人群居天地中 不可以高飛遠走 則必須小同於俗 庶免爲衆所嫉 昔杜祁嘗戒門人曰 切當韜晦 毁方瓦合 無露圭角 不然無益於事 而祗足取禍爾 今之時與杜之時 又可邈矣 而世路險巇 又萬倍焉 則吳之所戒 豈無所見而然耶 去秋四館之議 亦其一驗也 當其時一二君子 沮而抑之 則其能無屈於砭者之鋒耶 吳家勢自先祖 以廉謹自守 計不求足 而兄遇早逝 汝之兄弟三人 俱業儒未成 寡妹偪側 言可寒心 吳自甲子亂離來 家業幾盡 雖復見天日 殆不能還成家業 今則轉轉僑寓 邈在萬里 無意家事 辛勤萬狀 未易殫記 仕不爲貧 而有時爲貧 爲貧之仕 豈今也其時乎 以家貧親老 比不能專業 則爲有間矣 況前聖以爵祿之辭 比於蹈白刃 凡人之樂於好事者 安知不以此爲矯情之誚耶 此吳所憂也

然則是擧非喜也 乃所以憂之也 唯無咎無譽 眞所謂保身之道也 昔馬伏波在交趾 爲書以戒其兄子 吳之所以使汝曹欲不失令名成家業全門戶之意 則未始不同於馬將軍也

조원기(趙元紀, 1457~1533)는 홍언필(洪彦弼, 1476~1549)의 외삼촌이자 조광조의 숙부이다. 홍언필과 조광조는 내외종 간이었는데, 반정으로 연산군을 몰아내고 왕위에 오른 중종 치세 전반기에 두 사람 모두 촉망받는 관료였다. 연산군 때 관직생활을 시작하여 관료로서 연산군의 폭정을 목도한 숙부 조원기는 두 조카의 선배이기도 하다. 관료로서 입신하는 것은 인지상정 바라는 바이나, 냉혹하고 예측할 수 없는 권력 다툼에 일생을 맡기는 일이다. 당시는 중종반정 직후라 정국이 매우 불안한 상태였고, 대규모 살상으로 얼룩졌던 전조 연산군 대의 기억으로 말미암아 불안감은 더욱 고조되어 있었다. 조원기 입장에서는 두 조카의 앞날이 걱정되지 않을 수 없었을 것이다. 특히 어릴 때부터 조광조의 명성이 지나치게 높은 것을 늘 걱정하던 터였다. 이 편지는 조광조보다 먼저 관직에 나간 홍언필이 좌천되어 한직으로 밀려나고 조광조가 천거를 받아 막 관직에 나갈 무렵에 조원기가 두 조카에게 보낸 것이다.

편지 제목은 나중에 붙인 것이다. 의정은 영의정 · 좌의정 · 우의정을 통칭하는 말로, 홍언필의 최종 관직이다. 대헌은 대사헌을 칭하는 말로, 역시 조광조의 최종 관직이다. 물론 편지를 썼을 당시의 관직은 아니다.

조광조는 30대란 젊은 나이에 초고속으로 권력의 핵심에 진입하여 일대 개혁을 시도했다. 불행하게도 반대파의 공격을 받고 왕에게도 버림을 받아 수년 만에 바람처럼 사라지고 말았다. 숙부 조원기는 그런 조카의 불행한 최후를 지켜보아야만 했다. 위의 편지로 말미암아 조원기는 혜안의 소유자라는 평판을 얻었다. 하지만 사랑하는 조카를 잃었으니 그 평판이 달갑지 않았을 것이다.

조원기의 자는 이지(理之), 호는 돈후재, 시호는 문절공이다. 그는 연산군 2년(1496)에 40세라는 늦은 나이로 문과에 급제하여 벼슬길에 나갔다. 홍문관수찬 등을 역임했다. 강직하여 연산군의 사초 열람을 반대하다가 파직되기도 했다. 평안도 해적 소탕에 공을 세우는 등 문무를 겸비한 관료로 두 품계 특진하여 병조정랑에 임명됐다. 갑자사화 때에는 지난 사초 건이 다시 문제되어 횡성으로 유배되었다. 중종반정 이후 복직되었다가, 얼마 뒤 문무 겸비의 능력을 인정받아 경원부사에 임명되어 나갔는데, 위의 편지는 그때 쓴 것이다. 1515년 조원기는 중앙 정계에 복귀하여 대사헌과 이조참판을 지냈다. 조광조가 부상하고 있는 때였다. 그는 이후 외직인 전라감사로 나갔는데, 시점으로 보아 조카 조광조의 몰락과 무관하지 않은 인사였던 듯하다. 뒷날 복귀하여 70세에 가까운 고령으로 형조판서, 공조판서, 도총관에 오르는 등 내외의 요직을 두루 거쳤다. 오랫동안 고위직에 있었지만 그는 가난한 누이를 도우며 평생 나물과 오이로만 반찬을 삼았을 만큼 검소하기로 유명했다. 세 번이나 청백리에 녹선되었다. 조광조의 험난한 미래를 내다본 혜안은 그러한 능력과 수신의 산물이었다.

조원기가 등용되기 전에 있었던 일이다. 그는 신통한 예언으로 유명한 정희량(鄭希良, 1469~?)과 아주 가까운 사이였다. 일찍 출사한 정희량이 한림이 되었을 때 여러 이름난 관리가 그의 집을 다녀가는 것을 보고 조원기가 부러워했다. 그러자 정희량은 조원기에게 40년 가난하게 살다가 40년 영달하고 장수할 것이라고 예언했다. 예언대로 조원기는 40세에 출사하여 높은 관직에 오르고 나이도 80이 되도록 오래 살았다.

조광조의 자는 효직, 호는 정암이다. 1482년(성종 13) 8월 한양에서 태어났다. 집안의 기반은 선조 대대로 용인에 두고 있었다. 그곳에서 태어났다는 말도 있다. 용인이 한양과 가까운 데다 그의 선조가 개국공신으로서 대대로 중앙 관직을 유지했기 때문에, 용인과 한양을 오가며 자랐을 것이다. 그의 가문은 조선 초기에 개국공신 가문으로 권력의 중심에 있었지만 당대에는 권력에서 소외된 편이었다.

조광조는 한양 조씨로서 그의 가문은 조선왕조에 혁혁한 공을 세운 가문이었다. 한양 조씨는 시조 조지수(趙之壽)의 외아들인 조휘(趙暉)가 탁청(卓靑)과 함께 원나라에 포섭되어 각각 쌍성총관부의 초대 총관과 천호가 된 이후 조씨 일가가 총관 자리를 세습해왔다. 조씨 일가는 이성계의 조부 이춘의 천호 계승 문제로 인해 이성계 집안과 관계가 불편하기도 했다. 4대 총관 조소생(趙小生, ?~1362)의 숙부 조돈(趙暾, 1308~1380)이 이성계의 부친 이자춘과 함께 쌍성총관부를 무너뜨리고 고려에 귀순했다. 한양 조씨의 가계가 조돈을 중심으로 정리되고 조돈의 아들인 조인벽(趙仁璧, ?~1393)이 이성계의 이복누이와 혼인함으로써 두 가문은 인척이 된다. 조인벽은 위화도 회군공신에, 그 동생인 조인옥(趙仁沃, 1347~1396)은 조선왕조 개국공신에 녹훈되었다. 조인벽의 아들 조온(趙溫, 1347~1417)은 태조와 태종을 보필함으로써 개국공신 · 정사공신 · 좌명공신에, 그 동생인 조연(趙涓, 1374~1429)은 좌명공신에 녹훈되었다. 조광조는 조온의 현손 즉 5대손이다. 다시 말해 조온은 조광조의 4대조 즉

고조부이다.

세조가 즉위할 즈음 조광조 가문은 조부 조충손(趙衷孫)으로 말미암아 쇠락한다. 조충손은 1442년(세종 24) 친시문과에 을과로 급제하여 1453년(단종 1) 3월 평안도 도사로 재직했다. 그때 해주 온정(溫井)에 왔던 안평대군(安平大君)이 낙마로 다쳤다. 조충손은 안평대군의 치료에 정성을 쏟았고, 이것을 계기로 그는 안평대군과 각별한 사이가 되었다. 그러나 그 때문에 조충손은 쇠락의 길을 걷게 된다. 그해 5월 안평대군의 배려로 그는 통덕랑으로 승격했고, 그 부당성을 지적하는 사헌부 · 사간원의 연이은 상소로 말미암아 그의 승진은 취소되는 시련을 겪으면서도 병조정랑이 되었다. 그러나 얼마 뒤 10월 그는 안평대군의 역모에 연루되어 극변에 안치되고 고신이 추탈되었으며, 유배지에서 죽었다. 그로부터 수십 년 뒤 1469년(예종 1) 3월에 추탈되었던 고신이 환급됨으로써 가세는 몰락을 면할 수 있었다.

조광조의 부친 조원강은 종6품 찰방을 거쳐 정5품 사헌부감찰을 지냈다. 언급한 바와 같이 숙부 조원기는 40세 때 과거를 통해 관로에 올라 치사(致仕)할 나이인 70세 가까이 관직에 있으면서 대사헌, 전라감사, 형조판서, 공조판서, 좌참찬, 도총관 등을 역임했다.

공신 가문의 후예로서 부친과 숙부가 관직에 나갔지만 가문의 정서는 훈구 세력에 비판적이었다. 당시는 단종의 정난공신, 세조의 좌익공신, 세조의 적개공신, 예종의 익대공신, 성종의 좌리공신 등 거듭된 공신 녹훈으로 특권층이 새로이 형성되어 있었다. 그 와중에 조부 조충손의 사건도 있어 조광조의 가문은 몰락을 면한 것만 해도 불행 중 다행이었다. 개국 정사 좌명공신이라는 역대 선조들의 후광은 이미 빛이 바랜 지 오래된 과거의 영광이었다. 가문에는 개혁을 바라는 비판적 정서가 형성되어 있었다.

조광조는 17세가 되던 해인 1498년에 김굉필을 찾아가 학문을 배우게 된다. 그해는 연산군 4년으로 무오사화가 일어났던 해이다. 김종직의 〈조의제문〉이 세조의 등극을 비판하는 내용이라 하여 그것을 사초에 올린 김일손을 비롯한 사관들이 처형당하고, 이미 고인이 된 김종직은 부관참시를 당했다. 김굉필은 김종직의 문인이라는 이유로 무오사화에 연루되어 평안도 희천에 유배되었다. 때마침 부친 조원강이 희천 부근의 어천에 찰방으로 부임하니, 조광조는 부친을 따라가 김굉필에게 수학할 기회를 얻게 된다.

당시 김굉필은 쇄소응대(灑掃應對)로 시작하는 기본예절과 효도를 강조하는 《소학》과 《주자가례》의 철저한 실천을 중시한 이른바 도학사상의 선봉이었다. 도학사상은 학덕을 통치의 중심으로 봄으로써 가문의 특권을 탐욕적으로 추구하는 일부 훈구파 중심의 정치에 대해 비판적이었다. 김굉필은 스승 김종직마저도 도학에 뜻을 두지 않고 사장에만 치우친다 하여 김종직과 결별을 불사했을 정도로 도학사상을 선명하게 주창했다.

조광조 또한 부친상을 당했을 때 철저히 《주자가례》에 입각하여 장례를 치렀다. 그는 삼년상을 마치고도 산소 근처에 초당을 지어 기거하며 학문을 연마했다. 모친에 대한 효성도 지극하여 인근에 소문이 났다. 《소학》에 제시된 것 이상으로 효를 실천했던 것이다. 그리고 강학과 수양에도 철저했다. 김굉필의 도학사상을 체득하여 현실에 구현하고 있었던 것이다.

당시 도학사상은 사화를 초래한다고 하여 위험시되었다. 도학사상에 몰두한 조광조는 이웃과 친구에 의해 광자(狂者) 또는 화태(禍胎)라 불리며 기피 인물이 되었다. 연산군의 폭정이 1504년 갑자사화로 이어지자 그런 세태는 극에 달했다. 그래도 조광조는 굽힘이 없었다. 김굉필은 희천에서 순천으로 이배되었다가 갑자사화에도 연루되어 그곳에서 사사되었다. 조광조는 스승 김굉필의 죽음을 슬퍼하며 그의 뒤를 이어 도학사상의 구현 역할을 자임했다. 연속된 사화의 피바람 속에서 도학사상은 역설적으로 대세가 되어가고 있었다.

1506년 중종반정이 일어났다. 연산군의 폭정은 막을 내렸지만 정치현실은 대세인 도학사상과 거리가 멀었다. 중종 시대 벽두부터 보다 근본적인 변화를 요구하는 목소리가 높아져갔다. 정세가 불안했다. 그때 조광조의 나이는 24세였지만, 원근에서 사람들이 찾아와 그의 문하로 모이기 시작했다. 자신의 의지와 상관없이 조광조는 역사의 전면에 나서게 되었다.

반정공신들의 과도한 특권과 전횡이 시대의 부조리였다. 반정 이듬해에는 김공저와 박경 등이 반정공신들을 제거하려고 음모를 꾸미다가 고변으로 발각되자 옥사가 일어났다. 문서귀, 유숭조, 이장길, 조광보(趙廣輔 또는 光輔, ?~?), 조광좌(趙廣佐 또는 光佐, 1483~1521), 김식(金湜, 1482~1520) 등과 함께 조광조도 이 사건에 연루되었다. 김공저와 박경이 주모자로 참형되고 나머지 사람들은 관련 정도에 따라 처벌되었다. 조광보는 추국 과정에서 장형을 받자 통곡을 그치지 않아 광인으로 인정받아 풀려났고, 20대였던 조광조와 조광좌, 김식은 나이가 어리다는 이유로 풀려났다.

조광보와 조광좌는 조광조의 고조부 조온의 동생인 조연의 후손으로 조광조와 십촌 종형제간이다. 그들이 의기투합했다는 데에서 당시 가문의 정서를 읽을 수 있다. 용인에는 이들과 관련된 정자가 있는데 그들 세 사람과 이자(李耔, 1480~1533)가 모여 학문을 논하고 노년을 즐기기 위해 지은 사은정(四隱亭)이 그것이다.

1510년 조광조는 29세 때 진사시에 '춘부(春賦)'로 급제하고 성균관에 들어갔다. 성균관에서도 조광조는 위험한 존재였다. 김굉필에서 조광조로 이어져온 현실 비판적 도학사상이 유생들을 고무시키고 있었다. 성균관 내부에서 조광조 등의 행태를 불온하게 보아 예문관, 승문원, 교서관과 통모(通謀)하여 조광조 등을 죄로 몰아 가두려는 움직임이 있었다. 김세필, 성세창, 성희안 같은 몇몇 중진이 조광조 등의 입장을 대변해줌으로써 사태는 간신히 무마되었다. 위 편지글에서 사관의 논의 운운한 사건이 바로 이 사태였던 듯하다.

1515년 6월 조광조는 성균관 당상관과 생원들의 천거로 종6품 선무랑으로 발탁되어 조지서 사지에 임명되었다. 1511년 4월부터 성균관에서 천거 논의가 거듭 있었지만, 그가 학문에 힘쓰도록 배려한다는 뜻에서 관직 임명을 보류하다 마침내 임명된 것이었다. 바로 이때 숙부 조원기에게 기쁜 동시에 걱정이라는 내용의 편지를 받은 것이다.

편지글에서 '지나치게 곧은 말과 교만한 행동'이라고 번역했지만 그 원문은 '危言狂驕(위언광교)'이다. 《논어》 '자로'에 나오는 "나라에 도가 있으면 '위언위행(危言危行)'하고, 나라에 도가 없으면 '위행언손(危行言孫)'하라"를 달리 말한 것이다. 시국이 불안하니 말과 행동을 삼가라는 뜻이다.

두기공은 중국 송나라 두연(杜衍, 978~1057)이다. 시호가 정헌이라 정헌공, 기국(祁國)에 봉해졌기 때문에 기국공 또는 기공이라 불린다. 편지에 인용된 글귀는 그의 문인이 어느 현의 지사가 되었을 때 그가 충고해준 말이다.

두연이 재상이 되었을 당시 조정에는 내강(內降)이라는 관행이 있었다. 황제가 신하들과 상의하지 않고 일방적으로 조서(詔書)를 내리는 것을 말한다. 강직한 두연은 이 관행이 올바른 정치를 해치는 일이라고 판단하여, 황제의 조서가 내려오면 수십 장씩 쌓아두었다가 되돌려 보냈다. 황제인 인종은 내심 괘씸하게 여겼고, 두연의 반대파도 그에 편승하여 황제의 뜻을 거역하는 행위라며 그를 거세게 비난했다. 그러던 차에 두연의 사위 소순흠이 국고를 횡령하여 기생을 불러 손님에게 주연을 베푼 사건이 일어났고, 이 사건으로 두연은 재임 70일 만에 재상 자리에서 쫓겨나고 말았다. 스스로를 감추지 못하고 규각을 드러낸 결과였다. 문인에게는 규각을 드러내지 말라고 경계했으나 정작 두연 자신은 그러하지 못했다. 지나치게 강직한 성품과 엄숙한 언행 때문에 반발을 초래해 불행을 자초했다.

자신을 잘 다듬어 주위에 기왓장 맞추듯 하라[毁方瓦合]는 말은《예기》'유행(儒行)'에 나온다. '훼방와합(毁方瓦合)'에서 와합은 깨진 기와를 끌어 모은다는 뜻으로 쓰인다. 거꾸로 기와가 깨져 그 조각이 흩어진다는 뜻으로 쓰이는 말은 와해(瓦解)이다. 훼방은 '方(방)'을 모난 곳으로 보아, 자신의 모난 곳을 허문다는 뜻으로 쓰인다. 훼방와합은 자신의 모난 곳을 허물고 뭇사람과 화합하라고 해석될 수 있다.

훼방와합에 관해서는 다른 해석이 있다. 기와를 만들고 맞추는 일의 비유라면 이 해석은 자연스럽지 못하다는 것이다. 모난 곳을 없애는 것이 아니라 제대로 모가 나게 해야 진정한 화합이 되기 때문이다. 그렇게 보려면 방은 모를 세우는 틀, 훼방은 그것을 조심스럽게 떼어내야 한다는 뜻이라야 한다.

'벼슬하는 것이 가난하기 때문에 하는 것은 아니지만 때에 따라서는 가난하기 때문에 하는 경우도 있다'는 부분은 한유의 〈쟁신론(爭臣論)〉에 나오는 구절을 인용한 것이다. 한유는 그것이 봉록을 위해 벼슬을 하는 경우이니, 그럴 경우 높은 자리는 사양하고 문지기나 순라군 같은 자리[抱關擊柝者]가 적당하다고 말했다. 공자가 위리(委吏, 창고지기)와 승전(乘田, 목장 관리인)을 지냈던 것과 같은 맥락이다. 공자도 어린 시절 가난했기 때문에 가난을 벗고자 벼슬살이를 한 것이다. 어느 자리에 오르든 최선을 다해야 함은 물론이다.

'벼슬 사양하는 것을 흰 칼날 밟는 것에 비유'하는 부분은《중용》제9장에 나오는 구절을 인용한 것이다. '천하와 국가를 두루 다스릴 수 있다. 작록도 사양할 수 있다. 흰 칼날도 밟을 수 있다. 그러나 중용만은 할 수가 없다[天下國家可均也 爵祿可辭也 白刃可蹈也 中庸不可能也].' 중용을 실현하기 어렵다는 말이지만, 작록 즉 벼슬을 사양하는 것도 그에 비유한다는 점에 주목한 인용이다. 벼슬 권력의 위험성, 즉 중독성이 강하다는 내적인 측면과 기호지세(騎虎之勢)라는 외적인 측면을 암시하는 뜻으로 볼 수 있다.

마복파는 중국 후한시대 사람 마원(馬援)을 가리킨다.《삼국지연의》에 나오는 유비의 오호장군 마초의 조상으로 유명하다. 마원에게는 엄과 돈 두 조카가 있었다. 두 사람 모두 남을 비방하고 세상일 떠벌리기 좋아하면서 경박하고 건달 같은 사람들과 어울려 다녔다. 당시 용백고(龍伯高)와 두계량(杜季良) 두 사람이 널리 존경을 받고 있었다. 용백고는 중

후하고 신중하며 면밀한 사람이었고, 두계량은 호탕하고 의협심이 강한 사람이었다. 마원은 조카들에게 다음과 같이 훈계했다. "용백고를 본받으면 용백고만 한 사람은 못 되더라도 삼가고 조심하는 선비는 될 테니, '고니를 새기려다 실패해도 거위와 비슷하게는 된다'는 것이다. 하지만 두계량을 본받으려다가 두계량만 한 사람이 못 되면 천하의 경박한 사람으로 추락할 테니, '호랑이를 그리려다 실패하면 도리어 개와 비슷하게 되고 만다'는 것이다." 이 이야기는 《소학》 제5편 '가언(嘉言)'에, '고니를 새기려다가 실패하면 거위라도 새기게 되지만 호랑이를 그리려다가 실패하면 개를 그린 꼴이 되고 만다[刻鵠類鵝 畵虎類狗]'라고 실려 있다.

조광조의 관직생활은 그 시작부터 특별했다. 조선 시대에는 관직의 단계가 1품에서 9품까지 나뉘고, 각 품은 다시 정(正)과 종(從)으로 나뉜다. 일반적으로 벼슬살이는 가장 아래 단계에서 시작하지만, 장원급제를 하면 바로 종6품직을 받게 되었다. 조광조는 장원급제 출신이 아닌데도 종6품직부터 관직생활을 시작했다. 젊은 나이에도 불구하고 언행이 당세의 사표로 인정받았기 때문이다. 승진은 더욱 유별났다. 일반적으로 종6품에서 당상관인 정3품으로 승진하는 데에는 10년이 소요된다. 조광조는 과거에 급제한 지 30개월도 안 돼 당상관에 파격적으로 승진하더니 홍문관부제학을 거치고 3년 만에 정2품 자리인 사헌부 대사헌에 올랐다.

더욱이 조광조의 영향력은 품계를 초월했다. 그는 신진들의 영수로서 그를 추종하는 신진들은 물론, 중진 원로들까지도 그에게 압도되었다. 중진 원로들이 반대 의견을 내다가 결국 그에게 동조하는 쪽으로 방향을 선회하는 일이 비일비재했다. 심지어 국왕마저도 조광조를 거스르지 못했다.

조광조가 초고속 승진을 거듭하고 조정을 좌우할수록, 그의 신변은 불안할 수밖에 없었다. 궁 안팎으로 시기와 불만이 팽배했다. 당시 조광조 일파의 주적은 부당하게 특권을 누리던 공신들이었다. 조광조 일파가 추진한《소학》과 향약의 보급, 현량과의 실시 같은 정책은 공신 세력의 정서나 이해관계에 반하는 정책이었다. 추진 과정 또한 과격했기 때문에 중진과 원로들 사이에서도 비판과 논란이 일었다. 그러나 개혁의 명분이 분명했던 만큼 노골적인 반발은 어려웠다.

공신 삭훈(削勳)은 개혁 성패의 분수령이었다. 조광조 일파가 거기에 이르자 공신들은 극도의 위협을 느끼고 반격의 기회를 암중모색하기 시작했다. 정국은 일촉즉발의 불안한 대결 국면으로 접어들었다. 그런 상황은 개혁의 진전에 먹구름을 드리웠다. 개혁의 주체인 조광조 일파 내에서도 분란이 일었다. 일부 신진들은 더욱 빠르고 철저하게 추진해야 한다고 압박한 반면, 중진과 원로들은 그 개혁이 너무나 과격하고 급진적이라고 주저했다. 그때까지 조광조를 철저히 신임했던 중종도 과격함에 반발하여 거리를 두기 시작했다. 중종은 왕권을 좌지우지하던 공신 세력에게 불만을 품었지만 공신 세력은 반정의 주체로서 중종의 정치적 기반이기도 했다. 공신 삭훈은 중종에게도 부담이 되었던 것이다.

조광조는 분수령을 넘어서지 못했다. 공신 삭훈을 즈음해 조광조는 사면초가의 위기에 봉착해 있었다. 조광조는 위기를 극복하지 못하고 몰락한다. 조광조의 몰락이 겉으로 보기에는 놀라울 만큼 갑작스러운 일로 보였겠지만, 이미 충분히 예견된 일이었다. 조광조 스스로도 위험이 닥치고 있음을 예감하였다. 그는 누차 벼슬길에서 물러나고자 했지만, 결국 뜻을 이루지 못한 채 역사의 제물이 되고 말았다.

조광조 생애의 마지막은 말 그대로 극적이었다. 중종은 어느 날 갑자기 조광조와 그를 추종하는 신진 세력을 제거하기로 결심했다. 결국 홍경주 · 남곤 등을 몰래 불러들여 조광조 세력을 일거에 제거하였다. 이 사건이 이른바 기묘사화이다. 기묘사화는 '신무문(神武門)의 변(變)'이라고도 불린다. 신무문은 조선의 정궁 경복궁의 북문이다. 광화문이 앞문이라면 신무문은 뒷문이다. 광화문 등 다른 대궐문의 열쇠는 승정원에서 관리했지만 신무문만은 내시들의 관청인 사약방에서 관리했다. 중종은 이 신무문을 통해 홍경주 · 남곤 등을 몰래 불러 밀지를 내렸다. 승지들은 아무리 어명이라 해도 잘못된 명령이라고 여기면 거부했기에 중종은 승지들을 따돌리기 위해 내시들에게 신무문을 열게 해서 홍경주 · 남곤 등을 불러들였던 것이다.

조광조 일파는 체포되어 투옥되었다. 당사자들은 물론 조야를 충격에 빠뜨렸다. 비밀스런 절차가 충격을 더했다. 신진 세력을 비롯한 영의정 정광필과 안당 등이 강력하게 이의를 제기하였다. 사화가 일어나던 날 성균관 유생과 사학의 학생들이 어떤 반응을 보였는지 당시 성균관 유생이었던 이약수(李若水, 1486~1531)의 약전에 다음과 같이 묘사되어 있다.

> 성균관 유생과 사학의 학생들이 거리와 골목을 가득 메워 물밀듯이 예궐(詣闕)했는데, 무려 천여 명이나 되었다. 정부 바깥 행랑에 모였으나 어떻게 할 줄 몰랐다. 유생 신명인(申命仁)이 앞장서서 부르짖기를, "향도(鄕徒)들도 소장(疏章)을 올려 원통한 것을 호소하려 하는데, 하물며 우리 성균관 유생들이 해 돋을 때 모여서 한낮이 되도록 소장을 초(草)하지 않는

것은 무슨 까닭인가?" 하였다. 공이 드디어 붓을 잡아 글을 초하니 여러 학생이 몰려들어서 이름을 적었다. 상달하려 했으나 궐문을 지키는 자에게 저지당했다. 학생들은 의분을 참지 못하여 문을 밀치고 마구 안으로 들어갔다. 학생들 중에는 더러 상처를 입어 흐르는 피가 낯을 덮은 자도 있었고, 더러 망건이 벗겨져 머리털이 흐트러진 자도 있었다. 궐정에서 통곡하니 그 소리가 대내(大內)까지 들렸다. 임금이 잡아 가두도록 명했다. 공이 소두(疏頭)로서 먼저 잡혀가니 학생들이 옥으로 몰려가서 갇히지 못할까 두려워하는 듯했다. 원토(圜土, 옥사)가 비좁고 쇠사슬 또한 모자라 목에다 새끼를 맨 자들이 종루 밑에 둔취(屯聚)했다. 금부에서 계하기를, "사람은 많고 옥은 작아서 가둘 수 없습니다." 하였다. 대신들 또한 계하기를, "유생들이 다만 진심을 드러내어 아뢰려던 것이고 사체(事體)를 몰랐던 것이니, 우선 추문(推問)하지 말고 인심을 진정시키소서." 하여 사(赦)하게 되었다.

조광조의 처형에 가장 적극적이었던 사람은 조광조를 신임했던 중종이었다. 조광조를 몰아낸 기묘삼흉 즉 홍경주, 심정(沈貞), 남곤 등도 의아해할 정도였다. 정광필 등이 강력하게 반대하여 조광조는 즉각 처형을 면하고 전라도 능주로 유배되었다. 중종은 결국 한 달 뒤 조광조에게 사약을 내린다.

중종이 그토록 조광조의 처형을 서두른 이유는 무엇이었을까? 여기에는 두 가지 해석이 있다. 하나는 중종이 공신 세력 이상으로 조광조 일파를 왕권에 위협적인 존재라고 판단했다는 것이다. 다른 하나는 삭훈된 공신 가운데 무인 세력이 또 다른 반정을 예고하며 조광조 일파의 제거를 요구했고, 중종이 이에 굴복했다는 것이다.

첫 번째 해석과 관련해서는 이른바 '주초위왕(走肖爲王)' 사건이 유명하다. 야사에 따르면, 홍경주가 자신의 딸인 희빈 홍씨로 하여금 나뭇잎에 꿀로 주초위왕이란 글자를 써서 벌레가 그곳만 갉아먹게 만들었다고 한다. 홍씨가 이 참언을 중종에게 보여주자 중종은 조광조 일파가 역모를 꾸민다고 믿지 않을 수 없었다. 주초위왕은 '走'와 '肖'를 합하면 '趙'가 되니 조씨, 즉 조광조가 왕이 된다는 뜻이었다. 어느 방송국에서 주초위왕 사건이 사실인지 알아보려고 나뭇잎에 꿀을 바르고 벌레에게 주었다고 한다. 그 결과 벌레가 꿀만 먹었을 뿐 나뭇잎은 그대로 남아 있었다. 이 실험을 통해 볼 때 주초위왕 사건은 역사적 사실이 아닐 가능성이 크다.

조광조의 실각과 처형에 관해서는 남곤이 많은 이야기를 남겼다. 남곤은 호가 지족당이고, 의령 남씨로서 개국공신 남재의 후손이다. 그는 김종직의 문인으로 조광조의 스승 김굉필과 동문수학했다. 성종 때 과거에 급제하여 관직에 나갔고, 갑자사화에 연루되어 유배되었다가 중종반정으로 복직되었다. 남곤은 명망이 높아 열 살 아래인 조광조가 관직에 나가기 전부터 그를 따랐다. 조광조를 비롯한 신진들에게 동조했던 남곤은 문장보다 덕행에 더 비중을 두는 현량과 실시를 반대했다. 그것은 그가 자타가 공인하는 당대의 문장가였다는 사실과 무관하지 않았다. 그는 점차 조광조와 신진 세력을 과격하다고 비판하며 거리를 두기에 이르렀다. 조광조 일파는 남곤을 소인이라고 몰아붙였다. 자연히 남곤은 공신들과 손잡고 급기야 기묘사화의 주모자가 되기에 이른다.

남곤은 조광조 일파를 억지하려고 했을 뿐이었다. 기묘사화의 과정에서 그는 정광필 · 안당 등과 함께 조광조 일파의 구명을 위해 노력했다. 기묘사화 이후 남곤은 이조판서와 좌의정, 영의정을 역임하는 등 화려

한 관로를 걸었지만, 기묘사화의 결과 때문에 자책을 금치 못했다. 그는 제자들에게 "내가 허명으로 세상을 속였으니 너희는 나의 글을 모두 없애 내 허물을 더 이상 무겁게 하지 마라. 내가 죽거든 비단으로 염습하지 말고, 평생 마음과 행실이 어긋났으니 부디 시호도 청하지 말고 비석도 세우지 마라." 하고 당부했다. 자녀들에게도 "나의 글을 태워라. 나는 후대에 글을 남길 자격이 없다."는 유언을 남겼다.

그러나 공론은 남곤에게 심정과 더불어 조광조를 죽인 기묘사화의 주모자란 낙인을 찍었다. 특히 남곤은 심정이나 홍경주와 달리 사림의 종장 김종직의 문인으로서 그 명망을 떨쳤기 때문이다. 그럴 수 없는 사람이 그랬다는 것이다. 훗날까지도 남곤은 심정과 더불어 오명을 벗지 못했다.

곤쟁이젓 또는 곤쟁이젖이란 말에 그 흔적이 남아 있다. '곤쟁'은 남곤의 '곤'과 심정의 '정'을 합한 '곤정'에서 유래했다고 한다. 사람들은 남곤과 심정의 이름을 각각 따서 젓갈 이름에 붙임으로써 '곤쟁이젓이나 해먹을 놈들'이라며 욕했다고 전한다. 게다가 남곤과 심정이 저마다 경빈 박씨와 불륜관계에 있었다는 추문에 근거해 곤쟁이젖이란 말도 떠돌았다.

현재 남곤의 출생지인 밀양 대항리에는 못이 있는데, 그의 생가를 헐고 그 자리에 못을 판 것이다. 설화에 따르면 그가 기묘사화에 동조하여 변절자로 몰리자 남곤 같은 사람이 다시는 태어나지 말라는 뜻으로 못을 팠다고 한다.

시간을 거슬러 올라가보면 조광조와 남곤 사이에 이런 일화가 전한다. 조광조는 소싯적에 남곤의 집 근처에 살아 그를 자주 찾아가곤 했다. 어느 날 두 사람이 함께 길을 가는데 미모의 여인이 그들 옆을 지나갔다. 조광조는 자신도 모르게 자꾸 뒤를 돌아보며 눈길을 보냈지만, 남곤은 눈길 한번 주지 않고 앞만 보고 걸어갔다. 집에 돌아온 조광조는 이를 부끄럽게 여기며 어머니 앞에서 한탄했다. 그런데 어머니는 의외로 남곤을 가리켜 인간미 없는 차갑고 모진 사람이라 언젠가는 많은 사람의 피를 흘리게 할 거라고 단정하면서 남곤과 교유를 금하라 일렀다. 심지어 남곤의 집에서 최대한 멀리 이사할 정도였다. 이 일이 사실이라면 그 어머니의 혜안에 감탄을 금하지 않을 수 없다.

조광조의 생애는 출처(出處)를 논할 때 반면교사의 사례로 언급되곤 한다. 공자 이래로 치세와 난세를 헤아려 치세엔 나가고 난세엔 물러날 줄 아는 것이 출처의 불문율이었다. 그것은 다음과 같이 요약해볼 수 있다. '물론 뜻이 옳아야 하지만, 아무리 뜻이 좋더라도 난세엔 실현 가능성이 없고, 난세에 벼슬하는 것은 일신만 위태롭게 할 뿐이다. 그렇다고 일신의 안위에 치중하여 치세에만 나가야 한다는 기회주의를 권하는 것은 아니다. 은둔을 예찬하는 것도 아니다. 나아갈 바도, 물러날 바도 모두 도를 실천하기 위한 출처여야 한다. 역량을 갖춘 다음 벼슬길에 나가 치세를 이루어야 한다. 역량을 갖추는 길은 덕을 기르는 일이고, 그것은 올바른 학문의 연마를 통해 이룰 수 있다.' 그런 관점에서 이황과 이이는 다음과 같이 각각 조광조를 평가했다.

> 그는 자질이 참으로 아름다웠으나 학덕에 충실하지 못해 그 실행한 바가 지나침이 있어 결국 실패하고 말았다. 만일 학덕이 넉넉하고 기량(器量)이 갖추어진 뒤에 나와 나랏일을 담당했다면 그 성취가 이루 헤아리기 어려울 만큼 컸을 것이다. 군민이 요순시대의 군민과 같고 또 군자의 뜻이

있다 하더라도 때와 힘을 헤아리지 못한다면 안 되는 것이다. 기묘의 실패는 여기에 있었다.

-이황

옛사람들은 반드시 학문이 이루어진 뒤에 나아가 실천했다. 실천의 궁극은 왕의 잘못을 시정하는 것이다. 조광조는 도학을 실천하고 왕에게 왕도의 이행을 간청했다. 그는 어질고 밝은 자질과 나라 다스릴 재주를 타고났음에도 불구하고 학문이 채 이루어지기 전에 나아갔다. 그 결과 위로는 왕의 잘못을 시정하지 못하고 아래로는 구세력의 비방도 막지 못했다. 그가 도학을 실천하고자 왕에게 왕도의 철학을 행하도록 간청했으나 그를 비방하는 입이 너무 많았다. 비방의 입이 한번 열리자 결국 몸이 죽고 나라를 어지럽게 했으니 후세 사람들에게 그의 행적이 경계가 되었다.

-이이

조광조는 1515년(중종 11) 34세 때부터 사사되던 1519년(중종 15) 38세 때까지 5년 동안 정치를 주도했다. 당시 조선 사회는 왕조가 창건된 지 100년이 지나면서 여러 가지 폐단이 누적되고 있었다. 연산군의 폭정은 상황을 급속도로 악화시켰다. 적폐를 청산하여 기강과 질서를 재확립하는 일이 시대적 과제가 되었다.

조선왕조 사회는 최상층에 왕족과 공신, 그 밑에 유품(流品) 즉 품계를 가진 사족과 양민, 그리고 밑바닥에 노비와 천민으로 구분되는 신분제 사회였다. 유품 사족 이상의 양반층은 조세와 군역 등 각종 국역이 면제되는 특권을 누렸다. 조세와 군역 등 각종 국역 일반은 사실상 양민이 전담하다시피 했다. 노비와 천민은 특정의 국역을 담당하기도 했지만,

사족 이상의 지배층에게 예속되었다.

조선 초기 양천의 비율은 양민이 40~50%, 노비와 천민이 30~40% 정도였다. 조광조 당시 노비와 천민이 50%에 달했는데, 그것은 그만큼 양민이 몰락했음을 의미했다. 거듭된 공신 책봉은 포상으로 인해 국가의 재정 상태를 악화시켰고, 양민이 그 짐을 고스란히 떠안음으로써 궁핍과 몰락의 길을 걷게 됐다. 연산군 대에 파행적으로 극치에 이른 왕실의 사치와 낭비는 국가 재정을 극도로 악화시켜 양민의 부담을 더욱 가중시켰다.

중종반정은 개혁에 대한 기대감을 수반했다. 유교의 세상에서 개혁이란 왕도의 이름으로 정의의 구현과 민생의 개선을 추구한다는 것이 그 핵심 내용이었다. 개혁에 대한 기대감과 달리 과도한 공신 책봉으로 말미암아 상황은 도리어 악화된 감이 있었다. 정국공신에 책봉된 사람이 무려 117명으로, 이전 사례에 비해 두 배가 넘는 공신 책봉의 남발이었다. 개국공신 이래로 성종 즉위 당시의 좌리공신에 이르기까지 아홉 차례나 공신 책봉이 있었지만, 숫자는 대체로 각각 40~50명 정도였다. 중종반정의 경우 추가로 책봉된 원종공신까지 합치면 공신의 숫자는 상상을 초월했다. 공신 책봉에 수반된 포상은 국가 재정과 민생 상황을 심각하게 악화시켰다. 부적격 녹훈의 논란과 민간의 원성이 어우러져 정치적 불안이 고조되었다.

개혁의 필요성은 이미 중종반정 이전부터 제기되었고, 그 정책도 여러 가지로 제시되었다. 내수사의 폐지, 한전법과 노비에 관한 종모법이나 종부법의 실시 등이 그것이다. 내수사는 왕실의 재산을 관리하던 관아로 많은 토지와 노비를 거느리고 있었고, 왕실의 권력을 배경으로 불법적으로 토지를 탈취하고 고리대를 자행하는 등 백성의 재산과 인력을 침탈했다. 불법을 금하고 양민을 보호하기 위해 내수사의 규제 내지 혁파가 요구되어왔다. 한전법의 취지는 훈구파 공신의 과다한 토지 소유를 제한함으로써 국가의 재정을 확충하고 양민의 부담을 줄이려는 것이었다. 노비종모법이나 종부법은 노비의 증가를 억제하여 양민을 확보하려는 취지의 정책이었다. 양민과 천민의 혼인 즉 양천교혼(良賤交婚) 소생의 경우 그 신분을 정하는 데 모계나 부계를 따르게 한 제도였다. 그것은 일천즉천(一賤則賤) 즉 부부 중 한 사람만 노비여도 그 소생은 노비가 된다는 법을 악용하여 노비를 증가시켜오던 편법을 제재하려는 취지로 만들었다. 종부법보다는 종모법이 일반적으로 주창되었다.

개혁 정치에 있어서 관건은 정책의 유무가 아니라 그 실시 여부이다. 왕실이나 훈구공신 세력은 선왕의 법을 준수한다는 명분과 기성의 관행은 존재 이유가 있다는 보수의 논리로 완강하고 집요하게 개혁을 반대했다. 조광조 일파는 요순의 고법(古法)을 선왕의 법이나 관행보다 더 앞세우고, 의리왕패론(義利王覇論)과 군자소인론(君子小人論)을 내세워 훈구공신들을 비판하며 개혁을 추진했다.

의리왕패론은 대의와 공리(功利), 왕도와 패도를 엄격하게 구분한다. 정치적 판단이나 선택에 있어서 시의적절성이나 사사로운 공리를 배격하고 왕도와 의리, 명분 등을 추구하고자 했다. 군자소인론은 공익과 도덕성을 추구하는 '선(善)'의 군자와 사리사욕을 추구하는 '악(惡)'의 소인이 대결하는 과정으로 정치를 본다. 그런 논리에 입각하여 훈구공신은 왕도와 의리를 추구하는 것이 아니라 사사로이 권세와 공명과 이익을 좇는 '악'의 무리라고 규정되었다.

보다 근본적으로 조광조 일파는 도학의 구현을 주창했다. 그들은 정몽주, 성삼문, 박팽년, 김굉필 등으로 거슬러 올라가는 도통을 세웠다. 근래의 김굉필 등이 추구한 '소학'운동을 이어 확산하고 향약의 보급에 힘을 기울였다. 그것은 권력이나 신분보다 학행을 내세워 정신적 주도권을 잡으려는 이념 및 문화투쟁의 일환이었다.

소격서 혁파도 그 일환이었다고 볼 수 있다. 소격서는 기우제나 기복제 등 왕실의 종교 의식을 관장하는 기구였다. 소격서의 의식은 도교와 무속신앙에 입각한 것이라 하여 비판받곤 했지만, 왕실의 권위에 의해 유지되어왔다. 조광조 일파는 그 비용이나 기복 행위가 도학 정신에 위배된다는 전래의 논의를 밀어붙여 중종의 극력 반대에도 불구하고 소격서 혁파를 성사시켰다. 소학과 향약의 보급이 사회 일반을 향한 것이었다면 소격서 혁파는 왕실을 겨냥한 것이었다는 점에서 이념 및 문화투쟁의 완성을 의미했다.

조광조 일파는 현량과를 실시했다. 시문에 대한 평가일 수밖에 없는 과거제에 비해 현량과는 학덕이 뛰어난 인재를 천거를 통해 뽑는 제도였다. 현량과를 통해 전 · 현직 관료 12명을 포함하여 28명이 선발되었는데, 대체로 조광조와 신진 세력에 동조하는 인물이었다.

조광조 일파에게 현량과는 과거제의 대안이었다. 그러나 역사적으로는 천거제의 폐단을 극복하고 나온 것이 과거제였다. 현량과의 기원은 중국 한나라의 현량방정과(賢良方正科)인데, 현량방정이란 이름 그대로 품성이 현량하고 행동이 방정한 인물을 뽑는 데 그 목적이 있었다. 방정이 효렴(孝廉)으로 대체되기도 했다. 덕목을 효행과 청렴으로 구체화한 것이다. 그 이전에는 관직이 기본적으로 세습과 매매의 대상이었다. 사회가 발전하면서 새로운 인재 등용이 요구되었던바, 향거이선(鄕擧里選) 즉 향리에 현명한 사람이 있으면 조정에 추천하던 방식을 제도화하기에 이르렀다. 그것이 현량방정과의 시작이었다. 위진시대에 와서는 구품중정제 또는 구품관인제가 실시되었다. 지방에 중정관(中正官)을 두고, 인재를 1~9품으로 나누어 추천토록 한 제도였다. 적절한 인재를 좀 더 널리 찾고 또 공정성을 확보하려는 취지였다. 수나라에 와서는 거기서 더 나아가 관리의 소양을 시험을 통해 평가하여 인재를 뽑는 과거제가 실시되기에 이르렀다.

분명 과거제는 천거제보다 더 발전적인 의미를 지녔다. 그런 관점에서 조광조 일파의 현량과 추진은 퇴행이라 하여 격렬한 비판의 대상이 되었다. 그것은 설득력 있는 비판이었기 때문에 조광조 일파는 현량과가 과거제의 대안이 아니라 보완책이라는 논리로 후퇴할 수밖에 없었다.

급기야 정국공신의 삭훈이 진행되었다. 홍경주, 남곤, 심정을 포함한 76명을 삭훈했다. 공신 삭훈의 실행은 개혁의 일단락을 의미했다. 조광조 일파가 새로운 시대의 개막을 선포할 찰나였다. 그러나 그 순간 기묘사화가 조광조 일파를 기다리고 있었다.

조광조의 개혁 정치는 궁극적으로 훈구공신이 아닌 이른바 사족 대중 즉 사림이 주도하는 정치를 말한다. 그것은 독단 밀실 담합이 아닌 공론에 의한 정치였다. 기묘사화로 좌절되지만, 그것은 머지않아 조선 역사에서 대세가 된다. 그런 관점에서 보면 그것은 분명 역사성을 지닌다.

다른 관점도 있다. 조광조의 행보에는 대화나 타협의 여지가 없었다. 그는 모든 상황을 선악의 대결로 봄으로써 다양한 의견 조율을 등한시하고 개혁 정책을 독단적으로 밀어붙였다. 매사에 명분 일변도였고 사공과 실리는 뒷전이었다. 심지어 북방의 야인을 토벌하기로 결정한 정책을 왕도에 어긋난다는 이유로 무산시켰다. 인신공격을 일삼는 정쟁이 예견되었다. 도학주의 사림 정치의 폐단은 임진왜란과 병자호란에 당면하여 여실히 드러난다.

조광조의 일생이 무엇보다도 분명하게 보여주는 것은 불굴의 지식인 관료상이다. 여기에는 관직 초기에 전해오는 유명한 일화가 있다. 중종의 구언(求言)에 응하여 담양부사 박상과 순창군수 김정이 중종의 첫 정실인 폐비 신씨의 복위를 상소했을 때였다. 폐비 신씨는 연산군의 처남인 신수근의 딸이라는 이유로 반정 7일 만에 폐위되었다. 그 뒤 중전의 자리에 오른 장경왕후는 인종을 낳은 후 산후병으로 죽었다. 그런 상황에서 상소가 올라온 것이다. 신씨의 폐위가 조강지처를 버린 격으로 잘못된 일이니, 그것을 주도한 박원종 등 공신 세력을 처벌해야 한다는 상소였다. 아직 공신 위주의 정국이었던 만큼 상소는 즉각적으로 공신들의 반발을 불러일으켰다. 공신들은 조정에 분란을 일으킨 망언으로 규정하여 박상과 김정을 유배 보냈다. 대간(臺諫)도 동의했다. 그로부터 석 달 뒤 사간원 정원 조광조가 두 사람의 유배가 잘못된 처사라며 상소를 올렸다. 어떤 내용의 상소를 올려도 좋다는 구언을 지시해놓고 그 내용을 문제 삼아 당사자를 처벌한 임금과 그것을 나서서 부추긴 대간의 태도는 옳지 않다고 상소했다. 언로의 자유를 수호해야 할 대간이 오히려 언로를 가로막았다는 것이다. 조정이 크게 술렁거렸다. 그러자 홍문관이 나서서 대간의 주장도 응당하고 조광조의 비판도 일리가 있다는 양시론을 펼쳤다. 조광조는 양시론을 거부하고 대간 전원 교체를 관철시켰다. 석 달이 걸린 일이었다.

중종 13년 8월 소격서 폐지를 실현시킬 때에도 조광조는 원리 원칙을 고수했다. 중종은 선왕의 유제라는 논리로 소격서 폐지를 반대했다. 현군 세종도 유지한 소격서를 중종 스스로 폐지할 수 없었다. 그러자 조광조는 세종의 실정(失政)이 바로 소격서를 남긴 거라고 직언했다. 급기야 중종을 연산군과 비교하며 압박했다. 졸고 있는 중종을 앞에 두고 조광조는 밤새 간쟁했다. 어느새 새벽닭 우는 소리에 졸음에서 깬 중종이 여전히 무릎 꿇고 엎드려 있는 조광조를 보고 소격서 폐지를 허락했다.

이런 조광조의 강직함은 '견거절함(牽裾折檻)'이라 할 만하다. 견거는 옷자락을 잡아당긴다는 뜻이고, 절함은 난간을 부러뜨린다는 뜻으로 왕의 위세에 굴하지 않고 강직하게 간언함을 이른다. 중국 삼국시대 위나라 문제 때 인물 신비(辛毗)와 한나라 성제 때 인물 주운(朱雲)의 고사에서 나온 말이다. 위나라 문제는 조조의 아들 조비이다. 그가 하북 주민의 강제 이주안을 발표했을 때 모든 신하가 눈치만 보는 가운데 신비 홀로 나섰다. 문제가 아무 대꾸도 없이 자리를 박차고 일어나 안으로 들어가려고 하자 신비는 문제의 옷자락을 잡아당기며 끝까지 간언했다. 주운은 장우가 황제의 스승으로서 바른말을 하지 않고 아첨만 한다고 여겨 성제 앞에서 장우를 탄핵했다. 성제는 노하여 주운을 죽이고자 끌어내라고 명한다. 주운은 끌려가면서도 궁궐 난간을 붙잡고 매달리며 간언하니 난간이 부러지고 말았다. 이는 조선 사림의 지부상소(持斧上疏), 즉 '받아들이지 않으려면 목을 쳐 달라'는 뜻으로 도끼를 옆에 놓고 올리던 상소의 전통과 일맥상통한다.

조광조는 중종 앞에서 조보(趙普)를 칭송한 일이 있었다. 조보는 송나라 태조 조광윤(趙匡胤)을 도와 건국을 주도한 인물이다. 성품이 강직했던 그는 태조에게 자신의 뜻을 관철시킨 일화로 유명하다. 조보가 한 사람을 관직에 천거했을 때였다. 태조는 조보가 천거할 때마다 받아들이지 않았다. 그래도 조보가 굽히지 않고 거듭 천거하자 태조는 화를 내며 천거가 적힌 문서마저 조각조각 찢어버렸다. 조보는 그 조각을 모두 주워 모아 이어 붙인 다음 이튿날 다시 제출했다. 태조는 결국 그의 천거를 받아들일 수밖에 없었다. 태조가 싫어하던 사람을 조보가 승진시키려고 했을 때였다. 태조가 문을 닫고 안으로 들어가버리자, 조보는 자리를 뜨지 않고 태조가 나올 때까지 지키고 서 있었다. 태조는 결국 승진을 허락했다. 이처럼 왕의 권력 앞에서 자신의 뜻을 굽히지 않았던 조보처럼 조광조 역시 자신이 믿는 정치를 중종에게 관철시키고자 했다.

조광조를 논할 때 빼놓을 수 없는 대목이 그가 죽는 장면이다. 능주로 유배 간 지 한 달 만에 의금부도사 유엄이 내려왔다. 사면장이 아니라 사약을 가지고 왔다.

조광조는 도사에게 "사사(賜死)의 명만 있고 사사의 글은 없소?" 하고 물었다. 도사가 쪽지를 보여주었다. "내가 한때 대부(大夫)의 반열에 있다가 이제 사사받게 되었는데 어찌 쪽지만 만들어 도사에게 부쳐서 신표로 삼아 죽이게 하겠소?" 조광조는 중종 몰래 자신을 미워하는 자가 꾸민 일이 아닌지 의심한 것이다. 그는 또 사사가 진실인지 아닌지 알기 위해 지금 누가 정승 자리에 있고 심정은 어느 벼슬에 있는지를 물었다. 도사가 남곤과 심정이 정승이라 대답하니, 조광조가 "그렇다면 내 죽음은 틀림없소." 하고 말했다.

조광조가 또 "조정에서 우리를 어떻게 말하오?"라고 물었다. 도사가 왕망에 비유해서 말하는 것 같다고 대답하니, 조광조는 "왕망은 사사로운 일을 영위한 자가 아니더냐!" 하고 큰 소리로 웃었다. 왕망은 중국 전한에서 후한으로 넘어가는 과도기에 스스로 황제의 자리에 올라 국호를 신(新)으로 내걸고 여러 개혁을 단행한 인물이다. 그는 주나라 시대의 치세를 이상으로 삼아 복고적으로 주공 때 관제를 기록한 책인《주관(周官)》을 그대로 실현코자 했다. 언필칭 요순의 고법을 주장했던 조광조와 복고주의자 왕망을 비교해보는 것은 의미가 없지 않다. 그러나 조광조는 어디까지나 공도를 자처하여 사사로이 권력을 찬탈한 왕망과 자신의 비교를 거부했다.

혹자는 조광조를 중국 북송의 개혁가 왕안석과 비교하기도 한다. 급진적인 개혁을 추구했다는 점에서 성격은 비슷할 수 있겠지만, 방향은 서로 달랐다. 왕안석은 어디까지나 부국강병에 초점을 두었던 데 반해 조광조는 도학의 이념 즉 왕도와 의리의 구현에 역점을 두었다.

사약을 받게 된 조광조는 도사에게 잠시 말미를 청하여 방으로 들어가 새 옷을 갈아입고는 제자로 하여금 지필묵을 준비하게 하여 다음과 같은 '절명시'를 지었다.

임금 사랑하기를 어버이 사랑하듯 했고	愛君如愛父
나라 걱정하기를 내 집 걱정하듯 하였노라.	憂國如憂家
밝은 태양이 이 땅을 내려다보고 있으니	白日臨下土
일편단심 충정을 환하게 비추리라.	昭昭照丹衷

그리고 조광조는 아랫사람들에게 "내가 죽거든 관을 두껍게 만들지 마라. 먼 길 가기 어렵다."고 일렀다. 그는 창틈으로 밖을 자주 내다보곤 했는데 혹시 사약을 취소한다는 교지가 내려올지 모른다고 생각했을 것이다. 목숨에 연연하는 조잔한 모습은 결코 아니었다. 보고 듣는 사람으로 하여금 그의 죽음을 더욱 애절하게 느끼도록 만드는 장면이다.

당초에 유배지 능성(능주)고을 원이 관동(官僮) 몇 사람을 보내서 청소를 맡겼다. 조광조가 죽을 때 이들에게 각각 애절한 뜻을 보였다. 조광조는 주인을 불러 말하기를, "내가 자네 집에 묵었으므로 언젠가 보답하려 했으나, 보답은 못 하고 도리어 흉변(凶變)을 보이고 집을 더럽히니 죽어도 한이 남는다." 하였다. 관동과 주인은 슬픔을 견디지 못하여 눈물이 흘러내려 옷깃을 적셨다. 그들은 오래도록 고기를 먹지 않았으며, 조광조의 말을 하게 되면 언제나 문득 눈물을 흘렸다고 전한다.

이전인에게 답함

이황이 이전인에게 답하다

1 임술

지난가을에 그대를 만났을 때 회재 선생의 모습을 보는 듯했다. 지금 편지를 받고 그 뜻을 자세히 알고 나니 한편 기쁘고, 한편 안타까워 마음을 다잡을 수가 없다. [〈진수팔규(進修八規)〉를] 아직 임금께 올리지 말라고 하는 것은 사세가 그러하기 때문이다. 회재 선생의 유충(遺忠)을 올리지 못하여 지극한 뜻을 이루지 못하지만, 불행이 다행 되어 돌아오지 말라는 법은 없다. 너무 한탄하지 말고 이를 잘 간직했다가 때를 기다리는 것이 좋으리라.

또 그대가 보내준 《중용구경연의(中庸九經衍義)》는 선생이 집필하다 말아 미완성의 책이 되고 말았구나. 하늘의 뜻은 참으로 알 수가 없도다. 그저 글을 어루만지며 탄식할 뿐이다. 편지를 보니 나에게 완성을 맡아 주었으면 한다만, 만에 하나라도 내가 할 수 있다 한들 어찌 감히 완성을 바랄 수 있겠는가? 감당치 못할 바엔 차라리 그 글을 돌려주어야 마땅할 것이다. 그러나 기회가 생긴 것을 기쁘게 생각하니 좀 더 두고 생각해보겠다. 책의 이름을 실추시키지 않도록 책 속에 숨은 뜻을 하나라도 찾아내어 밝히면 좋겠다.

答李全仁〔壬戌〕

去秋 幸得相見 宛對典刑之遺 今因書來 具悉示意 且欣且歎 無以爲心 未上之事 勢固至此 雖曰遺忠未獻 至意未遂 然其不幸 未必不反幸也 須勿以爲恨 襲藏以待之 爲佳 寄示衍義書 其所就緖處已如此 而竟至爲未成之書 天意誠不可知也 不勝撫卷太息之至 至於來喩欲使昧者踵成之 則又非敢必冀於萬一也 旣未承當 所宜回納 而惟以得見爲幸 姑此奉留 以少發蒙蔽 不敢失墜耳

2 병인

지난번 심부름꾼을 통해 보낸 글을 읽고 그대가 말하려는 뜻은 다 알게 되었다. 어제오늘의 일을 돌아보니 개탄을 금할 수가 없구나. 그때 마침 고군을 보았는데 고군이 곧 그곳으로 간다 하기에 간략하게 한두 가지 일을 일러 보냈다. 혼자 속으로 고군이 일을 보고 돌아오는 편에 답을 가지고 오려니 하고 있었는데, 뜻밖에 그대가 따로 보낸 심부름꾼이 몹시 고생스럽게도 추위를 무릅쓰고 먼 길을 왔더구나. 이번에도 또 먹을 것을 보내주니, 산촌에서 소박하게 사는 처지에 얼마나 과분한 선물인지 받기에 마음이 불편하다. 그 정이 넘쳐 부담스러우니 앞으로 부디 삼가서 나의 마음을 편하게 해주기 바란다.

행장은 본래 내가 감당할 바 못 되지만 도의상 사양하기 어려워 맡기는 했다. 초고는 이미 써두었는데 틀리거나 빠진 것이 있을까 두렵고, 중요한 글이니만큼 가볍게 내놓을 수 없구나. 혹여 그대에게 보냈다가 다른 사람들 손에 건네져 그들이 읽기라도 한다면 호오(好惡)를 가리기 어려운 데다 심지어 말썽을 일으키지 않으리란 법도 없을 것이다. 그대가 하루하루 좀 더 기다린다 해도 그리 늦지는 않을 것이다. 유고 또한 받들어 다 훑어보았지만 다시 한 번 더 자세히 읽어야겠다. 요즘 다른 일에 얽매여 아직 못다 읽었다. 나중에 모든 원고를 한꺼번에 보내주겠다.

그대가 보내온 종이에다 쓴 글씨는 심부름꾼이 돌아가는 편에 부치겠다. {그 가운데 물, 바위, 집, 누각 등 그 이름에 대해서는 유집 중에 나온 제목을 보아도 그 이름이 없어서 의문을 품어왔다. 그런데 이제 보니 그 실상이 대개 전부터 있었던 것임을 알겠다. 한둘 추가하는 것도 무방할 것이다.} 큰 글자는 적당한 곳에 새기면 되겠다. 우리나라 돌은 성질이 거의 다 거칠고 강하여 전각이 잘 되지 않으니, 병풍으로 만들어 두고 보는 것도 좋을 것이다.

습유 시는 잘 받았다. {〈진수팔규〉를 임금께 올린 것이 그대로서는 아버지의 유지를 받드는 일로 그리했을 터이네만 나로서는 매우 마땅찮은 일로 생각된다. 그대가 내 말을 듣지 않고 올렸으니 이미 돌이킬 수 없는 일이 되었도다. 그대의 병세가 아직 호전되지 않았다 하니 말할 수 없이 걱정되노라. 추위에 부디 몸조심하기를. 이만 줄이네.}

별지

일, 여주에서 경주로 간 것은 몇 대조 때의 일인가?

일, 전주에서 올린 '일강십목소(一綱十目疏)' 조목을 모두 적시할 것.

일, 자헌대부로 승진한 날짜는 몇 년 몇 월인가?

일, 경상도 감사가 된 것은 몇 월의 일인가?

일, '정부서계십조(政府書啓十條)'는 예전에 누가 베껴서 보여주며 말하기를, "모두 회재 선생이 초안을 잡았다." 하였다. 지금 보니 과연 회재 선생이 아니면 다른 사람이 잡을 수 있는 바가 아니다. 그래서 그를 요약해서 싣고자 하는데, 회재 선생이 일찍이 그에 대해서 언급한 적이 있는가?

일, 갑진년에 감사에서 판윤으로 벼슬이 갈렸는데, 몇 월의 일인가?

일, 회재 선생이 녹훈 · 봉군을 받았는데, 무슨 관직으로 봉군되었으며 몇 월의 일인가?

일, 수렴청정하는 것은 적절치 않다고 쓴 차자(箚子)에 판중추부사로 되어 있던데, 무슨 일로 몇 월에 좌찬성에서 판중추부사로 벼슬이 갈렸는가? 또 그 차자는 몇 년 몇 월에 올린 것인가? 병오년 봄 사직서를 올리기 전인 듯하나, 을사년 겨울인 듯도 하니 확실하지 않다.

일, 파직은 병오년 가을 윤서원이 대사헌으로 재직할 때의 일 같다. 그러나 몇 월에 누가 품계를 올린 것인지, 죄명이 무엇인지, 사헌부 · 사간원 양사가 품계를 올린 것인지, 아니면 대신이 품계를 올린 것인지 확실하지 않다.

일, 정미년에 무뢰한 자들이 익명으로 나라를 비방한 일이 9월의 일인데, 그로 인해 강계에 유배된 적이 있었다. 그런데 시집의 '향관서시' 제목 밑에 달린 주를 보니 정미년 중추라고 씌어 있던데, 중추가 아니라 계추라고 써야 하지 않겠는가?

일, 손중돈 공의 마지막 벼슬은 무엇인가?

일, 대부인의 친정아버지 박숭부의 관직과 관향을 적을 것.

일, 그대의 자녀는 몇 명인지 아울러 적을 것.

丙寅

向者 人回書至 備悉所諭 撫攬今昔 爲之慨歎不已 適見高君將往彼云 因略道一二者 只欲高君詢訪 隨便報來耳 不意君專伻 冒寒來遠 至苦 且前後皆有饋遺〔此〕豈山居約素中所宜爲耶 令人蹙然靡寧 佩情之餘 深冀後停 庶安鄙悃也 行狀 本非所堪 義所難辭 謹已草修 恐或有疵闕 鄭重未敢輕出 亦念旣送于君 因遂傳出 世人所見 好惡難測 不無惹起鬧患之虞 姑俟後日 未晩也 遺藁亦已捧閱訖了 欲再勘過 近連有他事 未果 皆當俟後納還也 來紙竝曾涴墨 今附來使去矣 {其中諸泉石堂菴名號 集中無題詠故 疑之 今得示乃知其實大槩 曾有之則 雖有一二追號 亦無妨也} 但寫去大字 可刻處刻之似可 而吳東土石性例多麤頑 不受鐫刻 或都作一屛看 亦可耳 拾遺詩 承領 {八規 得以上達 在君追志之誠 固有如此之行 然此事亦極有未安者 君旣不用吳言 已難追矣 不須云云 今知君證 尙未快懸 念不可言 沍寒 愼護愼護 不一謹復}

別紙

一, 自驪州遷慶州 在何代祖時耶

一, 全州上疏一綱十目 皆書示其目

一, 陞資憲 在何年何月

一, 爲本道監司 在何月

一, 政府書啓十條 往在京時 人有謄示云 皆先生所草 今觀其言 果非先生他人 所不能及 故撮要載之 未知先生嘗言及且否

一, 甲辰 遞監司爲判尹 在何月

一, 先生叅錄勳封君時 以何官封君乎 其祿功封君的 在何月

一, 不宜垂簾箚子云 判中樞府事 不知何月以何事遞貳相爲判府事耶 此箚亦不知 以何年何月上耶 似在丙吾春未呈辭前 或乙巳冬間所上 竟未審何時

一, 罷職 似在丙吾秋間 尹瑞原爲大憲時事 然未審在何月以何人所啓 其罪名云 何 兩司啓也 大臣啓也

一, 丁未年 無賴者匿名謗 國之變 在九月 江界之謫 因是事也 今見詩集 向關西 時題下註云 丁未仲秋 無乃仲當作季耶

一, 孫公仲暾 仕終何官

一, 大夫人尊府君諱崇阜 官職有無及貫鄕書示

一, 君有子女幾人 竝書示

3 무진

심부름꾼이 먼 길을 달려와서 전해준 편지를 뜯어보고 두루 자세히 알게 되니 크게 위로가 되고 기쁘기 그지없구나. 나는 오래 묵은 병이 여전한 채 새봄을 맞이한 데다, 세상 걱정과 일에 얽매여 달리 탈출구가 없다. 일찍이 교지가 내려왔으나 즉시 받들기가 어려웠다. 상소를 올려 교지를 받들지 못한 죄를 물어 스스로 탄핵했건만 사직을 허락지 않으시니 도로 소명을 받잡게 되었다. 부득이 다시 사직서를 올리고 석고대명하는 중이다. 앞으로 어떻게 될지 예측할 수 없어 날로 근심만 깊어간다. 내 한 몸의 일이 이러하니 서울에 올라가지 못한다 하더라도 멀리서 찾아주는 그대 같은 사람들과 더불어 '운산연수(雲山烟水) 사이 세간에 숨어 한가하게 구름과 안개나 가리키며 살기'를 바랄 수야 있겠는가?

행장 가운데 고쳐야 할 곳은 이미 방백에게 통보했는데, 아직 회답이 오지 않았다. 고쳐야 할 곳이 비록 긴요하지 않다 해도 잘못 쓴 사실을 알게 된 이상 고쳐야 하지 않겠는가? 그러나 방백이 어떻게 처리할지 모르겠구나.

신주를 고침에 있어 뒷면은 손대지 않는 것이 고례이니, 시호를 받더라도 뒷면은 고치지 말아야 한다. 비석과 표석은 크기가 어떤지, 무슨 내용이 들어 있는지 등에 따라 그 명칭과 용도를 구별할 뿐이다. 비석은 묘의 동남쪽 구석에 세워야 한다. 지금 사람들은 흔히 비석을 묘의 왼쪽에 세워야 한다고 하는데, 왼쪽은 동남쪽을 뜻하는 것이다. {오래전 일이라 혼란스러움에 난처한 나머지 왼쪽과 동남쪽을 따로 정하는 일이 있는데 그것은 말도 안 되는 일이다.

그대의 호를 정함에 있어 옥봉(玉峯)과 옥계(玉溪) 둘 다 좋기는 하다. 회재 선생이 평소 옥산(玉山)이란 산 이름을 따서 별호를 지은 적은 없으나, 후인들이 모두 이 산을 보며 회재 선생을 떠올리며 기릴 터이니 그곳에 서원을 세운다면 조정에서 이 산 이름을 따서 편액을 내릴지 어찌 알겠는가? 그러니 그대는 호를 정함에 있어 그 산 이름을 피하고 산언덕이나 골짜기, 바위나 물, 산굽이나 모퉁이 가운데 아름답고 애호하는 곳의 이름을 택하여 호로 삼는 것이 온당할 것이다. 보내준 음식은 감사하다.}

별지

유집 두 권과 〈진수팔규〉 및 일강십목소 등을 그대의 맏아들에게 부탁하여 방백에게 보냈다. 방백이 조정의 뜻을 받들어 그것들을 잘 베껴서 조정에 올리자고 했기 때문이다. 이미 베껴두었다 하더라도 방백에게 청하여 거듭 꼼꼼하게 교정을 본 뒤에 올리는 것이 좋겠다. 바쁜 공무 중에 누가 세밀하게 교정을 볼 수 있겠는가?

《구인록》《대학장구보유》《속대학혹문》 등은 이미 조정에서 가지고 있고, 유고 또한 찾아 올리라 했다. 《봉선잡의》는 내가 널리 읽혔으면 좋겠다고 생각하고 있었던바 방백 역시 그렇다고 하니, 다른 글과 같이 올리는 것이 좋겠다.

《중용구경연의》는 회재 선생이 공을 가장 많이 들인 글이고 내용 또한 좋으나 완성하지 못했으니, 지극히 애석한 일이도다. 그 글을 당장 올리지는 못한다 하더라도 차후에 베껴두었다가 훗날 때를 보아 올리는 것이 좋겠다만, 방백이 어찌 생각하느냐에 달려 있을 것이다.

지난번에 그대가 나더러 마저 완성해 달라고 말한 《중용구경연의》를 오늘날 명사로서 근처에 사는 정유일 좌랑도 보더니 나에게 완성시킬 것을 여러 번 권했다. 그러나 내가 병약하고 노쇠하여 감당할 수 없었기에 정유일에게 권했더니 그 또한 감당치 못하겠다 했다. 이제는 기명언에게 맡기는 것이 좋을 듯한데, 그가 그리해줄지 그것은 모르겠다.

그리고 실록청에서는 글을 찾아 모을 때 반드시 무엇무엇을 올려 보내라 할 것이니 그에 따라 올려 보내도록 하라. 이번에 올리는 행장과 문집 등은 매우 중요하여 초고의 서문 또한 경솔히 쓸 수 없으니, 조정의 논의를 기다렸다가 나중에 다시 쓰는 것이 좋을 듯하다.

누대와 정자를 소재로 글을 지어 달라는 그대의 뜻은 좋으나 내가 병들고 혼미하니 글을 짓는다 한들 어디 읽을 만하겠는가?

실록청에서 올리라 하는 묘지를 당연히 찾아서 올리긴 올려야겠는데, 정사인(丁舍人)이 지은 글은 온당하지 않은 곳이 많아 올리기 어려우니 어찌해야 할지?

지난번 편지에 그대는 회재 선생이 판중추부사에 임명된 때가 병오년에 하향한 뒤라 썼다. 또한 을사년 정월에 인종이 선생을 좌찬성에 임명하자 선생이 여러 번 사양하는 뜻을 밝혔어도 끝내 그 뜻을 이루지 못하고 여름에 취임했고, 칠월에 명종이 즉위하여 공훈을 기록할 때 벼슬이 역시 좌찬성이라 했고, 이듬해 병오년의 모든 장계와 차자를 보아도 좌찬성이라 했다. 그런데 그 중간에 수렴청정이 온당치 않다고 올린 선생의 차자에는 유독 벼슬이 판중추부사로 씌어 있었다. 그렇다면 수렴청정에 관한 논의가 어찌 병오년에 선생이 하향한 뒤에 있었다는 말인가? 그 논의는 필시 을사년 추동 사이에 있었던 일일 것이다. 의심컨대 그때 무슨 일이 있어 선생이 잠시 판중추부사로 갔다가 다시 좌찬성에 오른 것이 아닌가 한다. 이 사안은 직첩을 받아 와서 살펴본 뒤에라야 그 진상을 알 수 있을 것이다. 우선 행장을 집필할 때 수렴청정을 거론한 차자에 의거해 쓰겠지만 나중에 다시 살펴보아야 할 것이다.

戊辰

伻人遠至 拆書具悉 深用慰喜 滉尙帶舊痾 迎見新春 世患嬰纏 無路脫去 前下教旨 極難承當 自劾一疏 未達朝聽 而又蒙促召 不得已復上辭狀 席藁待命不測終如何 憂慄日深 奈何 身事如此 假使不作西行 何可招邀遠外人如君輩相從於雲山烟水之間 因以引惹得世間閒指點耶 行狀改處 自此亦曾通報于方伯 時未見回答 然其改處雖無甚緊 旣知其誤 而仍舊不改 亦深不便 未知方伯竟何以處之也 改題神主 不改陷中 古禮爲然 今雖贈諡 亦陷中不改耳 碑石 表石 但以大小詳略而異其名 別其用 碑當立於墓道東南 隨地形便宜 今人立於墓左者 亦恐取東南之義也 {人情 皆以遠昏爲難 所求兩處 不成必以此也 稱號

兩云皆佳 但先生平日 雖不以山名自號 然後人仰之 皆景慕於此山 其作書院亦安知 朝廷賜扁不以山名爲耶 故君常避此號 而只取溪山中一丘一壑一石一水一曲一隅之佳處 最所愛賞者 以爲號 乃爲穩當 飴惠感感 拍略一笑 謹白}

別紙

遺集二卷八規十條疏等 付胤送于方伯 方伯承朝旨 欲繕寫上達故也 然旣寫後 須請于方伯 再三審細校正而後 上送乃可 不然 文簿倥偬中 何人能細密校正耶 求仁錄 大學更定 續或問等書 朝家旣索進 遺稿固 當上進 其奉先雜儀滉意甚欲傳布 聞方伯亦然云 幷上爲佳 惟衍義書 用功最多 議論亦好 而未及成書 至爲可惜 今雖未上 亦寫一件 隨後上稟 亦似爲當 此在方伯量處如何耳向所云欲續成者 此近處有鄭惟一佐郎 今之名士也 見此書 每勸滉續就事 滉以衰病 不堪任此事 以勸鄭 而鄭亦不敢當云耳 此事恐亦惟奇明彦 似可當之但不知彼意肯否也 實錄廳索取時 必有某某等文字上送之云 隨所云送上 大槩今所上行狀纂述文集等 爲緊切也 草藁序文 亦不敢輕議 姑待朝議而後 更議可也 臺亭題詠 雖不無願意 病倦昏塞如此 雖作 何足觀也 實錄廳所索墓誌 亦當上之 但丁舍人所撰誌文 未穩處頗多 似難上送 如何如何 前書 判府事除授在丙吾年下鄕後事 然乙巳正月 仁廟命爲貳相 累辭不獲 夏 赴闕供職 七月 明宗卽位 錄功時 亦似以貳相行也 至明年丙吾 諸狀箚皆云左贊成 而中間不宜垂簾箚子則判中樞云云 議垂簾事 豈在丙吾下鄕後耶 此必是乙巳秋冬間事也故疑於是年秋冬間 嘗以某事 暫判西樞 而旋還政府 此事受職牒來考後 可得其實 姑於行狀內 依垂簾箚云云 須更審處爲佳

이 글은 퇴계 이황이 잠계(潛溪) 이전인(李全仁, 1516~1618)에게 보낸 편지이다. 이전인이 보낸 편지에 이황이 회답한 답장인데 오늘날 그 편지는 전하지 않는다. 그래서 짐작으로 해석할 수밖에 없는 곳이 더러 있다. 답장은 주로 이전인이 그의 부친 회재(晦齋) 이언적의 업적을 현양하는 일들에 관한 내용이다. 따라서 이언적과 이전인의 생애를 먼저 살펴보는 것이 편지를 이해하는 데 도움이 될 것이다.

이언적의 초명은 '적(迪)'이었으나, 31세 때 중종의 명으로 '언(彦)' 자를 더하여 '언적'이 되었다. 북송의 선현 가운데 그와 동명의 인물이 있어 기휘(忌諱)하려는 뜻이 있었고 또 그와 동명의 급제자가 있어 구별할 필요가 있었기 때문이다. 무엇보다 언 자는 글 잘하는 훌륭한 선비를 뜻하니 중종이 이언적을 존중한다는 의미가 큰 글자였다. 이언적의 자는 복고(復古), 호는 회재 또는 자계옹(紫溪翁)이다. 회재라는 호는 안향의 회헌(晦軒)이라는 호와 마찬가지로 주희의 호 회암(晦菴)에서 따온 것이다. 이는 주희의 학문을 따른다는 뜻을 담고 있다.

이언적은 지금의 경주 양동마을에서 태어났다. 양동마을은 안동 하회마을과 함께 유네스코 세계유산(UNESCO World Heritage Site)에 등재된 곳이다. 유네스코 세계유산에는 문화유산과 자연유산, 그리고 문화와 자연의 특성이 혼합된 복합유산이 있다. 2010년 8월 안동 하회마을과 경주 양동마을은 한국의 전통 생활양식이 전승되고 있는 공간임을 인정받아 '한국의 역사마을-하회와 양동'이란 이름으로 문화유산으로 지정되었다.

이언적의 본관은 여주(驪州)인데, 그의 가계는 따로 여강(驪江) 이씨 또는 더 좁게 출생지를 따서 양동 이씨로 불리기도 한다. 이언적의 선대가 여말선초에 여주를 떠나 경주 인근으로 이주했고, 이언적 이후 양동마을에 뿌리를 내렸다. 양동마을에는 이언적의 외조부 경주 손씨 송재(松齋) 손소가 정착하여 우재(愚齋) 손중돈 등 그 아들들이 대를 이어 살고 있었다. 이언적의 부친 이번(李蕃, 1463~1500)이 손소의 딸과 혼인하여 이언적을 낳은 이래로 그의 후손들이 그곳에 정착·번성했고, 양동마을은 두 성씨의 집성촌이 되었다.

양동마을과 두 성씨의 입향을 거슬러 올라가 살펴보면 집안 내력은 그리 간단하지 않다. 보통 집성촌은 부계의 자손들이 대를 이어가며 형성되는 반면, 양동마을은 사위가 처가로 들어가 정착했기 때문이다. 손소는 양동마을에 살던 풍덕 류씨 류복하(柳復河)의 사위가 되면서 입향했다. 그는 부인 류씨가 무남독녀였던 관계로 류복하의 재산을 모두 물려받게 된다. 그에 앞서 류복하 역시 양동마을 인근의 안강현감으로서 양동마을에 살던 여주 이씨 이광호(李光浩)의 손녀사위가 되면서 입향했다. 그런데 이번에는 이언적의 부친 이번이 손소의 사위가 되면서 재입향한 격이 되었다. 한편 이언적의 고조부 이권(李權)은 이광호의 사촌이었다.

이언적은 외가에서 태어났다. 산실은 경주 손씨의 종택인 송첨(松詹)에 있는 건넛방이었다. 풍수지리에 의하면 그곳은 삼현지지(三賢之地), 즉 세 사람의 현인이 태어날 곳이라고 했다. 그중 두 사람은 태어났다고 한다. 바로 우재 손중돈과 회재 이언적이다. 나머지 한 사람은 아직 태어나지 않아 모두 기다리고 있다고 한다. 그래서 경주 손씨 종가에서는 시집간 딸이 그곳에서 몸 푸는 것을 꺼려 한다. 세 번째 현인이 외손이 아닌 친손이길 바라는 마음에서다.

송첨이란 당호는 손소의 호 송재에서 비롯되었다고 한다. 한동안 서백당(書百堂)이라고 불렀는데, 그 호를 쓴 것은 후대 종손 이후의 일이다. 서백은 참을 '인(忍)' 자를 매일 백 번 쓴다는 뜻이다. 근래에 원래의 이름을 찾는다는 뜻에서 다시 송첨이라 부르고 있다. 1457년(세조 3) 손소는 25세 때 양동마을에 들어온 뒤 처가에서 살다가 4년 뒤에 송첨을 짓고 분가했다. 1484년(성종 15)에 송첨을 건립했다는 이설도 있다.

손소는 청송부(青松府)의 속현인 안덕현(安德縣)에서 태어났다. 부친 손사성(孫士晟, 1396~1477)은 세종 때 벼슬했고 훈민정음 창제에 관여했다. 훗날 계성군(鷄城君)에 봉해졌다. 손소는 1459년(세조 5) 식년문과에 병과로 급제해 벼슬길에 나갔다. 그는 점필재 김종직과 동방급제했고, 그런 인연으로 그의 아들 손중돈이 김종직의 문하에 들게 된다. 손소의 묘비명을 김종직이 쓰기도 했다. 손소는 1467년 5월 이시애의 난 때 평노장군(平虜將軍) 박중손(朴仲孫)의 종사관으로서 군무를 관장, 난을 평정하는 데 공을 세워 적개공신 2등에 책훈, 계림군에 봉해졌다. 승문원 정자, 겸예문, 종묘서령, 내섬시정, 공조참의 등 내직과 성주목사, 진주목사, 안동부사 등 외직을 역임했다. 외직은 늙은 부친을 봉양하기 위해 자청한 것이었고, 선정을 베풀어 칭송이 자자했다. 나라에서는 그에게 양민(襄敏)이란 시호를 내리고 불천위 제사를 지정했다.

손소의 첫째 아들인 손백돈(孫伯暾)이 우계 이씨와 혼인하여 처가에 살면서 아들 위(暐)를 낳았는데, 손위가 후사를 보지 못하여 손소의 둘째 아들인 손중돈이 집안을 이끌었다. 1514년(중종 9)에 손중돈이 양동에 관가정(觀稼亭)을 짓고 손소의 신위와 영정을 사당에 모셨고 송첨은 손소의 넷째 아들인 손계돈(孫季暾)의 사제(私第)로 쓰게 되면서 대종가의 기능을 잃었다. 그 뒤 1924년 송첨에 사당을 지어 손소의 신위를 옮겨다 모시면서 송첨은 대종가의 기능을 되찾았다.

이언적은 10세 때 부친상을 당하고 외숙 손중돈의 훈도를 받으며 자랐다. 손중돈은 부친 손소의 연고로 영남 사림의 종장 김종직 문하를 출입함으로써 영남 사림의 계보에 들게 되었다. 손중돈은 1482년(성종 13) 사마시에, 1489년 식년문과에 급제했다. 예문관봉교를 거쳐 여러 청환직에 있다가, 1497년(연산군 3) 양산군수로 나갔다. 그 뒤 조정에 복귀하여 성균관 사예, 사복시정 등에 올랐으나 연산군의 심한 낭비에 대해 간언하다가 파직당했다. 1506년 중종반정 직후 상주목사로 부임하여 선정을 베풀어 1509년(중종 4)에는 표리(表裡) 1습을 하사받고 좌승지로 승진했다. 잇달아 공조참판, 예조참판 등을 역임하고 1517년에는 성절사로 명나라에 다녀왔다. 그리고 공·이조판서, 세자시강원빈객을 지냈다. 그 뒤 도승지를 세 번, 대사헌을 네 번 지내고 경상·전라·충청·함경도관찰사를 거친 다음 우참찬에 올랐다. 중종 때에는 청백리에 녹선되었다. 사후에 손중돈은 동강서원(東江書院), 상주의 속수서원(涑水書院)에 배향되었다. 그의 시호는 경절(景節)이다.

이언적은 소싯적에 손중돈의 임지를 따라다니며 글을 배웠다. 손중돈이 양산군수로 나갔을 때 이언적은 여덟 살배기 아이였다. 손중돈이 상주목사로 나갔을 때 이언적은 17세 청년이었다. 손중돈이 중앙에 복귀하여 성균관 사예 등을 거칠 때 이언적은 성년의 나이에 접어들고 있었다. 그때까지 학업은 과거 공부를 중심으로 매진했을 것이다. 이언적은 23세 때 생원시에 급제하여 성균관에서 수학했다. 24세 때에는 문과에 급제했다. 1514년에는 교서관의 권지부정자로 관직생활을 시작하여 이듬해 1515년에는 경주 주학(州學)의 교관으로 부임했다. 급제 이후 이언적의 학문은 일취월장 독자적인 경지로 치닫기 시작한 듯하다.

1517년 이언적은 외숙 망재 손숙돈(孫叔暾)과 망기당 조한보(曺漢輔) 사이의 무극태극(無極太極) 논쟁에 가담했는데, 주자의 주리론에 입각하여 두 사람을 모두 비판함으로써 세간의 주목을 받았다. 손숙돈을 향해서는 주자의 성즉리(性卽理)가 아니라 육상산의 심즉리(心卽理)에 가깝다고 비판했고, 조한보를 향해서는 기본적으로 주렴계의 입장을 따르면서도 불교의 허무적멸에 젖어 있다고 비판했다. 이것이 한국 유학사에 길이 남을 주리론의 탄생이었다. 주리론은 이후 퇴계 이황에 의해 완성된다.

그해 7월 이언적은 권지를 면하여 교서관부정자로서 조정에 섰고, 이후 정자 저작으로 거듭 승진했다. 때는 바야흐로 조광조의 시대가 열리고 있었다. 조광조는 이언적보다 10년 연상이었으니, 두 사람은 성균관에서 같이 수학했을 가능성이 있다. 이언적의 외숙 손계돈은 조광조가 주도한 현량과에 급제했다. 조광조와 함께 김굉필에게 동문수학하고 동지로 활동했던 김안국은 이언적을 높이 평가했다. 조광조와 이언적이 의기투합했을 가능성은 다분해 보인다. 그러나 두 사람의 만남은 이루어지지 않았다. 각자 다른 행로를 걸었기 때문이다. 1515년 조광조가 조정에 섰을 때 이언적은 외직에 나가 있었다. 1517년 이언적은 조정에 섰지만 바로 조부상을 당해 관직을 쉬어야 했다. 1520년 탈상했을 때에는 이미 조광조가 죽은 뒤였다. 한 해 전인 1519년에 기묘사화가 한바탕 세상을 쓸고 지나갔던 것이다.

1521년 이언적은 교서관박사를 거쳐 홍문관박사에 발탁, 경연 사경과 춘추관 기사관을 겸임했다. 1522년 세자시강원 설서가 되어 인종과 특별한 관계를 맺었다. 1523년 성균관 전적을 거쳐 병조좌랑과 이조좌랑을 지냈다. 1524년 그는 모친 봉양을 이유로 외직을 자청하여 인동현감에 임명되었지만, 그때에도 춘추관 기사관을 겸임했다. 1526년 사헌부 지평으로 조정에 복귀, 이어 병조정랑 겸 경상도어사, 이조정랑이 되었다. 1527년 시강원문학, 사헌부장령 겸 승문원교감을 지냈다. 1528년 봉상시첨정, 내자시부정, 성균관사성을 지냈다. 그는 다시 경상도 어사로 나갔다가 모친 봉양을 위해 외직을 자청하여 밀양부사로 눌러앉았다.

이언적은 1530년 사간원 사간으로 조정에 복귀한다. 당시 현안은 김안로(金安老)의 복귀였는데, 이언적은 이에 반대했다. 일찍이 김안로는 아들이 중종의 부마가 되자 이를 계기로 권력을 남용하다가 탄핵을 받고 유배된 적이 있었다. 반대 여론이 일었음에도 불구하고 김안로는 복귀했다. 이언적은 보복을 당해 성균관 사예로 좌천되었다가 이어 파직되었다.

한동안 그는 양동마을 근처 옥산에 내려가 사랑채를 짓고 이름을 독락당(獨樂堂)이라고 붙이고는 학문과 교육에 전념했다. 이 당호는《맹자》'진심장구' 상편에서 취한 것이다. '옛날 어진 임금은 선을 좋아하여 권세를 잊었다. 옛날 어진 선비도 어찌 홀로[獨] 그러하지 않았겠는가? 자신의 도를 즐기고[樂] 남의 권세를 잊었다[古之賢王好善而忘勢 古之賢士何獨不然 樂其道而忘人之勢]'에서 취했다. 그는 자신이 태어나고 모친이 살고 있던 양동마을이 아니라 옥산의 독락당을 거처로 삼았다. 거기에는 혹시 모를 사태를 대비해 가문을 보전하려는 뜻이 숨어 있었다고 한다.

1537년 김안로 일당은 문정왕후를 제거하려다가 도리어 역공을 받고 몰락했다. 이언적은 홍문관직제학으로 복직되었다. 1538년에는 전주부윤으로 나갔다. 이때 그가 일강십목소를 올렸는데, 중종에게 '언론이 바르고 강하여 제아무리 진덕수(眞德秀, 1178~1235)라 하더라도 이보다 더 잘 쓸 수 없을 것'이라는 극찬을 받았다. 진덕수는 중국 송대의 학자이자 관료로 《대학연의(大學衍義)》를 집필했다. 《대학연의》는 당시 조선의 군신 사이에서 가장 비중 있게 읽히던 통치철학의 원론서 가운데 하나였다. 그러니 이언적을 진덕수와 견주었다는 것은 이루 말할 수 없는 찬사라고 할 수 있었다. 그 포상으로 그는 조선 시대 종2품 하계 문관의 품계인 가선대부에 올랐다.

중종 말년에는 당시 세자였던 인종을 보필하는 빈객과 대사헌, 이·예·형조판서, 의정부좌참찬, 홍문관제학 등 중앙의 요직을 역임했다. 또한 외직을 자청하여 경상도관찰사로 나가기도 했다. 6개월이라는 짧은 치세를 남긴 인종 때에는 병중에 있었지만 의정부 우찬성·좌찬성에 올랐다.

1545년 명종이 즉위하자 이언적은 좌찬성으로 원상(院相)이 되어 국사를 돌보았다. 원상은 국왕이 너무 어리거나, 와병 또는 유고 등으로 직무를 제대로 이행할 수 없을 때 재상들이 국왕을 보좌하여 국정을 관장하던 임시 관직이다. 대리청정이나 섭정이 국왕의 권한을 세자나 대비, 왕실 종친 등 일인에게 위임하는 일임에 비해 원상 설치는 재상 집단에게 위임한다는 차이가 있다. 전왕의 임종 시 어린 후왕의 보필을 부탁받는 고명대신은 임의로 위촉되는 측면이 있다면, 원상은 제도적 장치라는 점에서 의미가 있다. 명종이 어린 나이에 즉위했기 때문에 문정왕후의 수렴청정과 함께 원상이 설치되었고, 이언적 또한 원상이 되었던 것이다.

이언적은 원상이 되긴 했지만 그의 영향력은 제한적이었다. 당시 정국을 주도한 세력은 문정왕후와 그 동생 윤원형이었다. 을사사화가 일어나 소윤 윤원형 일파가 대윤 윤임 일파와 권력투쟁을 벌여 윤임 일파를 몰아내고 정국을 주도했다. 을사사화 당시 이언적은 무고한 희생을 줄이려고 노력했다. 그는 판의금부사로 추관(推官)이 되어 선비들을 심문했지만 강경론을 견지하던 윤원형 일파와 의견이 달라 결국 사직하고 귀향했다. 윤원형 일파는 판의금부사란 직함을 그대로 유지시켜 이언적을 묶어두려 했지만, 이언적은 그들과 동류의 인간이 되기를 거부했다. 그러나 1547년(명종 2) 가을 윤원형과 문정왕후를 비난하는 벽서가 양재역에 붙었다. 이 사건으로 정미사화가 일어나 많은 선비가 희생되고 이언적도 함경도 강계로 유배되었다. 1553년 이언적은 결국 유배지에서 생을 마감했다.

유배 기간에 그는《대학장구보유》《속대학혹문》《봉선잡의》《구인록》《중용구경연의》 등을 저술했다. 특히《중용구경연의》는 필생의 학문적 업적이었지만 미완성으로 남았다. 유배지 저술들은 그가 젊었을 때 무극태극 논쟁에서 내놓았던 학설과 함께, 당세에서나 후세에서나 모두 대학자로 존중받는 퇴계를 통해 조선 유학사의 획기적인 업적으로 인정받았다.

사실《중용구경연의》는 이언적의 주옥같은 저술들 중에서 그가 생을 마칠 때까지 집필했던, 문자 그대로 필생의 학문적 업적이었다. 원래 구상은《중용》에 나오는 아홉 가지 통치 덕목을 요약하여 9경, 즉 수신(修身) · 존현(尊賢) · 친친(親親) · 경대신(敬大臣) · 체신(體臣) · 자서민(子庶民) · 내백공(來百工) · 유원인(柔遠人) · 회제후(懷諸侯)를 중심으로, 그 실천 방법론으로서 체천도(體天道) · 외천명(畏天命) · 계만영(戒滿盈) 항목을 보태고, 항목별로 선유의 논설을 모으고 자신의 의견을 더하는 것이었다.

《중용구경연의》는 9조목만《중용》에서 따왔을 뿐 그에 관한 책이 아니다. 9경은 《대학》 8조목, 즉 격물 · 치지 · 성의 · 정심 · 수신 · 제가 · 치국 · 평천하에 조응하는 것인 만큼 내용은 오히려 《대학》에 가깝다. 《대학》 8조목에 대해서는 중국 송대의 진덕수가 《대학연의》에서 상세한 해설을 시도했으나 격물 · 치지 · 성의 · 정심 · 수신 · 제가에만 그치고 치국 · 평천하 조목에 대해서는 생략되었다. 명대에 와서 구준(丘濬)이 《대학연의보(大學衍義補)》에서 그것을 보충했다. 그래도 이언적은 군주의 실천 의지를 배양하는 내용이 부족하고 추가의 보완을 구상했던 것이다. 《중용구경연의》는 《중용》에 관한 실로 독창적이고 실천적인 접근이었다.

그는 또 유배 기간에 〈진수팔규〉도 저술했는데 비록 그때 바로 조정에 올리지는 못했지만, 그것은 뒷날 그가 복권되는 데 결정적 계기가 된다. 〈진수팔규〉의 '진수'는 주역 건괘 구삼의 괘사에 나오는 '진덕수업(進德修業)'의 줄임말이다. 덕을 쌓아 공업을 이룬다는 뜻으로 군자의 마땅한 사무를 뜻한다. 〈진수팔규〉는 임금의 도리를 여덟 가지 조목으로 정리했다는 뜻이다. 그 내용은 《중용구경연의》의 요약이라 할 만하다.

생애 말년에 유배지라는 악조건에서 그가 그런 불후의 명작을 남길 수 있었던 것은 아들 이전인의 헌신적인 봉양 덕분이었다. 이언적 사후, 조정에 〈진수팔규〉를 올려 복권의 계기를 만든 사람이 바로 이전인이었다. 퇴계에게 이언적의 저술을 전달하여 평을 듣고 행장을 짓도록 요청한 사람도 이전인이었다. 이 편지글들이 그런 이전인의 요청을 받고 퇴계가 써 보낸 답신이다.

이전인은 이언적의 서자였다. 조선 말기에 편찬된 편자 미상의 문헌설화집 《기문총화(記聞叢話)》에 의하면, 이언적과 이전인이 서로 부자임을 확인하고 상봉한 것은 이언적이 강계에서 유배생활을 하던 말년의 일이었다. 이전인의 모친 석비(石非)는 경주 관비였다. 그녀는 양주 석씨 김포군 만호 석귀동과 경주 관비 족비(足非) 사이에서 태어났다. 이언적이 석비와 관계를 가졌던 때는 그가 문과 급제 직후 잠시 경주에 주학 교관으로 가 있던 25세 때였다. 석비가 임신한 뒤 이언적은 중앙으로 올라갔다. 그런데 석비는 임신한 상태에서 경상도 수사로 부임한 조윤손의 소실이 되었고, 7개월 만에 아들을 낳았다. 조윤손은 그 아들에게 옥강(또는 옥결)이란 이름을 지어주고 후사로 삼았다. 조윤손이 죽고 나자 석비는 아들에게 그의 친부가 이언적임을 밝혔다. 석비와 옥강 모자는 조윤손의 후사를 반납하고 양동마을 이언적의 본가를 찾아갔다. 이언적이 강계에 유배 중이란 말을 듣고 옥강은 곧장 부친을 찾아 유배지로 갔다. 거기서 그는 부친을 만나 전인이라는 이름을 새로 받았다. 1547년의 일이었다.

이언적과 적실인 박숭부의 딸 함안 박씨 사이에서는 아들이 없었다. 이언적은 50세 때인 1541년에 사촌 동생 이통(李通)의 아들 이응인(李應仁)을 양자로 들였다. 이전인의 등장 이후 양자 이응인을 본가로 돌려보내고 서자이지만 혈육이니만큼 이전인을 적자로 올릴 수 있지 않느냐는 말도 있었다. 이언적은 적서를 엄격히 구분하는《주자가례》에 따라 양동마을의 종가와 법통은 양자 이응인에게, 옥산의 재산과 학문은 서자 이전인에게 각각 물려주었다. 당시에는 양자 이응인과 서자 이전인 사이가 비교적 원만했던 것으로 보인다. 그러나 다음 대부터 이전인의 후손들은 엄청난 차별에 직면하며, 자칭 타칭 옥산파가 된다. 그들이 서자였기 때문에 당해야 했던 차별은 다음 장에 소개할 이전인의 아들 이준의 편지를 읽으면서 좀 더 자세히 살펴보기로 한다.

《조선왕조실록》에는 이례적으로 사관이 이전인에 대해 간략히 언급한 부분이 있는데, 그 내용은 《기문총화》와 크게 다르지 않다. 실록에 따르면 이전인은 모계가 미천해 친부를 알지 못했으나, 친부가 이언적이라는 사실을 알자 조윤손이 물려준 재산을 조씨가에 반납하고 유배지인 강계로 가서 이언적과 부자관계를 확인하고 이언적을 정성으로 봉양했다고 한다. 또한 길러준 조씨에게도 그 은혜를 생각해 심상(心喪)의 예(禮)로써 보답했다고 한다.

1846년에 작성된 송래희(宋來熙, 1791~1867)의 행장에는 이전인의 출생과 성장에 대해 언급된 부분이 없다. 그가 서자라는 사실도 언급되어 있지 않다. 행장에 의하면 이언적이 전주부윤으로 재직하던 1538년에 일강십목소를 써서 특별히 이전인으로 하여금 한양으로 가서 중종에게 올리게 했다고 한다. 이는 실록을 비롯한 다른 기록물에서는 확인할 수 없는 대목이다. 이것이 사실이라면 이언적이 강계로 유배 가기 훨씬 전에 그와 이전인은 부자간으로 살았다. 이전인이 일강십목소를 올린 때가 1538년이니 이언적의 유배 시작 시기인 1547년보다 9년 앞선 일이다. 또 다른 기록에 의하면 이전인의 생모 석비는 이언적의 유배 시작 직전인 1546년에 그에게 부모 봉양을 잘한다는 언급과 함께 재산을 분급받았고 한다. 이는 이전인 모자가 이언적의 본가를 찾아갔을 때 이언적이 유배 중이란 말을 들었다는 《기문총화》의 기록과 다른 것이다.

남명(南冥) 조식(曺植, 1501~1572)의 〈해관서문답(解關西問答)〉에도 이전인에 대해 언급된 부분이 있다. 그러나 그 내용이 《기문총화》와 많이 달라 선불리 결론을 내리기 어려운 측면이 있다. 이언적이 유배지에서 아들 전인에게 학문을 가르쳤을 때 둘 사이에 오고 간 문답을 기록한 책이 이전인의 《관서문답록(關西問答錄)》이고, 그 책을 읽고 비판한 글이 조식의 〈해관서문답〉이다. 《기문총화》는 이전인의 효심과 학행, 공덕을 예찬하는 데 비하여 〈해관서문답〉은 그렇지 않다. 거기에는 이전인의 출생을 둘러싼 혈통과 이언적 · 전인 부자의 문답에 드러난 문제점 등이 실려 있다. 사실 조식은 이언적 · 전인 부자에 관하여 잘 알고 있었다. 장인의 서모(庶母) 소생의 누이가 조윤손의 서자인 조의산의 처였기 때문이다. 조식에 의하면 조윤손은 물론 주위 모든 사람이, 심지어 이언적조차도 옥강 즉 전인의 친부가 조윤손이 아니라 이언적임을 일찍부터 알고 있었으나 부자가 서로 찾지 않았다고 한다. 또한 이전인은 양부 조윤손이 죽었을 때에도 물려받은 재산이 아까워 친부인 이언적을 찾지 않았고, 그래서 조식 자신이 이전인에게 친부를 찾아가라고 꾸짖었다고 한다.

조식이 이언적 · 전인 부자에 대해 부정적으로 언급한 것에 대해선 여러 설이 전해온다. 《관서문답록》에는 이언적이 남명 조식에 관해 비판적으로 언급한 대목이 들어 있다. 그것이 남명 조식의 심기를 건드렸으리라는 설이다. 퇴계에 대한 경쟁의식이 조식으로 하여금 이언적에 대한 비판을 자극했으리라는 설도 있다. 퇴계는 이언적을 사숙하여 현양하는 데 앞장섰다. 그는 이언적을, 정몽주 · 김굉필 · 조광조를 잇는 현자의 반열에 올렸다. 이언적을 통해 퇴계 자신에게 이어지는 계보가 암암리에 형성되었다. 조식은 퇴계와 라이벌이었다. 그런 계보에 대해 조식은 당연히 불만이 있었을 것이고, 그런 불만이 이언적에게 파급되었을 수 있다.

조식의 〈해관서문답〉에 대하여 이전인의 후손인 옥산파는 적극적으로 대응했다. 옥산파는 그 글이 발표된 시기를 지적하며 위작의 가능성을 제기했다. 〈해관서문답〉이 실린 조식의 문집 《남명집》은 1572년에 출간되었고, 《관서문답록》은 1592년에야 세상에 나왔기 때문이다. 책이 나오기도 전에 그것도 21년이나 앞서 어떻게 그 책에 대한 비판의 글이 나올 수 있겠느냐는 것이다. 옥산파는 조식의 제자 정인홍이 회재와 퇴계의 문묘 종사를 비판하려고 〈해관서문답〉을 날조한 다음, 그 권위를 높이기 위해 《남명집》에 끼워 넣은 것으로 추측했다. 그에 대한 반론도 만만치 않았다. 〈해관서문답〉의 저술은 《남명집》의 편찬보다 앞서는 것이 당연하고, 조식이 미리 《관서문답록》 초고를 보았을 수도 있다는 것이다.

이전인이 이언적의 혈육임에도 불구하고 종가의 법통이 양자에게 넘어가는 것을 지켜볼 수밖에 없었던 옥산파 입장에서는 《관서문답록》이 적어도 학문적으로는 자신들이 적통임을 과시하기에 도움이 될 수 있는 권위 있는 전거였다. 혈육 간에 직접 가르치고 배운 징표였던 것이다. 옥산파가 《관서문답록》을 내세울수록 상대적으로 양동 종가에게는 법통이 손상당한다는 피해의식이 생길 만했다. 《관서문답록》은 내용 중에 조식을 평한 부분이 두고두고 문제가 되어 초간본 판본이 훼손당하는 시련을 겪었다. 그 과정에서 양동 종가는 납득할 만한 수준의 대응을 하지 않았다고 한다. 이번에는 옥산파가 섭섭함을 느낄 수밖에 없었을 것이다.

《관서문답록》은 또한 부록으로 실린 〈상노상국서〉로 말미암아 퇴계 이황의 후예들로부터 시비를 당했다. 〈상노상국서〉는 이전인의 아들 이준이 이언적의 《대학장구보유》를 발간하면서 노수신에게 서문 내지 발문을 요청하는 내용의 편지였다. 이황은 《대학장구보유》에 대해서 비판한 바 있었는데, 위의 편지에서 그에 관해 이황의 실수임은 물론, 이황

자신이 그 실수를 자인했다고 언급했던 것이다. 사실 여부를 떠나 이황의 후예들은 불만을 금할 수 없었다. 〈상노상국서〉는 이전인의 문집인 《잠계유고》에도 〈상소재노상국서〉라는 이름으로 실려 있다.

그처럼 《관서문답록》은 남명의 후예들로부터 반박은 물론, 이전인을 도와 이언적의 현양을 주도했던 퇴계의 후예들과 심지어 양동의 종가로부터도 혐오를 불러일으켰다. 후대에 적서 차별이 한층 엄격해져 양동 종가와 옥산파 간에 갈등이 생기자 퇴계의 후예들은 양동 종가의 편에 섰다. 이런 여러 곱지 않은 시선에도 불구하고 책은 거듭 간행되었는데, 그 배경에는 노론 세력의 지원이 있었다. 1665년, 1720년, 1811년 각각 중간본의 발문을 쓴 이단상(李端相, 1628~1669), 이희조(李喜朝, 1655~1724), 이채(李采, 1745~1820)가 모두 노론의 인물이었다. 그로 말미암아 옥산파는 '배선투서(背先投西, 선조를 배반하고 서인에게 귀의하다)'라는 비난을 면치 못하고 혐오의 시선이 강화되는 악순환의 소용돌이에 빠지게 되었다.

노론이 이전인 계열의 옥산파를 지지한 것은 영남에 교두보를 마련한다는 취지가 깔려 있었다. 영남의 한 학파인 북인은 광해군의 폐위로 몰락했고, 영남 남인 역시 영조 때 일어난 이인좌의 난(1728) 이후로 사실상 조선의 중앙 정치 무대에서 사라지고 말았다. 정조 때 안동에서 실시된 특별 과거인 이른바 도산별과(陶山別科, 1792) 등을 통해 영남 남인 세력은 중앙 정계에 다시 등용되었지만, 순조 이후에는 안동 김씨와 풍양 조씨 벌열 가문에 의한 세도정치로 인하여 권력에서 철저히 배제되었다. 세도정치 세력은 영남을 포용하는 대신 직접 교두보를 마련한다는 책략을 썼다. 그 가운데 하나가 양동의 여강 이씨 옥산파였다.

이전인의 행장을 쓴 송래희는 조선 후기 대유학자로 서인(노론)의 태두 송시열의 후손이다. 홍직필(洪直弼, 1776~1852)은 이전인의 문집 《잠계

유고》의 서문을 썼다. 그 역시 노론 계열을 대표하는 학자였다. 문집의 서문이나 행장은 모두 옥산파와 노론의 관계를 상징적으로 보여주는 글이다.

옥산파의 그런 동향은 남인 본연의 당색을 유지했던 양동의 대종가 분위기와 대조적이었다. 그것을 상징적으로 보여주는 것이 무첨당(無忝堂)에 걸린, 대나무를 붓같이 깎은 죽필로 쓴 편액 '좌해금서(左海琴書)'이다. 무첨당은 양동 여강 이씨 대종가의 사랑채 격인 별당으로 옥산파 종택의 독락당과 대조를 이룬다. 대종가는 이언적의 부친 이번이 처음 터를 잡아 지었고, 무첨당은 이언적의 손자 이의윤(李宜潤, 1564~1597)이 덧붙여 지었다. 무첨이란 당호는 이의윤의 호로, 조상에게 욕됨이 없게 한다는 뜻이다. 그런데 그 무첨당에 걸린 편액의 글씨를 뒷날 흥선대원군이라 불리게 되는 이하응(李昰應, 1820~1898)이 썼다는 것이다. 좌해란 한양을 향해 바다의 왼쪽 즉 영남을, 금서란 거문고와 책을 말한다. 영남의 풍류와 학문을 대표하는 마을이라는 뜻이다. 중국에서 보면 좌해는 조선을 가리킨다. 그렇게 보면 영남이 아니라 조선의 풍류와 학문의 중심이라는 말이 된다. 이하응이 아들 고종이 즉위하기 전 낭인 시절에 노론 안동 김씨 세도의 근거지인 화양동서원에 갔다가 홀대를 받고는 치를 떨며 남인의 근거지인 양동을 방문하니 여강 이씨 문중에게는 왕손 대접을 받았다. 그때 감사의 정표로 남긴 흔적이 바로 이 편액이었다. 경주 손씨의 관가정에도 그 일행의 글이 남아 있다고 한다.

무엇보다 이전인은 효자로 유명하다. 험난한 유배지로 부친 이언적을 찾아가 곁을 지키며 극진히 모셨다. 특히 부친이 죽자 그 시신을 유배지에서 수천 리 떨어진 고향 경주까지 직접 운구해 장례를 치른 효행은 주위를 감동시켰다. 부친을 모함한 문정왕후와 윤원형이 살고 있는 한양을 피해 함경도와 강원도 쪽 길로 내려갔기에 시신을 운구하는 데 석 달 열흘이나 걸렸다. 이언적의 신원과 복작은 물론, 나중에 문묘에 종사될 수 있도록 그 업적을 드러낸 것도 모두 일차적으로 이전인의 공로였다. 그래서 후세에 '이전인이 없었다면 이언적도 없었을 것'이라는 말이 회자되었다.

그러나 당대의 석학으로 그 권위를 누리고 있던 퇴계의 적극적인 지원이 없었다면 이언적의 현양은 어려웠을 것이다. 편지에 나온 인물들을 간략히 살펴봤으니 이제는 편지로 돌아가보자. 앞서 말했듯이 이 편지는 모두 퇴계가 이전인에게 보낸 답신이다. 이전인이 부친 이언적을 현양하는 일로 상의차 보낸 편지에 퇴계가 회답한 것이다.

첫 편지는 임술년 즉 1562년(명종 17)에 쓴 것이다. 이언적은 1553년 11월 유배지에서 생을 마감했다. 신원과 복작은 이전인을 비롯한 후손들에 의해 실현된다. 편지를 보면 이전인이 이언적의 〈진수팔규〉를 임금 명종에게 올려 이언적의 신원 사업을 시작하겠다고 썼음을 알 수 있다. 그에 대해 퇴계는 시기상조라고 말렸다. 정미사화를 일으킨 주역 윤원형이 여전히 정권의 실세였고, 임금 명종의 의심도 아직 다 풀리지 않았을 것이기에, 의외의 환란을 불러올 수 있다고 판단했던 듯하다.

이언적은 유배 전에 〈진수팔규〉를 기초했지만 그 완성은 유배 뒤에 이루어져 유배지에서 직접 올리려 했다. 그러나 당시 함경도 감사로 부임해 있던 홍섬이 시의에 거슬린다면서 만류하여 올리지 못했다. 이언적 사후 1566년 이전인은 이언적이 올리지 못한 〈진수팔규〉를 임금 명종에게 바쳤다.

이미 언급했듯이 임술년(1562) 편지에서 퇴계가 때를 기다리라고 일렀건만, 이전인이 그 충고를 따르지 않았다. 퇴계의 불편한 심기가 묘하게 느껴진다. 아무튼 결과는 좋았다. 이언적의 복작이 이루어진 것이다. 그럼에도 불구하고 결과에 상관없이 퇴계는 이전인의 처사에 경솔한 점이 있었다고 보았다.

이전인은 퇴계에게 미완의 《중용구경연의》를 마저 완성해 달라고 청했다. 퇴계는 감당할 수 없다고 사양하면서도 그 글을 바로 돌려주지 않고 좀 더 두고 보겠다고 한다. 《중용구경연의》에 경탄을 금치 못하여 계속 탐구하겠다는 다짐이 엿보인다.

두 번째 편지는 병인년 즉 1566년(명종 21)에 쓴 것이다. 이언적의 행장을 짓기로 한 퇴계가 이언적과 관련된 크고 작은 사항을 세세히 묻고 있다. 퇴계의 성실성을 느끼기에 좋은 편지글이다. 흔히 행장을 쓸 때 다분히 형식적인 덕담과 찬양으로 채우기 마련인데, 퇴계의 경우는 달랐다. 편지에는 또 이전인이 옥산의 자연과 건물 등에 이름을 짓고 글씨로 써줄 것을 요청한 데 대한 퇴계의 응답이 들어 있는데, 그 응답 하나하나가 다 신중하고 자상하다. 역시 퇴계의 인품이 느껴진다.

세 번째 무진년(1568) 편지를 보면 퇴계는 안부를 전한 다음, 이미 작성한 행장 가운데 미진한 곳이 있다는 것, 신주와 비석의 문제, 이전인의 호에 관한 의견 등을 엄격하면서도 자상하게 쓰고 있다. 행장은 일단 2년 전인 병인년에 완성되었다. 다만 별지에 언급된 바와 같이 수렴청정이 거론된 차자를 쓴 시점과 관련하여 이언적의 직책이 좌찬성인지, 판중추부사인지 혼란이 있었을 뿐이다.

명종이 12세의 어린 나이에 즉위하자 중종의 왕비 문정왕후와 인종의 왕비 인성왕후가 모두 수렴청정의 자격이 있었다. 이언적은 송나라 철종 때의 전례에 주목하고 또 형수보다는 모후가 적절할 것이라는 이유에서 문정왕후의 수렴청정을 주장했다. 그렇게 결정되어 문정왕후가 발을 드리워 가리고 이른바 수렴청정을 하고 있었는데, 언젠가 명종 앞에도 발을 드리워 가리자는 의견이 제시되었다. 어린 명종이 신료들을 대면하기 어려워했던 모양이다. 이언적이 판중추부사라는 직함으로 그에 대해 부당하다는 차자를 올렸다. 그가 판중추부사라는 직함을 사용한 것은 귀향한 뒤 일시적이었다. 퇴계는 이언적이 귀향한 뒤에 차자를 올렸다는 건지 궁금했던 것이다. 퇴계의 아주 섬세한 면모를 유감없이 보여주는 대목이다.

이전인의 행장에 의하면 그는 옥산의 봉우리와 골짜기 이름을 따서 호를 지었다가 퇴계의 답장을 받고 잠계로 고친다. 잠계는 옥산에 있는 개울 이름 면천(眠川)을 의역한 것이라 한다. 잠잔다는 뜻의 '면(眠)' 자가 학문하는 사람에게는 어울리지 않는 글자라고 해서 그와 뜻이 상통하는 '잠(潛)' 자를 취한 것이었다.

편지 내용 중 '운산연수 사이 세간에 숨어 한가하게 구름과 안개나 가리키며 살기'는 당시 선비들의 로망이었다. 선비들은 명리에 찌드는 벼슬길을 떠나 은둔하면서 구름 속, 안개가 자욱한 산수를 즐기며 살았으면 하고 입버릇처럼 말하곤 했다. 이전인이 잠거한다는 뜻이 들어간 호를 쓴 것에서도 그런 지향을 느낄 수 있다. 퇴계가 그와 더불어 그런 여유를 즐기고 싶다고 말한 것은 이전인으로서는 영광이었다. 삶의 지향이 같은 도반임을 허여(許與)받은 의미였던 것이다. 그러나 벼슬길에서 도망치려고 몸부림쳤던 퇴계와 달리 잠계는 벼슬길을 가로막는 적서 차별의 장벽에 분노했던 서자였다.

별지에는 또 미완성 원고《중용구경연의》를 마저 완성시키는 일에 관한 퇴계의 의견이 들어 있다. 첫 편지에 쓴 것처럼 퇴계는 본인이 감당하기 어려워 정유일에게 권유했지만 거절당한 사실을 언급하고, 기명언에게 부탁해보는 것이 좋겠다는 의견을 제시하고 있다. 명언(明彦)은 기대승의 호이다. 기대승 이야기는 다른 편지를 통해 자세히 언급하기로 하겠다. 결국《중용구경연의》는 미완인 채로 이전인 사후에 출간되었다.

이 편지들은 이황의《퇴계집》과 이전인의《잠계집》에 같이 수록되어 있으나, 부분적으로 다소 차이가 있다. 병인년 편지의 별지가《퇴계집》에는 빠져 있고, 무진년 편지의 별지는 연도 미상의 다른 편지에 붙어 있다. 또 물, 바위, 집, 누각 등의 이름과 이전인의 호에 관한 부분은《퇴계집》에 없고《잠계집》에만 있는 내용이다. 그래서《잠계집》내용에 따랐다. 그 내용은 편지에서 중괄호({ })로 처리했다.

이전인은 이언적의 시문을 수집하고 이황에게 행장을 받아 붙여 1565년경에 정고본(定稿本)을 만들었다. 그러나 이전인은 출간을 보지 못하고 죽었다. 이전인의 아들 구암(求庵) 이준(李浚, 1540~1623)이 1575년에 경주에서《회재집》을 출간했다. 서문은 소재 노수신에게, 발문은 미암 유희춘(柳希春, 1513~1577)과 초당 허엽(許曄, 1517~1580)에게 각각 받았다. 노수신, 유희춘, 허엽은 모두 당대의 석학이자 문장가였다.

그에 앞서 이준은 이언적의 덕행과 학문을 추모하기 위해 옥산서원의 건립을 추진했다. 1572년(선조 5)에 외가 쪽 경주 손씨를 비롯한 향촌의 유림과 함께 경주부윤 이제민(李齊閔, 1528~1608)을 앞세워 옥산서원을 건립했다. 이듬해에는 발문을 쓴 허엽에게 '옥산서원기'라는 글을 받았다. 옥산서원은 1574년 사액서원이 되었다.

이준은 《회재집》에서 빠진 《중용구경연의》와 《대학장구보유》를 별책으로 간행했다. 1583년(선조 16)에 수신 · 존현 · 친친을 원집(原集) 17권으로 하고 체천도 · 외천명 · 계만영을 별집(別集) 12권으로 하여 모두 29권 10책으로 《중용구경연의》를 간행했고, 1584년에 노수신의 발문을 받아 《대학장구보유》를 간행했다. 《대학장구보유》에 대해서는 뒷날 정조가 서문을 쓴다.

이준은 부친 이전인과 함께 퇴계의 문정을 드나들었으며, 서애(西厓) 류성룡(柳成龍, 1542~1607)과 한강(寒岡) 정구(鄭逑, 1543~1620) 등 당대 일류 문인들과 교류하며 살았다.

이전인과 이준 부자는 이언적의 거처였던 옥산 일대의 토지와 노비 등 상당한 재산을 물려받아 그곳에 정착했다. 이른바 '옥산별업(別業)' 상속은 이언적의 정실 박씨와 양자 등 양동 본가도 동의했다. 유배지까지 가서 이언적을 시양한 일, 또 수천 리 길을 마다 않고 이언적의 시신을 운구하여 장례를 치른 일 등 이전인의 효심은 그 누구도 인정하지 않을 수 없었다. 그의 친모 석씨 또한 시모를 잘 모신 덕분에 별도로 재산을 물려받은 바 있었는데, 당연히 이전인의 재산에 보탰을 것이다. 이렇게 재산이 넉넉한 데다 효심이 지극하고 학행을 인정받았으니 그들 부자의 위세는 당당했다. 그러나 그들은 서자, 서손이라는 이유로 종법적 지위를 물려받지 못했고 관직 진출에도 제약을 받았다.

서얼의 관직 진출은 태종 이후 법적으로 엄격하게 금지되었다. 이전인은 아예 관직에 나가지 못했으나 이준은 기회를 얻었다. 1583년 북방에서 니탕개의 난이 일어났을 때, 조정에서는 군사와 군량을 확보하려고 납속자에 대해 서얼허통(庶孼許通) 정책을 시행했다. 이때 이준이 쌀 80석을 납속하여 허통받음으로써 자신과 후손의 벼슬길을 열게 되었다. 그는 임진왜란 중 원종공신에 녹훈되었고, 1595년(선조 28) 훈련원주부를 거쳐 판관에 제수되었다. 1599년 무과에 급제했고, 1603년 군기시 첨정을 거쳐 만경현령을 지냈다. 1608년 다시 군량미를 납속함으로써 당상관에 해당하는 통정대부 및 절충장군의 품계를 받았고, 1610년 청도군수가 되었다.

이준이 조부 이언적의 문집 발간을 마무리하고 옥산서원의 건립을 추진하는 등 조부의 현양 사업을 물심양면 주도하면서 학행을 인정받고 또 관직의 문을 열었지만, 그와 후손들의 앞날에는 서출이라는 장벽이 높아만 갔다. 임진왜란 이후 향촌 사회에서 서얼허통 정책에 역행하는 차별 분위기가 더욱 고조되어갔기 때문이다. 서얼 차별은 영남에서 특히 심했다.

이준이 관직에서 은퇴한 후 고향에 내려가보니, 향촌 사족이 똘똘 뭉쳐 서얼의 유향소, 향교, 서원 출입을 통제하고 있었다. 조정에서만 서얼허통이 받아들여졌지 삶의 기반인 향촌에서는 달랐다. 이준은 71세란 나이에 청원서를 올렸지만 그의 절절한 호소에 귀를 기울이는 사람은 아무도 없었다. 본인이 주도하여 건립한 옥산서원에도 마음대로 출입할 수 없었다. 양동 본가와도 적대적인 관계가 형성되었다.

서얼금고법은 조정 차원에서 숙종 22년(1696)에 폐지되었다. 정조 연간에는 향촌 사회에서도 서얼의 유향소, 향교, 서원 출입을 일부 허용하도록 결정이 났다. 이준 사후 두 세기 반도 더 지난 1884년에야 서얼금

고법이 전면적으로 폐지됐고, 서얼의 옥산서원 출입도 허용됐다. 늦게나마 그것도 모두 이준의 후손들이 각고의 노력 끝에 얻은 결실이었다. 서얼들에게 옥산서원의 문이 열리자 서얼차대의 마지막 보루 같았던 도산서원에도 변화의 바람이 불었다. 이로써 서얼허통은 전국적으로 마무리된다.

뒷날 이언적은 김굉필, 정여창, 조광조와 함께 동방 4현으로 문묘에 종사된다. 문묘 종사의 조건은 학문적 업적과 도학적 실천이라 할 수 있다. 이언적의 문묘 종사에서는 그의 학문적 업적이 높이 평가되었다. 이언적의 도학적 실천에 대해서는 이견이 많았다. 이언적도 사화의 희생자였다. 그러나 순교에 가까웠던 김굉필, 정여창, 조광조의 경우와 차이가 있었던 것이다.

남명 조식이 이언적에 대해 비판적이었음은 이미 살펴본 바와 같다. 율곡 이이도 조식과 같은 맥락에서 이언적을 다음과 같이 폄하했다.

> 충효한 사람으로 옛 서적을 많이 읽고 저술을 잘했을 뿐이다. 집안에 있을 때 행실을 보면 부정한 여색을 멀리하지 못했고, 조정에 나갔을 때에는 도를 실천할 책임을 다하지 못했다. 을사사화 때 직언으로 항거하지 못하고 여러 차례 추관을 맡아 거짓 공신록에 그 이름을 올렸다.
>
> *-《석담일기》 중에서*

그러나 이언적은 나름대로 도학의 원칙에 충실하게 살았다. 다만 도학적 원칙 못지않게 현실도 중시했다는 것이다. 그러한 이언적의 현실 중시는 일견 도학에 철저하지 못한 것처럼 보이곤 했다. 을사사화 당시 이언적의 처신에 대한 율곡의 지적은 그 한 예이다. 율곡에 앞서 남명 조식도 이언적의 처신을 신랄하게 비판한 바 있다. 그러나 적어도 을사사화에 관한 율곡이나 남명의 비판은 오해로 말미암아 생긴 편견이었다.

을사사화 피해자 곽순(郭珣, 1502~1545)이 신문을 당할 때 추관이 된 이언적을 보고 "내가 복고(이언적의 자)의 손에 죽을 줄이야." 하고 한탄했다는 소문이 그런 편견의 대표적인 근거였다. 그것은 사실이 아니었다. 이언적은 을사사화 때 판의금부사로서 추관이 되었지만 신문에 불참한 뒤 사직을 청하고 공신록 역시 사양했다. 그러나 사직과 사양이 즉각 받아들여지지 않았던 것이다.

이언적은 을사사화가 부당하지만 피할 수 없는 현실이라고 판단했다. 현실을 직시하고 가능한 한 피해의 범위와 정도를 줄이는 쪽을 택했다. 그래서 그는 권벌(權橃, 1478~1548)이 을사사화에 항의해 상소하려 했을 때 윤임을 구하는 일은 사실상 불가능하다고 판단하여 권벌을 만류했다. 사림의 피해를 막아야 했기에 구할 수 없는 윤임은 포기하고 유관과 유인숙을 구하는 데에만 힘쓰는 것이 적절하다고 판단했던 것이다.

이언적의 입장에서 그것은 불가피한 정치적 선택이었다. 그에 대해 서애 류성룡은 다음과 같이 말했다. "당시 세상 사람들이 충정(忠定, 권벌의 시호)은 죄받은 사람들을 구하기 위해 논쟁했으나 회재가 적극 말하지 않았던 것을 두고 '직절(直截)함이 모자란 듯하다'고 했다. 그러나 그때 회재가 말하지 않았던 것은 아니다. 지금에 와서 본다면 충정이 한 말은 작고, 회재가 한 말은 크다." 또한 《서애집》에는 다음과 같은 대목이 실려 있다. '율곡이 이언적을 평할 때 부정적으로 폄하했는데 아무 일 없을 때 앉아서 옛사람의 잘잘못을 따지기는 쉽다. 그러나 바로 눈앞에서 일을 당한다면 옛사람의 뒤를 한두 발자국이라도 따라가기는 쉽

지 않을 것이다.'

그렇다고 이언적이 결코 적당한 타협이나 절충을 추구했던 것은 아니다. 도학적 원칙을 훼손하지 않고 현실에 적용하려고 노력했다. 이언적은 《대학》의 '지선(至善)'을 중용으로 해석했다. 지선은 어디까지나 현실 속에 있다는 뜻이었다. 현실 너머에 존재하는 이상이 아니라 현실 속에서 최선을 다해 중용을 구현해나가는 자세 그 자체라는 것이다.

뒷날 이언적의 학문 연원과 관련된 다툼이 이언적과 우재 손중돈의 후손들 사이에서 벌어진다. 이른바 손리시비로, 조선 후기 영남에서 향촌의 주도권을 둘러싸고 일어났던 향전(鄕戰)의 하나이다. 영남의 향전은 선조들의 학문 연원이나 배향의 위차(位次)를 놓고 후예들이 벌이는 시비의 양상을 띠었다. 그것은 18세기 후반부터 영남 남인들이 중앙 정계에서 밀려나면서 생긴 여파였다.

안동의 병호시비(屛虎是非), 성주의 한려시비(寒旅是非) · 청회시비(晴檜是非)와 함께 경주의 손리시비(孫李是非)가 영남의 대표적인 향전으로 꼽힌다. 병호시비는 퇴계 이황의 제자 위차를 놓고 서애 류성룡과 학봉 김성일을 각각 앞세우는 병산서원과 호계서원 사이의 다툼이었다. 한려시비와 청회시비는 한강 정구와 여헌 장현광, 그리고 동강 김우옹과 한강 정구의 후예들 사이에서 학문 연원 및 위차를 놓고 벌인 다툼이었다.

이언적은 외숙 손중돈의 집에서 태어났고, 부친 이번이 일찍 타계하는 바람에 어린 시절 그가 외숙 손중돈의 훈도를 받았던 것은 사실이다. 하지만 뒷날 이언적이 이룬 학문적 경지는 엄연히 그 자신의 천재성과 노력의 결실이었다. 당대에는 어린 시절 외숙에게 훈도를 받았다는 사실과 독자적으로 학문의 경지를 개척했다는 사실 사이에 아무런 문제가 없었다. 이황이 쓴 이언적의 행장에도 그렇게 서술되어 있다. 당시에는 외가 경주 손씨와 본가 여강 이씨 사이에 진한 혈연에 입각한 일가의식이 있었던 것이다.

세월이 흐를수록 두 가문의 혈연의식은 엷어졌고 서로 경쟁적이 되어갔다. 손씨들은 손소의 적개공신 권위와 청백리 손중돈의 권위를 내세웠다. 반면 이언적이 중앙의 문묘(文廟)에 종사(從祀)된 만큼 이씨들은 국반(國班)의 권위를 누렸다. '정승 10명이 죽은 대제학(大提學) 1명에 미치지 못하고, 대제학 10명이 문묘 종사 현인(賢人) 1명에 미치지 못한다'는 말이 있듯이 문묘 종사의 권위는 대단했다. 문묘 대성전에는 공자를 정위로 하여 사대성인(四大聖人)인 안자 · 증자 · 자사 · 맹자를 배향하고, 공문십철(孔門十哲) 및 송조육현(宋朝六賢)과 동방십팔현인(東方十八賢)의 위패를 종사하고 있다. 참고로 동방십팔현은 홍유후(弘儒侯) 설총, 문창후(文昌侯) 최치원, 문성공(文成公) 안유, 문충공(文忠公) 정몽주, 문경공(文敬公) 김굉필, 문헌공(文憲公) 정여창, 문정공(文正公) 조광조, 문원공(文元公) 이언적, 문순공(文純公) 이황, 문정공(文正公) 김인후, 문성공(文成公) 이이, 문간공(文簡公) 성혼, 문원공(文元公) 김장생, 문열공(文烈公) 조헌, 문경공(文敬公) 김집, 문정공(文正公) 송시열, 문정공(文正公) 송준길, 문순공(文純公) 박세채 등이다. 문묘 종사 현인을 배출한 각 가문은 대대손손 어느 권문세가 못지않은 영예를 누렸다. 문묘 종사의 권위는 특정 사건에 따라 책봉되는 공신은 물론 종묘(宗廟) 배향 공신들의 권위보다 더 높았다. 게다가 이언적은 문묘와 종묘에 동시 배향된 인물이었다. 왕실의 종묘에는 모두 94명이 배향되었는데, 참고로 문묘 · 종묘 동시 배향자는 이언적, 이황, 이이, 김집, 송시열, 박세채 등 6명뿐이다. 그런 면에서는 여강 이씨와 경주 손씨의 권위는 비교되기 어려웠다. 그래도 손씨가 경주의 토호이자 양동마을의 입향조인 데다 이언적의 외가라는 측면이 나름 경쟁력의 원천이었다.

경쟁이 시비의 사건으로 나타난 시초는 1773년(영조 49) 손중돈을 배향하는 동강(東江)서원의 묘우(廟宇)를 중건할 때 대산(大山) 이상정(李象靖, 1710~1781)이 작성하여 보낸 상량문의 문구였다. 거기에 이언적의 학문 연원과 도통이 손중돈과 관계가 있다는 이른바 '연원도맥(淵源道脈)'을 운운하는 표현이 들어 있었다. 이상정은 당시 이황의 학문적 계승자로 권위를 누리던 대학자였고, 그런 만큼 그 문구는 영향력이 있었다. 그러나 손씨보다 상대적으로 우세했던 이씨들은 자신들이 손씨에게 부속된다는 생각에서 강력 반발, 향내 여론을 동원하여 손씨들의 시도를 저지했다. 문제의 상량문이 근거 없는 것으로 감정(勘定)되어 돌려보냄으로써 사건은 마무리되었다. 한참 뒤에 시비는 재발했다. 1845년(헌종 11) 손씨들은 손중돈의 문집 《우재실기(愚齋實記)》를 증보·간행하면서 문제의 상량문을 실으려 했다. 이에 이씨들이 우세한 영향력을 바탕으로 향내(鄕內)뿐만 아니라 이번에는 도내(道內) 전역에 통문을 돌려 압박함으로써 손씨들의 의도를 저지시켰다.

그것이 끝이 아니었다. 1904년 손씨들은 손중돈의 문집을 《경절공실기(景節公實記)》로 중간하면서 이상정의 상량문을 다시 살려 실었다. 이번에는 변수가 있었다. 이씨의 종가인 무첨당(無忝堂) 소장의 《여강세고(驪江世稿)》에서 이언적이 쓴 손중돈의 가장(家狀)과 만사(輓詞)가 발견되었던 것이다. 거기에는 손중돈에 대한 이언적의 존경과 감사, 애도의 뜻과 함께 훈도를 받은 사실이 기록되어 있었다. 손씨들은 새롭게 발견된 가장과 만사를 이언적의 이름과 함께 실었다. 상량문의 연원도맥이라는 구절에 가장과 만사의 주를 달았다.

손씨들은 나아가 이언적의 학문과 도맥이 손중돈에게 연원을 두고 있다는 내용의 시(詩)와 발(跋)을 이황의 후손인 진성 이씨 이만도(李晩燾, 1842~1910), 이만규(李晩煃, 1845~1921), 이병호(李炳鎬, 1851~1908)로부터 받아 실었다. 또한 이 세 사람의 글을 인용하여 이황이 쓴 이언적 행장에서 이황 스스로 '후학'임을 자처했다는 부분은 이씨들이 멋대로 집어넣은 것이라면서, 그것이 실린 이언적의 문집《회재집》의 훼파를 주장했다. 엄청난 강공이었다.

그러나 새로운 변수가 있었음에도 불구하고 이번에도 손리시비의 승패가 바뀌지는 않았다. 양성의 세력 차이가 엄연히 존재했기 때문이다. 그때 양성 모두 침체되어 거의 향반에 가까웠지만, 회재 이언적을 문묘에 종사시킨 국반으로서 이씨들의 위세는 적어도 손씨에 비하면 압도적이었다. 이씨들은 전보다 한걸음 더 나아가 상량문의 주인공 이상정을 배향하는 고산서당(高山書堂)으로부터 연원도맥이라는 구절이 잘못된 것이라는 자인을 받아냈다. 향내와 도내는 물론, 태학(太學) 즉 성균관과 호서 · 호남의 유회소(儒會所)까지 통문을 보내 손씨들을 강력하게 성토하고 호응을 받아냈다.

손씨들은 시비에서 완패했을 뿐만 아니라 배전의 혹독한 대가를 치른 셈이었다. 손씨들이 이언적의 학문적 독창성을 부정하고, 이황이 이언적의 후학임을 자처한 것이 허위라고 하여《회재집》의 훼파를 주장한 것은 사실 억지였다. 이황은 이언적의 행장에서 이언적의 학문이나 도맥은 연원이 없다고 썼고 또 스스로를 이언적의 후학이라고 명기했던바, 그것은《회재집》뿐만 아니라《퇴계집》에도 엄연히 실려 있는 내용이었다. 게다가 임금 정조가 쓴 이언적의 제문에도 그의 학문에 대해

'사승(師承)이 없어 바로 염락(濂洛), 즉 중국 성리학에 소급한다'라고 언급되어 있었다. 이씨들의 반격이 지나친 감은 있었으나 호응을 받은 것은 손씨들의 그런 억지로 말미암은 반사적 성과였다.

이만도, 이만규, 이병호는 이황의 후예로서 당대의 석학 유지였다. 그들이 손씨들에게 호응한 것은 이씨들이 병호시비에서 병파를 지원한 것에 대한 반감 때문이었다는 설이 있다. 이만도 등은 호파 계열의 맹주인 진성 이씨의 하계파에 속했던바, 손씨들이 그런 하계파의 정서를 이용했다는 것이다.

병호시비 · 한려시비 · 청회시비 · 손리시비 등 조선 후기 영남 향전의 현상은 호서의 회니시비(懷尼是非)와 대조가 된다. 회니시비는 회덕(懷德)의 송시열(宋時烈, 1607~1689)과 니산(尼山)의 윤증(尹拯, 1629~1714) 사이의 시비로서 중앙 조정의 노소분열과 맞물려 정치사적인 의미가 있었다. 그에 비해 영남의 시비들은 향촌의 지배권을 놓고 다투는 소모적 · 퇴행적인 측면이 다분했다.

학봉 김성일과 서애 류성룡, 한강 정구와 여헌 장현광, 동강 김우옹과 한강 정구, 우재 손중돈과 회재 이언적 등 시비의 간판 당자들은 그런 후손들의 행태와는 달리 모두 혈육의 정 내지 동학 동지의식을 끈끈하게 공유하며 시대를 고뇌했었다. 의미 없이 사생결단을 불사하는 후예들의 시비를 보고 그들은 저승에서 무엇이라 했을지?

이언적이 지은 외숙 손중돈의 제문 등을 보면 두 사람을 넘어 양성 간의 유대가 잘 나타나 있다. 그런 인간적인 유대는 그 뒤로도 상당히 돈독하게 지속되었다. 손중돈의 손자 설애(雪厓) 손광호(孫光皜, 1520~?)는 이언적의 가장 절근(切近)한 제자로, 옥산서원을 건립할 때 물심양면으로 아낌없이 후원했고 또한 초대 원장을 지냈다. 손광호의 뒤를 이어 아들 청허재(淸虛齋) 손엽(孫曄, 1544~1600)도 16년간 원장을 지냈다. 그는 조호익(曺好益), 이정(李楨), 구봉령(具鳳齡), 조목(趙穆), 이영도(李詠道), 최현(崔晛), 조정(趙靖), 임용재(林慵齋), 신지제(申之悌), 금란수(琴蘭秀), 금응협(琴應夾), 금응훈(琴應壎) 등 인근 명사들과 교유함으로써 서원의 기틀을 닦고 이언적의 현양 사업을 주도했다. 손엽은 임진왜란을 당하여 경주 집경전(集慶殿)에 있던 태조의 영정을 예안 이동암 서당으로 옮겼고, 향교 대성전에 있던 오성십철십이현(五聖十哲十二賢)의 위패를 옥산서원으로 옮겼다. 그리고 국난 극복을 위해 의병을 일으켰다. 그때 겪은 전란의 정황이 《용사일기(龍蛇日記)》에 실려 있다. 그 와중에 손엽은 본가 손씨 집안은 물론 외손 집안인 이씨들까지 건사했다. 그만큼 두 가문은 일가의식을 공유하며 살았다. 선조들은 뒷날 두 가문 사이에 그런 시비가 벌어질 줄 상상도 못 했을 것이다.

이황과 조식이 주고받은 편지

1 조건중 식에게

계축년 (1553, 명종 8) 이황이 조식에게 쓰다

재배합니다. 지난번 이조에서 유일(遺逸)의 선비를 채용하도록 천거하자, 성상께서 어진 인재를 얻어 임용하는 것을 기꺼워하시어 특명으로 품계를 뛰어넘어 육품직에 선생을 서임하셨습니다. 이것은 실로 우리 동방에서 예전에는 거의 없던 장한 일입니다.

생각건대 벼슬을 하지 않는 것은 의(義)가 아닙니다. 군신 사이의 큰 윤리를 어찌 폐할 수 있겠습니까. 선비가 혹 벼슬하는 것을 어렵게 여기는 것은 다만 '과거(科擧)'가 사람을 어지럽게 하고 '잡진(雜進)'의 길은 더욱 천하기 때문입니다. 그래서 몸을 깨끗이 하고자 하는 선비는 종적을 감추고 숨어서 나아가는 것을 달갑게 여기지 않는 것입니다.

지금 선생의 경우는 산림(山林)에서 천거된 것이니 '과거'처럼 혼탁한 것도 아니고, 품계를 뛰어넘어 육품직을 받는 것이니 '잡진'처럼 비천하지도 않습니다. 동시에 천거된 사람으로 성수침(成守琛)은 이미 토산에 부임하였고, 이희안(李希顔)도 고령에 부임했습니다. 이 두 사람 모두 전일에 벼슬을 사퇴하고 은거하여 장차 그대로 일생을 마칠 것 같았지만, 지금 벼슬길에 나섰습니다. 어찌 그 뜻이 변하여서 그런 것이겠습니까. 그들은 틀림없이 자신이 지금 나가면 위로는 우리 임금의 조정을 훌륭하게 만들고, 아래로는 자신이 쌓아온 경륜을 펼 수 있으리라 생각한 것입니다.

선생이 전생서주부에 제수되자 사람들이 모두 말하기를, "선생의 뜻이 곧 두 사람의 뜻과 같다. 이제 두 사람이 이미 나왔으니 선생도 나오지 않을 리가 없으리라."고 했습니다. 그런데 선생은 끝내 나오지 않았습니다. 어찌 된 일입니까? '나를 알아주지 못한다'라고 한다면, 깊이 숨어 있는 사람 가운데서 뛰어난 이를 뽑은 것이니, 그렇다고는 말할 수 없을 것입니다.

때가 아니라고 한다면, 성스러운 임금이 현명한 사람 구하기를 갈망하시니, 그렇다고도 말할 수 없을 것입니다. 또한 선생은 문을 굳게 닫고 단정히 앉아 몸을 닦고 뜻을 기른 지 오래되었으니, 얻은 바가 크고 쌓은 바가 두터울 것입니다. 이것을 세상에 베풀면 장차 가는 곳마다 이롭지 않을 데가 없을 것입니다. 어찌 칠조개(漆雕開)가 그 일에 자신이 없다면서 벼슬을 원하지 않는 것처럼 하시겠습니까? 나는 선생의 처신을 이해할 수 없습니다. 그렇다 하더라도 내가 어찌 선생을 깊이 의심하겠습니까. 선생의 처신에는 반드시 그 까닭이 있을 것입니다.

저는 영남에서 생장하여 집이 예안에 있는데 남쪽 지방을 왕래할 적에 선생 댁의 소재가 삼가 또는 김해에 있다는 것을 들은 적이 있습니다. 두 곳 모두 제가 일찍이 경유한 곳이지만 한 번도 형문(衡門, 숨어 사는 현자의 집을 말함)에 나아가서 훌륭한 모습을 접하지 못했습니다. 이는 실로 제가 스스로 덕을 닦겠다는 뜻이 모자라 덕 있는 이를 사모하는 데 게으른 탓일 것입니다. 추후에 생각하니 매우 부끄럽습니다.

저는 천성이 질박하고 고루한 데다 스승과 벗의 인도를 받지 못했습니다. 다만 소싯적부터 옛 성인의 도를 사모하는 마음만 있을 뿐이었습니다. 몸에는 질병이 많았는데, 친구들이 권하기를 '마음 가는 대로 유유자적해야〔放意遨適〕 병이 나을 수 있다.' 했습니다. 그렇지만 집이 가난하고 늙으신 모친이 계셨기 때문에 억지로 과거를 보아 녹리를 취했습니다. 그때에는 실로 식견이 없고 쉽사리 남의 말에 동요되어 몸을 허망한 지경에 두게 되었던 것입니다. 게다가 뜻밖에도 이름이 계속 천거됨으로써 속세에 골몰하게 되어 한가할 날이 없었습니다. 그러니 달리 더 무슨 말을 하겠습니까.

그 뒤로 병이 더욱 깊어지고 또 스스로 세상에 나가 일할 만한 능력이 없다는 것을 새삼 알게 되었습니다. 비로소 반성하고 물러나 옛 성인 현자의 글을 더욱 읽어보니, 기왕의 모든 저의 학문 방향과 처신 행사가 모두 옛날 사람과 크게 어긋났다는 것을 알 수 있었습니다. 이에 두려운 마음으로 각오하고 옛 성인 현자를 따라 길을 바꾸어 노년에나마 만회하고자 했습니다. 그러나 마음은 노쇠하고 정신은 퇴폐하며 질병마저 몸을 휘감아 힘을 쓸 수가 없게 되었습니다. 그렇다고 그대로 그만둘 수도 없었습니다. 벼슬을 버리고 서책을 싸 짊어지고 고향에 돌아가서 미처 못 한 공부를 하려고 마음먹었습니다. 행여 하늘의 신령에 힘입어서 조금씩 공부가 쌓인 끝에 만에 하나라도 터득하여 일생을 헛되이 보내지 않기를 바랐습니다. 그것이 곧 저의 10년 이래의 소망이었습니다.

그런데 저는 허물을 포용해주시는 성은(聖恩)을 받고 분에 넘치는 명예가 더해져, 계묘년(1543, 중종 38)부터 임자년(1552)에 이르는 동안 세 번 물러나 돌아갔다가 다시 소환되었습니다. 늙고 병든 정력으로 공부에 전심하지 못했으니, 그러고도 성취하기를 바라고자 한다면 어렵지 않겠습니까. 이렇듯이 벼슬길에 나아가기도 하고 들어앉기도 하며 공부를 멀리하기도 하고 가까이하기도 하다가, 문득 제 학문의 경지를 스스로 더듬어보니 남보다 나은 점이 없었습니다. 더욱 스스로 만족하지 못하고 지쳐 서울에서 병들어 누웠습니다. 세월이 갈수록 돌아가기를 원하는 마음이 한결같아 흐르는 물처럼 도도했습니다.

이럴 때 멀리서 선생의 높은 의리를 들었으니, 그 인품과 덕성을 우러러 본받아 나약한 마음이 흥기되지 않을 수 없었습니다. 무릇 영예와 이익의 길은 세상에서 다 같이 좇는 바입니다. 그래서 다들 얻으면 즐거워하고, 얻지 못하면 슬퍼 한탄하곤 합니다. 선생은 어떻게 산림에서 높은 의리를 그토록 굳게 세우고, 영예와 이익의 세상을 잊어버릴 수 있는지 모르겠습니다. 거기에는 반드시 하는 바가 있을 것이며, 반드시 얻는 바가 있을 것이며, 반드시 지켜서 편안한 바가 있을 것이며, 반드시 마음에 즐거운 바가 있을 것입니다.

남들이 쉽게 알 수 없는 그 무엇이 있겠지요. 그러나 저와 같이, 뜻은 거기에 있으면서도 갈팡질팡하며 돌아가지 못하는 자가 어찌 조급하게 한마디 언급해주시기를 갈망하지 않을 수 있겠습니까. 천 리 멀리서 마음으로 사귀는 것은 옛사람도 숭상한 바이니, 또한 어찌 잠시라도 만난 뒤라야 구면인 것처럼 친해지겠습니까.

무릇 나아가기를 경솔히 하여 여러 번 말로에서 실패한 것은 저의 어리석은 소행이요, 한번 나아가기를 신중히 하여 평소의 지조를 온전하게 한 것은 선생의 뛰어난 식견이니, 두 사람의 차이가 너무나 엄청납니다. 오직 선생이 저의 지난 과오를 너그러이 보시고 만년의 진심을 애처롭게 여겨서, 배척하여 도외시하지 않는다면 나에게 큰 다행이겠습니다.

재배합니다.

與曹楗仲 植〔癸丑〕

滉再拜 頃者 銓曹薦用遺逸之士 聖上樂得賢材而任用之 特命超敍六品之官 此實吳東方古所罕有之盛擧也 滉私竊以爲不仕無義 君臣大倫 烏可廢也 而士或難於進用者 徒以科擧溷人 雜進之路則又其侮下者 此欲潔其身之士 所以不得不藏蹤晦迹 逃遯而不屑就也 今也擧於山林 非科目之溷 超授六品 非雜進之汚 故同時之擧 有若成君守琛 已赴兔山 有若李君希顔 亦赴高靈 是二君者 皆昔之辭官高臥 若將終身之人 向也不起 而今也起 是豈其志之有變哉 其必曰今吳之出 上可以成聖朝之美 下可以展一己之蘊而然耳 繼而吳子有牲簿之除人皆謂曹君之志 卽二君之志 今二君旣出 曹君宜無不至者矣 而吳子則竟不至焉 何耶 以爲人不知也 則拔尤於幽隱 不可謂不知 以爲時不可也 則主聖而渴賢 不可謂非時 杜門端居 修身養志之日久 則其得之之鉅 而積之之厚 施之於

世 將無往而不利 又安有吳斯之未信如漆雕開之不願仕乎 此滉所以不能豁然於吳子之所爲也 雖然 滉豈深疑於吳子哉 吳子之所處 其必有說矣 滉生長嶺南 家於禮安 而往來南中 亦嘗聞高棲之所或在三嘉 或在金海 兩地皆滉所嘗經由 而未嘗一造衡門 幸接英眄 此實滉自無躬修之志 怠於向德之罪 追而思之 甚愧無狀也 滉資稟朴陋 又無師友之導 自少徒有慕古之心 身多疾病 親舊或勸以放意遨適則庶可已疾 復緣家貧親老 强使之由科第取利祿 滉當彼時 實無見識 輒爲人言所動 一向措身於誕妄之地 偶名薦書 汨沒塵埃 日有不暇 他尙何說哉 其後 病益深 又自度無所猷爲於世 然後始乃回頭住脚 益取古聖賢書而讀之 則向也凡吳之學問趨向 處身行事 率皆大謬於古之人 於是 惕然覺悪 欲追而改塗易轍 以收之桑楡之景 則志慮衰晩 精神頹敝 疾病又從而纏繞 將無以用其力矣 而不可以遂已也 則乞身避位 抱負墳典 而來投於故山之中 將以益求其所未至 庶幾賴天之靈 萬有一得於銖累寸積之餘 蘄不至虛過一生 此滉十年以來之志願 而聖恩含垢 虛名迫人 自癸卯至壬子 凡三退歸而三召還 以老病之精力 加不專之工程 如是而欲望其有成 不亦難乎 是以 或出或處 或遠或近 而自循吳學之所至 則猶夫人也 以是 愈不自快 㥿臥都中 日月逾邁 思歸一念 如水滔滔 於是而遡聞高義 嚮風起懦 不自禁也 夫榮利之途 世所同馳 得之則以爲快樂 不得則以爲戚嗟者 衆皆然也 不知賢者之於山林 有何事可以自樹於此 而能忘於彼者耶 其必有所事者矣 其必有所得者矣 其必有所守而安之者矣 其必有所樂於胸中而人不能與知者矣 然則如滉之有意於此 而倀倀然無所歸者 安得不跂渴而思一言之辱及耶 千里神交 古人所尙 亦何必傾蓋而後若舊耶 夫輕於自進 而屢躓於末路者 鄙人之昧行也 重於一出 而可全於素節者 賢者之遠識也 二者之相去 何止百千萬里乎哉 惟吳子舍其前過 而哀其晩懇 不至於斥而外之 則又鄙人之所大幸也 滉拜

2 퇴계에게 답하는 편지

조식이 이황에게 답하다

평소 하늘에 있는 북두성처럼 우러러보았습니다만, 세상 다하도록 만나기 어려운 양 길이 책 속의 성현이려니 생각했습니다. 그런데 뜻밖에도 간절한 뜻이 담긴 편지를 보내 깨우쳐주시니, 저의 병통을 다스릴 약이 될 말씀이 넓고도 많아, 옛날부터 아침저녁으로 만나던 분 같았습니다.

저같이 어리석은 사람이 어찌 자신을 아끼는 것이 있겠습니까. 단지 헛된 이름을 얻음으로써 한 세상을 크게 속여 성명(聖明)으로 잘못 알려지게 된 것입니다. 남의 물건 훔치는 자를 도둑이라 하는데, 하물며 하늘의 물건 훔치는 자야 말할 것이 뭐가 더 있겠습니까. 이 때문에 두려워 몸 둘 바를 모르고 날마다 하늘의 꾸지람을 기다렸더니, 과연 하늘의 꾸지람이 내려왔습니다. 지난겨울에 한 달 남짓 허리와 등이 쑤시고 아프더니 갑자기 오른쪽 다리를 절게 되었습니다. 이제는 행인들 틈에 끼어 평지를 걷기도 어렵게 되었습니다. 남들이 모두 저의 약점을 알게 되었고, 저 또한 남들에게 저의 약점을 숨길 수 없게 되었습니다. 웃고 탄식할 만한 일입니다.

생각건대 선생은 서각(犀角)을 태우는 명철함이 있고〔연서지명(燃犀之明, 무소뿔을 불태워서 어두운 곳을 밝게 비춘다는 뜻으로 사물을 명확하게 꿰뚫어 보는 지혜를 가리킴)〕, 나는 동이를 인 것 같은 탄식만 있을 뿐입니다〔대분지탄(戴盆之嘆, 동이를 이고 있어 하늘을 볼 수 없는 안타까움)〕. 그런데도 문덕이 아름다우신 선생에게 나아가 가르침을 받을 길이 없었습니다. 게다가 눈병까지 있어 앞이 흐릿하여 사물을 바로 보지 못한 지가 여러 해 되었으니 명철하신 선생께서 발운산(撥雲散, 눈이 흐릿하여 잘 안 보이고 눈물이 자주 흐르는 데 쓰는 약)으로 내 눈을 밝게 열어주지 않으시겠습니까.

삼가 헤아려주시기 바랍니다. 멀리서 지면을 빌려 말씀드리니 파초잎처럼 겹겹이 쌓인 마음을 어찌 다 드러낼 수 있을는지요.

삼가 절합니다.

答退溪書

平生景仰 有同星斗于天 曠世難逢 長似卷中人 忽蒙賜喩勤懇 撥藥弘多 曾是朝暮之遇也 植之愚蒙 寧有所靳耶 只以構取虛名 厚誣一世 以誤聖明 盜人之物 猶謂之盜 况盜天之物乎 用是跼蹐無地 日俟天誅 天譴果至 忽於去年冬腰脊刺痛 月餘 右脚輒蹇 已不得齒行人列 雖欲蹈履平地上 寧可得耶 於是 人皆知吳之所短 而僕亦不能藏吳之短於人矣 堪可笑嘆 第念 公有燃犀之明 而植有戴盆之嘆 猶無路承教於懿文之地 更有眸病 眯不能視物者有年 明公寧有撥雲散以開眼耶 伏惟鑑察 遙借紙面 詎能稍展蕉葉乎 謹拜

3 조건중에게 답함

이황이 조식에게 답하다

지난여름에 답장을 보내 상세하고 간곡한 말씀으로 깨우쳐주셨습니다. 출처(出處)의 도리가 평소 마음속에 정해져 있기에 밖에서 오는 영예와 이익에 구애되지 않을 수 있어 그 말에 깊은 의미가 있음을 알 수 있었습니다. 한 번 불러도 벼슬길에 나오지 않는 자가 드물거늘 하물며 거듭 불러도 나오지 않고 뜻이 더욱 확고한 데에야 말할 것이 뭐가 더 있겠습니까. 그러나 세속에서는 이것을 귀히 여길 줄 아는 자는 항상 적고, 성내거나 비웃는 자는 항상 많으니 선비가 되어서 그 뜻을 지키고자 해도 또한 어려운 일 아니겠습니까. 그러나 세론(世論)을 두려워하여 동으로 갔다 서로 갔다 하는 저 같은 사람은 진실로 뜻을 지키는 선비가 아닙니다. 선생의 경우를 보고 의리를 세운 바 없는 내 자신이 더욱 부끄러웠습니다.

발운산을 찾거든 보내 달라고 하셨으니, 감히 애써보지 않을 수 있겠습니까. 다만 나도 '당귀(當歸)'를 찾고 있지만 구하지 못하는 형편이니, 어찌 선생께 발운산을 구해드릴 수 있겠습니까.

선생은 북쪽으로 올 뜻이 없지만, 저는 조만간 남쪽으로 갈 일이 필히 생길 것입니다. 언제 갈지 날짜를 정할 수는 없으니 연모하는 마음만 간절할 뿐입니다. 헤아려주십시오.

해가 저물어 날씨가 몹시 추우니, 건강에 더욱 유념하시기 바랍니다. 이만 줄입니다.

答曹楗仲

去夏 承辱報書 披諭諄悉 有以見出處之道素定於胸中 所以能不攖外至 而言之有味也 一而不至者猶鮮 況再而愈確耶 然而世俗知貴於是者恆少 而怒且笑者恆多 爲士而欲守其志 不亦難乎 然世論之下 怵迫西東者 固非守志之士 因公事而益愧鄙人之無樹立也 示索撥雲散 敢不欲勉 但僕自索當歸而不能得 何能爲公謀撥雲耶 公則無北來之志 僕之南行 早晩必可得也 而未有指期 徒切慕用之私 惟照察 歲寒 冀加崇珍 不宣

4 퇴계에게 보내는 편지

조식이 이황에게 쓰다

평생 마음으로만 사귀었을 뿐 지금까지 한 번도 뵙질 못했습니다. 앞으로 이 세상에 머물 날도 얼마 남지 않았으니, 결국 마음으로만 사귀고 마는 것인가요? 세상사에 좋지 않은 일이 많지만 어느 것 하나 마음에 걸릴 것이 없는데 유독 이 점이 제일 한스러울 따름입니다. 선생이 한번 의춘(宜春, 남명이 살던 의령 양산의 옛 이름)으로 오신다면 쌓인 회포를 풀 날이 있으리라 늘 생각하고 있었습니다. 그런데 아직까지도 오신다는 소식이 없으니 이 또한 하늘의 처분에 맡겨야 하겠습니다.

요즘 공부하는 자들을 보면, 손으로 물 뿌리고 비로 쓰는 것도 모르면서 입으로 천리를 담론하며 헛된 이름이나 훔쳐서 남들을 속이려 하고 있습니다. 스스로를 망치는 것은 그렇다 치더라도 그 피해가 다른 사람에게까지 미치는데, 어찌 선생 같은 장로(長老)께서 그를 꾸짖어 그만두게 하지 않으십니까. 저 같은 사람이야 마음을 보존한 것이 황폐하여 배우겠다고 찾아오는 사람이 드물지만, 선생 같은 분은 일신이 상등의 경지에 도달하여 우러르는 사람이 참으로 많으니 십분 억제하게 하고 타일러주심이 어떻겠습니까. 삼가 헤아려주십시오.

이만 줄입니다.

갑자년(1564, 명종 19) 9월 18일 못난 동갑내기 건중(楗仲) 드림

與退溪書

百年神交 直今違面 從今住世 應無幾矣 竟作神道交耶 人間無限不好事 不

足介懷 獨此第一含恨事也 每念先生 一向宜春 猶有解蘊之日 尙今未焉 斯亦幷付之命物者處分矣 近見學者 手不知洒掃之節 而口談天理 計欲盜名 而用以欺人 反爲人所中傷 害及他人 豈先生長老無有以呵止之故耶 如僕則所存荒廢 罕有來見者 若先生則身到上面 固多瞻仰 十分抑䂓之如何 伏惟 量察 不宣 甲子季秋十八日 甲末 楗仲

5 조건중에게 답함

갑자년 (1564, 명종 19) 이황이 조식에게 답하다

마음으로만 사귀고 만나보지 못한 터에 살아 있을 날이 얼마 남지 않았다고 하신 글귀를 보니 탄식하지 않을 수가 없습니다. 오래도록 선생이 계신 의령을 찾아가지 못하고 있으니 죄송스러움과 아쉬움이 있습니다. 이는 몸이 세상살이에 맞지 않고 노쇠함과 병이 서로 얽혀 이 지경에 이른 것입니다. 결국 천 리 길을 나서려던 의욕마저 같은 세상에 살면서도 만나지 못하는 탄식으로 바뀌어버렸으니 어찌 오로지 조물주의 처분으로만 돌릴 수 있겠습니까. 신의를 저버린 것이 부끄러울 따름입니다.

보내주신 편지에 학자가 실력도 없이 이름이나 훔쳐서 세상을 속이려 한다는 것에 대한 말씀은 선생과 마찬가지로 저도 염려하고 있는 부분입니다. 그러나 그를 꾸짖어 학문을 그만두게 하는 것도 쉬운 일이 아닙니다. 물론 처음부터 작심하고 세상을 속여 실력도 없이 이름이나 훔치려고 하는 자는 말할 필요도 없습니다. 다만 생각건대 하늘이 떳떳한 마

음을 내려주어 모든 사람이 선(善)을 좋아하니 천하의 영재(英才)로서 참으로 학문을 원하는 자가 어찌 적다고 하겠습니까. 만일 이름이나 훔치고 세상을 속일 잘못을 범할 염려가 있다 해서 일체 꾸짖어 아예 학문을 그만두게 한다면, 이것은 하늘이 선을 내려주신 뜻을 위반하고 천하 사람들이 도(道)를 지향하는 길을 끊어버리는 것이 됩니다. 그렇게 한다면 내가 하늘과 성인의 가르침에 엄청난 죄를 짓는 일일 텐데, 다른 사람이 세상을 속여 이름 훔치는 것을 걱정할 틈이 어디 있겠습니까.

혹여 세상을 속여 이름을 훔치는 사람과 그렇지 않은 사람을 가려서 꾸짖어 학문을 그만두게 하면 되는 것 아니냐고 말씀하실 수 있습니다. 그러나 그것은 불가능합니다. 사람의 자품이 만 가지로 다르기 때문입니다. 처음 배울 때 예리한 자는 등급을 뛰어넘고 둔한 자는 막혀서 통하지 않으며, 옛것을 사모하는 자는 꾸미는 것 같고 큰 데 뜻을 둔 자는 미친 것 같으며, 익힘이 미숙한 자는 거짓 같고 미끄러졌다 다시 일어난 자는 속이는 것 같습니다. 처음에는 정성껏 하다가 끝에 가서 소홀히 하는 자도 있고 바로 그만두었다가 바로 회복하는 자도 있으며, 병이 겉에 있는 자도 있고 속에 있는 자도 있습니다. 무릇 이와 같은 유형을 일일이 들 수도 없을 정도입니다.

학문을 함에 있어서 마음을 모으고 뜻을 다하여 애쓰지 않는 자는 실로 죄가 없다고 할 수는 없지만, 그런 사람이라 해도 그 하고자 하는 마음만은 가상합니다. 게다가 이런 사람은 일부에 불과한데 어찌 일률적으로 세상을 속여 이름을 훔친다고 몰아서 배척할 수 있겠습니까. 그들 역시 서로 어울려 같이 권면할 처지에 있는 사람들입니다. 그러나 이것은 이치를 말하자면 그렇다는 것뿐입니다.

〔설사 선생의 말씀이 옳다 해도〕 그런 책임을 맡을 수 있는 사람은 세

상에 따로 있을 것입니다. 결코 저같이 병으로 쓸모없어져 숨어 살며 도와 학문에 어두운 사람에게 그런 책임이 있지 않을 텐데 선생께서는 어찌 이리 당치 않게 저에게 그런 말을 하십니까.

대체 선생께서 〔꾸짖고 억제해야 한다고〕 지목하는 사람은 어떤 사람입니까. 그 사람이 비록 정당하지 못할지라도 그의 병세가 앞서 말한 바와 같은 자라면 그렇게 꾸짖어 학문을 억제하게 해서는 안 됩니다. 혹 불행히도 참으로 속이고 훔칠 마음이 있는 자라면, 우리가 그에게 꾸짖음과 억제를 당하지 않는 것만 해도 다행입니다. 그런데 또 어찌 감히 억지로 기세를 부려서 도리어 그를 꾸짖고 억제하게 할 수가 있겠습니까.

화와 복이 오는 것은 원래 조물주의 처분에 달린 것이니 '요절이나 장수나 다르지 않다'는 옛사람의 교훈을 생각하여 스스로 처신하고 그에 따를 뿐이지, 달리 우리의 힘이 쓰일 데가 있겠습니까. 저의 이러한 어리석은 생각을 선생은 어떻게 생각하실지 모르겠습니다. 이 교수가 돌아가는 편에 보내려고 급하게 적어 올리느라 세세하게 말씀드리지는 못합니다.

答曹楗仲〔甲子〕

神交違面 住世無幾 來諭之言 令人仰慨俯嘆 不能已也 僕久不作宜寧之行 有不近人情者 只緣身與世相礙 老與病相纏 以至於此 遂竝與千里命駕之意 爲竝世不見之嘆 此豈可專付之命物者處分耶 是用愧負愧負 示諭學者盜名欺世之論 此非獨高明憂之 拙者亦憂之 然而欲訶抑者 亦非易事 何者 彼其設心 本欲欺世而盜名者 姑置不言 獨念夫降衷秉彜 人同好善 天下英材其誠心願學者何限 若以犯世患之故而一切訶止之 是違帝命錫類之意 絶天下向道之路 吳之

得罪於天與聖門已甚 何暇憂人之欺且盜乎 如欲辨別而訶抑之 人之資禀 有萬不同 其始學也 銳者淩躐 鈍者滯泥 慕古者似矯 志大者似狂 習未熟者如僞 蹟復奮者如欺 有始懇而終忽者 有旋廢而頻復者 有病在表者 有病在裏者 凡若此者 不勝枚擧 其不能專心致志以期於有成者 固不能無罪 然其心可尙 猶是此一邊人 其可槩以欺盜而麾斥之乎 其亦在所相從而共勉也 雖然 此則論其理如此耳 其能任此責者 世自有人 決不在病廢絶迹昧道懵學之人 公何以是不近之言見加耶 抑不知公所指者 是何等人耶 其人雖不正當 若其病只如前所云者 則其不當訶抑如彼 或不幸而眞有欺盜之心者 吳輩得免於彼所訶抑 幸矣 又豈敢强作氣勢 反加訶抑於彼耶 至於禍福之來 固自有命物者處分 正惟思昔人殀壽不貳之訓 以自處而聽於彼 其他尙何容吳力哉 鄙見如此 不審高明以爲如何 李敎之還 草草布此 不多及

퇴계 이황과 남명 조식은 1501년생 동갑내기로 당대에는 물론 후대에도 명망을 누린 학계의 거봉들이다. 퇴계는 소백산 밑 예안 청량산 자락 토계(兎溪)에서 태어났고, 남명은 지리산 기슭 삼가(三嘉)현 토동(兎洞)에서 태어났다. 경상도를 좌우상하로 나눌 때 퇴계는 좌도 또는 상도, 남명은 우도 또는 하도의 인물이다. 둘 다 고향도 같고 나이도 같았기에 세상 사람들은 둘을 두고 동도동경(同道同庚)의 인연이라고 불렀다. 우연인지 인연인지 둘이 태어난 지명에도 같은 '토(兎)' 자가 들어 있다.

퇴계와 남명은 1553년부터 1564년까지 10년이 넘는 세월 동안 편지를 주고받았다. 요즘 시대처럼 스마트폰상에서 바로바로 문자를 주고받는 것과 달리 당시에는 인편으로 서신을 주고받았으니 시간이 오래 걸렸다. 다른 사람들과 함께 천거됐으나 남명은 홀로 벼슬길에 나가지 않았는데, 이황이 남명에게 출사를 권하기 위해 쓰기 시작한 편지가 시대와 처세와 학문을 논하는 편지로까지 이어졌다. 두 사람이 같은 시대를 대표하는 사림파 성리학자이면서도 시대를 바라보는 관점과 처세와 학문 성향은 매우 달랐다. 두 사람이 주고받은 위의 편지에 그 차이가 고스란히 드러나 있다.

퇴계는 어머니와 형의 권유로 집안을 일으키기 위해 과거에 응시했다. 1523년 23세 때 소과에 급제하여 성균관에 들어갔다. 그의 엄격한 행동거지가 주변의 비웃음을 산 것에 실망하여 두 달 만에 성균관을 나왔다. 1528년 28세 때 도내에서 소과 생원시에, 32세 때 사마시(진사시)에 합격하여 다시 성균관에 들어갔다. 그는 문과에 세 차례나 낙방하더니 34세 때인 1534년(중종 28년)에 가서야 급제했다. 권지승문원부정자를 시작으로 죽기 2년 전인 68세 때 벼슬이 정1품 판중추에 이르렀다. 문과를 거쳐 고관 요직에 이르기까지 관리가 밟아야 할 경로를 순차적으로 밟았고, 만년까지 관직에 있었다.

퇴계는 일찍이 중종 38년 44세 무렵부터 관직에서 물러나려고 작정했지만, 조정에서 허락하지 않았다. 한동안 외직을 자청하여 단양군수, 풍기군수 등을 거쳐 다시 중앙으로 불려와 성균관대사성, 형조참의, 병조참의를 역임했다. 그 뒤로는 직무 부담 없이 예우를 해주는 상호군 첨지중추에 임명되었다. 그가 죽기 직전까지 끊임없이 임명이 이어졌지만, 55세 이후로는 거의 부임하지 않고 토계에 머물면서 저술 활동과 후진 양성에 전념했다.

선조가 즉위한 무진년 68세 때 그는 자신의 정견을 압축한 '육조소'를 올렸다. 선조가 임금으로서 지켜야 할 도리를 여섯 가지 항목으로 정리한 상소였다. 새 임금의 즉위에 즈음한 희망과 평생의 관직생활을 정리하는 마음을 담아 썼다. 수신제가로 왕실을 화목하게 하고 재상과 언관을 잘 뽑아 등용하여 치국을 도모하라는 내용이다.

남명은 1520년(중종 15) 20세 때 생원 · 진사 초시(初試)에 모두 급제했으나 기묘사화의 여파로 시험이 무효 처리된 후 벼슬길을 단념했다. 그러나 부모의 권유를 거역하기 힘들어 마음을 바꾸었다. 1533년 가을 향시에서 1등으로 급제하나 이듬해 봄 회시에서 낙방했고, 1536년 가을에 향시에서 3등으로 급제하나 문과 회시에는 낙방했다. 이후로는 과거에 응하지 않았다.

남명이 비록 과거를 포기했어도 벼슬할 기회는 계속 주어졌다. 초야에서 학문에만 전념하는 유일로 인정받아 거듭 나라의 부름을 받은 것이다. 중종 33년 남명의 나이 38세 때 회재 이언적 등의 천거로 헌릉 참봉에 임명된 것을 시작으로 명종 7년 52세 때 전생서주부에, 명종 10년 55세 때 단성현감에, 명종 14년 59세 때 조지서 사지에, 명종 21년 8월 66세 때 상서원 판관에, 선조 2년 69세 때 종친부 전첨에 임명되었다. 명종 말년부터 선조 즉위 초까지 거의 매년 왕의 부름을 받은 셈이다. 그러나 남명은 벼슬길에 나가지 않았다. 그중 단성현감의 임명은 사양하기 어려웠다. 남명이 기거하는 곳과 단성현이 가까워 사양할 명분이 별로 없었다. 그러나 남명은 그마저도 사양하면서 작정하고 사직 상소를 올렸다.

> 나랏일은 이미 잘못되었고, 나라의 근본은 이미 없어졌으며, 하늘의 뜻도 이미 떠나버렸고 민심도 이미 이반되었습니다. ……중략…… 대비

(문정왕후)는 참으로 생각이 깊으시다 하나 깊은 구중궁궐의 한 과부에 불과하고, 전하는 아직 어리니 대행대왕(중종)의 한 고아일 뿐입니다.

실로 극언을 서슴지 않은 상소라 할 수 있었다. 이 상소로 인해 남명은 처벌의 위험에 직면하기도 했지만, 다른 한편으로는 임금도 무시할 수 없는 재야의 학자로 우뚝 서게 된다.

첫 번째 편지가 작성된 계축년 명종 8년 1553년은 퇴계 이황이 성균관대사성으로 있던 해이다. 그보다 한 해 앞선 명종 7년에 남명 조식은 성수침 이희안과 함께 유일로 천거되었다. 15년 전 38세 때 이미 이언적에 의해 헌릉 참봉으로 천거된 바 있었다. 이번에는 최하급의 능참봉이 아니라 훨씬 더 높은 전생서주부였지만, 남명은 역시 거절했다.

조선 시대의 관리 선발 방법에는 자천에 의한 방법과 타천에 의한 방법이 있었다. 자천에 의한 방법은 과거였고, 타천에 의한 방법은 문음과 천거였다. 과거는 문과와 무과, 잡과로 나뉘었다. 문과는 관리에게 요구되는 높은 수준의 유교 경전 이해와 문장력 등에 대한 시험이었고, 무과는 병서 이해와 말타기 · 활쏘기 등 무인의 자질에 대한 시험이었다. 잡과는 외국어나 천문 등 특별한 기능이나 기술 보유자를 뽑는 시험이었다. 그리고 문음은 간단한 시험을 통해 공신이나 고관 자제를 임용하는 제도였고, 천거는 초야에 숨어 사는 현자나 탁월한 성균관 유생을 발탁하는 제도였다. 과거를 제외하고는 어느 제도나 관직의 종류와 승진 범위에 제한이 있었다. 그래서 하급직이라도 일단 관직에 나간 상태에서는 과거를 보는 편법이 유행했다.

천거의 경우 일반적으로 최하급의 능참봉이나 궁직이 주어졌다. 명망 있는 사람들은 하급직을 잡직이라고 탐탁지 않게 여겨 거절하곤 했다. 극히 예외적인 일이었지만, 특별한 예우 차원에서 장원급제자에게 내리는 육품직에 천거하는 일이 있었다. 중종 때 조광조가 그런 예우를 받았다. 남명에게 제수된 전생서주부가 바로 육품직이었다.

권력과 지위의 추구는 인간의 본능에 가깝다고 볼 수 있다. 퇴계와 남명이 과거에 응시한 것도 그와 무관하지 않다. 그러나 몇 차례 사화를 겪은 사림들의 의식에는 비정과 불안이라는 정치 세계의 그림자가 짙게 드리워 있었다. 무오사화, 갑자사화를 일으킨 연산군이 쫓겨나고 반정으로 중종이 즉위했지만 기묘사화가 일어났다. 명종 즉위 후에도 을사사화와 정미사화가 연발했다. 당시는 여전히 을사사화와 정미사화의 주역인 문정왕후와 윤원형의 시대였다. 관직에 대한 선망과 관직을 위험하다고 보아 기피하는 심리가 공존했다. 편지를 보면 알 수 있듯이 남명이 관직을 완강하게 거부한 것이나 퇴계가 이미 10년 넘게 관직에서 물러날 뜻을 굳히고 있었던 것은 그런 사회심리와 무관하지 않았다.

퇴계와 남명의 출처관은 심리적인 차원을 넘어선 철학적인 것이었다. 관직에 나아가는 것도 도를 위한 것이어야 하고, 물러나는 것도 도를 위한 것이어야 한다는 도학사상에 입각한 출처관이었다. 《논어》 '위영공' 편의 '나라에 도가 있으면 출사하고 나라에 도가 없으면 뜻을 거두어 지킨다[邦有道則仕 邦無道則可卷而懷之]'라든가, 《맹자》 '진심상' 편의 '궁하면 홀로 일신을 선하게 하고 영달하면 아울러 천하를 선하게 한다[窮則獨善其身 達則兼善天下]'라는 뜻을 이은 것이다.

퇴계에 비해 남명은 관로에 발을 들여놓지 않았기 때문에 명분상 출처에 있어 더욱 확실한 선명성을 띨 수 있었다. 남명이 과거를 포기한 것은 37세 때 낙방한 후의 일이다. 이언적의 천거로 헌릉 참봉에 제수되는 것은 그 이듬해의 일인데, 그에 불응함으로써 출사 거부의 의지를 확고히 드러냈다. 45세 때 일어난 을사사화를 지켜보며 그의 의지는 더욱 확고해졌다. 남명은《성리대전》에 나온 원나라 유학자 허형(許衡, 1279~1368)의 다음과 같은 글을 읽고 큰 깨달음을 얻었다고 밝힌 바 있다.

> 이윤의 뜻을 나의 뜻으로, 안연의 학문을 나의 학문으로 하여 세상에 나가면 이루는 것이 있어야 하고[出則有爲] 초야에 처하면 지키는 것이 있어야 하리라[處則有守]. 대장부라면 마땅히 이와 같이 해야 할 것이다. 세상에 나가서 한 일이 없고 초야에 처해서 지킨 것이 없다면 뜻을 세우고 학문을 닦은들 무엇하겠는가?

남명에게 이윤은 '출즉유위(出則有爲)', 안연은 '처즉유수(處則有守)'의 대명사였다. 남명은 후자에 전자 이상의 의미를 부여했다.

칠조개는 공자의 제자이다. 그의 이야기가《논어》'공야장'에 나온다. 공자가 칠조개의 인품과 능력을 인정하여 그에게 벼슬을 시키려 했더니 칠조개가 "저는 아직 벼슬할 자신이 없습니다." 하고 대답했던바, 공자는 그의 겸손함에 크게 기뻐했다.《논어》'태백'에 '삼년을 배우고도 녹봉에 마음 쓰지 않는 사람을 얻기가 쉽지 않다'고 했듯이, 사람들은 벼슬하기에 급급했던 모양이다. 그것은 예나 지금이나 마찬가지이다. 퇴계는 남명의 덕망으로 보아 벼슬하기에 충분할 것인즉 그의 벼슬 사양은 칠조개의 명분에 해당하지 않으니 남명에게 그 덕망을 이용하여 세상에 이로움을 주라고 종용한다.

퇴계는 남명이 출사를 거부한 것에 명분이 없음을 조목조목 짚어가며 출처의 도리가 아니라고 비판한다. 그러나 퇴계는 남명에게 승복한다. 자신이야말로 정작 관직에 나가지 말았어야 했고 또 지금 당장 물러나지 못해 노심초사하고 있노라 고백했다. 영예와 이익을 초월하여 산림에 묻혀 사는 남명의 지조를 배우고 싶다는 인사로 퇴계는 편지를 마무리하고 있다.

형문(衡門)은 두 기둥에다 한 개의 횡목(橫木)을 질러 만든 허술한 대문을 말하는데 가난한 집의 문, 나아가 은자(隱者)가 사는 곳을 비유하는 말이다. 상유(桑楡)는 뽕나무와 느릅나무를 말한다. 해가 질 무렵에 빛이 뽕나무와 느릅나무 끝에 걸린다 해서 노년이나 만년을 비유하는 말이다. 고사리손[궐권(蕨拳)], 방년(芳年), 청장년(靑壯年) 등도 상유와 마찬가지로 나이를 초목에 빗대어 각각 유년기, 청소년기, 청장년기를 비유하는 말이다. 또한 상유의 상대어는 동우(東隅)이다. 동우는 동쪽 구석 즉 해가 뜨는 곳을 말하는데 무릇 일에 있어서는 시작을, 인생에 있어서는 소년기를 비유하는 말이다. 분전(墳典)은 달리 삼분오전(三墳五典)이라고도 표현하는데, 삼분은 삼황의 무덤에서 나온 글이고 오전은 오제가 남긴 글이다. 유교 경전을 비유하는 말이다.

퇴계와 남명이 주고받은 편지들을 보면 두 사람 모두 날카로운 대립각을 세우면서도 격조 있는 표현을 쓰고 있다. 두 번째 편지와 세 번째 편지에서 서로 발운산과 당귀를 비유로 든 대목이 눈에 띈다. 먼저 남명이 자신에게 눈병이 있으니 퇴계에게 발운산을 보내 달라고 했다. 발운산은 구름을 걷어내 흩어버린다는 뜻으로 눈에 낀 백태 같은 것을 치료하는 가루약인데, 그것을 보내 달라는 것은 고명한 퇴계의 가르침을 청한다는 뜻이다. 남명이 안약을 들어 농을 던지자 퇴계는 약재로 응수했다. 당귀의 한자 표기가 '當歸'로 마땅히 돌아간다는 뜻이어서, 벼슬을 버리고 고향으로 돌아가겠다는 것을 비유해 쓰고 있다. 즉 관직에 있지만 연연하는 것이 아니라 물러나 고향으로 돌아가고픈 마음 간절하나 여의치 않은 사정을 토로하고 있다.

네 번째와 다섯 번째 편지를 보면 두 사람의 견해차가 노골적으로 드러난다. 그 초점은 학문 즉 유교의 참된 실천이 무엇인가라는 문제였다. 퇴계나 남명이나 모두 유교는 성리학이었고, 철저한 유교적 실천을 추구하는 도학이었다. 그것은 사림의 우상이었던 김굉필과 조광조가 쇄소응대(灑掃應對)로 시작하는《소학》의 중요성을 특별히 강조한 데에서 단적으로 드러난다.《소학》은 실천의 상징이었던 것이다. 김굉필은 평생 소학동자를 자처했고, 조광조도 그의 뒤를 이어《소학》의 보급에 역점을 두었다. 소학 중시의 전통은 그다음 세대인 퇴계와 남명에게도 그대로 이어졌다.

그러나 관점이 달랐다. 관점의 차이는《소학》과《대학》의 관계를 중심으로 설명해볼 수 있다. 남명은 일차원적으로《대학》을《소학》의 심화와 확대로 해석했다.《대학》의 요체는 수기치인(修己治人)이라는 유교의 본령에서 '수기'가 근본이라는 것인바,《소학》은 그 근본 중에서도 근본임을 강조했다. 퇴계도 도학의 이론과 실천론을 10개의 도설로 정리한 대표적 저술《성학십도》에〈소학도〉를 넣을 정도로《소학》을 중시했다. 그러나 퇴계는 격물치지(格物致知)로 시작하는《대학》의 다른 차원에 주목했다. 격물치지는 격물 즉 사물의 이치를 끝까지 파고들어 치지 즉 참된 앎에 이른다는 뜻이다. 인간과 사회, 그리고 나아가 역사에 대한 참된 앎이 성숙한 수기를 위해 필요하다는 것이 퇴계의 관점이었다. 퇴계의 관심이 학문적이었다면 남명의 관심은 실천적이었다고 할 수 있다.

퇴계가 고봉(高峯) 기대승과 벌인 사단칠정(四端七情)논쟁이 바로 격물치지에 대한 관심의 발로였다. 논쟁의 핵심 개념인 이기와 심성은 우주 만물과 인간에 관한 앎의 요소이다. 그에 대한 탐구가 퇴계를 중심으로 그의 문도들 사이에서 유행했다. 그것은 당연히 고차원의 실천을 지향하는 것이었다. 그러나 관념상의 유희로 전락하여 실천을 지향한다는 것 자체를 망각 내지 방해할 가능성이 다분했다. 남명은 그런 관점에서 퇴계에게 신랄한 비판을 가했다.

남명은 퇴계의 문도들이 《소학》의 첫머리에 나오는 쇄소(灑掃), 즉 손으로 물 뿌리고 비로 쓰는 것도 모르면서 입으로는 천리를 담론하고 있다고 지적했다. 그리고 기세도명(欺世盜名), 즉 세상을 속여서 헛된 이름이나 훔치려 한다고 비판했다. 자고로 《대학》의 실천은 《소학》의 실천을 바탕으로 한 것이어야 한다. 모름지기 학문은 하학이상달(下學而上達), 즉 인사를 배운 다음 도리와 천리를 깨치는 순서를 밟아야 한다. 그런데 퇴계가 하학도 없이 상달을 논하는 그런 문도들을 억제하여 바로잡아야 하거늘, 그러기는커녕 논쟁만 일삼고 실천은 외면하고 있다는 것이었다.

그런 남명의 비판에 대해 퇴계는 보다 일반적이고 현실적인 관점에서 학문과 가르침의 문제를 논하며 응수하고 있다. 퇴계에 의하면 남명의 주장은 어디까지나 이상에 치우친 논리로 현실과 유리된 것이다. 하학하는 가운데에서도 상달의 경지를 넘나들 수 있고, 상달을 추구하되 하학을 소홀히 해서는 안 된다. 미리 하학할 사람과 상달할 사람을 일률적으로 나누는 것은 가르치는 목적과 상치될 수 있다는 것이 퇴계의 주장이다. 퇴계는 남명의 지나친 엄격함은 오히려 허황된 노장적 초월주의에 상응하는 것일 수 있다고 보았다.

두 사람의 대립은 당대에 이미 서로 용납할 수 있는 선을 넘었다. 후대에 이르면 아예 당색을 달리하여 영남학파 내에서 세불양립(勢不兩立)의 양상으로 전개된다. 퇴계와 남명이 이끌었던 영남의 두 학맥은 동서분당 뒤 동인이 핵심을 이루었는데, 다시 동인이 남북으로 갈릴 때 퇴계의 제자들은 남인, 남명의 제자들은 북인을 이룬다. 아무튼 퇴계와 남명의 차이는 남명의 제자 내암(來菴) 정인홍의 다음과 같은 상소에 압축되어 있다.

> 신이 일찍이 고 찬성 이황이 조식을 비방한 것을 보았는데 하나는 상대에게 오만하고 세상을 경멸한다는 것이고, 또 하나는 지나치게 높고 뻣뻣하여 중도(中道)를 구하기 어렵다는 것이고, 또 하나는 노장(老莊)을 숭상한다는 것이었습니다. ……중략…… 이황은 과거 급제로 출신한 뒤 완전히 나가지도 않고 물러나지도 않은 채 서성대며 세상을 기롱하면서 스스로 중도라 여겼습니다. 조식과 성운은 일찍부터 과거를 단념하고 산림에서 빛을 감추었고 도를 지켜 흔들리지 않아 부름을 받아도 나서지 않았습니다. 그런데 이황이 그것을 대놓고 괴이한 행실과 노장의 도라고 지적하였습니다. 그것은 너무도 잘못 안 것입니다. ……중략…… 더구나 조식과 성운은 비록 세상을 피해 은거하였다고 하지만 선대 조정의 부름을 받아 조정으로 달려가서 임금을 존중하는 뜻을 폈고, 누차 상소를 올려 정성을 다해 치안과 시무를 말씀 올렸습니다. 이것이 과연 괴상한 도리이며 이상한 행실입니까. 조식의 그때 나이 이미 칠십이었습니다. 벼슬을 그만두

어야 할 나이인데 어찌 출사해야 한다는 것입니까. 수레를 버리고 산으로 돌아가 행실을 닦고 삶을 마친 것이 과연 중도에 어긋나고 괴이한 행실을 한 것이며 세상을 경멸하는 노장의 학문이란 말입니까.

언급된 바와 같이 퇴계는 남명이 출사를 거부한 것에 대해 노장적인 색은행괴(索隱行怪)라고 비판했다. 퇴계는 벼슬에 나간 이래 상당히 일찍부터 물러나겠다는 뜻을 품어왔지만, 그 물러남의 뜻은 어디까지나 도학적인 테두리 안에 있었다. 퇴계가 보기에 남명의 경우는 달랐다. 사실 두 사람의 물러남은 차이가 있다. 그것은 두 사람의 호에서 잘 드러난다. 퇴계는 출생지 토계(兎溪)의 '토' 자를 '퇴(退)' 자로 바꾸어 호로 삼았는데, 거기에는 은둔이나 초월이 아닌 내적 성찰의 이미지가 담겨 있다. 그에 비해 조식의 호인 남명은《장자》'소요유'에서 대붕이 날아가고자 하는 남쪽 바다를 뜻하는바, 노장적 초월의 기상이 다분했다.

퇴계는 세상을 하직하기 전 '내 명정(銘旌, 죽은 이의 관직과 성씨를 적은 깃발)에 처사(處士)라고만 쓰라.'고 유언했는데, 그 얘길 들은 남명이 '할 벼슬 다 하고 처사라니.' 하며 못마땅해했다는 이야기가 전한다. 남명은 퇴계보다 두 해 뒤에 죽는데, 그야말로 평생 산림에 묻혀 지낸 처사였다.

퇴계는 회재 이언적을 존숭했다. 그것 역시 남명은 불만이었다. 남명은 회재에 대해 매우 비판적이었다. 회재와 퇴계, 그리고 남명의 관계에 관해서는 앞에 소개한 편지를 통해 살펴본 바 있다. 뒷날 이언적과 이황이 김굉필, 조광조와 함께 문묘에 종사되자 남명의 제자 정인홍은 회퇴변척(晦退辨斥), 즉 회재와 퇴계를 문묘에서 쫓아내자는 운동을 벌인다. 김굉필, 조광조를 이을 사림의 적통은 회재와 퇴계가 아니라 남명이라는 뜻이었다.

기명언에게 보내는 답장

이황이 기대승에게 답하다

참담한 인산(因山, 왕실의 장례)에 흠위(廞衛, 왕의 장례 행렬에 쓰던 여러 도구)가 앞으로 나가니 모든 관료가 뒤따르며 흠위를 부여잡고 애통함을 표하는데, 나는 병이 깊어 그렇게 할 수가 없어 등을 돌려 오래된 절에 몸을 맡기고 있었습니다. 마침 그대의 편지를 받으매 옛사람들의 의리로 꾸짖으니 죽도록 부끄러울 뿐 달리 무슨 말을 하겠습니까. 내가 참으로 소인이고 또 죄인이라는 것을 더욱 잘 알게 되었습니다.

그러나 이에 대해 미심쩍게 여기지 않을 수 없는 점이 있습니다. 내가 이번에 고향으로 돌아와버린 것을 두고 온 세상이 비웃고 욕합니다. 어떤 이는 나를 '산금(山禽)'에 비유하기도 하고 어떤 이는 나를 '이단(異端)'이라 배척하기도 하니, 이것은 더 이상 나를 사람 축에 끼워주지 않겠다는 뜻 같습니다. 그런데 유독 그대만이 그렇게 꾸짖는 말이 없고, 오히려 다른 말을 하다니 그 이유가 무엇입니까. 길 잃고 어려움에 빠져 있는 나를 가련히 여겨 회유하고자 하는 술책을 쓰는 것입니까. 스스로 떠들어대는 것이 더욱 죄가 될까 염려스럽지만, 그대의 두터운 호의를 헛되이 하기 어려워 한두 가지 적어볼까 합니다.

나의 사람됨은 남다른 데가 있으니 나의 처신 역시 어렵습니다. 무슨 말인가 하면 큰 어리석음, 심한 병, 헛된 명성, 과분한 은혜 이 네 가지가 나의 몸에 함께 모여 서로 엉켜 어긋나서 저를 괴롭히고 있습니다. 옛사람들을 따르고자 하지만 그들 중에는 나처럼 어리석은 이가 없고, 요즈음 사람들과 함께하고자 하지만 그들 중에는 나처럼 병든 이가 없습니다. 헛된 명성에서 달아나고 싶었지만 매번 그것이 내 뒤를 쫓았고, 과분한 은혜를 사양하고 싶었지만 더욱더 큰 은혜가 더해졌습니다. 어리석은 몸으로 헛된 명성을 채우고자 하니 망령된 행동이 되고, 병든 몸으로 과분한 은혜를 받들고자 하니 부끄러움을 모르는 일이 됩니다. 부끄러움을 모르고 망령된 행동을 한다면, 나에게 상서로울 것이 없고, 남들에게도 좋을 것이 없으며, 나라에도 해가 됩니다. 내가 벼슬하기를 즐기지 않고 항상 물러나려 하는 데에 어찌 다른 이유가 있겠습니까. 이 네 가지 곤란에 시달리고 이 두 가지 근심에 쫓기기 때문입니다.

돌아보건대 나는 나이 마흔셋이 되던 해에 이미 이렇게 될 줄 알고 물러나기를 도모했는데, 그 뒤로 지금까지 25년이나 흘렀습니다. 그러나 행동이 미덥지 못하고 성의가 지극하지 못하여 아직도 위아래 모든 이들의 믿음을 사지 못하고 있습니다. 여러 차례 나가고 물러나고 하는 사이에 낭패가 계속되다가 작년과 올해에 이르러서 극에 달하게 되었습니다. 지금 나이도 일흔에 가까우니 네 가지 곤란에 하나가 더해 다섯 가지로 늘었고, 과분한 은혜가 더해 지위가 육경에 이르렀으니 일이 더욱 난감하게 되었습니다. 지난 세월의 일은 차치한다 하더라도 올해 두 번 부름을 받았습니다. 작년에 다섯 번 부름을 받고 응하지 않았기 때문에 끝까지 고집을 부리기가 너무 어려웠습니다. 그래서 구차하게 나아가 이전에 완강히 사양했던 은혜를 받고 말았으니 두 가지 근심 가운데 하나를 범한 것입니다.

핑계를 대자면, 조사(詔使)를 맞이하는 일 때문에 부름을 받았으니 그 일이 끝나면 마땅히 물러나게 될 것으로 여겼습니다. 그러나 뜻하지 않게 서울로 들어가자마자 갑자기 대상(大喪)을 당하여 분주히 곡하며 여러 신하들의 뒤를 따랐습니다. 조사가 왔을 때에는 병든 몸으로 부지런히 쫓아다녔습니다. 그렇게 극도로 시달렸더니 기력이 쇠하고 정신이 혼미하여 죽을 것 같았습니다. 그때 마침 예조를 맡으라는 명령이 내렸습니다. 선왕의 뒤를 이으신 임금께서 새로운 정치를 펴심에 융성한 성은을 입게 되었던 것입니다. 감격하여 한 목숨 바치고자 하는 생각이 어찌 끝이 있었겠습니까마는, 중병에 시달리는 사람이 중요한 임무를 맡는다는 것은 누가 보아도 결단코 불가능한 일이었습니다. 그래서 벼슬길에 나가지 않고 다섯 번 사직을 청해 다행히 성은을 입어 그만둘 수 있었습니다. 선왕의 때에도 그런 일은 없었는데 신왕의 명령을 받고 은혜를 저버린 것이 그와 같았으니, 장차 무슨 얼굴을 들고 신하의 반열에 들 수 있겠습니까.

나가고 물러나는 분별에 밝은 옛날의 군자는 한 가지 일도 소홀히 지나치지 않아서 조금이라도 관리의 직분을 다하지 못하면 반드시 급히 물러났습니다. 군자도 임금을 사랑하는 인정으로만 본다면 틀림없이 차마 그렇게 하지 못했을 것입니다. 그러나 인정 때문에 떠나야 하는 도리를 어기지 않았습니다. 그것은 몸을 바쳐야 할 곳에서 의리를 행할 바가 없다면 반드시 물러나야 의리를 좇을 수 있기 때문이 아니었겠습니까. 이런 때를 당한다면 인정으로 차마 그렇게 하기 어려울지라도 의리가 미치는 곳에 굽히지 않을 수 없을 것입니다. 내가 무도한 사람이기는 하나, 돌아가신 임금의 각별한 은혜를 한없이 입었기에 온몸이 가루가 된다 해도 벼슬을 사양하고 싶지는 않습니다. 하물며 산릉(山陵)을 위해 몇 달 머무는 것을 어찌 꺼리겠습니까. 다만 신하의 도리가 이미 없어졌는데 헛되이 정만 붙들고 책임도 다하지 못한 채 자리만 지키고 앉아 상중에 염치없이 시일만 끌다가 병에 시달려 허약하고 겁 많은 내가 마른 털이 불에 타듯이 하루아침에 갑자기 죽게 된다면 목숨을 바쳐 이룬 것이 기껏 궁녀와 내시의 충성〔婦寺之忠〕에 지나지 않을 것입니다. 그리고 지금까지 수십 년 동안 어려움을 참고 애를 써가며 두 가지 근심을 피하려 했던 뜻을 결국 어디에서 찾아볼 수 있겠습니까. 내가 크게 두려워한 것이 오로지 이것밖에는 없었습니다. 그렇기 때문에 돌아갈 계획을 서둘러 결행하지 않을 수 없었던 것입니다.

그러나 벼슬을 그만두는 길이 막힌 지 오래되어 물러나기를 청하여 허락받는 경우를 근래에는 보지 못했습니다. 여러 가지 생각을 해보아도 아무런 방도가 없었습니다. 벼슬길에서 물러나라는 명이 내린 뒤 아직 새 벼슬길에 나가라는 명이 내리지 않은 때라 관직이 없이 자유로운 틈을 타서 몸을 빼어 돌아온 것입니다. 여러 신하들이 산릉에 신하의 직분을 다해 정과 뜻을 쏟는 것은 진실로 신하 된 자의 마땅한 처신이지만, 내가 산릉 일도 마치기 전에 정을 꺾어 도리를 좇은 것도 불행한 신하의 어쩔 수 없는 처신이었습니다.

임금과 어버이는 한 몸이니 섬기는 일을 한결같이 하여 목숨을 바쳐야 마땅합니다. 그러나 아버지와 아들은 하늘이 맺어준 것이니 곁에서 봉양하는 데 정해진 법도가 없고, 임금과 신하는 의리로 만난 것이니 곁에서 봉양하는 데 정해진 법도가 있는 것입니다. 정해진 법도가 없는 곳에서는 은혜가 항상 의리를 가려서 떠날 수 있는 때가 없고, 정해진 법도가 있는 곳에서는 의리가 혹 은혜를 빼앗아 어쩔 수 없이 떠나는 경우가 생긴다는 것입니다. 살아 계신 분을 봉양하는 일이나 돌아가신 분을 보내드리는 일이나 그 법도는 한결같은 것입니다. 그런데 지금 무엇이 의리인지 묻지 않고 가부를 헤아리지도 않고 오로지 정 하나로만 몰아갑니다. 임금을 섬기는 법도가 이처럼 새가 대추를 통째로 삼키듯 분별이 없는 것은 아닐 듯합니다. 내가 만일 예전에 어리석음과 병을 염두에 두지 않거나 직분을 다하지 못한 것을 부끄러워하지 않고 오랫동안 관직에 있었다고 합시다. 그러면 그것이야말로 참으로 벼슬을 버리고 떠날 도리를 저버린 격이 되었을 것입니다.

신하로서 나는 지극히 보잘것없이 누추하나 돌아가신 임금의 넓은 아량과 풍성한 덕을 만나 오히려 두터운 성은을 입었습니다. 비록 흔쾌히 벼슬을 그만두라 허락지는 않으셨지만 언제나 너그럽게 사퇴를 용납해주셨습니다. 죄를 주지 않으셨을 뿐만 아니라 격려하는 뜻까지 보여주셨습니다. 그 덕분에 어리석고 병든 나는 마침내 한가로이 몸을 추스르고자 하는 소원을 십육칠 년 동안 이룰 수 있었습니다. 돌아가신 임금께서는 예전부터 나를 진실로 멀리 산야에 있는 신하로 여기셨던 것입니다. 지금 내가 굳이 따르다가 죽지 않았다고 하여 탓하시지는 않을 것입니다.

지금 내가 맡은 일도 제대로 못 하고 임금의 은혜도 저버린 채 위급한 병에도 불구하고 부끄러운 줄도 모르고 떠나지 않아 절개를 욕되게 하고 이름을 더럽혀놓고 죽는다고 합시다. 그러면 하늘에 계시는 임금의 영령이 어찌 "내게는 은혜를 저버리지 않는 신하가 있구나." 하고 말씀하시겠습니까. 도리어 꾸짖으시며 "네가 이토록 부끄러움을 모르면서 옛날에는 무엇 때문에 내 명을 받지 않고 벼슬을 그리 끝까지 거절하였느냐?" 하실 것입니다. 그러면 내가 무슨 말로 대답하겠습니까. 이치와 사세가 그랬던 것입니다. 설혹 정을 좇아 도리를 잊고 스스로를 욕되게 하는 것을 불사하고 싶은 마음이 있다고 하더라도, 떠나고 머물며 죽고 사는 사이에서 함부로 자신을 가볍게 여길 수 없었던 것입니다. 그러니 떠나지 않고 어찌했겠습니까?

같은 도를 추구하는 사람은 말하지 않아도 생각이 서로 합치되며, 추구하는 도가 다른 사람은 아무리 말을 많이 해도 받아들일 수 없는 것입니다. 그대가 나와 추구하는 도가 다르다고는 할 수 없으니 내 행위가 도에 어긋나지 않았다는 것을 그대의 식견과 입장으로 어찌 구구한 나의 변명을 기다린 뒤에야 안다는 말입니까. 지금 내가 말하기 이전에 생각이 서로 합치되지 않았던 것은 그렇다 하더라도 예전에 한번 말했는데도 받아들여지지 않았습니다. 이번 편지에서도 내가 서울에 있으면 불편한 일이 많아 형편상 오래 머물 수 없을 것이므로 반드시 떠날 생각을 해야 할 거라고 하여 나의 뜻을 이해하는 듯하더니 뒤에 가서는 저를 비난하기에 급급했습니다. 박화숙, 이중구, 정자중, 이숙헌 같은 이들도 모두 내 이야기를 듣고는 소리 높여 비난하고 내가 떠난 후로는 더욱 의심했으니, 다른 사람에게야 무엇을 더 바라겠습니까. 임금의 엄한 꾸짖음이 내려오기만 숨죽이고 두려워하며 기다리고 있을 뿐입니다.

마음을 가다듬고 생각해보면 여러 선비와 정승 분들은 모두 사군자(士君子)의 상도(常道)로써 나를 책망하신 것입니다. 배척한 것이 아니라 의리를 실행하도록 독려한 것이니, 그 본뜻이 매우 후덕하다 하겠습니다. 나의 한평생 발자취는 늘 고향에 내려와 몸을 숨김으로써 의를 행하는 쪽에 있었을 뿐 여러 선비의 의심과 정승의 노여움을 모두 풀어줄 방법이 없으니 매우 부끄럽습니다.

일찍이 내가 옛사람의 도를 배워서 관직에 나가 시험해보건대, 배워서 그럭저럭이면 구차하게 되는 수가 많았고, 나름 통달했다 해도 세속의 흐름을 따르는 데로 귀착될 뿐이었습니다. 그때마다 다섯 가지 곤란과 두 가지 근심이 그 사이에서 마장(魔障)을 일으키니 조용히 다시 도를 지키는 것만 못하게 되었습니다. 나는 늘 벼슬길에서 물러남으로써 옛사람의 도에 부합되기를 구하니 번번이 임금께 몸을 바쳐 일하는 것과는 어그러지고 말았습니다. 이것이 바로 노(魯)나라 사람이 "나의 불가(不可)로써 유하혜의 가(可)를 배우겠다."고 말한 것과 같은 격이라 하겠습니다. 그렇지 않습니까. 믿을 수 있는 말 아니겠습니까. 무릇 의라는 것은 사람에 따라, 때에 따라 변하는 것입니다. 여러 선비와 정승 분들에게는 벼슬길에 나가는 것이 의리가 될 터이나, 나에게 그들이 하는 바를 따르도록 강요하는 것은 옳지 않은 일입니다. 그와 마찬가지로 내게는 벼슬길에서 물러나는 것이 의리가 될 터이나, 여러 선비와 정승 분들에게 내가 하는 바를 따르도록 강요하는 것 또한 옳지 않은 일일 것입니다.

근자에 들으니, 남시보(南時甫)가 나를 두고 위아지학(爲我之學)을 한다고 했다 합니다. 내가 본래 위아지학을 한 것은 아니겠지만, 나의 행적이 한결같이 위아지학과 매우 흡사하다는 것입니다. 그 말을 듣고는 등에 식은땀이 흘러 옷을 적셨습니다. 만약 겉으로 드러난 행적만 보고 사람을 판단한다면 옛날 양주가 아니면서도 위아를 추구하는 듯 보이는 사람들이 어찌 많지 않겠습니까. 주자가 불경을 인용하여 말하기를, "이런 깊은 심신으로 무수한 세계를 받드는 것〔將此心身奉塵刹〕/ 이것을 이름하여 부처님의 은혜에 보답하는 것이라 하네〔是則名爲報佛恩〕." 라고 했고 또 두보(杜甫)의 시를 인용하여 말하기를, "사방 이웃들이 쟁기를 잡고 나서니〔四隣耒耜出〕/ 구태여 우리 집까지 잡을 것 있으랴〔何必吳家操〕."라고 했습니다. 그리고 이연평(李延平)이 말하기를, "지금 같은 때에는 그저 궁벽한 곳에서 베옷 입고 나무 열매 먹으면서 본래 하던 공부에나 힘써야 할 것이다."라고 했습니다. 연평의 말을 전부 기억할 수는 없으나 뜻은 대략 그와 같았습니다. 또 양귀산(楊龜山)의 시에 이르기를, "듬성하게 핀 꽃잎으로 경솔히 흰 눈과 싸우지 말고〔莫把疎英輕鬪雪〕/ 밝은 달빛 가운데 맑은 자태를 잘 감추라〔好藏淸艶月明中〕."라고 했습니다. 이분들이 모두 위아지학을 하여 그리 말했단 말입니까.

윗자리에 올라야 아랫사람의 곧고 굽음을 분별할 수 있는 것이니 그대는 나아감과 물러남 이 두 가지 가운데 어느 것이 옳고, 어느 것이 그르며 또 어느 것을 취하고, 어느 것을 버리겠습니까. 아낌없이 가르침을 베풀어주신다면 무척 고맙겠습니다.

答奇明彦〔丁卯九月二十一日〕

因山慘惔 厥衛載臨 百僚追攀 普展哀慟 病臣無路 來依古寺 適得來書 責以古義 羞死何言 益知滉誠小人也 誠罪人也 第於此猶有所不能無怪者 滉今玆之歸 擧世嗤罵之 或比於山禽 或斥爲異端 蓋無復齒數於人人之意 公獨無是數言 而尙復有云云者 何耶 豈憐其迷溺 而欲施之誘回之術也耶 嘵嘵自言 恐

益致罪戾 厚意難虛 聊抒一二 滉之爲人 不亦異乎 滉之處身 其亦難矣 何也 大愚也 劇病也 虛名也 誤恩也 四者叢于身 而掣肘矛盾 互相妨奪 欲及於古之人 則古人無似我大愚也 欲同於今之人 則今人無似我劇病也 欲逃虛名 則虛名每相逐 欲辭誤恩 則誤恩轉益加 以大愚而欲實虛名 則爲妄作 以劇病而欲承誤恩 則爲無恥 夫挾無恥 以行妄作 於德不祥 於人非吉 於國有害 滉之不樂仕常退身 豈有他哉 凡以爲四叢所困 二患所迫故耳 顧滉自年四十三歲時 已見得此意而圖退 至今二十有伍年矣 行不孚 誠不至 尙不爲上下之所信許 其於伍進六退之間 狼狽蹭蹬 至去歲今年而極 蓋至是而又年近七十 四叢添作伍叢 誤恩加至六卿 事益難矣 去歲之事 姑不言 今年 以事再召 因去年伍召之餘 極難終執 苟進而受前日牢辭之誤恩 二患之中 一已自犯 猶有可諉者 召之以一事 事過 有當退之理爾 不意甫入而猝遇大喪 奔走攀號 得從羣臣之後 以至於詔使之時 以劇疾而馳劇勞如此 何怪乎氣敗神澌而奄奄欲盡矣 而春官之命 適會此際 嗣服新政 獲被隆恩 感激思效 豈有窮哉 瀕死之疾而當大任 人知其決不可爲 是以 一不仕而伍乞辭 蒙恩得解矣 是其在先朝而無狀如彼 當新命而負恩又如此 將何顏以自廁於羣臣之列乎 古之君子明於進退之分者 一事不放過 少失官守 則必奉身而亟去 彼其愛君之情 必有所大不忍者 然不以此而廢其去者 豈不以致身之地 義有所不行 則必退其身 然後可以徇其義 當此之時 雖有大不忍之情 不得不屈於義所捹也 滉雖匪人 受先朝異恩 與天地無極 雖糜身碎首 亦所不辭 況爲山陵而留數月 有何憚乎 但以人臣之道 旣已掃地 持空情以尸厥位 冒恥遷延於黯闇之中 危淺之命 虛怯之證 一朝俄頃 或促致溘然 易如燎毛 則其所辦命以成就者 不過爲婦寺之忠 而向來數十年忍窮苦心 欲避二患之意 終安在哉 惟其所大懼者 特在於此 是以 歸計之決 不得而不急 而致仕一路 榛塞久矣 乞骸得請 近古闃然 百思無策 則因遞命之下 後除未及之日 乃若身無官 得自由之隙 乘此抽身以出來 滉意以爲諸公而盡職山陵 情與義兼盡

固臣子之至願也 如滉而未竟山陵 屈情以徇義 臣子不幸者之所處 亦不得不如是也 君親一體 事之如一 惟其所在 則致死焉 然父子 天屬 左右就養無方 君臣義合 左右就養有方 無方者 恩常揜義 無可去之時 有方者 義或奪恩 有不得不去之處 養生與送死 其揆一也 苟爲不然 不問其義意 不度其可否 一槩驅之以情之一字 愚恐事君有方之道 不如是之鶻圇無分別也 向使滉不計愚病 不恥不職 而長服官政者 則於是而誠無可去之道矣 臣滉以至微極陋 遭遇先大王曠度盛德 謬加眷渥 雖未快許其致事 終始優容其辭退 不惟不加之誅罰 亦且示之以獎勵 使迂病之蹤 得遂十六七年間閒養之願 則先大王之於小臣 固嘗畜之以山野遠外之臣 不責其必死於輦轂之下 明矣 今若不職辜恩 病至阽危 而忘慙不去 至於辱節虧名而死 則臣不知在天之靈其肯曰 予有臣 能不墜予眷者乎 抑或降謫于臣曰 汝之無廉隅若是 昔者何用苦死不應予命而來仕 則臣何辭以對 斯亦理勢之所宜有 執此論之 滉雖欲徇情忘義 自辱其身 於去就死生之際 有甚不可得而自輕者 如之何其不去也 雖然 道同者 不言而相符 不同者 千言而不諭 公之於滉 謂之不同道則不可 凡滉之所爲 或合於道處 以公之見識意趣 豈待區區之頰舌而後知哉 今也不惟不符於未言 曩嘗微開其端 當下旣不入耳 今玆書來 僅有謂我在京 事多不便 勢難久淹 必將有出脫之計 此數句似會人意 其餘 見攻愈急 其他如朴和叔 李仲久 鄭子中 李叔獻諸人 率皆聞言而愈激 旣去而愈疑 他人何望哉 嚴譴之至 惕息恭俟 抑嘗靜而思之 諸君與諸相 本皆責滉以士君子之常道 欲納於無適莫之行義 意亦甚厚 而滉也一生蹤跡 常落在退身徇義之一邊 凡諸君之所疑 諸相之所怒 皆無以塞責 甚可媿也 雖然 嘗試學而爲可 則可或至於苟且 學而爲通 則通必歸於流從 伍叢二患 魔障其間 不如嘿然復守吳太玄 故凡滉所以求合於古人之道者 恆由於退身 而輒乖於致身 正如魯男子所謂以吳之不可 學柳下惠之可 豈不然哉 豈不信哉 蓋義之所在 隨人隨時 變動不居 在諸公則進爲義 欲使之爲我所爲 不可也 在我則退爲

義 欲使之爲諸公所爲 亦不可也 近聞 南時甫謂滉爲爲我之學 夫爲我之學 滉固不爲也 而其跡則一似於爲我 聞之 令人汗出沾衣 然苟執跡而斷人 古之非楊氏而似爲我者何限 朱子嘗引佛者之言曰 將此身心奉塵刹 是則名爲報佛恩 又引杜詩曰 四隣耒耜出 何必吳家操 李延平曰 當今之時 只於僻寂處 草衣木食 勉修素業 不記全語 大意如此 楊龜山詩曰 莫把疎英輕鬭雪 好藏淸艶月明中 是亦皆爲爲我之學云爾耶 身居堂上 方能辨堂下人曲直 不知公意於此二者何是何非 何取何舍 毋惜有以辱敎之 幸甚

❖

기대승(奇大升, 1527~1572)은 나주 출신으로 본관은 행주(幸州)이며, 자는 명언, 호는 고봉 또는 존재(存齋)이다. 기묘명현(己卯名賢) 중 한 사람인 기준(奇遵)이 그의 계부(季父)이다. 1549년(명종 4) 사마시에 급제하고, 1558년 식년문과에 급제했다. 승문원부정자를 시작으로 예문관검열 겸 춘추관기사관, 승정원주서, 홍문관부수찬, 검토관, 병조좌랑, 이조정랑, 사헌부지평, 홍문관교리, 사헌부헌납, 의정부검상(檢詳) 및 사인(舍人), 원접사종사관 등을 역임했다. 중간에 이량(李樑)의 시기로 삭직되었다가 복귀한 일도 있었다. 선조 즉위 후에는 사헌부집의와 홍문관전한(典翰)에 재임 중 조광조와 이언적의 추증을 건의했다. 1568년에는 우부승지로 시독관을 겸했고, 1570년에는 대사성에 올랐다. 기대승은 영의정 이준경과 불화로 인해 해직되었다가 1571년에 홍문관부제학 겸 경연수찬관과 예문관직제학으로 복명되었으나 부임하지 않았다. 1572년에는 성균관대사성, 종계변무주청사, 대사간, 공조참의를 지냈다. 그 뒤 그는 병으로 사직하고 귀향하던 중 고부(古阜, 현재의 전북 정읍)에서 객사했다. 퇴계가 죽은 지 2년 뒤의 일이었다.

이 편지는 퇴계 이황(李滉, 1501~1570)이 1567년 기대승의 편지에 답한 글이다. 그해는 명종이 죽고 선조가 즉위한 해였다. 선조가 국장을 주관하는 자리인 예조판서에 퇴계를 임명했다. 퇴계는 오래전부터 사직을 갈망해왔고 당시 신병까지 겹쳤다. 이에 사직소를 올리고는 허락을 받지도 않았는데 황급히 귀향해버렸다. 더구나 명종의 인산 즉 장례가 끝나기 전이어서, 세상에서는 퇴계를 비난하는 여론이 들끓었다.

퇴계는 귀향을 이해할 만한 사람들로부터 비판이 제기되자 매우 고통스러워했다. 편지에 거명된 박화숙(朴和叔), 이중구(李仲久), 정자중(鄭子中), 이숙헌(李叔獻) 등이 그 사람들이다. 화숙은 박순의 자이다. 그의 호는 사암(思菴)이다. 퇴계보다 23년 연하이고, 서경덕의 문인이었다. 박순은 윤원형을 몰아낸 주역이었고, 선조 때 영의정을 지냈다. 율곡 이이, 고봉 기대승은 퇴계와 각별한 사이로 중년부터 퇴계를 사사했다. 중구는 이담(李湛)의 자이다. 그의 호는 정존(靜存)이고, 퇴계보다 9년 연하였다. 이담은 을사사화, 정미사화 당시 퇴계와 같이 배척받은 처지였고, 퇴계를 사사하여 일상생활이나 학문을 막론하고 퇴계와 막역한 사이였다. 자중은 정유일(鄭惟一)의 자이다. 그의 호는 문봉(文峯)이고, 퇴계보다 33년 연하였다. 퇴계를 사사하여 둘 사이에 주고받은 편지가 168통이나 된다. 그는 퇴계와 가장 많은 편지를 주고받은 문하생이다. 숙헌은 율곡(栗谷) 이이(李珥, 1536~1584)의 자이다. 율곡 역시 퇴계를 존경했고, 퇴계 역시 율곡을 가리켜 후생가외(後生可畏)라 할 만한 인물이라고 평했다. 퇴계 자신을 능가할 재목으로 기대한다는 뜻이었다.

특히 기대승은 퇴계와 수많은 편지를 주고받으며 이른바 사단칠정(四

端七情)논쟁을 벌였다. 사단칠정논쟁은 조선 성리학의 백미로 유학의 본거지인 중국에서도 찾아볼 수 없는 수준 높은 논쟁이었다. 기대승이 정지운의 《천명도설》을 보고 퇴계를 찾아가 의견을 나눈 다음 편지를 보내면서 시작되었다. 기대승의 과거 급제 직후인 1559년의 일이다. 논쟁은 이후 1566년까지 8년간 서신 왕래를 통해 이루어졌다.

맹자는 인간의 덕목을 인의예지(仁義禮智)로 규정하고 인간의 [본]'성'은 그것을 지향한다고 보았다. 성이 발하여 [감]'정'이 된다[性體情用, 性發爲情]. 맹자의 성선설에 근거가 되는 사단 즉 측은지심(惻隱之心), 수오지심(羞惡之心), 사양지시(辭讓之心), 시비지심(是非之心)은 인간의 본성에서 우러나오는 네 가지 마음이다. 그것은 순수한 도덕적 감정이라고 할 수 있다. 칠정은 인간의 감정을 희로애구애오욕(喜怒哀懼愛惡欲)의 일곱 가지 감정으로 나누어 말한 것으로 《예기》 '예운'에 언급되어 있다. 그것은 자연적 감정이라고 할 수 있다. 《중용》에 의하면 칠정이 발동하여 중절(中節)하는 경우에는 선이 되고, 그렇지 않은 경우에는 악이 된다.

한편 사단과 칠정은 모두 마음의 작용이다[心統性情]. 마음의 동기가 도덕적이면 도심(道心)이 되고, 그렇지 않으면 인심(人心)이 된다. 마음을 바로잡기 위해서는[정심(正心)] 의지를 참되게 해야 하고[성의(誠意)], 그래야 도심을 정일(精一)하게 유지할 수 있다.

흔히 사단과 칠정은 각각 도심과 인심에 비유된다. 그러나 사단 · 칠정과 인심 · 도심은 엄밀히 말하자면 차원을 달리한다. 거기에서 논란의 여지가 생긴다. 천지만물의 모든 현상과 그 원리에 관한 개념인 '이(理)'와 '기(氣)'가 보태짐으로써 논란은 더욱 복잡해졌다.

천지만물의 모든 현상은 음양오행의 기의 발동 · 작용이다. 기의 발동 · 작용은 이에 따라야 이른바 순리(順理)이다. 이와 기는 분리될 수 없다[不相離]. 그렇다고 섞일 수도 없다[不相雜]. 이와 기의 순서는 이선기후(理先氣後)이다. 이는 만물 · 만상에 관여하지 않음이 없지만 스스로 발동 · 작용할 수는 없다. 인간은 천지만물 중 하나이다. 성은 곧 이치이며 이치는 곧 성이다[性卽理]. 정은 심신(心身)을 통한 기의 발동 · 작용이다. 심신에서도 심이 신을 이끈다. 심은 인심과 도심으로 나뉜다. 도심은 순리(純理)로서 사단에, 인심은 칠정에 비유된다.

조선 유학사에서 사단칠정논쟁의 발단은 추만 정지운의 《천명도설》의 '사단은 이로부터 발하고, 칠정은 기로부터 발한다[四端發於理 七情發於氣]'는 구절이었다. 그에 대해 퇴계가 '사단은 이의 발이고, 칠정은 기의 발이다(四端理之發 七情氣之發)'라고 교정했다. 이른바 이기이원론(理氣二元論)과 이기호발설(理氣互發說)이었다. 기대승은 사단과 칠정을 이와 기에 분속(分屬)시키는 것에 반대하고 이동기감(理動氣感) 이약기강(理弱氣强)이라 하여 이는 기를 통해서만 발할 수 있다는 이기겸발설(理氣兼發說)을 제시했다. 퇴계는 사단은 이가 발함에 기가 따르는 것[理發氣隨之], 칠정은 기가 발함에 이가 타는 것[氣發理乘之]이라고 부연했다.

기대승의 설은 퇴계와 기대승이 모두 죽고 난 뒤 율곡에 의해 계승되었다. 우계 성혼이 '인심은 기, 도심은 이를 위주로 한다. 사단은 이발이고 칠정은 기발이라는 퇴계의 주장과 그것이 뭐가 다른가.' 하고 율곡에게 물었다. 율곡은 기발이승일도설(氣發理乘一途說)에 입각하여 사단과 칠정, 인심과 도심을 이원론적 시각으로 보는 데 문제가 있다고 지적했다. 퇴계는 이와 기의 불상잡에 착안하여 호발을 주장했던 반면, 율곡은 이와 기의 불상리, 이통기국(理通氣局)에 착안하여 겸발 · 공발을 주장했다.

이황과 기대승 두 사람은 학문을 넘어 깊은 영혼의 교류를 하였다. 논쟁의 편지를 포함하여 일생 동안 114통의 편지를 교환했다. 논쟁을 벌이면서도 서로 존중하고 배려했다. 고봉이 자신보다 27년 아래임에도 불구하고 퇴계는 고봉을 동학으로 인정했고, 고봉은 퇴계에 대해 그 이상의 존경심을 품었다. 그런 기대승마저도 퇴계에게 편지를 보내 출처의 도리에 맞지 않다고 따졌다. 그에 대해 퇴계가 위와 같은 장문의 편지로 자신의 입장을 밝혔다.

유교는 인간에게 효제(孝悌) 즉 부모에 대한 효도와 형제간의 우애를, 그리고 충신(忠信) 즉 임금에 대한 충성과 벗 사이의 믿음을 윤리 규범으로 부과한다. 그것을 위배하면 인간 이하의 짐승에 비유되거나 잘못된 삶을 사는 것으로 비판을 받는다. 그런 맥락에서 인산이 끝나기도 전에 귀향한 퇴계의 처신에 대해 대소 신료들은 퇴계가 걸핏하면 관직에서 물러난다고 비아냥거렸다. 심지어 임금을 저버렸다고 하여 산금(산새)이라느니, 이단이라느니 하는 비판도 쏟아냈다.

관직에 나아가고 물러나는 도리에 관해서는 앞서 퇴계와 남명 간의 날선 편지들을 통해서 살펴본 바 있다. 그 편지들에서는 벼슬길에 나갔다 물러났다 하던 퇴계가 아예 출사를 거부하던 남명을 비판하는 양상을 띠고 있다. 퇴계는 남명의 출처가 도리에 맞지 않으며 그의 처신이 노장풍의 은둔에 가깝다고 여겼다. 그런데 이 편지에서 볼 수 있듯이 퇴계 자신이 산금이니, 이단이니 하는 비판을 받게 되었던 것이다.

퇴계를 산금에 비유하고 이단이라고 비판한 사람은 동고(東皐) 이준경(李浚慶, 1499~1572)이었다. 이준경은 죽음에 임박하여 사림의 분열 즉 붕당을 우려하는 상소를 올렸다. 이준경의 상소는 임금으로 하여금 사림을 의심하여 배척케 함으로써 사림정치의 퇴보를 초래할 수도 있다는 비판을 받기도 했다. 그러나 그의 우려는 그대로 적중되어 사림은 동인과 서인으로 갈라져 붕당정치를 시작하게 된다. 아무튼 이준경은 시세를 아랑곳하지 않고 평생 적극적으로 벼슬에 임했던 사람이었다. 그런 만큼 툭하면 관직에서 물러나려는 퇴계가 못마땅했을 것이다.

이준경의 비판에 대해 눈에 띄는 것은 율곡 이이의 언급이다. 율곡 역시 퇴계에게 귀향을 비판하고 출사를 요구하고 있지만, 산새니 이단이니 하는 비판에 대해서는 귀담아들을 필요가 없다고 말한다. 그것은 한때 이단 즉 불교에 입문한 적 있는 율곡 자신의 열린 시각의 발로라고 할 수 있을 것이다.

이준경이 죽기 전에 사림의 분열을 우려하면서 지목한 사람이 바로 율곡이었다. 두 사람 사이는 평소 원만하지 못했다. 이준경이 원로 중신이었을 때 율곡은 혈기왕성한 신진이었다. 을사위훈의 삭제를 둘러싸고 두 사람은 충돌했다. 율곡이 신진 사림답게 공신 세력을 과감히 삭제할 것을 주장한 반면, 기묘사화를 목도한 이준경은 신중한 입장을 고수했다. 이준경은 율곡을 향해 예절과 근본을 모른다고 비판했고, 율곡 역시 그에 상응하는 반감을 품었다. 퇴계에게 산금 운운한 사람이 이준경이라는 사실을 율곡도 알고 있었을 것이다. 율곡이 퇴계에게 그런 비판에 연연할 것 없다고 한 것이 발설자가 이준경이라는 사실과 관련이 있을지도 모르겠다.

퇴계의 거취가 위아주의에 가깝다는 남언경(南彦經)의 비판 또한 이준경의 비판과 같은 맥락이었다. 시보는 남언경의 자이다. 그의 호는 정재

(靜齋) 또는 동강(東岡)이다. 남언경은 퇴계보다 28년 연하로, 화담 서경덕의 문인이었고 박순, 기대승, 정유일, 이이 등과 함께 퇴계가 존중하던 후학 중 한 사람이었다. 그런 남언경이 퇴계의 행적을 가리켜 위아지학이라고 비판했다.

위아라는 말은《맹자》'진심상'에서 양주의 노선을 위아라고 규정한 데에서 비롯된 것이다. '양자는 자신을 위함만 취하니 자신의 터럭 하나를 뽑아 천하를 이롭게 할 수 있더라도 하지 않는다[楊子取爲我 拔一毛而利天下 不爲也]'고 했듯이, 위아지학은 극단적인 이기주의의 학문을 가리킨다. 맹자는 양주의 위아의 대척점에 묵적(墨翟)의 '겸애(兼愛)'를 설정하여 '묵자는 겸애를 지향하여 정수리부터 발뒤꿈치까지 닳아 없어진다 하더라도 천하를 이롭게 하는 일이라면 그것을 한다[墨子兼愛 摩頂放踵而利天下 爲之]'라고 했다. 맹자는 나아가 궁극적으로 보면 양주는 무군(無君)이고 묵적은 무부(無父)인바, 모두 인간이 아니라 '산금'을 지향하는 것이고 한 극단에 치우친 '이단'이라고 규정했다.

남언경은 그의 문인인 이요(李瑤)와 함께 조선 양명학의 선구자로 꼽힌다. 양명학을 한다는 것은 주자학이 대세였던 당시로서는 흔치 않은 일이었다. 주자학이 송대 이후 기성의 권위를 확보하게 되면서 보수성과 형식성이 두드러지게 나타나자 명대에 와서 그에 대한 반발로 실천을 강조하는 양명학이 대두되었다. 양명학은 조선에도 전래되었던 바, 퇴계는 양명학에 대해 방향을 상실한 학문으로 규정하고 크게 비판했다.

동방 유학의 종장으로 추앙받고 있었던 퇴계는 기대승과 벌인 사단칠정논쟁에서 볼 수 있듯이 다분히 주지주의적이었다. 심지어 퇴계의 학문을 공리공담이라고 보는 비판도 있었다. 특히 현실과 실천에 대한 문제의식이 상대적으로 강했던 양명학과 퇴계의 학문은 마찰이 불가피했다. 남언경의 눈에는 퇴계의 거조와 학문이 현실에 대한 책임을 외면하고 지적 유희에 빠져드는 위아주의에 가까운 것으로 보였다. 상대적으로 퇴계는 양명학을 불교나 노장 등 이단으로 흐를 위험이 크다고 논박하는 한편 남언경을 설득하는 데 공을 들였다.

퇴계는 편지에서 신상의 이유를 들어가면서 스스로를 변호했다. 퇴계의 입장을 논리적으로 정리하자면, 퇴계의 학문은 위아지학이 아니라 '위기지학(爲己之學)'이라는 것이다. 그것은 은둔을 지향하는 위아주의와 다른 범주에 속한다. 위기지학은 세상에 대한 책임을 자각하고 일신의 수양을 강조하는 학문이란 뜻이다. 위기지학과 상대되는 것은 '위인지학(爲人之學)'이다. 위인지학은 자기의 중심을 잃고 세속에 휩쓸리는 속류의 학문을 가리킨다. 도학은 위기지학을 중시하여 문장을 추구하는 것이나 과거를 위한 시험공부를 위인지학으로 폄하했다.

편지의 부시지충(婦寺之忠)이란 표현에서는 군주에 대한 충성과 신하의 도리에 관한 깊은 사색이 느껴진다. 《논어》 '헌문'의 '참으로 자식을 사랑하면 힘들다고 해서 단련시키지 않을 수 있겠는가. 임금에게 충성하면 능히 그 잘못을 간하지 않을 수 있겠는가[愛之能勿勞乎 忠焉能勿誨乎]'에 대한 소씨(蘇氏)의 주석에 '사랑한다면서 수고롭게 아니한다면 그것은 새나 짐승의 사랑이다. 충성한다면서 잘못을 간하지 않고 따르기만 한다면 그것은 부시(婦寺) 즉 궁녀와 내시의 충성이다.'라고 되어 있다. 인정에 이끌려 의리를 따지지 않고 무조건 임금의 명에 따르는 것이 충성은 아니라는 것이다.

노나라 사람과 유하혜 이야기는 《공자가어》에 나온다. 유하혜는 노나라의 현인으로 벼슬에 나가면 나가는 대로, 물러나면 물러나는 대로 항상 자신을 흩트리지 않아 공자와 맹자로부터 칭송을 받았다. 노나라에 한 홀아비가 살고 있었다. 옆집에 과부가 살았는데, 간밤에 비가 내려 집이 무너졌다. 과부는 거처를 잃고 홀아비의 집으로 달려가 도움을 청했다. 홀아비는 남녀부동석을 내세워 거절했다. 그러자 과부는 홀아비를 원망하며 유하혜의 고사를 예로 들어 말했다. "유하혜가 추위에 쓰러진 여인을 침상에 들여 몸을 녹여주었어도 그를 의심하는 사람은 아무도 없었다고 들었습니다. 당신은 왜 유하혜처럼 못 하는 것입니까?" 그러자 홀아비는 엄숙하게 말했다. "유하혜는 가하지만, 나는 진실로 불가하기 때문이오. 나는 나의 불가함으로써 유하혜의 가함을 배우려 하는 거요[柳下惠則可 吾固不可 吾將以吾之不可 學柳下惠之可]." 홀아비는 남녀부동석의 도리를 지킴으로써 여자와 아무 일도 없도록 하겠다는 결기를 보인 것이다. 공자는 홀아비의 처신을 일컬어 올바른 배움의 자세라고 극찬했다. 퇴계는 결단코 물러남으로써 의리를 이루겠다는 뜻을 이 이야기를 통해 밝히고 있다.

편지에서 주자가 인용했다는 불경 구절은 《능엄경》에서 아난(阿難)이 한 말이다. 두보의 시 제목은 '대우(大雨)'이다. 이 불경 구절과 두보의 시구는 모두 《주자대전(朱子大全)》 36권 '답진동보(答陳同甫)'에 실려 있다. 이연평은 송나라 학자 이통(李侗, 1093~1163)을 말한다. 연평은 그의 호이다. 그는 주자의 스승이었다. 양귀산은 북송의 학자 양시(楊時, 1053~1135)를 말한다. 귀산은 그의 호이고, 자는 중립(中立)이다. 성리학의 입장에서 불경은 당연히 이단의 서적이고, 나머지 시들도 이단인 노장 내지 양주의 기풍이 배어 있는 시이다. 그렇다고 불경을 인용한 주자나 그런 시풍을 읊은 이연평, 양귀산을 이단으로 볼 수 없듯이, 퇴계 본인도 '세상과 거리를 두겠다'는 뜻만으로 산금 내지 이단이란 소리를 듣기는 억울하다는 것이다.

이발에게 보내는 답장

율곡 이이가 이발에게 답하다

금구슬 같은 목소리 들은 지 오래되어 그리움이 쌓였던 차에 정다운 편지를 받았네. 말이 간절하기가 백 마디, 천 마디 모두 가슴 깊은 곳에서 나온 듯하니 참으로 감동하여 펴보고는 손에서 떼지 못했네. 참으로 서로 사랑하고 돈독히 믿지 못한다면 어찌 이럴 수 있겠는가. 게다가 국사를 담당하여 '조제(調劑)' 즉 탕평인사에 전념함으로써 사림의 화협이 기대되니 무어라 말할 수 없이 기쁘다.

다만 아쉽게도 시비의 분변(分辨)에 관해서는 나와 그대가 심의겸을 보는 바가 다르니 합치되기 어렵겠네. 내가 감히 반드시 옳다는 것은 아니니 그대 또한 다시 생각해주기 바란다.

그대는 그의 마음을 논하지만, 나는 그의 자취를 논해야 한다고 생각하네. 사람을 보는 것은 마땅히 그 마음을 가지고 할 것이지만, 상벌을 주는 것은 마땅히 그 자취를 가지고 해야 할 것이네. 만일 그 자취를 논하지 않고 다만 마음을 가지고 상과 벌을 준다면 인심을 복종시킬 수 없을 것이네. 그래서 요임금도 사흉을 베지 않았던 것이지. 지금 그대가 심의겸의 마음을 본 것이 진실로 깊고, 나 또한 그 후환을 보증하지 못하니, 그를 버린들 무엇이 아깝겠나. 다만 자취에 현저한 죄과가 없는데 갑자기 공격을 가하면 서인 편의 착한 선비들이 연루되어 남김없이 버려질 것이고, 높게 쓰이는 자들이 있다 해도 모두 심의겸보다 아랫길 되는 유속 비부이기 마련일 것이네. 쓰고 버리는 것이 이와 같다면 인심을 어떻게 안정·복종시키며 여론을 어떻게 진정시킬 수 있겠는가. 이것이 내가 깊이 근심하는 바이다.

또 족히 여러 의혹을 제거할 만한 주장이 있으니 그대가 한번 허심탄회하게 들어보는 것이 어떻겠는가. 심의겸은 외척 가운데 조금 두각을 드러낸 자이니 족히 말할 것이 없네. 그러나 김효원도 역시 그릇이 가볍고 얕은 데다 학술 또한 짧으니 다만 평범한 사류일 뿐 유림의 종장이 될 수는 없을 것이네. 이 사람들의 시비가 어찌 족히 시운(時運)의 성쇠를 좌우할 만한 것이겠는가. 두 사람의 시비가 치세와 난세의 관건이 되는 것도 아닌데, 시비를 분변하는 바람에 도리어 인재를 무너뜨리고 국맥을 상하게 만들고 말다니. 온 세상이 휩쓸려 들어가 그렇게 되는 것을 깨닫지 못하니 참으로 어린아이들의 소견 같다고 하겠네. 만일 안목을 갖춘 어른의 눈으로 본다면 한번 웃음거리도 못될 것이다.

을해년에 서인들이 팔을 걷어붙이고 시비를 정하지 않을 수 없다 하기에, 그때에는 내가 한참 웃었을 뿐 놀라고 탄식하지 않았네. 서인 가운데 착한 선비들도 모두가 학문을 한 선비인 것은 아니니, 그 식견이 밝지 못한 것을 깊이 괴이하게 여길 것이 없었던 것이지. 또 사암(思菴, 박순), 중회(重晦, 김계휘)도 모두 나와 마찬가지였네.

그런데 지난해 시비의 분변에 이르러서는 그대같이 현명한 사람이 또한 명목장담(明目張膽)하여 반드시 분변하려 했으니 내가 실망하여 깊이 슬퍼하고 길이 탄식하지 않을 수 없었네. 내가 두 사람의 시비에 관여하지 않은 것은 억지로 분변함으로써 도리어 소요를 가져올 것이라고 생각했기 때문이지. 분변하지 않고 조제를 통해 사류를 격탁양청(激濁揚淸)해야 마땅했을 것이네. 그런데 지금 약간 검은 물이 든 자는 분변하여 버리고 많이 검은 물이 든 자는 취하여 쓰는 꼴이니 이것이 무슨 의리와 식견이란 말인가.

옛적에 제경공이 공자를 쓰고자 했으나 안평중이 제지한 일이 있었는데, 안평중이 공자를 미워한 것이 아니라 다만 본 것이 밝지 못했을 뿐이지. 그래서 안평중이 공자를 알아보지는 못했지만, 오히려 어진 대부라는 이름을 잃지 않았던 것이네. 오늘날 인백(仁伯, 김효원)을 알지 못한 자라고 해서 어찌 모두 반드시 버릴 사람이겠는가. 또 시세를 좇는 유속의 늙은 재상들은 지난날 서인에게 대접을 받지 못하다가 오늘날 바야흐로 동인에게 충성을 바침으로써 뜻을 이루려 하고 있으니, 그들이 조제시키는 것을 그르다 할 것은 뻔한 일이네. 이 무리들은 덮어씌운 것을 벗기고 흔들면 떨어질 자들이지. 시절이 지나가고 형세가 옮겨가면 또 장차 동인을 배척할 것이니 어찌 족히 믿을 것인가.

각립(角立)이라 하는 것을 보면 그대가 나를 심의겸, 윤두수와 더불어 사림을 해칠 것이라 의심하고 있음이니, 그대가 나를 너무 박하게 보는 것이 아닌가. 나는 지금껏 중립을 지켜 서인에 들지도 않고 동인에 들지도 않으면서 진실로 둘 사이를 조화시킴으로써 조정을 편안하게 하려고 해왔네. 만일 한 편에 서기로 한다면 서인에 붙어서 동인을 공격하느니 차라리 동인에 붙어서 서인을 공격했을 것이네. 심의겸, 윤두수의 당이 되어 맑은 이름을 잃으면서 좋은 벼슬을 얻느니, 오늘 그대들에게 붙어서 맑은 이름과 좋은 벼슬 양쪽 다 얻는 것이 좋지 않겠는가.

그대가 이미 사림을 해치려 한다고 나를 의심하였으니, 죽거나 살거나 걱정할 것이 없을 것 아닌가. 어찌 오늘에 반드시 구제하려고 하는가. 말의 앞뒤가 심히 조리에 닿지 않기 때문에 그대가 희롱하는 말을 하는가 의심했는데, 이제 희롱에서 나온 것이 아니라 하니 심히 부끄럽고 두렵네. 내가 변변치 못하여 그대에게 가볍게 여김을 스스로 취한 것이니 마땅히 더 반성하겠다.

또 그대는 내가 그대들에게만 노력하라 하고 서인에게는 경계하지 않았다고 의심하지만, 그렇지는 않네. 내가 먼저 그대에게 한 말을 서인들이 듣지 못했듯이, 내가 서인들에게 한 말을 그대가 어찌 들었겠나. 무릇 사람들의 싸움을 말리려면 이길 사람을 말려야 하네. 이기지 못할 사람은 언제든 싸움을 그만두기 원할 것이니 어찌 듣지 않을 리가 있겠는가. 을해년에는 상대적으로 서인이 이기고 동인이 패하였기 때문에, 그때에는 내가 서인을 향해서만 다투고 비판했네. 동인에게 권할 말이 무엇이 있었겠는가. 지금은 서인이 완전히 패하여 무너졌고 동인은 바야흐로 이겼으니, 어찌 동인을 향하여 다투고 비판하지 않을 수 있겠는가. 비록 그러하나 서인 또한 잘못 생각하는 것이 많기 때문에 그들 서인에게도 지적하고 주의를 주었더니 믿고 따르지 않는 일이 없었네. 심의겸조차 말하기를 사류가 다만 그 자신과 삼윤〔윤두수 · 윤근수 · 윤현〕만을 배척하고, 그 나머지 서인 편의 착한 선비는 모두 통하여 써서 구애함이 없다면 인심이 반드시 복종할 것이라 하더군. 심의겸도 오히려 그와 같이 말하는데 하물며 다른 사람들이야 어떠하겠나. 그러니 오늘날 조제의 책임은 동인에게 있다는 말이네.

후일에 번복될 것을 미리 거슬러 헤아려서야 되겠는가. 무릇 군자의 도는 남이 나를 배반할지언정 내가 남을 배반하지 않는 것이네. 번복될 것을 미리 거슬러 헤아린다면 조치가 마땅함을 잃을 것이니 이미 옳지 않은 것이네. 하물며 세상일은 어떻게 변할지 모르니, '계손(季孫)의 근심이 전유(顓臾)에 있지 않다'고 탄식하게 될지 어찌 알겠는가. 깊이 살펴주시면 다행이겠네.

이현(而見, 류성룡)은 남으로 내려가고 숙부(肅夫, 김우옹)가 또 물러나려 하니 시무가 참으로 걱정스럽네. 다만 이현이 물러가는 것은 명분과 의리에 흠결이 있는 것 같으니 그대가 권하여 머물게 할 수 없겠는가. 그대는 이미 일을 담당하였으니, 비록 여러 사람이 다 물러가더라도 그대만은 마땅히 홀로 그 책임을 다해 속죄한 뒤에 가는 것이 옳을 것이다.

나로 말할 것 같으면 주린 것을 참고 산속에 은둔하여 다시 세상에 나갈 생각이 없으니, 그대들이 조제의 계책을 얻어서 급급한 형세를 구하기 바랄 뿐이네. 납제(臘劑) 주신 것 감사하이. 만날 기약 없이 편지에 임하니 섭섭한 마음 간절하네. 시무를 위하여 더욱 진중하기 바란다.

答李潑

久絶金玉之音 條焉歲阻 向戀方積 謹承情翰 詞旨懇切 累千百言 皆吐肝膈之要 珥誠感動披閱 不能離手 苟非相愛之至 相信之篤 何以至此 且審擔當國事 一意調劑 士林之協 當有期日 尤爲欣幸 無以言喩 若其是非之辨云云者 只是珥與賢兄看沈某有深淺 固難相合 珥亦不敢自以爲必是也 兄亦更思不置 何

如 第兄之議 議其心也 鄙人之論 論其迹也 觀人當以其心 賞罰當以其迹 若不論其迹 只賞罰之以心 則人心不可服也 此堯所以不誅四凶者也 今者 沈某之心 兄看固深矣 珥亦不敢保其後患也 棄之何惜 只是迹無顯然罪過 而遽加攻擊 連累西邊善士 棄之不惜 而其推尊柄用者 皆流俗鄙夫 多出沈某之下 擧錯如是 則人心安得以帖服 國言安得以寧息乎 此珥之所深憂也 且有一說足以盡祛羣惑 兄幸虛心聽之何如 沈也是外戚之稍出頭角者耳 固不足道也 金也亦是輕量淺器 學術亦短 只可置之士類中耳 非可作儒林宗匠者也 此人是非 曷足爲時運盛衰哉 二人是非之辨 不係於治亂 而反以辨是非之故 壞人材傷國脈 擧世滔滔 莫覺其然 此眞兒童之見也 若使具眼長者見之 則未滿一笑矣 乙亥年間 西人攘臂 以爲是非不可不定 珥甚笑之 而不至於駭嘆者 以西人雖有善士 皆非學問之士 其識見之不明 不足深怪 而且如思菴，重晦輩 則皆同珥竊笑 故珥不至於駭嘆也 至於去年是非之辨 則雖如賢兄者 亦明目張膽 必欲辨之 則珥望失矣 安得不深嗟永嘆乎 鄙意二人雖有是非 其辨不關 而以辨之之故 反致騷擾 莫如不辨而調劑士類 激濁揚淸之爲得也 今者 分辨其淡墨者而去之 乃取其深墨者而用之 此是何等義理識見乎 昔者 齊景公欲用孔子 而晏平仲止之 平仲非嫉聖者 只是見不明耳 夫平仲不知聖人 而尙不失爲賢大夫 則今日之不知仁伯者 何必皆是可棄之人乎 且流俗老宰 前日不得於西人 而今日得志 方欲貢忠於東 則其以調劑爲非者 理勢然也 此等乃發蒙振落者 時移勢去 則又將斥東人矣 何足恃哉 且角立之說 兄疑珥可與沈尹害士林也 兄之觀我 無乃太薄乎 珥從前孤立 不得於西 不得於東者 良以欲調和兩間 以靖朝廷耳 若使附西而攻東 則寧附東而攻西也 與其後日黨沈尹 失淸名而得美仕 曷不於今日附賢兄 而淸名美仕兩得之乎 且兄旣以害士林疑珥 則死生亦不足恤 何必欲救於今日乎 語序甚不倫 故疑兄之作戲語也 今曰非出於戲 則慙悚至矣 是珥無狀 自取輕於賢兄 當自反而加省耳 且兄疑珥獨勖於兄而不戒西人

此則不然 珥先告兄之語 西人不聞也 其戒西人之語 兄豈聞之乎 大抵止人之鬪 當止其勝者 若不勝者 則方願解鬪 寧有不聽之理乎 乙亥 西人少勝 東人少敗 故其時珥只向西人爭辨 寧有勖厲東人之說乎 今則西人一敗塗地 而東人方勝 則安得不向東人爭辨乎 雖然 西人亦多錯料者 故有時相告戒 則莫不信聽至於沈某 亦曰 士類若只排吳與三尹 而其餘西邊善士 皆通用無礙 則人心必服云 沈言尙如此 則況他人之言乎 今日調劑之責 在東人矣 若其後日飜覆 則亦安能逆料乎 大抵君子之道 寧人負我 無我負人 逆料飜覆而先失擧錯 已不是矣 況事變無窮 安知季孫之憂 不在顓臾哉 明者加察 幸甚 而見南歸 肅夫又決退 則時事誠可憂也 但而見之退 似於分義爲欠 兄不可勸留乎 兄旣當事 雖衆賢皆退 當獨任其責 得罪而乃去 可也 如珥忍飢一壑 更無當世之念 只願兄輩得調劑之策 以救岌岌之勢耳 下惠臘劑 深感深感 承晤無期 臨紙惘惘 伏惟爲時益珍

❖

위의 답장은 동서분당의 와중에 중립을 표방하던 율곡 이이가 동인의 선봉장 이발(李潑, 1544~1589)에게 보낸 편지다. 당시 이이는 누차에 걸쳐 대사간 임명을 받았지만 고사하고 해주 석담과 율곡촌을 오가며 칩거하고 있었다. 그는 앞 세대의 이황 못지않게 사림 사이에서 큰 영향력을 행사하고 있었다. 이이가 비록 조정에 나서지는 않았지만 그 영향력이 막강하다는 점에서 동인은 이이를 설득하거나 제압해야 한다고 판단했다. 그리하여 동인 측 핵심 인물인 이발이 먼저 이이에게 서인 편향이라고 비판하는 편지를 보냈다. 이 편지에 반론하며 답한 것이 위의 편지이다. 먼저 발신자 율곡 이이에 대해 간단히 정리해보기로 한다.

이이의 본관은 황해도 덕수(德水)이며 자는 숙헌(叔獻), 대표적인 호는 율곡이다. 석담(石潭) 또는 우재(愚齋)라는 호도 있다. 시호는 문성(文成)이다. 율곡 이이는 강원도 강릉부 죽헌동 소재의 외가 오죽헌(烏竹軒)에서 통덕랑 사헌부감찰 이원수와 평산 신(申)씨 사임당(師任堂, 1504~1551)의 셋째 아들로 태어났다. 아명은 꿈에 용이 나타났다 하여 '현룡(見龍)'이라 지었다가 뒤에 이(珥)로 바꾸었다. 어린 시절을 외가에서 보낸 뒤 경기도 파주 소재의 본가에서 자랐다.

어머니 신사임당은 학문적 소양이 깊었고, 시문과 서화에도 능했다. 절개가 굳고 시부모를 잘 섬겨 명실공히 재덕을 겸비한 여성으로 칭송을 받았다. 율곡은 신동으로 소문난 천재였다. 한 살도 되기 전에 말을 터득하더니 3세 때 이미 글을 알아 어머니 신사임당의 글과 그림을 흉내 냈다. 4세 때에는《사략》첫 권을 배웠는데 스승보다 토를 더 잘 달았다고 한다. 율곡의 천재성은 신사임당의 이른바 영재교육 덕분이었다고 할 수 있다. 신사임당과 이율곡 모자는 각각 오만 원권과 오천 원권 지폐의 주인공이다. 참고로 천 원권과 만 원권의 주인공은 각각 퇴계 이황과 세종대왕이다.

1548년 이이는 13세 때 진사 초시에 장원급제했다. 21세 때 한성시에 책문으로 급제한 것을 비롯하여 대과 등 총 9번의 과거에 장원으로 급제하여 29세 때 구도장원공(九度壯元公)이라는 명성을 누린다. 일견 화려한 그런 명성 이면에는 시련이 있었다.

율곡은 16세 때 어머니 신사임당을 여의었다. 특별한 어머니였던 만큼 율곡은 마음을 다스리지 못하고 방황한다. 탈상을 마치자마자 봉은사로 들어가 불경에 빠진다. 그러다 금강산 소재의 마하연(摩訶衍)이라는 사찰로 들어가 출가한다. 1년여 만에 크게 깨친 그는 방황을 마치고 유교와 일상에 대해 더욱 강고한 확신을 가지고 환속한다.

율곡은 마하연에서 수도하고 있을 때 노승과 문답을 나눈 일이 있었다. 노승이 유가에도 불교의 '마음이 곧 부처다[卽心卽佛]', '있는 것도 아니고 없는 것도 아니다[非色非空]'와 같은 진리의 말씀이 있는지 물었다. 그에 대해 율곡은 각각 《맹자》 '등문공상'의 '도성선언필칭요순(道性善言必稱堯舜)'과 《중용》의 '연비여천 어약우연(鳶飛戾天 魚躍于淵)'을 인용하여 응답했다. 즉 '사람의 본성은 선하여 누구나 요순과 같은 성인이 될 수 있다[성범동류설(聖凡同類說)], 비색비공이 아니라 솔개가 하늘을 날고 물고기가 연못에서 뛰어오르는 저 자연이 바로 실재이다'라는 뜻이었다. 불교와 유교의 대비를 단순 명료하게 보여주는 문답으로 인용되곤 한다.

율곡은 금강산에서 내려와 스스로를 경계하기 위해 지은 《자경문(自警文)》 첫머리에 '먼저 모름지기 뜻을 크게 세워 성인이 되리라 기약할 것이다. 털끝만큼이라도 성인에 미치지 못하면 나의 일은 못 마친 것이 된다.'고 적었다. 결과적으로 본다면 율곡의 출가는 유교적 성숙을 위한 과정이었던 셈이다.

이런 율곡의 불교 행적은 도학사상의 세상에서 두고두고 시빗거리가 되었다. 심지어 율곡은 '유학자의 옷을 입은 불교 승려'라고 매도되곤 했다. 율곡은 구차하게 변명하려고 하지 않았다. 그가 매월당 김시습의 불교 행적을 관대하게 평했던바, 그것은 동병상련의 마음이었을 것이다.

율곡의 입산 동기에 대해서는 크게 세 가지 설이 있다. 첫째는 색비지설(塞悲之說)로 어머니를 여읜 슬픔에 불교에서 인생의 고뇌를 연구하며 색비(塞悲), 즉 슬픔을 이기기 위해 일시적으로 입산했다는 것. 둘째는 양기설(養氣說)로 요산요수(樂山樂水)를 통해 호연지기(浩然之氣)를 기르기 위해 입산했다는 것. 셋째는 유학에 영향을 끼친 불교를 공부하기 위해 입산했다는 설. 그 밖에 율곡과 서모의 가정불화설이 있다.

율곡의 출가 행적에 대한 비판과 변호는 당색에 따라 갈려 일었다. 남인인 미수(眉叟) 허목(許穆, 1595~1682)은 서인의 영수였던 율곡의 문묘종사를 반대하면서 다음과 같이 율곡의 불교 행적을 반대 명분으로 삼았다.

> 학문에는 차례가 있고 공(功)에는 순서가 있다. 율곡은 한갓 큰 것을 이기려는 굉장한 논의를 갖고서 자신이 [싸움에서] 이기기만을 힘썼다. 그는 '먼저 중요한 길을 찾아 문정(門庭)을 훤히 연 뒤에라야 정해진 방향이 없이 널리 배울 수가 있다'라고 했다. 이는 도(道)를 보는 것을 먼저 하고 학문을 뒤로 돌린 것으로 학문 방법을 거꾸로 한 것이다. 이는 불교의 돈오법(頓悟法)이지 공자의 가르침이 아니다.

반면 서인들은 율곡의 행적을 큰 흠으로 볼 수 없다는 입장에 따라 파계나 외도의 변명으로 인용하곤 했다. 윤선거가 병자호란 때 강화도에서 순절하지 않고 탈출한 일이 있었다. 윤선거는 부모를 생각하여 죽지 못했다고 변명하면서, 자책하여 낙향한 뒤 학문에만 정진했다. 그런데 뒷날 윤선거의 거취를 율곡의 입산에 비견한 예가 있었다. 율곡이 어머니 신사임당의 죽음에 그 슬픔을 견딜 수 없어 입산했듯이 윤선거의 강화도 탈출도 늙은 아버지를 찾아가는 과정이었다는 뜻이리라.

이이는 스승 없이 조광조(趙光祖, 1482~1519)를 사숙하다가 조광조의 문하생인 백인걸(白仁傑, 1497~1579)과 성수침(成守琛, 1493~1564)의 문하에 드나들었다. 거기서 평생지기 우계 성혼(成渾, 1535~1598)을 만났다. 성혼은 성수침의 아들이었다. 고향 파주는 친구 성혼의 아버지 성수침의 연고지이기도 했다. 성수침은 남명 조식과 교분이 남달랐던지라 율곡은 남명과도 연결된다.

율곡의 수학 과정에서 퇴계 이황과의 만남은 특별한 의미를 지닌다. 두 사람은 1558년에 처음 대면했다. 율곡이 22세(1557) 가을에 성주목사 노경린의 딸 곡산 노씨와 혼인하고, 그 이듬해 23세 봄에 장인을 찾아 성주에 갔다가 강릉 외가로 돌아가는 도중 안동 예안에 들러 퇴계를 만났다. 퇴계는 성균관대사성, 공조참판에 임명되었으나 사직하고 예안에 내려와 있었다. 율곡은 원래 하룻밤만 묵어갈 예정이었으나 비가 와서 이틀을 묵고 떠났다.

퇴계는 율곡보다 35년 연상으로 율곡과 만날 당시 58세의 명망 높은 원로 석학이었다. 율곡이 퇴계를 만난 것은 진사가 되고 난 2년 뒤의 일이었다. 그가 대과에 급제하여 구도장원공으로 칭송받게 된 것은 29세 때의 일지만, 6년 전 퇴계를 처음 만났을 때에도 그의 천재성은 이미 널리 알려져 있었다. 퇴계는 율곡과의 첫 만남 뒤 《논어》 '자한(子罕)'에 나오는 후생가외(後生可畏)라는 말로 소감을 압축했다. 퇴계 자신을 능가하는 석학이 될 것으로 기대했던 것이다.

1564년(명종 19) 이이는 식년문과에 급제한 후 호조좌랑, 예조좌랑, 이조좌랑을 역임했다. 그는 왕실의 외척 윤원형이 승려 보우를 궁중에 끌어들여 비행을 서슴지 않자 '논요승보우소(論妖僧普雨疏)'를 올려 보우를 제주도로 귀양 보내고 윤원형을 관직에서 몰아낼 것을 주장했다.

1567년 명종이 승하하고 선조가 즉위했을 즈음 수렴청정하던 명종의 비 인순왕후의 종조부로서 외척인 좌의정 심통원이 횡포를 일삼았다. 이이는 다시 상소를 올려 심통원을 탄핵했다. 인순왕후는 곧 수렴청정을 거두었고, 심통원은 삭탈관직을 당해 쫓겨났다.

1568년(선조 1년) 이이는 천추사(千秋使)의 서장관(書狀官)으로 연경을 다녀왔고, 1569년 귀국 후 홍문관부교리 겸 춘추관기사관이 되었다. 그 해 송강 정철과 함께 《동호문답(東湖問答)》을 지어 선조에게 올렸다. 학문적 관심을 '시무(時務)'와 '무실(務實)', 현실 문제의 해결로 돌리기 시작했다.

1570년(선조 3년) 이이는 관직을 사퇴하고 황해남도 해주(海州) 야두촌(野頭村)으로 돌아가 학문에 전념했다. 이듬해인 1571년 청주목사로 부임하여 서원향약을 실시했다. 그 이듬해 다시 사직하고 해주로 낙향했다가 파주 율곡촌으로 돌아가 학문에 힘썼다.

1572년 이준경이 병으로 임종하기 직전에 사림들이 당을 나누어 싸울 거라고 예언했다. 그리고 당쟁의 중심인물로 이이를 지목했다. 이이는 이준경의 예견 자체가 당쟁을 부추기는 악의적인 언사라고 반박했다.

1573년(선조 6년) 이이는 승정원의 동부승지 · 우부승지를 역임했다. 이때 《만언봉사(萬言封事)》를 올렸다. 시폐를 일곱 가지로 정리하고 개선책을 제시했다. 그는 병조참지를 거쳐 대사간에 임명되었다. 곧 병으로 인해 사퇴하고 다시 경기도 파주 율곡촌으로 내려가 요양과 학문에 전념했다.

1574년 이이는 다시 우부승지에 임명되었다가 또 조정의 요구로 황해도 감사로 부임, 약 반년간 재직했다. 이후로 자주 조정과 고향을 왕복하면서 대사간, 대사헌, 호조판서, 대제학, 이조판서, 의정부우찬성,

병조판서 등을 역임했다.

1575년에는 신진의 요인이던 김효겸(金孝元, 1542~1590)이 외척으로서 노성한 사림들의 신망이 두터운 심의겸(沈義謙, 1535~1587)의 동생 심충겸(沈忠謙, 1545~1594)의 이조전랑 임명을 반대하면서 벌어진 이른바 을해당론이 일어났다. 이후 사림은 동인과 서인으로 분열, 대립이 격화되었다. 이이의 반박과 달리 이준경의 예언이 적중했던 것이다. 이이는 자신의 실책을 자각하고 중립을 자처하며 당쟁 조정을 평생 사명으로 삼았다.

1577년 이이는 황해도 해주 석담으로 낙향하여 《격몽요결(擊蒙要訣)》을 저술했다. 1580년 복귀하여 9월 홍문관 부제학으로 재임하면서 5편으로 된 《성학집요(聖學輯要)》를 저술해 선조에게 올렸다. 선조는 "이 책은 참으로 필요한 책이다. 이건 부제학(율곡)의 말이 아니라 바로 성현의 말씀이다. 바른 정치에 절실하게 도움이 되겠지만, 나같이 불민한 임금으로 행하지 못할까 두려울 뿐이다."라며 극찬을 아끼지 않았다.

1581년 이이는 대사헌 겸 예문관제학에 이어, 동지중추부사를 거쳐 예문관대제학과 홍문관대제학을 겸임한 양관대제학(兩館大提學)이 되었다. 1582년 이조판서에 임명되었다. 선조의 왕명을 받고 《인심도심설(人心道心說)》을 지어 올렸다. 같은 해 《김시습전(金時習傳)》과 《학교모범(學校模範)》을 저술하고, 그간 집필 중이던 《경연일기》를 완성했다.

1582년 이이는 이조판서 · 형조판서를 거쳐 병조판서에 임명되었다. 1583년(선조 16)에는 '시무육조'와 '봉사'를 올려 군비 확충과 폐정 개혁을 주장했다. 당쟁을 조장한다는 동인의 거듭된 탄핵으로 스스로 사직했다가 판돈녕부사를 거쳐 다시 이조판서가 되었다. 병이 심해져 사퇴했다. 경기도 파주군 주내면 율곡촌에서 요양하던 중 차도가 없음을 알고 한성으로 내려왔으며, 1584년(선조 17) 초에 한성부 대사동(大寺洞) 자택에서 향년 49세를 일기로 삶을 마쳤다.

병석에 누워 죽음을 기다리는 동안 율곡은 동인들의 당파적인 공격에 시달렸다. 말년에는 이미 중립의 여지가 없을 정도로 당쟁은 격화되었다. 율곡은 선택의 여지가 없이 서인의 당색을 드러내게 되었다. 1583년 자신을 탄핵한 송응개 등 동인계 삼사의 언관에 대해서 관용을 거절하고 엄정한 시비 분별을 요구하여 유배시켰다.

율곡은 경세가이자 퇴계 이황과 쌍벽을 이루는 대학자였다. 1558년 퇴계와 만난 후 이기심성논쟁을 거듭하는 등, 관직생활 틈틈이 학문 연마를 게을리하지 않았다. 퇴계의 주리적 이기이원론에 대해 율곡은 주기적 이기일원론을 주장했다. 1572년 즈음에는 파주 율곡촌에 머무르며 친구인 성혼과 이기론, 사단칠정론, 인심도심설 등을 논했다. 이황의 이기이원론을 옹호하는 성혼에 대해 자신의 지론을 설파했다.

율곡의 학문에서 특징적으로 두드러지는 것은 그런 형이상학이나 윤리실천론보다는 시무, 무실을 강조하는 현실적 개혁론이었다. 인재의 확보가 치세의 관건이라고 보아 당쟁 타파를 주장하는 한편, 인재 서얼과 노비의 허통을 통해 국역의 주체인 양민을 양성해야 한다고 생각했다. 또한 전쟁의 위기를 감지하여 군비 확충을 주장했다. 병조판서 재임 시절에는 여진족 니탕개의 침입에 직면하여 납속을 통해 서얼과 노비를 허통시키자고 한 것은 양민 확보와 재정 확충을 도모한 양면책이었다. 나아가 율곡은 이른바 십만양병설을 주장했다. 십만양병설의 진위 여부에 대해서는 논란이 있지만, 율곡이 적극적인 양병의 필요성을 절박하게 주장했던 것만은 분명하다. 율곡은 공납의 폐단인 방납의 금지를 통해 국가 재정과 민생 개선을 추구했다. 그러한 시무들에 필요한 지식을 정리하고 모으기 위해 찬집청(纂輯廳)을, 또 실무를 직접 전담하기 위해 경제사(經濟司)를 신설할 것을 주장했다.

율곡은 지나치게 선명한 성격의 소유자였다. 갈등의 소지가 많았다. 그러나 솔직하고 공정한 입장을 취했기 때문에 공감을 얻어 갈등의 표출을 피해갈 수 있었다. 율곡이 탄핵하여 축출한 심통원은 심의겸의 종조부였다. 그러나 그로 인하여 율곡과 심의겸의 관계가 나빠지지는 않았다. 심의겸이 율곡의 처사는 사감에서 나온 것이 아니라고 받아들였던 것이다. 한번은 선조가 평생지기 성혼에 대해 난세의 인재인지 품평을 요구했다. 율곡은 "그럴 인재는 못 되고 다만 학문에 힘쓰는 참된 선비입니다."라고 답했다. 그런데도 성혼과 율곡의 우정에는 변함이 없었다. 이 역시 성혼이 율곡의 솔직 공정함을 믿었기 때문이었다.

그러나 항상 그랬던 것은 아니다. 많은 정적이 생겼다. 당쟁이 격화되는 가운데 율곡은 상대편에게 신랄한 비판을 받았다. 그 이전에 있었던 이준경과의 갈등도 상대방을 고려하지 않는 선명한 성격에서 비롯되었다. 정여립과의 관계도 그런 측면이 있다. 정여립은 한때 주위의 촉망을 받던 인물이었고 일찍이 율곡을 존숭하여 따랐다. 그러나 율곡은 죽기 석 달 전 선조에게 "정여립은 박학하고 재주는 있으나 의논이 과격하여 다듬어지지 못한 병폐가 있습니다."고 지적하여 그의 등용을 막았다. 정여립은 율곡의 서인에 등을 돌렸다. 역설적으로 그런 율곡의 부정적 측면이 임금 선조에게는 높이 평가되었다. 선조는 일신상의 부담을 내려놓고 솔직하게 의견을 말하는 율곡이 믿음직스러웠을 것이다. 사실 그것이 신하의 도리이다.

이발의 본관은 광산, 자는 경함(景涵), 호는 북산(北山) 또는 동암(東菴)이다. 이발은 25세가 되던 해인 선조 1년(1568) 생원시에 급제했고, 30세가 되던 해인 선조 6년(1573) 문과 알성시에 장원으로 급제하여 예조좌랑에 임명되었다. 선조 7년에는 이조좌랑이 된 후 사가독서를 했다. 선조 9년에는 부교리를 거쳐 헌납이 되었다. 당론이 생긴 뒤로 추대를 받는 인물로 서인에는 정철, 동인에는 이발이 꼽혔다. 이발과 정철은 모두 이이를 존숭했고, 이이는 두 사람을 설득하여 당론을 해소하고자 했다. 그러나 당론이 격화되어 서인의 중진인 삼윤, 즉 윤두수 · 윤근수 · 윤현(윤두수 · 근수 형제의 조카)이 파직되고 정철과 이이도 물러나게 되는데, 이이가 서울을 떠날 때 송별하는 자리에 이발도 참석하였다. 다음은 그 자리에서 이이가 말한 내용이다.

권간(權奸)이 세상을 흐리고 어지럽게 만들었을 때 그 기세를 꺾어 어지러운 세상을 바로잡아 사론(士論)이 펴지도록 한 것은 어찌 심의겸 등 여러 원로들의 공이 아니겠는가. 효원이 나랏일을 하려면 의당 거실(巨室)의 마음을 잃지 말았어야 할 것이다. 그런데도 효원은 선배들을 배척하여 분한 마음을 품게 함으로써 사림이 날로 갈라져 대립하기에 이르렀다. 이는 효원의 죄다. 그런 까닭으로 공론을 모아 효원을 눌러 외직으로 내보냈던 것이다. 그랬으니 효원은 응당 처분을 받을 만큼 받은 것이었다. 그런데 그에 더하여 몹시 지나치게 미워하고 공격했으니 이는 선배들의 죄다. 그리 결론을 내리면 실정에 맞는다. 지금 이후로 서로 의심하여 막아서지 말고 허심탄회하게 대화한다면 무슨 일이 또다시 일어나겠는가. 그렇게 하지 않으면 조정에서는 걱정이 끊이지 않을 것이다. 옛날에는 단지 사류(士

類)와 속류(俗類) 두 편밖에 없었는데 지금은 사류가 두 편으로 나뉘었으니, 이렇게 만든 사람이 효원이 아니고 누구겠는가.

김효원은 심의겸과 함께 선조 때 정치 전선이 사림 내부에 형성됐음을 보여주는 상징적인 사건인 을해당론의 당사자였다. 위의 인용에는 당론에 대한 이이의 입장이 잘 압축되어 있다. 이후 이이는 선조에게도 상소를 통해 같은 입장을 진달했다. 이이는 심과 김 양자에 대해 중립을 표방했지만 상대적으로 김효원에 대해 비판을 가했다. 그 자리에서는 이발도 동의했다고 하나 이발은 내심 그렇지 않았을 것이다. 아니나 다를까 이발은 새삼스럽게 편지를 보내 이이를 신랄하게 비판했다.

명종의 시대는 외척의 시대였다. 외척의 대표가 왕의 모친 문정왕후의 동생 윤원형으로 그는 명종의 즉위(1545)와 함께 최고의 실세로 등장하여 20년간 권세를 누렸다. 사림들은 비판의 자세를 견지했지만 외척 권신의 전횡에 맞서기에는 미약했다. 윤원형은 명종이 죽기 2년 전인 1565년까지 영의정으로 있다가 탄핵을 받고 자살했다. 뒤를 이은 선조의 시대는 사림의 시대였다. 그에 따라 정치 전선이 사림 내부에 형성되기 시작했다. 그 표면적 계기가 선조 8년 1575년에 이조전랑(吏曹銓郞)의 임명을 놓고 벌어진 을해당론이었다.

이조전랑은 이조의 정랑(정5품)과 좌랑(정6품)을 통칭하는 말이다. 관리의 인사를 담당하던 기구였다. 그중에서도 언론을 담당한 사헌부 · 사간원 · 홍문관 관리의 인사권은 고위직 판서 · 참판 · 참의 등이 아닌 하위직 전랑에게 그 전권이 주어졌다. 판서 등 고위직은 재상의 추천으로 임명되는 것이 보통이었고, 재상의 임명권만 왕에게 있었다. 언관의 인사권을 이조전랑에게 부여한 것은 모든 관리의 비리를 감시하고 탄핵하는 언관의 직책을 보장하기 위한 장치였다. 또한 전랑의 전임자는 후임자의 추천권을 행사할 수 있었다. 품계에 비하여 이조전랑 자리는 요직 중 요직으로, 특별히 촉망받는 인물로 보임되었다. 재상에 오르는 데 꼭 거쳐 할 보직으로 꼽혔다.

을해당론의 발단은 2년 전인 1573년으로 거슬러 올라간다. 이조정랑에 김효원이 천거되었다. 김효원은 이황과 조식의 문인으로, 약관이던 명종 말년에 알성문과에서 장원급제한 촉망받는 신진 사림이었다. 그런데 당시 이조참의였던 심의겸이 김효원의 이조정랑 임명을 극구 반대했다. 오래전에 김효원은 외척 실세 윤원형의 집에서 숙식한 일이 있었다. 윤원형의 사위로 처가살이하던 이조민이 김효원의 친구였기 때문이다. 아무튼 그것이 심의겸의 눈에 띄었다. 심의겸은 김효원의 그런 행실을 척신에 빌붙는 것으로 보고 이조전랑 자리에 앉는 데 결격 사유가 된다고 반대했다. 심의겸의 반대에도 불구하고 김효원은 이조정랑에 임명되었다.

2년 뒤 을해년에 공교롭게도 심의겸의 동생인 심충겸이 이조정랑의 물망에 올랐는데 이번에는 김효원이 반대했다. 심의겸·충겸 형제는 명종의 비 인순왕후의 친동생이었다. 심충겸이 외척이라 하여 이조정랑으로는 적절치 않다는 것이 김효원의 논리였다. 김효원의 반대는 2년 전 심충겸의 형 심의겸이 자신의 이조정랑 임명을 반대했던 것에 대한 보복적 측면이 다분했다.

김효원과 심의겸의 갈등은 두 사람 사이를 넘어 조야의 시비 문제로 번져갔다. 김효원은 신진답게 선명한 노선을 걸어감으로써 자연히 신진층의 지지를 받았다. 외척이었지만 심의겸도 명종 때 윤원형과 이량 등 외척 권귀로부터 사림을 비호하는 역할을 해왔기 때문에 사림들로부터 신망을 얻고 있었다. 심의겸은 특히 노장층의 지지를 받았다. 편지에 거론된 바와 같이 노장층을 대표하는 인물은 윤두수, 윤근수, 박순, 김계휘, 정철 등이었고 신진층을 대표하는 인물은 류성룡, 김성일, 김우옹, 이발 등이었다.

신진과 노장의 연배 차이는 대략 10년 안팎이었는데, 그 연배로 볼 때 특이한 인물로 허엽이 있었다. 그는 원로의 나이였지만 신진층에 동조하였다. 허엽은 사림 내부의 분열을 증폭시킨 사건의 당사자였다.

같은 을해년 1575년 8월, 황해도 재령에서 노비가 주인을 죽였다고 추정되는 사건이 일어났다. 일차 검시가 잘못되어 진상이 밝혀지지 못하고 재심이 이루어졌다. 그 재심을 심의겸과 친분이 있던 좌의정 박순이 담당했다. 박순은 시신을 재검했지만 분명한 사인을 밝히지 못하자 노비를 처벌할 수 없다는 판결을 내렸다. 그러나 대사간 허엽은 노비를 처벌해야 한다고 주장했다. 허엽이 죽은 주인과 일가여서 노비의 처벌을 주장하는 것 아니냐는 의혹이 일었다. 그게 아니라면 주인과 노비의 관계에 대해서는 분별을 엄격히 해야 하는 만큼, 노비가 죽인을 죽였다는 혐의만으로도 노비를 처벌해야 한다는 것이 허엽의 입장이었을 것이다. 아무튼 선조는 박순의 판결에 따라 증거 부족을 이유로 노비를 석방하라고 명을 내렸다. 그러자 허엽은 재검의 부실을 이유로 박순의 추고를 청했고, 사간 김효원을 비롯한 신진들이 그에 동조하였다. 정철, 김계휘, 윤두수 등 노장층은 신진들이 박순의 퇴진운동을 벌여 심의겸 세력을 고사시키려 한다고 보았다. 이로부터 신진층은 동인, 노장층은 서인이라는 이름을 가지게 되었다. 김효원이 동대문 쪽에 살았고, 심효겸이 서대문 쪽에 살았기 때문에 생긴 이름이다.

아무튼 을해당론 정국은 김효원과 심의겸 두 사람을 모두 외직으로 내보내는 것으로 일단락되었다. 그러나 동인과 서인 사이에 감정의 골은 더 깊게 파이고 말았다. 심의겸은 개성유수에 임명된 반면, 김효원은 경흥부사에 임명되었기 때문이다. 개성유수와 경흥부사는 같은 외직이지만 그 지위에는 현격한 차이가 있었다. 개성은 조선에서 수도 한양에 근접하여 비중을 지니는 요지였음에 비해 경흥은 북방 함경도 한구석에 있는 벽지였다. 편파적 인사라는 반발이 따르자 조정은 김효원을 여건이 좀 더 나은 인근의 부령부사로 임명했다가 마침내 강원도 삼척부사로 전임시켰지만, 삼척 역시 개성과 비교할 수 없는 벽지라 김효원 측의 불만은 쉽사리 가라앉지 않았다.

이이는 편지에서도 스스로 강조했듯이 중립을 견지했다. 아니 분열 자체를 우려하여 넘어서고자 애썼다. 이이는 사건을 심의겸과 김효원, 두 사람의 감정 문제로 규정했다. 두 사람을 외직으로 내보내도록 제안한 사람도 이이였고, 이어서 김효원의 임지를 더 나은 곳으로 바꾸도록 제안한 사람도 이이였다. 그런데 이이의 생각과 달리 당론은 약화되지 않았다. 외직 보임이 동인이 보기엔 서인 위주의 편파적인 인사였고 청의에 대한 탄압이었다. 이이는 본의와 관계없이 서인의 영수로 자리매김되었다.

대체로 서인 측에 고위 관료가 많았기 때문에, 김효원이 이조정랑에 임명되기는 했지만, 향후 정국을 주도한 세력은 서인 측이었다. 재령의 노비 재판 사건이 동인의 주장에 반하여 처리된 것만 보아도 알 수 있듯이, 입안하는 정책마다 거의 서인의 주장이 관철되었다. 그러나 시간이 흐를수록 정치를 비판하면서 청의를 내세운 동인이 부상했고 서인은 수세를 면치 못했다. 그 판세를 뒤바꾼 사건이 바로 '삼윤'의 논핵이었다.

을해당론 3년 뒤인 1578년에 진도군수 이수가 공물 납부인 장세량을 통해 삼윤에게 뇌물을 주었다는 사실이 선조에게 보고되었다. 다른 뇌물 사건을 조사하다가 곁가지로 얻어걸린 사건이었지만, 실상을 들여다보면 서인에 대한 동인의 의도적인 반격이었다. 피고발자 삼윤은 서인의 중진이었고 고발자는 동인의 요인인 김성일이었다. 언론을 장악하고 있던 동인은 탄핵을 주도했다. 김계휘와 심충겸 등 서인은 삼윤을 변론했으나 정확한 사실이나 정황을 제대로 파악하지 못하여 편파적이라는 비난을 면치 못했고, 오히려 동인의 공세를 자극한 결과가 되었다. 확증은 없었지만 결국 삼윤은 탄핵을 당했고, 이 사건을 계기로 동인이 득세했다.

그렇지만 동인이 일방적으로 정국을 주도할 수는 없었다. 거기에는 이이의 권위와 역할이 크게 작용했다. 이이는 칩거에 들어갔으나 당론을 극복해야 한다는 그의 소신에 대해서는 조야를 막론하고 공감하고 있었다. 정치적으로 이이에 대한 동인의 불만이 고조되었다. 1580년 이이가 조정에 복귀하자 동인은 강경한 목소리를 내기 시작했다. 1583년 이이의 권위는 이조판서와 병조판서를 겸임하면서 정점에 달하고 있었다. 동인들은 급기야 이이의 탄핵을 시도했다. 박근원, 송응개, 허봉 등이 그 선봉이었다. 그러나 그들은 선조의 노여움을 사 도리어 유배를 당했다. 이 사건이 이른바 계미삼찬(癸未三竄)이었다. 계미년(1583)에 세 신하를 유배 보냈다는 뜻이다.

이이는 1584년 초에 세상을 떠난다. 정국 주도권은 급격히 동인의 손으로 넘어간다. 그러나 5년 뒤 동인이 몰락하고 서인이 다시 득세하는 사건이 일어난다. 정여립 사건을 계기로 기축옥사가 일어난 것이다. 정철이 복귀하고 이발이 죽는다.

정여립은 동래 정씨로 전주 사람이고, 자는 인백(仁伯)이다. 1567년(명종 22) 진사가 되었고, 1570년(선조 2) 문과에 급제한 뒤 성균관학유, 사간원정언, 예조좌랑을 거쳐 홍문관수찬에 오르는 등 십여 년간 요직을 두루 거쳤다. 처음에는 이이와 성혼의 문하에 출입했으나, 관직에 나간 뒤로는 동인 측에 가담하였다. 정여립이 이조전랑의 물망에 올랐을 때 이이가 반대했다. 1583년 정여립은 범동인계로 분류되는 노수신의 천거에 의해 홍문관수찬에 오른다. 그 뒤로 이발과 류성룡 등 동인의 중진과 교류하며 이이 등 서인을 비판하다가, 이이를 신임하던 선조의 눈 밖에 나게 되어 관직에서 물러나 낙향했다.

고향으로 내려간 그는 진안 죽도에서 고을 사람들을 모아 '대동계'를 조직했다. 양반 사족뿐만 아니라 천민에게도 신분 제약을 두지 않았다. 독서 강론은 물론 보름마다 한 번씩 그의 집에 모여 향사회(鄕射會)를 여는 등 무술을 단련했다. 1587년 왜구가 쳐들어왔을 때 전주부윤 남언경의 요청으로 그는 대동계원을 이끌고 손죽도로 가서 왜구를 물리치기도 했다. 황해도 안악의 변숭복(邊崇福)·박연령(朴延齡), 해주의 지함두(池涵斗), 운봉의 승려 의연(義衍) 등과 왕래하면서 대동계 조직을 전국적으로 확대했다.

1589년 정여립이 대동계를 조직해 모반을 일으키려 한다는 고변이 황해도에서 올라왔다. 무술 단련을 동반한 대동계의 활동에다가 정여립을 비롯한 일부 인사들의 과격한 언행이 초래한 결과였다. '천하는 일정한 주인이 따로 없다'는 천하공물설(天下公物說)과 '누구라도 임금으로

섬길 수 있다'는 하사비군론(何事非君論)이 회자되었다고 한다. 이런 주장이 와전되어 모반 사건으로 몰렸을 가능성이 크다. 아무튼 그것은 왕정체제에서는 묵과될 수 없는 행보였다.

역모 사건이 흔히 그렇듯이 정여립 모반 사건에도 의혹이 많았다. 조정에서는 잔당을 색출한다며 실체도 알 수 없는 길삼봉을 괴수로 몰았고, 날조는 아니더라도 과장된 측면이 있었다. 그런 만큼 주모자의 범위나 처벌 수위에 제한이 없었다. 진주 선비 최영경(崔永慶)이 뚜렷한 증거 없이 길삼봉으로 몰려 옥사했다. 이발(李潑) · 길(洁) 형제를 비롯하여 김우옹(金宇顒), 백유양(白惟讓), 정언신(鄭彦信), 홍종록(洪宗祿), 정언지(鄭彦智), 정창연(鄭昌衍) 등 동인의 지도자급 인물이 총망라되다시피 연루되어 옥사 또는 유배를 당했다. 특히 이발은 정여립의 집에서 자신이 보낸 편지가 발견됨으로써 가혹한 고문에 시달리다 죽었으며, 관직에 있던 동생 이길은 물론 노모와 어린 아들까지도 몰살당했다. 기축옥사는 이듬해까지 이어져 피해자의 수가 거의 천 명에 달했다.

기축옥사를 주도한 사람은 서인 정철이었다. 처벌이 과도해 동인의 공세에 시달렸던 서인의 보복이라는 인식이 만연해 있었다. 정철은 '동인백정'이라는 악명을 얻었다. 이발의 광산 이씨 집안에서는 대대로 며느리들이 제사 고기를 다질 때 '철철철' 하고 중얼거리면서 정철을 증오했다고 한다.

일설에 의하면 기축옥사는 송익필이 기획하여 조종한 사건이라고 한다. 송익필은 천출이란 신분 때문에 동인들로부터 곤욕을 치른 인물이었다. 이발 등 동인들은 송익필과 그의 친족 70여 명을 모두 노비로 되돌려놓아야 한다고 주장했다. 대체로 동인들은 서인에 비해 적서나 양천의 구별에 더 엄격했다. 송익필은 이이 · 성혼 등 서인의 핵심 인물들과 친분이 두터워 비호를 받았다. 동인들에 대한 송익필의 사적인 보복 심리가 투사되어 발발한 사건이 기축옥사였다는 것이다.

기축옥사가 일어난 지 2년 만에 정철은 광해군을 세자로 정하자고 발의했다가 선조의 역린을 건드림으로써 몰락의 길로 접어든다. 공식적 죄명은 도망친 노비 신분으로 규정된 송익필과 어울려 주색에 빠져 직분을 망각했다는 것이었다. 송익필은 노비로 환천된 다음 유배되었다가 풀려나지만, 동인들의 집요한 추적을 면치 못한다. 그는 서인 쪽 지인들의 배려를 받았지만 떠돌다가 임진왜란을 겪고 1599년에 죽는다. 정철은 임진왜란이 발발하여 선조가 북으로 피란 갈 때 유배에서 풀려나 평양으로 가서 선조를 호종한다. 임진왜란이 소강상태에 접어들면서 그는 다시 동인의 탄핵을 받아 관직에서 쫓겨난다. 1594년에 생을 마감한다.

이발은 정철과 더불어 국문학사에서 가사문학의 거장으로 꼽히는 윤선도의 고모부였다. 이발이 죽었을 때 두 살짜리 젖먹이였던 윤선도는 훗날 정계에 진출하여 예송논쟁을 통해 서인의 거두 송시열과 목숨을 걸고 맞서는 남인의 선봉이 된다. 걸출한 문인 두 사람 모두 철저한 당인이었던 것이다. 다만 정철이 서인이었음에 비해 윤선도는 동인의 갈래인 남인의 당인이었다. 조선의 당쟁사를 두 사람을 중심으로 추적해 보는 것도 나름 재미있을 듯하다.

편지에 나온 '요임금도 사흉을 베지 않았다'는 것은 사흉이 악인이긴 하지만 죄상이 드러났을 때에야 사흉을 베었다는 뜻이다. 사흉은 《서경》에 나온다. 즉 공공(共工), 환도(驩兜), 삼묘(三苗), 곤(鯀)을 가리키는데 순임금이 그들을 처단한다.

안평중은 중국 춘추시대 제나라 경공 때의 재상 안영(晏嬰)을 말한다.

평중은 그의 자이다. 제경공이 공자를 등용하고자 했을 때였다. 안영은 노와 제는 풍습이 다르니 노나라의 공자를 등용하여 풍속을 바꾸어서는 안 될 것이며, 유자는 말재주에나 능하고 허례허식이 심하다며 공자의 등용을 강하게 반대해서 무산시켰다. 그러나 안영과 공자는 서로 존경했다. 공자는 '안평중은 사람들과 교제를 잘한다. 사귄 지 오래되어도 공경스럽다[晏平仲 善與人交 久而敬之]'라고 안영을 칭송했다. 안영은 제경공에게 공자를 '현인 중의 현인'이라고 칭송했다. 인물의 평가와 등용은 다른 차원의 문제란 뜻이다.

편지 내용 중에는 뜻이 다소 애매한 구절이 있다. 바로 각립 운운하는 구절이다. 각립이란 둘 이상의 입장이 첨예하게 대립한다는 말이다. 이발이 이이가 서인 측에 서 있음을 비난한 말이라고 생각된다. 계손(季孫) 운운하는 인용문도 맥락상 뜻이 애매하다. 계손 운운하는 인용문은《논어》'계씨'에 나오는 구절이다. 공자 당시 계손은 노나라 대부로서 권력을 장악하고 있었다. 계손씨가 노나라 부용국이었던 전유를 치려고 했다. 그 사실을 공자의 제자이자 계손의 가신인 자로 염유가 공자에게 전했다. 공자가 보기에 그것은 옳지 못한 일이었다. 염유는 그것은 계손이 하려는 일이지 자신이 하려는 일이 아니라면서도 지금 전유를 치지 않으면 훗날 반드시 자손의 우환이 될 것이라는 이율배반의 변명을 늘어놓았다. 공자는 염유를 엄하게 꾸짖었다. 계손의 근심은 저 밖 전유에 있지 않고 병풍 안(집안 또는 휘하의 못난 가신들)에 있을까 두렵다 하였다. 여기에서는 동인의 근심은 서인에 있는 것이 아니라 동인 인사들 자신에게 있다는 뜻으로 인용된 듯하다.

납제는 납일(臘日)에 임금이 가까운 신하에게 나누어주던 약이었다.

소합원(蘇合元), 청심원(淸心元) 따위가 있다. 이발이 임금의 명을 받아 이 이에게 전달했다는 것인지? 대개 납일에 납제를 주고받았던 것 같기도 하다.

이순신의 난중 편지

1 임진년 편지

지난번 용만에서 보내온 편지는 꿈속에 그리던 정념이 아닌가 싶습니다. 재삼 펼쳐 읽어보니 편지에 가득한 간절함은 참으로 내 친구 위서(渭瑞, 강응황)의 마음과 정성에서 나온 것이 분명합니다. 요사이 노장의 안부가 어떠신지 궁금합니다. 멀리서 그리운 마음 금할 길이 없습니다.

이 사람은 졸렬한 재주로 난국을 당하고 왜놈의 장수가 재차 준동하니 피비린내 티끌세상에 근심할 '우(憂)' 한 글자뿐입니다. 다행히 별장(別將) 최균(崔均)과 최강(崔堈) 덕분에 웅천(熊川, 경남 진해)에 진을 친 적을 크게 이기고 또 바다에 떠 있는 적을 섬멸하니, 참으로 마음이 통쾌하지 않을 수 없었습니다.

그러나 밤낮으로 기원하는 것은 우리 임금의 수레를 한양으로 돌아오게 하는 것입니다. 나머지는 군무가 어지럽고 심히 바빠 이만 줄입니다.

임진년(1592) 시월 삼십일 순신 올림

向者龍灣書 非夢間情念〔耶〕 披玩再三 滿紙懇懇 實是吳故人渭瑞之由中出者 盡誠踐行也 未識伊來 老干戈起居何如 遠溯不已 此漢〔拙〕手當局 酋賊再動 乃是腥塵間一憂字 而行賴崔別將均堈之力 大捷熊川之賊 又殲浮海之酋 豈非心字上一快者也 然晝宵祈願者 吳君之車駕奉還者耳 餘 軍務撓甚忙 不備 伏惟

壬辰十月三十日 舜臣拜

2 순찰사또

비장(裨將)을 파견하여 편지를 보내 아울러 화공(火攻)을 가르쳐주시니 이루 말할 수 없이 기쁘고 감사합니다.

애초 생각은 웅천이 부산으로 가는 길목인 데다 흉악한 왜적들이 요새를 지키고 나오지 않는지라, 명나라 군사가 남진하는 날 수군을 거느리고 곧장 부산으로 가자면 필시 후방을 돌봐야 하는 걱정이 없지 않을 것이니, 그때 불로 왜적들을 공격하려고 했습니다. 그러나 요즘 형세는 명나라 군사가 오래 지체하고 있으니, 만약 적함을 불살라 없앤다 해도 왜구를 잠시 머물러 있게 할 뿐입니다. 이러하니 영감께서 알려주신 계책을 어찌 써볼 수 있겠습니까.

팔방 가운데 그래도 호남이 조금 온전합니다. 그러나 도내 장정은 모두 바다와 육지로 싸우러 나가고 노약자들도 수송하는 일에 지쳐 있습니다. 석 달 봄날이 이미 갔건만 남쪽 전답은 적막하기가 전란을 겪은 곳보다 더 심합니다. 앞으로 백성과 명나라 군사를 먹일 식량이 크게 걱정인데, 이를 마련할 방책이 딱히 없습니다. 참으로 안타깝습니다. 가까운 시일 안에 각 전선에 배치된 군사들을 경내로 들여보내 파종(播種)에 진력하게 하고, 명나라 군사들의 소식을 듣는 즉시 바다로 나가게 하려고 합니다.

나머지 일은 왜적을 소탕하는 날 회군하는 길목에서 인사 말씀을 올릴 수 있기 간절히 바랍니다. 엎드려 영감께 감사의 답장을 올립니다.

계사년(1593) 사월 초하루 이순신

巡察使道

委遣裨將 致書兼敎火攻事 慰極謝極 初意熊川在釜山經路而兇賊據險不出 天兵南下之日 率舟師 直往釜山 則不無顧後之慮 玆欲火之 而近日之勢 則天兵久稽 若焚其船 只成盡 寇有姑停 令監籌示至此 豈可經施乎 且八方之中 湖南粗完 而道內丁壯 盡赴水陸之戰 老弱又疲於輸運 三春已過 南畝闃然 有甚於經變之地 民天兵食 大有後慮 恢復之策 亦無所賴也 伏悶伏悶 近欲環境 使各船之軍 致力種田 獲聞天兵消息 登時 下海 伏計 餘俟蕩掃之日 獲拜旋師之路是望 伏惟令監 謹答上謝狀

癸巳四月初一日 李舜臣

3 현지평 책상에 답장을 드립니다

임금님의 기체가 회복되셨다니 신하와 백성의 경사입니다. 손뼉 치며 경하할 뿐 무슨 말을 더 하겠습니까. 난리로 혼란스런 나머지 그리운 마음 간절하던 차에 홀연히 월초에 보내신 편지를 사령이 가져와 급히 펼쳐보니, 위안됨이 예전보다 곱절이나 더 했습니다. 게다가 편지에 가득한 말씀이 어찌 그리 정중하신지요.

막 서늘한 기운이 들녘에 이는데, 고요히 휴양하며 기거하시어 더욱 보중하시다니, 구구한 기쁨을 무어라 형언할지 모르겠습니다. 저는 괴로운 진중에 있으나 나라의 은혜가 망극하여 품계가 정헌대부에 이르니 감격한 마음 그지없습니다. 생각건대 호남은 국가의 보루이니 만약 호남이 없다면 곧 국가가 없을 것입니다. 그래서 어제 한산도로 진을 옮겨 바닷길을 막고자 계획을 세웠습니다.

이런 난리 중에도 옛정을 잊지 않고 멀리서 위문편지와 함께 각종 물품을 보내주시니 모두 진중에서는 귀하지 않은 것이 없습니다. 깊이 감사해 마지않습니다. 어느 날에야 피비린내 티끌을 깨끗이 쓸어내고 예전처럼 더불어 노닐던 회포를 실컷 풀 수 있을는지요. 편지를 쓰려고 종이를 보니 새삼 슬픈 마음만이 절절할 뿐입니다. 남은 할 말은 많으나 번잡하여 차후에 쓰겠습니다. 급히 쓰느라 인사를 갖추지 못했습니다.

계사년(1593) 칠월 십육일 척하(戚下) 이순신 두 손 모아 절합니다.

玄持平靜案回納

上候康復 臣民之慶 抃祝何言 流離板蕩之餘 懷仰政切 忽此伻來 承拜月初

所出書 忙手披讀 慰豁倍切于平昔 況滿紙辭意鄭重者乎 新凉入郊 伏惟靜中起居增重 區區慰釋 不知所喩 戚下積苦兵間 國恩罔極 階陞正憲 感頌無地 竊想湖南 國家之保障 若無湖南 是無國家 是以昨日進陣于閑山島 以爲遮遏海路之計耳 如此亂離之中 不忘舊誼 遠投慰問 兼受各種之惠 無非陣中之貴物 深感無已 未知何日掃除腥塵 極敍平昔游從之懷也 臨紙徒切悒悒耳 餘極撓胡草不備謝例

癸巳七月十六日 戚下李舜臣 拜手

4 체찰사 (우의정 완평부원군) 이원익 공께 드리는 글

엎드려 살피건대 일에는 부득이한 경우가 있고, 정에는 막급한 경우가 있습니다. 정이 막급한데 일 또한 부득이하니, 망가(忘家)의 공의(公義)를 저버리고 위친(爲親)의 사정(私情)에 따르는 형세가 되고 말았습니다.

제게 노모가 있사온데 올해 여든 살입니다. 임진년 초에 노모는 다행히 별 탈 없이 근근이 보전하기는 하지만 구분(俱焚, 옥석을 가리지 않고 모두 불에 태운다는 말로 병사와 일반 백성을 가리지 않고 살육한다는 뜻)이 두려워 배를 타고 남쪽 순천의 경계로 옮겨가 살게 했습니다. 이때에는 다만 저희 모자가 서로 만나보는 것만으로도 영화를 누리는 일이라 여기며 아무 생각도 하지 않았습니다. 이듬해 계사년에는 명나라 황제의 군대가 왜적을 소탕하니 적들이 달아나 숨게 되자, 떠돌던 백성들은 모두 제 고장을 그리워하게 되었습니다. 그러나 교활한 적들은 속이는 일이 많고 온갖 꾀를 다 내니, 한구석에 진 치고 있는 것이 어찌 괜한 일이라 하겠습니까. 만약 저들이 다시 쳐들어오기라도 한다면 가족을 굶주린 범의 입으로 보내는 꼴이 될 것이기에 찾아가 보지 못하고 오늘에 이르고 있습니다.

저는 본래 용렬한 사람인데 무거운 소임을 욕되이 맡았습니다. 직사에 있어서는 허술히 하면 안 될 책임〔靡盬之責〕이 있고, 일신에 있어서는 자유로이 움직일 수 있는 길〔自由之路〕이 없으니 부질없이 부모 그리는 마음〔陟岵之瞻〕만 더할 뿐입니다. 자식 걱정하는 부모 마음〔嗟季之心〕 헤아려보건대 자식이 아침에 나가 돌아오지 않으면 동구 밖까지 나와 기다리는 것이 부모의 심정〔倚閭之望〕이라 하거늘 하물며 자식을 못 본 지 3년이나 되었으니 노모의 심정이야 오죽하겠습니까.

얼마 전 집에서 시동을 통해 글을 보내왔는데, 노모는 '늙은 몸의 병이 날로 더해가니 앞날인들 얼마나 되겠느냐. 죽기 전에 네 얼굴 다시 한 번 보고 싶다.' 하였습니다. 오호! 이것은 남이 듣더라도 눈물 날 말인데 하물며 그 어미의 자식이니 어떻겠습니까. 그 기별을 듣고서는 가슴만 더욱 산란할 뿐, 아무 일에도 마음을 둘 수가 없었습니다.

제가 지난 계미년에 건원보 권관으로 있을 때 부친이 돌아가시어 천리를 달려가 분상(奔喪)한 일이 있었습니다. 부친 살아 계실 때에는 약 한 첩 못 달여드리고, 돌아가셨을 때에는 영결조차 못 했습니다. 그것이 죽을 때까지 늘 한이 될 것입니다.

이제 또 노모가 고희를 넘기어 노모의 해가 서산에 닿을 듯한데, 만일 또 하루아침에 갑자기 돌아가시고 효행을 다하지 못한 슬픔〔風水之悲〕이 있게 된다면 제가 또 한 번 불효한 자식이 될 뿐 아니라, 모친은 지하에서도 눈을 감지 못할 것입니다.

생각건대 왜적이 화친을 청한다는 것은 터무니없는 일 같습니다. 황제의 사신이 내려온 날도 벌써 한참 전 일인데 아직도 적들은 바다를 건너갈 기미가 없으니 앞으로 닥쳐올 화는 지난 때보다 더 심할 것입니다. 그러므로 이 겨울에 달려가 모친을 뵙지 못한다면, 봄이 되어 방비에 또한 바쁘게 될 것인즉 도저히 진을 떠날 수 없을 것입니다.

합하께서 이 애틋한 정을 살펴 며칠 간 말미를 주시어 노모를 한번 찾아뵐 수 있다면 노모의 마음에 조금이나마 위안이 될 것입니다. 만일 그사이에 위급한 일이 생긴다면 어찌 대감의 허락이 있다 하여 감히 중대한 일을 그르치는 잘못을 하겠습니까.

上體察使完平李公〔元翼〕書

伏以事有不已之勢 情有莫急之形 以莫急之情 而値不已之事 則寧得罪於忘家之義 而勢或屈於爲親之私矣 某有老母 今年八十有一 當壬辰之初也 怯於俱焚 幸於苟全 遂以一家浮海而南 寓於順天之境 于是之時 以母子相見爲榮而不暇計其他矣 越明年癸巳 皇威掃蕩 醜類逃遁 此正流民懷土之時也 第以黠虜多詐 變謀百出 一隅聚屯 夫豈徒然 更若豕突 則是遺其親於餓虎之口 是以 不能決歸而式至于今日矣 雖然 某以庸才 叨承重寄 事有靡盬之責 身無自由之路 徒增陟岵之瞻 莫慰嗟季之心 朝出不還 尙有倚閭之望 何況不見已垂三載乎 頃因家僮 代人寄書曰 老病日甚 餘生無幾 願於未死 再見汝面 嗚呼 使他人聞之 想欲淚下 况爲其子者乎 自見此語 方寸益亂而更無關心之事也 某往在癸未之歲爲咸鏡道乾原權管 而某之父死焉 某千里奔喪 生不能侍藥 死不得永訣 而常以爲終天之慟 今者母年已高於時制 堂日且迫於西山 若又一朝而忽有風樹之悲 則是某再爲不孝之子 而母亦不能瞑目於泉下矣 某竊自惟念 島夷之請成 所謂

無故之和也 皇朝之使節已下 而迄無渡海之形 前頭之禍 恐有甚於往日 不以是冬歸寧於母 而春防又及 則决不可離陣 閤下幸察寸草之情 給以數日之暇 則乘舟一覲 而老母之心 庶可少慰矣 設有緩急 則豈以閤下之命而敢誤機事者耶

5 무술년 편지

늦더위가 곱절이나 심합니다. 바야흐로 그대 생각이 간절하여 그리웠는데, 지금 그대의 편지를 받으니 직접 보는 듯하여 위로가 됩니다. 저는 근래 더위를 무릅쓰고 명나라 장수들이 거처하는 곳의 일로 분주히 왕래하다 배탈이 나서 매우 고민스럽습니다. 어제 유격(遊擊)이 말하기를, "백진사가 와서 정성을 다해준 것에 매우 감사한다. 이에 조선 유림의 신의가 두텁고 정중한 것을 알게 되었다."라고 했습니다. 칭찬과 감탄을 이기지 못하겠으며 나라로서도 또한 영광일 것입니다. 왜적에 관한 일은 비록 얽혀 있기는 하나 움직이지 못하게 했으니 천만다행입니다. 진(陳) 도독은 내일쯤 진영에 당도한다 하니 저와 계야(季爺) 장군이 함께 강진에 가려고 합니다. 보름 사이에 한번 왕림하시어 진 도독의 위풍을 슬쩍 한번 보심이 어떻겠습니까. 각 읍에 두루 보내주신 것들은 모두 이곳에서 만들 수 없는 물건이라 참으로 감사드립니다. 나머지 말은 다 하지 못하고 엎드려 우러르며 삼가 답장을 올립니다.

무술년(1598) 고애자(孤哀子, 부모를 모두 여읜 사람이 상중에 자신을 칭할 때 쓰는 말) 이순신 올림

老炎倍酷 方懸思想 今承情翰如復對床 慰沃可言 孤哀近患暑 奔走唐將處 兼得水痢 爲悶爲悶 昨日遊擊曰 白進士爲送人致情 多謝多謝 乃知朝鮮儒林信厚鄭重也 不勝佳譽 欽嘆不已 爲國家亦爲光焉 賊事雖曰 紛 尊可勿動 千萬幸甚 陳都督 明日間當到陣 孤哀與季爺孤哀與季爺偕往康津 月望間 枉見都督威風如何 惠及各邑 皆非此處之物 謝謝感感 餘不盡 伏惟尊照 謹奉答狀上

戊戌七月初八日 孤哀子李舜臣狀上

❖

이순신(李舜臣, 1545~1598)의 자는 여해(汝諧), 시호는 충무공(忠武公)이다. 시법(諡法)에 따르면 '일신의 위험을 무릅쓰고 임금을 받드는 것[危身奉上]'을 충이라 하고, '적의 창끝을 꺾어 침입을 막는 것[折衝禦侮]'과 '위엄을 크게 떨쳐 적을 물리치는 것[威强敵德]'을 무라 한다. 충무는 신하 된 도리를 지키고 나라를 위하여 몸을 아끼지 않아 밖으로는 외적을 물리치고 안으로는 법도를 바로 세운 공을 기리기 위해 내리는 시호이다. 중국에서는 이 시호를 받은 인물로 촉한의 제갈량과 남송의 악비 등이 있었다. 조선에서는 남이와 김시민(金時敏, 1554~1592) 등 아홉 명이 이 시호를 받았다.

이순신은 1545년 4월 28일(음력 3월 8일) 한성 건천동(현재의 인현동)에서 이정(李貞)과 초계 변씨(草溪 卞氏)의 셋째 아들로 태어났다. 조부 이백록이 생원으로서 평시서 봉사를 지냈고 부친 이정은 벼슬이 없었다고 하니, 가문은 대단치 않았다. 더구나 녹안에서 삭제되는 불운을 당한다. 중종의 국상 기간에 부친 이정의 혼례가 있었는데 주육설판(酒肉設辦, 잔치에 술과 고기를 사용함)을 했다는 것이 그 이유였다.

이순신은 유년 시절의 대부분을 건천동에서 보냈고, 외가인 아산에서 소년기를 보냈다. 이름 순신은 삼황오제 중 순임금을 따른 것이다. 이순신의 형제들 모두 복희 · 요 · 순 · 우임금을 따라 차례대로 희신(犧臣), 요신(堯臣), 순신(舜臣), 우신(虞臣)으로 작명했다. 류성룡이 한동네에 살았는데 형 요신의 벗이었다. 류성룡의 《징비록》에는 어린 시절의 이순신이 다음과 같이 묘사되어 있다.

> 이순신은 어린 시절 영특하고 활달했다. 다른 아이들과 모여 놀 때면 나무를 깎아 활과 화살을 만들어 동리에서 전쟁놀이를 했다. 그의 성격을 거슬러 마음에 들지 않는 사람을 보면 그 사람의 눈을 쏘려고 하였으므로, 어른들도 그를 꺼려 감히 군문(軍門) 앞을 지나려고 하지 않았다. 이순신은 자라면서 활을 잘 쏘았으며 무과에 급제해 관직에 나갔다. 승마와 궁술에 조예가 있었으며 글씨를 잘 썼다.

가계가 사족의 품위를 유지하기에는 문제가 없었던 듯하다. 어머니 변씨의 문기(文記, 땅이나 집의 소유권을 증명하는 문서)에는 이순신이 형인 요신과 함께 어머니로부터 외거노비 6~8명을 증여받았으며, 충청도 은진(현재의 충청 논산)지방에 있는 가옥과 토지도 물려받았다는 기록이 있다. 조부 이백록에게서 아산의 고택을 받기도 했다.

이순신은 덕수 이씨이다. 율곡 이이와 택당 이식이 같은 성씨이다. 이순신이 초급 군관 시절, 당시 병조판서였던 율곡이 그를 한번 만나보고 싶어 했다. 이순신은 '[율곡께서] 병조판서로 계시는 동안은 인사권자이시니 만날 수 없습니다.'라며 거절했다고 한다.

택당은 훗날 〈선조실록〉 수정을 담당한다. 〈선조실록〉이 광해군 대에 북인의 당론에 입각해서 편찬되었기 때문에 인조 대에 와서 서인의 입장을 반영하여 수정할 필요가 제기되었다. 이른바 〈선조수정실록〉이 그것이다. 실록을 고친 예는 〈선조수정실록〉 외에도 〈현종개수실록〉 〈숙종실록보궐정오〉 〈경종수정실록〉이 있다. 어느 경우나 다른 당론을 반영하는 것이 목적이었다. '수정', '개수', '보궐정오'라는 이름은 고친 범위와 정도에 따라 붙인 것이다. 아무튼 택당 이식이 이순신과 같은 덕수 이씨이기 때문에 〈선조수정실록〉이 이순신에게 우호적으로 쓰였을 거라는 말이 있을 수 있다. 흔히 이순신과 대조되는 원균과 비교하는 관점에서 그런 말이 관심을 끈다. 그러나 사실이 아니라는 것이 정론이다. 게다가 실록은 고치더라도 원래의 실록과 병존시키는 것이 원칙이다. 달라진다 하더라도 일방적일 수 없다는 것이다.

이순신은 1565년 스무 살이 되던 해에 온양 방씨(方氏)와 혼인했다. 그는 외가와 처가 근방인 아산에 근거를 마련했다. 장인은 보성군수를 지낸 방진(方震)이었는데, 그의 영향으로 이순신은 병학을 배우면서 무과(武科)를 준비했다. 1566년과 1567년에 각각 장남 회(薈)와 차남 울(蔚)이 태어났다.

28세였던 1572년(선조 5) 이순신은 훈련원별과에 응시했다. 시험을 보던 중 낙마하여 왼쪽 정강이가 부러지는 사고가 있었다. 버드나무 가지로 부목을 대고 시험을 모두 치렀지만, 결국 낙방했다. 4년 뒤인 1576년(선조 9년) 32세 때 그는 식년시 무과에 병과로 급제했다. 당시로서 그리 늦은 나이는 아니었다.

이순신은 권지훈련원봉사로 관직에 나섰고, 그해 말에 함경도 동구비

보의 권관에 부임했다. 1577년에 삼남 면(葂)이 태어났다. 1579년 2월에는 훈련원 봉사로, 10월에는 충청병사의 군관으로 해미에서 근무했다. 1580년 7월에는 전라도 발포(현재의 전라남도 고흥군 도화면 발포리)의 수군 만호로 전근되었다. 1581년 말 군기경차관 서익의 모함으로 군기 관리 부실을 지적받아 파직되었다. 앞서 훈련원봉사로 재직할 때 병조정랑 서익이 친지를 참군으로 올리려고 했는데, 이순신이 협조하지 않았던 바, 그에 대한 보복으로 서익이 모함을 했다고 한다. 그 이듬해 5월 훈련원봉사로 복직했다.

1583년 7월 이순신은 함경도 남병사의 군관, 10월 건원보의 권관 등을 역임하다가, 11월 훈련원참군으로 승진하였다. 그해 말에 부친상을 당하였다. 탈상을 하자마자 1586년(선조 19년) 초에 사복시주부로 복귀한 다음, 바로 류성룡의 추천으로 조산보의 만호로 이임했고, 이듬해 8월에는 함경도관찰사 정언신의 천거로 20여 리 떨어진 동쪽의 녹둔도의 둔전관을 겸임하였다.

그해 가을 추도에 살고 있던 여진족이 빈틈을 노려 요새를 기습했다. 이순신이 경흥부사 이경록과 함께 군대를 인솔하여 녹둔도로 가서 추수하는 사이에 일어난 일이었다. 이순신의 분전으로 여진족을 몰아내기는 했지만, 아군 11명이 죽고 160여 명이 잡혀갔으며 15필의 말이 약탈당하는 등 피해가 막심했다. 이경록과 이순신은 파직당했다.

조산보 만호로서 이순신은 일찍이 여진족의 침략을 예상하고 수비를 강화하기 위하여 북병사 이일에게 추가 병력을 요청했는데, 모두 거절당한 바 있었다. 그런데 북병사 이일이 이경록과 이순신에게 그 책임을 전가했던 것이다. 이순신은 뒤이은 시전부락 전투에 백의종군하여 여진족 장수 우을기내(于乙其乃)를 꾀어내어 잡은 공으로 사면되었고, 이경록도 선봉으로서 몸을 사리지 않는 용맹함으로 공을 세워 사면되었다.

1589년(선조 22) 1월 비변사의 무신 불차탁용(不次擢用)에 즈음하여 이순신은 이산해와 정언신의 추천을 받았고, 2월 전라도감사 이광에 의해 군관으로 발탁되어 조방장(助防將)에 부임했다. 11월 선전관에 임명되어 올라갔다. 12월 류성룡의 천거를 통해 정읍현감이 되었다. 관직에 오른 지 14년 만의 일이었다. 해미현감도 겸임했다. 선정을 베풀어 백성들로부터 칭찬이 자자했다. 1590년 7월과 8월에 종3품 직책인 고사리진 병마첨절제사와 만포진의 수군첨절제사로 낙점을 받았으나, 진급이 지나치게 빠르다는 이유로 논핵되어 취임하지는 못했다.

선조가 이순신의 중용을 강행하여 1591년 2월 이순신은 이천, 이억기, 양응지 등과 함께 남쪽 요해지에 부임하게 되었다. 선조는 신하들의 반발과 논핵을 피하기 위해 벼슬의 각 단계마다 임명하여 제수하고 승진시키는 방법을 썼다. 1591년 2월 이순신을 정읍현감에서 진도군수로 승진시켰고, 그가 부임지에 부임하기도 전에 가리포첨절제사로, 가리포에 부임하기도 전에 다시 전라좌수사에 전임시켰다. 북방에서 이순신과 같이 백의종군했던 이경록도 당시 전라도의 요지인 나주목사에 제수되었다. 대신들의 반대가 계속되자, 선조는 이경록의 발탁은 양보하면서도 이순신의 수사 발탁은 고수했다. 이순신은 한꺼번에 여러 단계를 뛰어넘어 47세에 정3품 당상인 절충장군 자리에 올랐다. 이후에도 부제학 김성일 등 많은 신하가 그의 경험이 모자라다는 것을 이유로 들어 선조의 결정에 반대했으나, 선조는 이순신에 대한 신임을 바꾸지 않았다.

이순신은 부임하자마자 전쟁에 대비하고자 휘하에 있는 각 진의 실태를 파악하고 무기와 군량미를 확충하는 등 군비를 강화했다. 거북선을 제작한 것도 그때의 일이었다. 1592년 임진왜란 발발 직전 이순신은 '왜는 섬이니 수군이 강할 것'이라고 예단했다. 수군을 육지로 올려 보내 수비를 강화하라는 조정의 명에 대하여 이순신은 '수륙의 전투와 수비 중 어느 하나도 없애서는 안 된다'고 주장하며 수전을 대비했다. 임진왜란이 일어나기 직전, 이순신의 감독 아래에 있던 전라좌수영은 20여 척(최소 26척, 최대 29척)의 판옥선을 보유할 수 있었다.

4월 13일(양력 5월 23일) 오후 5시경 고니시 유키나가가 왜군 함대 7백 척을 이끌고 부산포를 침략함으로써 임진왜란이 발발했다. 당시 왜군 선봉의 병력은 약 16만 명이었다. 이순신의 전라좌수영에는 경상우수사 원균의 파발을 통해 4월 16일 밤 10시경에 알려졌다. 이순신은 즉시 조정에 장계를 올리고 왜의 침략을 알리는 파발을 널리 보내는 동시에 휘하의 병력 7백여 명을 비상소집하여 방비를 갖추도록 했다. 4월 27일 출전하라는 왕명이 내려왔다. 이순신은 도주를 시도한 군졸 황옥현을 참수하는 등 전열을 정비하고 4월 29일까지 전라좌수영 소속 함대를 수영 앞바다에 집결시켰다. 이미 왜군의 함선은 전라좌도 앞바다에 도달해 있었다. 이튿날 4월 30일에 이순신은 전라우도 수군이 도착하면 전투를 시작하겠다는 장계를 조정에 올렸다.

전라우도 수군의 도착이 늦어지자 이순신은 독자적으로 옥포해전을 수행했다. 옥포해전은 이순신이 첫 승전을 알렸던 전투이다. 5월 7일(양력 6월 16일) 정오 옥포항에서 왜군을 공격하여 모두 26척을 침몰시켰으며, 잡혀 있던 포로들을 구출했다. 같은 날 오후에는 웅천현 합포 앞바다에서 큰 배 1척을 만나 이 또한 격파하였다. 전투는 5월 8일에도 계속되어 적진포에서 왜선 13척을 침몰시켰다.

이때 선조와 조정은 이미 한양을 떠나 평안도로 향했다. 부산진과 동래성이 4월 14일과 15일에 함락되고, 이일과 신립이 이끄는 정예군이 상주와 탄금대에서 4월 25일과 28일에 참패했다. 그로써 수도 한양에 이르는 저지선이 무너졌고, 5월 3일 선조는 피란길에 올랐다. 5월 18일에는 도원수 김명원이 임진강 방어에 실패함으로써 국토의 대부분이 왜군에 의하여 유린될 지경에 이르렀다.

전라우수영군의 합류가 늦어지자, 5월 29일(양력 7월 8일)에 이순신은 뱃머리를 돌려 노량으로 향했다. 그곳에서 원균의 경상우수영군을 만났다. 이날 사천 선창에 있던 왜군을 공격하여 적선 30여 척을 격파하였다. 이것이 바로 사천해전이다. 이 해전에서 이순신은 왼쪽 어깨에 관통상을 입었다. 이 해전은 거북선이 출전한 첫 번째 전투였다. 그달에 전공으로 종2품 가선대부에 올랐다. 이순신의 함대는 6월 2일(양력 7월 10일)에도 전투를 벌여 승리했다. 왜군이 보유한 화포에 비하여 성능이 우수한 지자총통 등의 화력이 승리에 기여했다. 이순신의 함대는 계속 적을 추격하여 개도로 협공했다.

6월 4일에야 전라우수사와 합류하는 데 성공했다. 6월 5일에는 적 함대를 만나 큰 배 1척과 중간 배 12척, 작은 배 20척을 격파했다. 6월 8일까지 수색과 공격은 계속되었다. 이순신은 정2품 하계의 자헌대부에 승자되었다.

이순신 휘하 수군의 승전보와는 대조적으로 육지의 전쟁은 참패를 거듭했다. 6월 5일에야 전라도를 중심으로 삼도의 근왕병이 집결하여 한양 탈환의 기치를 걸고 이른바 용인전투를 치렀지만, 고작 1천 6백 명의 왜군에게 이틀을 버티지 못하고 참패했다. 북쪽에서도 6월 15일에 평양성이 함락되었고, 선조는 피란길을 계속하여 6월 22일 의주에 이르렀다.

이순신의 함대는 7월 4일(양력 8월 10일)에 출발하여 7월 6일 노량에 이르렀고, 이곳에서 경상우수사 원균과 합류했다. 7월 8일 출동하여 왜군의 큰 배 36척, 중간 배 24척, 작은 배 13척을 만나 전투가 벌어졌다. 조선군의 연합함대는 먼저 거짓으로 후퇴하는 척하며 적들을 큰 바다로 유인한 다음, 모든 군선이 일제히 학익진 진형을 갖추고 공격했다. 이 전투에서 대포에 해당하는 지자총통 · 현자총통과 함께 휴대용 총포인 승자총통이 사용되었다. 학익진은 육전에서 사용되는 포위 섬멸 진법 중 하나인데, 수군에서 사용하기는 처음이었다. 이날 왜군은 후방에 있던 큰 배 1척, 중간 배 7척, 작은 배 6척만 끌고 도망칠 수 있었다. 7월 9일에도 안골포에 적선이 정박해 있다는 보고를 받고, 이튿날 학익진을 펼친 채 진격하여 왜선 59척을 침몰시켰다. 바로 임진왜란의 3대 대첩 중 하나인 한산도대첩이다. 그달에 전공으로 이순신은 정2품 상계의 정헌대부에 올랐다.

7월 들어 드디어 육전에서도 호응이 나타났다. 파죽지세로 북상한 왜군은 후방 전라도를 장악하기 위해 전주성을 확보하고자 했다. 왜군 일대가 경상우도에서 전주성으로 진격코자 했으나 의령에서 홍의장군 곽재우에 의해 저지당했다. 왜군은 한양에 주둔한 부대를 남하시키기로 결정했던바, 그 길목인 웅치와 이치에서 임시 도절제사 권율과 동복현감 황진이 이끄는 1천여 명의 조선군이 왜장 고바야카와 다카카게가 이끄는 2천여 명과 맞서 싸워 승리를 거둠으로써 왜군의 전라도 진입을 막았던 것이다.

전투는 7월 7일 시작되었는데, 당시 왜군의 근거지였던 금산성을 고경명 휘하의 의병들이 교란시킴으로써 조선군이 승기를 잡을 수 있었다. 고경명은 그 전투에서 아들과 함께 전사한다. 8월 18일 조헌이 이끄는 7백여 명의 의병들과 승려 영규가 이끄는 6백여 명의 승군들이 금산성 공격을 시도하나 패하고 만다. 조헌과 아들 조완기 그리고 승려 영규를 비롯하여 전원이 거의 전멸하다시피 했다. 왜군도 타격을 받아 한 달 뒤 금산성을 포기하고 경상도 성주 방면으로 퇴각한다.

8월 말 이순신의 함대는 다시 전열을 정비하고 부산으로 출정했다. 당포에서 경상우수사와 합류한 다음, 8월 29일 적들의 동태에 대한 보고를 입수하여 전투를 개시했다. 9월 1일 아침, 화준구미에서 왜 수군의 큰 배 5척, 다대포 앞바다에서 큰 배 8척, 서평포 앞바다에서 큰 배 9척, 절영도에서 큰 배 2척을 만나 격파했다. 다음 날 부산 앞바다에 이르러 적의 소굴에 있는 4백여 척의 배 중 적선 1백여 척을 격파했다.

일본 수군은 수로를 통해 서해 해상권을 장악하여 보급로로 사용하고 나아가 곡창인 전라도를 수중에 넣으려는 계획을 가지고 있었다. 그러나 연패로 말미암아 그 계획을 포기할 수밖에 없었다. 그즈음 이순신이 아끼던 장수 정운이 전사하는 등 아군의 피해도 상당했지만, 승승장구하던 왜군의 기세가 꺾였다. 북방의 육전에서도 전황이 호전되었다. 명군의 참전으로 평양성 탈환이 기도되었고, 이정암(1541~1600)의 황해도 연안성 수성(1592.8.)과 정문부의 함경도 북관대첩(1592.9.~1593.1.)이 있었다.

임란 삼대첩 중 하나인 진주대첩도 그즈음의 일이었다. 왜군은 경상도의 근거지이자 전라도 침입의 교두보 역할을 해낼 요충지가 바로 진주성이라 보고 진주성을 장악하기 위해 1592년 10월 4일(양력 11월 7일) 군사 3만 명을 동원하여 진주성을 포위했다. 엿새 동안 성안에서는 진주목사 김시민을 비롯한 관군 3천 8백여 명과 백성이 합세하여 사수하고, 성 밖에서는 곽재우 등 의병이 협공하여 왜군을 물리쳤다. 왜군이 이듬해 퇴각에 앞서 그 패배의 수모를 갚기 위해 감행하는 전투와 구별하기 위해 이 전투를 제1차 진주성전투라고 부르기도 한다.

해가 바뀌어 1593년 1월 10일(양력 2월 10일) 이순신의 함대는 웅천현 웅포로 진격했다. 왜의 수군이 정면 대결을 회피함으로써 싸움은 대치의 공방전 양상을 띠었다. 왜군은 각지에 왜성을 쌓고 전략적 거점으로 삼아 방어했다. 조선 수군이 부산성 방면으로 진출하지 못하도록 막음으로써 보급선을 유지하려는 전략이었다. 이른바 웅포해전은 그렇게 한 달이나 계속되었다. 이때 전라도 수군은 정병 상하번 외에 보인까지 총동원되어 무려 4만여 명이 웅포해전과 전라도 해안선 방어에 투입되었다. 마지막 단계에서는 상륙하여 전투를 벌이기도 했다.

그즈음 이여송이 이끄는 명군이 평양성 탈환에 성공함으로써 육전에서도 전세가 바뀌기 시작했다. 평양성전투는 1593년 1월 6일 개시되어 9일에 끝났다. 명군의 방심으로 말미암아 벽제관전투(1593년 1월 27일)에서 왜군이 승리하지만, 뒤이은 행주대첩(1593년 2월 12일)을 계기로 왜군은 기세가 꺾여 명군과 강화를 모색하기에 이른다.

행주대첩은 이치전투를 승리로 이끈 권율의 관군과 김천일의 의병들이 왜군의 총공격을 막아낸 전승을 말한다. 당시 권율은 한양 탈환을 위해 행주산성에 웅거하면서 평양성을 탈환한 이여송의 명군을 기다리고 있었는데, 명군은 벽제관전투에서 왜군에게 패배하여 돌아갔다. 왜군이 승세를 몰아 행주산성을 공격해왔으나 권율의 관군과 의병이 막아냈다. 행주대첩에서 왜군은 다수의 주전 장수들이 큰 부상을 입고 5천여 명의 사상자를 내는 등 타격을 받았다. 이후 4월 18일 왜군은 마침내 한양에서 퇴각하여 부산성으로 향하게 된다.

뒤이어 왜군은 제2차 진주성전투를 자행한다. 이미 강화로 방침을 정한 상태였던 만큼 왜군의 진주성 공격은 보복성 · 상징성을 지녔던 것으로 보인다. 앞선 제1차 진주성전투, 즉 김시민이 주도한 진주대첩에서 상처 입은 자존심을 회복하고자 만행을 저질렀던 것이다. 왜군은 미리 상당히 앞서 공격을 예고하고 십만 명에 달하는 병력을 총집결시켜 진주성 관민을 도륙했다. 1593년 6월 21일부터 29일까지 벌어졌던 그 전투에는 김천일을 비롯한 전라도 의병들이 대거 참전하여 산화했다.

1593년 6월 이순신은 한산도로 진을 옮겨 전열을 정비했다. 7월부터는 거제도와 진해 가덕도 등지에서 왜군과 대치하는 상황이 계속되었다. 조선 삼도 수군은 견내량에 방어선을 설정했고, 반면에 왜의 수군은 거제도의 영등포와 제포 사이를 방어선으로 삼았다. 8월 1일, 이순신은 본직을 그대로 겸하면서 삼도수군통제사에 제수되었다. 이순신은 한산도에서 백성을 모아 소금을 굽고 곡식을 비축하여 든든한 진을 구축하기 시작했다.

해가 다시 바뀌어 1594년 3월 2차 당항포해전에서 왜선 31척을 격파하는 승전을 기록했고, 그해 10월에는 영등포와 장문포의 왜적을 공격했다. 그러나 이후 2년가량 전선은 교착상태에 빠졌다. 명나라는 강화회담으로 방향을 선회했고, 왜군은 남해안 일대에 총집결하여 왜성을 쌓는 등 수비를 강화하면서 그에 대응하고 있었다. 육전에서는 조선이 자체 군사력으로는 왜군과 전투를 수행할 능력이 부족했다. 상대적으로 수전에 대한 기대가 높아졌다. 그러나 승전보가 잇달았던 초기와 달리 바다에서도 전선이 교착되어가자, 선조를 비롯한 조선 조정은 이순신의 전략을 불신하기 시작했다. 조정은 이순신에게 왜군에 대한 적극적인 공격을 요청했으나, 이순신은 한반도의 견내량 전선을 유지하는 데 치중했다. 왜군의 유인작전에 걸려들 위험이 있다는 이유에서 공격에 신중하게 임했던 것이다. 갈수록 이순신이 지나치게 소극적이라는 비난이 거세졌다.

그런 상황에서 이순신에게 결정적인 악재가 발생했다. 1596년 겨울 고니시 유키나카의 측근 요시라가 가토 기요마사의 행로에 관한 첩보를 경상우병사 김응서에게 전달했다. 조정은 이순신에게 거듭 출전을 명했지만 이순신은 반간계(反間計)라고 판단하여 묵살했다. 그런데 가토 기요마사의 선단 150여 척이 실제로 들어옴으로써 첩보는 사실로 드러났고, 첩보에 따른 명령을 묵살한 이순신은 책임을 면치 못하게 되었다. 그는 1597년 2월 25일(양력 4월 11일) 통제사직에서 해임되었다. 원균에게 직책을 인계하고 한성으로 압송되어 3월 4일에 투옥되었다.

4월 1일 이순신은 우의정 정탁의 상소로 특사를 받고 도원수 권율 밑에서 백의종군하라는 명령을 받았다. 그즈음에 모친상을 당한다. 어머니 변씨는 1597년 4월 11일 83세의 나이로 숨을 거두었다. 아들을 만나기 위해 여수를 떠나 고향 아산을 향해 떠난 배 위에서였다. 왜란이 발발하자 이순신의 가족은 왜군의 보복을 피해 여수 인근의 순천으로 이거했다. 그날 이순신은 배를 타고 오는 노령의 모친을 몹시 걱정했다. 이순신이 모친의 별세를 알게 된 것은 4월 13일이었다. 이순신은 모친을 마중하기 위해 아산 바다로 나가서야 부음을 접했다. 이순신은 백의종군의 명령을 수행하던 길이었기 때문에 어머니의 장례를 제대로 치르지 못하고 4월 19일 남행을 강행해야 했다.

1597년 7월 16일(양력 8월 28일) 삼도수군통제사에 오른 원균 휘하의 조선 함대가 칠천량해전에서 왜군의 기습을 받아 참패했다. 조선 수군들은 상륙하여 도주하고 판옥선 대부분이 불타거나 왜군에게 노획당해 오사카로 끌려갔다. 통제사 원균도 전사했다. 정유재란은 그렇게 시작되었다.

8월 3일 조정에서는 경림군 김명원과 병조판서 이항복의 건의로 이순신을 다시 삼도수군통제사로 임명했다. 당시 함대의 규모는 칠천량해전에서 살아남은 경상우수사 배설이 건네준 12척뿐이었다. 조정에서 이 병력으로는 적을 대항키 어렵다 하여 수군 폐지를 검토할 정도였다. 이순신은 '아직도 12척의 배가 남아 있으며 내가 죽지 않는 한 적이 감히 우리 수군을 업신여기지 못할 것'이라고 비장한 결의를 표했다고 한다. 전열을 재정비하기 위해 8월 29일에 이순신은 진도 벽파진으로 진을 옮겼다.

그사이 왜군은 파죽지세로 북상했다. 8월 15일에는 남원이, 8월 19일에는 전주가 함락되었다. 9월 7일에는 직산까지 진격했다. 그러나 명군에 의해 저지당하자 왜군은 울산과 사천, 순천에 근거지를 구축하는 것으로 방향을 선회한다. 정유재란의 목표가 애초에 하삼도였다는 주장도 있다.

1597년 9월 16일(양력 10월 25일) 왜군 수백 척의 이동 정보를 접한 이순신은 명량해협에서 대적하기 위해 12척의 전선을 이끌고 출전했다. 출전을 앞두고 장병들에게 훈시한 말이 '필사즉생(必死卽生) 필생즉사(必生卽死)'였다고 한다. 명량해협은 '울돌목'이라고도 하는데, 가장 좁은 부분의 너비가 294m밖에 되지 않아 바다 표층의 유속이 최대 6.5m/s 정도로 굉장히 빠르고, 밀물과 썰물 때에는 급류로 변하는 곳이었다. 이순신은 새로 합류한 1척을 추가, 13척의 전선으로 왜선을 유인하여 이 해협에서 130여 척의 일본 함대 중 30여 척을 격파했다. 바로 명량해전이다. 이 해전의 승리로 조선 수군은 정유재란의 전세를 역전시켰다.

1597년 10월 이순신은 진영을 벽파진에서 보화도로 옮겼다. 그즈음에 퇴각하던 왜군이 이순신의 고향 아산에 침입하여 방화했다. 셋째 아들 면(葂)이 전사했다. 그는 충청도 아산 본가에 머물고 있었는데, 왜군이 아산을 급습하자 다른 가족들을 피신시키고 왜군에 맞서 싸우다가 숨을 거두었다. 명량해전에서 패배한 왜군의 보복이었다는 주장이 있다. 그 일이《난중일기》에는 다음과 같이 기록되어 있다.

> 정유년 10월 14일, 저녁에 어떤 사람이 천안에 와서 집안 편지를 전하는데, 겉봉을 뜯기도 전에 뼈와 살이 먼저 떨리고 마음이 조급하고 어지러웠

다. 대충 겉봉을 펴서 열이 쓴 글씨를 보니, 겉면에 '통곡' 두 글자가 씌어 있어서 면이 전사했음을 알았다. 나도 모르게 간담이 떨어져 목 놓아 통곡했다. 하늘이 어찌 이다지도 인자하지 못하신고, 간담이 타고 찢어지는 듯하다. 내가 죽고 네가 사는 것이 이치에 마땅하거늘, 네가 죽고 내가 살았으니 이런 어그러진 이치가 어디 있단 말인가. 천지가 캄캄하고 해조차 빛이 변했구나. 슬프다. 내 아들아! 나를 버리고 어디로 갔느냐. 남달리 영특하기로 하늘이 이 세상에 머물게 두지 않았던 것이냐. 내가 지은 죄 때문에 앙화(殃禍)가 네 몸에 미친 것이냐. 나 이제 세상에 살아 있은들 누구에게 의지할 것이냐. 너를 따라 죽어 지하에서 같이 지내고 같이 울고 싶건만 네 형, 네 누이, 네 어머니가 의지할 곳이 없으므로 아직은 참고 연명이야 한다마는 마음은 죽고 형상만 남은 채 울부짖을 따름이다. 하룻밤 지내기가 일 년 같구나.

1598년 2월 18일 진영을 다시 고금도로 옮기고 경작하여 군량을 확충했다. 이즈음 명군은 사로병진 노선을 표방했다. 7월 16일에 명나라 수군을 이끈 부총병 진린이 당진에서 이곳으로 내려와 이순신과 함께 수로군을 지휘하게 되었고, 이후 7월 24일 절이도해전 등을 양군의 연합으로 수행했다. 10월 2일 왜교전투에서는 명나라 육군을 이끈 서로군의 총병 유정과 연합하여 전투를 수행했다.

1598년 11월 도요토미 히데요시가 죽음에 따라 왜군이 철수하게 된다. 조명 수로군은 왜군의 퇴로를 차단하고 공격하기 위해 좌수영과 묘도에 진을 쳤다. 11월 18일에 조선 수군 7십여 척, 명나라 수군 4백 척이 노량으로 진군했다. 군사는 1만 5천 명이었다. 다시 제해권을 확보한 이순신은 진린과 함께 1598년 11월 19일 새벽부터 노량해협에 모여 있는 왜군을 공격했다. 조명 연합 수로군은 빠져나가려던 왜군 5백여 척을 상대로 싸워 하룻밤 새 그 절반가량인 2백여 척 이상을 분파시키고 150여 척을 파손시켰다. 패색이 짙어진 일본 수군은 잔선 150여 척을 이끌고 퇴각하기 시작했으며, 조명 수로군은 정오까지 잔적을 소탕하며 계속 추격했다. 이순신은 관음포로 달아나는 왜군을 추적하다가 탄환을 맞아 치명상을 입었다. 그는 '싸움이 급하니 나의 죽음을 알리지 마라[戰方急愼勿言我死]'는 유언을 남기고 결국 53세의 나이에 삶을 마치게 된다. 낙안군수 방덕룡, 가리포첨사 이영남과 명나라 장수 등자룡도 함께 전사했다. 당시 도주하던 150여 척의 왜군 함선 중 백여 척을 나포했고, 도주에 성공한 패전선은 겨우 50여 척이었다고 한다. 이 노량해전을 끝으로 7년 동안 조선에서 벌어진 임진왜란은 사실상 끝이 났다.

이순신의 죽음에 대해서는 자살설이 있다. 노량해전 직전에 이순신이 '오직 한 번 죽는 것만 남았다'고 말하곤 했다고 한다. 또한 노량해전에서 이순신은 '면주(免冑)'로, 즉 갑옷을 벗은 채 싸웠다고 하는데 자살하는 사람의 심정이었으리라고 해석되기도 한다. 영웅의 죽음에 흔히 따르는 이야기일 것이다. 만약 그렇다면 그 이유는 무엇일까. 전쟁이 끝나면 역적으로 몰려 가족까지 몰살될 것을 예상하여 미리 스스로 죽음을 택했다고 추측할 수 있다. 명나라로부터 미리 '면사(免死)'장을 받았다는 이야기가 있는데, 이 역시 그런 정황을 뒷받침하는 소재가 되고 있다.

그는 전사한 직후에 정1품 우의정에 증직되었다. 1604년 선조는 그를 권율, 원균과 함께 선무(宣武) 일등공신 및 덕풍부원군(德豊府院君)으로 추봉하고 좌의정을 가증했다. 1643년 인조는 그에게 무공에 대한 최상의 호칭인 충무 시호를 내렸다. 1659년 효종 때 그를 기려 남해에 충무공 이순신의 비를 세웠다. 1688년(숙종 14년) 명량대첩비가 건립되었고, 1705년 현충사가 건립되었으며, 1793년 정조는 정1품 의정부 영의정을 가증했다.

이순신의 네 편의 편지는 전쟁 중에 쓰인 편지라 그런지 짧고 간결하다. 하지만 구원군으로 조선에 온 명군의 행태, 전란의 어려움을 겪게 된 군사와 백성에 대한 사랑, 어머니에 대한 효심 등은 섬세하게 표현되어 있다. 편지들에서 다양한 고사를 인용한 것을 보면 무관이면서도 학식이 폭넓었음을 알 수 있다. 그의 필력은 《난중일기》를 통해 엿볼 수 있다.

첫 번째 편지는 1592년 10월 30일에 작성되었다. 이순신은 그해 5월 옥포전투를 시작으로 합포, 적진포, 사천의 전투를, 6월에는 당포, 당항포, 율포의 전투를, 7월에는 한산도, 안골포의 전투를 수행했다. 8월 말부터 9월 초까지는 부산으로 진격하여 장림포, 화준구미, 다대포, 서평포, 절영도, 초량목의 전투를 치른 다음 부산포전투를 수행하여 승리했다. 다음 전투는 해를 넘겨 1593년 2월 웅포에서 수행된다. 편지의 작성 시기는 그사이로 휴식과 정비를 하는 기간이라 그만한 여유를 누렸던 것 같다.

편지의 수신자는 강응황(姜應璜, 1571~1644)이다. 호는 백천(白川)이고, 난중에 의병을 일으켰다. 그 공로로 류성룡의 천거를 받아 병조좌랑, 예산현감, 사헌부감찰을 역임했다. 정인홍과 정구의 문인이었다. 정인홍은 북인으로서 광해군 대에 정치를 주도하다가 인조반정을 당하여 주륙되는데, 강응황은 그를 위해 심상을 하다가 지탄을 받는다. 지조가 있는 선비였다.

이순신의 편지는 강응황이 보낸 편지에 대한 답장이다. 강응황의 편지는 북쪽 용만(龍灣, 평안북도 의주)에서 온 것이었다. 강응황은 선조의 의주 피란 당시에 근왕의 의병을 일으켰던 듯하다.

최균과 최강은 형제로서 고성에서 의병을 일으켜 김시민의 진주성전투에서, 이듬해에는 김해로부터 웅천으로 들어오는 왜적을 격퇴하는 전투에서 공을 세웠다. 그 이듬해에는 김덕령의 별장이 되어 고성에서 전공을 세웠고, 정유재란 때에도 전공을 세웠다. 전쟁이 끝난 뒤에 형 최균은 이괄의 난에서 전공을 세웠다. 동생 최강은 1585년 무과에 급제했고, 전쟁 뒤에는 1605년 가리포첨사, 1606년 이후 경상좌수사와 충청도 수군절도사를 역임했다. 광해군 때 영창대군의 외조부 김제남의 옥사에 연루되어 고초를 겪고는 관직을 버렸다. 순조 때 형 최균은 의민(義敏), 동생 최강은 의숙(義肅)이라는 시호를 받았다. 최균 · 강 형제가 웅포전투에서 공을 세웠다고 하는데, 편지에서 말하는 것은 흔히 알려져 있는 그 웅포전투가 아닌 듯하다. 편지는 1592년 10월 30일 자 편지인데, 웅포전투는 이듬해인 1593년 초의 일이다. 편지는 최균의 후손이 보관해 오던 것이라고 한다.

두 번째 편지는 1593년 4월 1일 당시 경상우도 순찰사로 있던 김성일에게 이순신이 쓴 편지이다. 그해에 접어들면서 전세는 급변하기 시작했다. 1월에 평양성이 탈환되었으며, 2월에 행주대첩이 있었고, 마침내 4월에는 왜군이 한양을 버리고 부산성으로 향했다. 이순신은 2월부터 한 달에 걸친 웅포전투를 마무리하고 진영으로 돌아와 있었다.

이 편지는 김성일이 죽기 불과 한 달 전에 보낸 것이다. 조명 연합군은 한양에서 퇴각하여 부산성에 집결한 왜군에 대해 총공격을 준비하고 있었다. 가까이는 제2차 진주성전투가 예고되어 있었다. 앞서 김성일이 이순신에게 웅포의 왜군에 대한 화공을 권고하는 편지를 보냈는데, 이순신의 편지는 그에 대한 답장이다.

편지에 의하면 명나라 육군이 부산성을 공격할 때 이순신의 수군이 호응하기로 계획되어 있었다. 이순신은 그때 후방을 도모하는 차원에서 웅포의 왜군에게 화공을 쓸 작정이었다. 그런데 명군이 진격을 주저하고 있었기 때문에 실행하지 않았다. 그냥 웅포의 왜군에게 화공을 쓰게 되면 왜선만 없앨 뿐, 왜군을 소탕하는 데 도움이 되지 못할 것이라 하여 포기했던 것이다.

이순신의 주도면밀함이 엿보이는 대목이다. 그러나 머지않아 일어나는 제2차 진주성전투의 결과를 생각하면 아쉬움이 있다. 김성일의 권고를 그대로 받아들여 웅포의 왜군을 화공으로 제압해두었다면 간접적으로나마 진주성전투에 도움이 되었을 수도 있었다. 이순신의 수군은 그 사이에 전열을 정비하는 데 치중했고, 진주성전투가 끝난 7월에 본영을 여수에서 한산도로 옮긴다.

편지의 내용 중에 전라도의 상황에 대한 언급이 눈에 띈다. 호남은 이순신의 수군이 바다에서 봉쇄하고, 진주대첩에서 보듯 육로도 방어하고 있어, 왜군의 침입을 피할 수 있었다. 그러나 인력이 전쟁에 투입되다보니 경작이 제대로 이루어지지 않았다. 편지에서 이순신은 군사들을 농사에 투입하겠다고 말했던바, 8월에 삼도수군통제사가 되고 나서 둔전, 어염, 도기 등에 인력을 투입하여 군비를 확충해나갔다.

김성일(金誠一)은 1538년 12월 6일 안동부 임하현 천전리에서 태어났다. 본관은 의성, 호는 학봉(鶴峰), 자는 사순(士純)이다. 1556년(명종 11) 그는 영남학파의 거두인 퇴계 이황의 문하에 들어갔다. 1564년 진사시에 합격한 다음 성균관에 들어가 본격적으로 대과를 준비했다.

1568년(선조 2) 6월 그는 우성전 등과 함께 증광문과에 병과로 급제한 다음, 그해 가을 승문원 권지부정자에 보임되었다. 정여립의 난을 계기로 동인이 남북으로 나뉠 때 그의 당색은 남인이었다. 사헌부 · 사간원 · 홍문관 청요직, 병조와 이조의 낭관 및 성균관대사성과 승정원 동부승지 등 요직을 역임했다. 42세 때 함경도 순무어사, 43세 때 황해도 순무어사 등 외직도 거쳤다. 관로는 순탄했다.

김성일은 출사 초기부터 당시로서는 금기에 가까웠던 노산군의 복위와 사육신의 복작을 주장했다. 언관 재직 시에는 고관들의 복지부동과 부정부패를 직언으로 고발하곤 했는데, 대신들로부터 '전상호(殿上虎)'라는 별명을 얻었을 정도였다. 아울러 시폐에 대한 근본적인 방책으로서 군정과 세제의 과감한 개혁을 주장했다. 강직하고 개혁적인 성향의 관리였다.

임진왜란 직전인 1590년 3월부터 이듬해 2월까지 통신사로서 서인 황윤길, 북인 허성과 함께 일본을 다녀왔다. 그 사행은 전국시대의 통일에 즈음한 일본 측의 대외적 요구에 따르는 형식으로 파견된 것이었지만, 그 이면에는 심상찮은 일본의 동태를 파악하려는 조정의 의도가 숨어 있었다. 사행 도중 김성일은 왜 측의 무례와 무성의한 태도를 준엄하게 지적하여 시정을 받아냈다.

그런데 통신사들의 보고 내용이 서로 판이하게 달랐다. 황윤길과 허성은 왜란이 임박한 조짐이 다분하다고 보고한 데 비해, 김성일은 그 반대의 상황을 보고했다. 대체로 김성일의 보고 내용이 수용되었다. 당시에 이른바 건저의(建儲議) 사건으로 서인의 영수 정철이 실각하고 동인이 득세하고 있었던 사실과 무관하지 않았을 것이다. 그러나 1년 남짓 되어 왜란이 닥쳤고, 조선은 거의 일방적으로 유린당하는 지경이 되었다.

김성일이 왜란의 가능성이 희박하다고 주장한 것에 대해서는 다음과 같은 나름의 변명 내지 변호가 있다. 왜란의 조짐을 못 본 것이 아니라 통신사들이 이구동성으로 보고할 경우의 폐단을 우려했기 때문이다. 자칫 공포와 혼란으로 이어져 냉철한 판단과 차분한 준비에 방해가 될 수 있었다. 여당이었던 동인의 입장에서는 전쟁 준비의 부담으로 인한 민심의 이반도 고려하지 않을 수 없었다. 말하자면 오판이 아니라 정치적 행위였다는 것이다.

그러나 정치적 행위는 동기가 아니라 결과로서 평가될 수밖에 없다. 곧바로, 그리고 거의 속수무책으로 유린당해야 했던 전란의 책임을 김성일은 면할 수 없다. 그는 일단 집권당이었던 동인의 시각에 갇혀 있었다. 보다 근본적으로는 주자학자로서 화이론에 매몰되어 세계 질서의 역동성을 감지하지 못한 한계를 지적하지 않을 수 없다. 도덕적으로 열등한 오랑캐의 나라라는 고정관념 때문에 군사 강국의 형세를 제대로 파악하지 못한 결과였다.

김성일은 왜란 발발 불과 수일 전인 1592년 4월 11일에 경상우도 병마절도사에 제수되어 부임하는 도중에 왜란을 맞이했다. 선조는 오판의 책임을 묻기 위해 체포령을 내리고 그를 소환했는데, 왜군이 파죽지세로 북상해 체포나 소환이 여의치 않았다. 전황이 다급해지자 선조는 류성룡 등의 건의에 따라 김성일에게 속죄의 기회를 준다는 뜻으로 경상도 초유사 직책을 부여했다.

김성일은 각처에 격문을 돌려 의병을 모집하고 군량을 모았다. 곽재우와 김면, 정인홍 등 의병장에게 직위를 부여하고 관군과 원활하게 공조하도록 조정했다. 진주대첩은 그 결실이었다. 9월에 왜군은 2만여 명의 대군을 동원하여 창원, 함안 등지를 점령한 다음 10월 진주성으로 몰려들었다. 산음의 지휘부에 머물고 있던 김성일은 도주한 진주목사 이경을 대신하여 판관 김시민을 임시 목사로 임명하고 전령을 보내 결사항전을 지시했다. 아울러 곽재우와 김준민 등 경상우도 의병장과 전라우도 의병장 최경회와 전라좌도 의병장 임계영에게 진주성을 안팎에서 공략하도록 했다. 김시민은 전사했지만 진주성은 끝내 함락되지 않았다. 진주성 수성의 공로는 누구보다 김성일과 김시민의 것이었다.

이듬해 제2차 진주성전투가 임박하자 김성일은 김해부사 출신의 서예원을 진주목사로 임명하고 경상도와 전라도 지역의 의병을 불러 모으는 등 일전에 대비했다. 4월 29일 그는 진주 공관에서 전염병에 걸려 갑자기 세상을 떠났다. 전투가 개시된 때는 6월 22일이었지만, 이미 왜군에 의해 예고된 총력전이라 준비를 서두르고 있던 차였다. 전투는 비참한 패배로 끝났고, 패배의 원인으로 관병과 의병의 마찰 등 지도부의 문제가 지적된 만큼, 살아 있었다면 구심점이 되었을 김성일의 죽음은 아쉬움을 남겼다.

김성일은 통신사로서 전쟁의 위험을 오판했기 때문에, 많은 변호가 있었음에도 불구하고 살아서나 죽어서나 비난을 면치 못했다. 그러나 전쟁이 발발하고 난 다음 그가 보여준 성실과 투혼은 그 비난을 잠재울 만했다. 조정이 북쪽으로 피란하느라 여념이 없었을 때, 남쪽에서 김성일이 관군과 의병들을 규합하여 전쟁을 수행했다고 해도 과언이 아니었다. 김성일은 왜란이 발발하고 1년 만에 병사했다. 그는 오판에 대한 속죄의 마음으로 죽음을 무릅쓰고 직무에 임했던 것이다. 제1차 진주성 전투가 끝나고 전열을 정비하고 있을 때 그가 부인에게 보낸 한글 편지가 남아 있는데, 성실함과 비장함이 애잔하게 느껴진다.

요사이 추위에 모두들 어찌 계시는지 심히 걱정이 되오. 나는 산음(山陰, 현재의 경남 산청)고을에 와서 몸은 무사히 있지만, 봄이 내달으면(닥치면) 도적들이 다시 날뛸(침범할) 텐데 어찌해야 할지 모르겠소. 또 직산(稷山)에 있던 옷은 다 여기에 왔으니 추워하고 있는가 걱정하지 마시오. 장모님 모시고 과세(過歲) 잘 쇠시오. 자식들에게는 편지를 따로 쓰지 못하오. 잘 있으라 하오.

감사(監司)라 하여도 음식을 가까스로 먹고 다니니 아무것도 보내지 못하오. 살아서 서로 다시 보기를 기약할까마는 언제라고 기한을 정하지 못하겠소. 그리워하지 말고 편안히 계시오. 끝이 없어 이만.

선달 스무 나흗날

임진왜란 발발 이전 김성일은 이순신의 발탁을 가장 적극적으로 비판했던 인물이다. 그와 대조적으로 이순신을 적극 추천했던 인물은 류성룡이었다. 류성룡의 본관은 풍산(豊山), 자는 이현(而見), 호는 서애이고, 시호는 문충(文忠)이다. 1542년 의성 외가에서 황해도 관찰사 류중영의 아들로 태어났다. 16세 때 향시에 급제하고, 21세 때 퇴계 이황의 문하로 들어갔다. 1566년 25세 때 문과에 급제하여 승문원 권지부정자로 관직에 발을 들여놓았다. 동인의 중진이었다. 우성전과 함께 정철과 서인 인사들에 대해 온건한 처벌을 주장하다가 이산해와 각각 남인과 북인으로 갈라졌다.

임진왜란 발발 당시 좌의정으로 병조판서를 겸하고 있던 그는 다시 도체찰사에 임명되어 군무를 총괄했다. 피란길에 선조를 호종하는 도중 개성에 이르러 영의정에 임명되었지만, 평양에 이르러 나라를 그르쳤다는 반대파의 탄핵을 받아 파직당했다. 한양 수복 후 영의정에 복직되었다. 작미법[作米法, 일명 대공수미법(代貢收米法)]의 실시, 훈련도감의 설치 등을 통해 전시 재정과 군비 확충을 도모했다. 그러나 정유재란 발발 이듬해에 북인들의 탄핵을 받아 관직을 삭탈당했다.

고향으로 돌아간 그는 조용히 저술에 몰두했다. 《징비록》은 그 산물이다. 《징비록》은 1592년(선조 25)부터 1598년까지 7년에 걸친 왜란의 원인, 전황 등을 기록한 책이다. '징비'란 《시경》 주송(周頌) 소비(小毖)의 '내가 징계해서 후환을 경계한다(予其懲而毖後患)'는 구절에서 딴 말이다. 전란의 아픈 경험을 거울삼아 다시는 그러한 수난을 되풀이하지 않도록 후세를 경계하기 위하여 남긴 저술이다. 그 후 그는 복관되어 조정에서 여러 번 불렀으나 일체 응하지 않았으며, 1607년 66세를 일기로 세상을 떠났다.

류성룡과 김성일을 비롯하여 신하들과 선조가 대화를 나눈 일화가 있다. 선조가 묻기를 "내가 어떤 임금인가?"라고 했다. 정이주가 먼저 대답했다. "전하는 요순 같은 분입니다." 그러자 김성일이 대답했다. "전하는 요순 같은 명군도 될 수 있지만 걸주 같은 폭군도 될 수 있습니다." 선조의 안색이 변했다. 류성룡이 거들어 말했다. "김성일이 말한 것은 걸주 같은 폭군이 되어서는 안 된다는 뜻이니 전하에 대한 지극한 사랑을 표현한 것입니다." 선조는 그제야 안색을 바꾸고 술상을 가져오라 했다.

김성일과 류성룡은 퇴계 이황의 제자로 쌍벽을 이루는 거물이다. 두 사람은 동문으로서 생전에는 각별한 사이였다. 오판의 책임을 물으려는 선조를 설득하여 김성일에게 속죄의 기회를 주도록 한 사람이 바로 류성룡이었다.

그러나 뒷날 퇴계 이황의 수제자 자리를 놓고 후학과 후손들은 치열하게 다투게 된다. 이른바 병호시비가 그것이다. 1620년 퇴계를 모시는 호계서원에 제자들을 배향하기로 하면서 상석인 좌측에 누구를 배향할 것인가가 문제로 제기되었다. 나이는 김성일이 류성룡보다 네 살 더 많았으며, 급제는 류성룡이 한 해 더 빨랐고 승진도 류성룡이 그 이상으로 더 빨랐다. 류성룡이 영의정에 올랐음에 비해 김성일은 경상우도감사에 그쳤다. 류성룡의 제자들은 영의정까지 오른 관직을, 김성일의 제자들은 나이와 학문을 내세웠다. 오랜 우여곡절 끝에 류성룡의 위패는 병산서원에, 김성일의 위패는 임천서원에, 스승인 퇴계의 위패는 도산서원에 각각 모시게 됐다. 1804년 한양 문묘에 김성일, 류성룡, 장현광, 정구 네 사람을 배향하려는 시도가 있었다. 그때에도 양쪽에서 서로 서열이 앞선다고 주장하는 바람에 조정에서 없던 일로 하고 말았다. 근래에 와서 마침내 병호시비가 정리되었다. 류성룡의 관직을 존중하여 좌배향하되, 우배향에 김성일과 그 제자 대산 이상정을 같이 배향하기로 했다.

이순신, 류성룡, 김성일 이 세 사람의 관계에서 의문이 가는 대목이 있다. 류성룡은 이순신을 적극 추천했지만, 김성일은 이순신의 불차탁용 즉 특별 승진 임용을 극력 반대했다. 그런데 류성룡은 김성일의 반대에 즈음하여 적극적으로 이순신을 지원하기는커녕 동조하듯 함구했다.

선조의 결심을 믿었기 때문에 류성룡 본인이 굳이 김성일의 주장에 응할 필요를 못 느꼈던 것일까? 이순신에 대한 확신이 그만큼 없었던 것일까? 왜란 중에 이순신이 모함을 받았을 때에도 류성룡은 이순신을 적극적으로 변호하지 않았다.

세 번째 편지는 이순신이 현덕승(玄德升, 1564~1627)에게 보낸 것이다. 1593년 7월 16일이라는 편지 일자는 내용에도 씌어 있듯이 전라좌수사의 본영을 여수에서 한산도로 옮긴 다음 날이다. 한산도는 경상우수사의 영역과 가까운 지역이다. '호남을 잃으면 국가도 잃게 된다(若無湖南是無國家)'고 했듯이 호남을 확실하게 지키기 위해 전방으로 나아갔던 것이다.

2006년 호남 출신 김대중 전 대통령이 전남도청을 방문했을 때의 일이다. 그는 방명록에 '무호남(無湖南) 무국가(無國家)'라고 적었다. 잠시 후 방명록을 가져오게 하고는, '이 충무공 왈(曰)'이란 글귀를 추가했다. 자칭 호남 대통령이라는 오해를 초래할까 걱정했던 것이다.

임진왜란 당시 호남의 비중은 사실 그러했다. 임란 삼대첩 가운데 한양 수복이 걸렸던 행주대첩을 제외한 나머지 두 전투, 즉 한산도대첩과 진주대첩이 바로 왜군의 호남 진출을 막아낸 전투였다. 두 대첩은 단순한 전승을 넘어서 역사에 큰 의미가 있었다.

현덕승은 자가 문원(聞遠), 호는 희암(希菴)으로 천안 사람이다. 1588년(선조 21) 진사가 되었고, 1590년 증광문과에 을과로 급제했다. 광해군을 수행하여 동궁기사관을 맡았는데 홍주에서 몰래 창기와 잤던 사실이 탄로 나서, 뒷날 1595년 승문원 저작에서 파직되었다. 1601년에는 북평사를, 그 이듬해에는 울산판관을 지냈다. 그의 마지막 벼슬은 지평이었다. 편지에서 지평이라 호칭한 것은 그의 직책을 가리키는 것이 아니라 후손들이 편지에 제목을 붙이느라 쓴 것이다.

그는 이순신보다 거의 20년 연하였다. 그런데도 막역한 사이 운운한 편지 내용으로 보아 두 사람은 인척간이었을 것으로 추측된다. 현덕승이 이순신의 처가와 외가가 있는 아산에 본인도 자리를 잡았다는 점, 또 그가 아산 근처 천안 출신이라는 점과 관련이 있을 듯하다.《난중일기》를 번역한 이은상은 맺음말에 나오는 자칭 '척하'라는 표현을 그 단서로 보았다.

네 번째 편지는 1596년 8월 5일 삼도수군통제사 이순신이 직속상관이었던 도체찰사 이원익(李元翼, 1547~1634)에게 보낸 것이다. 이 편지에는 어머니에 대한 이순신의 지극한 효심이 담겨 있다. 이 편지를 받은 이원익은 '지극한 정이 나옴이야 자네나 나나 모두 그러할 것이네. 이 편지글이 모든 사람을 감동시키는군. 그러나 공의(公義)에 연관된 일이니 감히 내가 경솔히 허락할 수가 없네[至情所發 彼我同然 此書之來 令人心動 第緣公義所係 未敢率爾定奪也]'라고 답했다. 그러나 이원익은 뒤로 사람을 보내 그에게 어머니를 보고 오라고 승낙했다고 한다.

편지에 나온 구분은 옥석구분(玉石俱焚)에서 유래한 말로 옥과 돌이 함께 타버린다는 뜻이다. 간혹 구분(區分)과 혼동하여 옥석을 가린다는 뜻으로 잘못 쓰는 경우가 많다. 왜군이 군인과 민간인을 가리지 않고 살상했다는 뜻인 듯하다.

전쟁에 나간 병사가 잊어야 할 것이 세 가지가 있는데 그것을 삼망(三忘)이라 한다. 그중 하나가 망가이다. 망가는 집을 잊어야 한다는 뜻이다. 망가의 공의는《사기》사마양저(司馬穰苴) 열전에서 발췌한 구절이다. '장수는 출전 명령을 받은 날로부터 집을 잊고, 싸움에 임해서는 부모를 잊고, 공격의 북소리를 들으면 자기 자신을 잊어야 한다[將受命之日則忘其家, 臨軍約束則忘其親, 鼓之急則忘其身]'는 뜻이다. 사마양저는 전(田)양저라고 불리기도 한다. 그는 중국 춘추시대 제나라 대부로서 병법의 대가였다.

미고지책(靡鹽之責)은 《시경》 소아(小雅) 녹명(鹿鳴) '사모(四牡)'에 나온 말로 일에 있어 허술하게 해서는 안 될 책임이라는 뜻이다. 척호지첨(陟岵之瞻) 역시 《시경》 위풍(魏風) '척호'에 나온 말로 언덕에 올라 부모형제 있는 곳을 바라본다는 뜻이다.

풍수지비(風水之悲)보다는 풍수지탄(風樹之嘆)이 더 익숙하다. 부모에게 효도하고자 하나 부모가 이미 돌아가셔서 효도를 할 수 없음을 한탄한다는 뜻이다. 중국 전한의 한영(韓嬰)이 지은 《시경》 해설서 《한시외전(韓詩外傳)》에 나온다. '나무는 조용히 있고자 하나 바람 잘 날 없고, 자식이 모시고자 하나 부모는 기다려주지 않는다. 한 번 흘러간 세월은 다시 쫓아갈 수 없고 가시면 다시 볼 수 없는 분이 부모이다[樹欲靜而風不止 子欲養而親不待 往而不可追者年也 去而不見者親也].' 주나라 고어(皐魚)가 슬피 우는 까닭을 공자에게 답한 말의 일부이다. 이 말을 마치고 그는 고목에 기댄 채 죽고 말았다고 한다.

의려지망(倚閭之望)은 자녀가 돌아오기를 애타게 기다리는 어머니의 마음을 뜻한다. 《전국책(戰國策)》 '제책(齊策)'에 실린 왕손가(王孫賈) 모자의 이야기에 나온 말이다. 중국 주나라 때 행정구역으로 스물다섯 집을 리(里), 리마다 세운 문 곧 이문(里門)을 여(閭)라고 했다. 왕손가가 입조하여 늦도록 돌아오지 않으면 그 어머니가 여에 나가 아들 돌아오기를 기다렸다는 것이다.

이원익은 선조, 광해군, 인조 때 영의정을 지낸 인물이다. 그 시기는 붕당이 생겨 격돌하고, 7년에 걸친 왜란과 인조반정이 일어났던 혼란기였다. 이원익은 공정하고 청렴한 인품으로 그 혼란을 헤쳐나갔다.

이원익의 본관은 전주로, 그는 태종의 아들 익령군(益寧君)의 후손이다. 자는 공려(公勵), 호는 오리(梧里)이다. 1564년(명종 19) 사마시에, 1569년(선조 2) 별시문과에 급제했다. 그는 승문원 관원과 성균관 전적을 거쳐 1573년(선조 6)에 성절사 권덕여(權德輿)의 질정관(質正官)으로 명나라에 다녀왔다. 그 후 호조좌랑, 예조좌랑, 형조좌랑을 두루 거친 다음 황해도사를 지냈다. 당시 황해감사였던 이이의 천거로 내직인 정언에 발탁되어 홍문관에 들어갔다. 다시 1583년 안주목사로 나가 목민관으로서 치적을 남겼다. 1587년에는 승지로 복귀했다. 그의 당색은 동인이었으나, 정철의 처벌 문제를 계기로 동인이 남과 북으로 분당되자, 그는 류성룡과 우성전을 따라 남인이 되었다.

1592년(선조 26) 임진왜란의 발발과 함께 이원익은 평안도 순찰사가 되었다. 왕을 호종하고 평양성 탈환에 공헌했다. 우의정, 4도의 체찰사, 중추부사를 거쳐 영의정에 올랐다. 광해군을 지지하여 영의정에 올랐지만, 영창대군과 임해군의 처벌, 인목대비의 폐위에 반대하다가 축출되었다. 인조반정 직후 서인의 남인 포섭 정책에 편승해 다시 영의정에 올랐다. 광해군 때부터 대동법 실시를 주장했다. 대동법의 모태는 류성룡의 작미법이었다. 이원익은 류성룡과 함께 전란 후유증의 치유를 모색하는 가운데 수취제도의 개혁을 공감했던 것이다.

그는 임진왜란 당시 장수들 중 이순신의 활약을 높이 평가했다. 이순신이 모함을 받아 곤경에 처했을 때 서애 류성룡마저 흔들린 적이 있었지만, 이원익은 달랐다. 그는 많은 장수들 중에서 이순신이 가장 뛰어나다며 이순신을 끝까지 신뢰했다.

마지막 편지는 정유재란 때 쓴 편지이다. 1598년 7월 8일 자 편지다. 이순신이 벽화진에서 보화도로 진영을 옮겼다가 그해 2월에 다시 고금도로 옮겼던 때였다. 전해 9월 명량해전 이후 큰 전투가 없어 경작, 어염과 전열 정비 등에 힘쓰고 있었다.

편지 수신자는 한효순(韓孝純, 1543~1621)으로 추정된다. 그는 1576년 식년문과에 급제하여 검열수찬이 되었고 왜란 발발 당시엔 영해부사였다. 영해에서 의병을 모아 왜군을 격파함으로써 경상좌도관찰사로 승진했으며, 1594년 병조참판을 거쳐 1596년 경상 · 전라 · 충청도 체찰부사에 올랐다. 광해군 때에는 좌의정에 올라 인목대비 폐위에 앞장섰다. 편지가 쓰인 당시에는 그가 전라도와 충청도에서 염철과 식량 조달을 총관하고 있었다.

맺음말에 고애자로 칭했듯이 당시 이순신은 모친상 중이라 체력이 떨어진 상태에서 명군 접대로 분주한 데다 배탈이 나서 고생하고 있었다. 7월 16일에 명나라 수군도독 진린이 도착하기로 되어 있었고, 유격이었던 계금피(季金皮) 등 명나라 장수들은 이미 도착해 있었다. 계야는 계금피를 가리키는 듯한데, 계금피(啓金皮)라는 표기도 있어 확인이 필요하다. 그가 백진사[백진남(白振南)]를 통해 조선 선비들에게 감사 인사를 전하고 있는 것으로 보아 명군을 접대하는 일은 관민을 막론하고 모두 나섰던 것 같다.

백진남은 1564년(명종 19)에 태어나 1618년(광해군 10)에 죽었다. 자는 선명(善鳴), 호는 송호(松湖)이다. 시부와 필적이 좋았다. 1590년(선조 23) 그는 진사가 되었다. 1606년(선조 39) 명나라 사신 주지번이 왔을 때 백의로 사신을 영접하는 일에 뽑혔다. 주지번은 문학과 서예에 조예가 있었는데, 백진남의 필적을 보고는 절찬하여 서로 필적을 선물하는 등 교의가 두터웠다. 1597년 정유재란 때 그는 이순신의 진중으로 피란했다. 그때 진중에서 계금피와 승덕 등 명나라 장수들과 교류했다. 그는 이순신의 요청으로 명나라 장수들을 접대하는 역할을 맡았던 것 같다.

명군은 의주로 피란한 선조의 파병 요청으로 1592년 12월부터 조선에 들어왔고, 일단 1594년 9월과 10월에 걸쳐 명나라로 돌아갔다. 처음엔 4만 5천 명이 들어왔고, 뒤이어 6천 명이 들어와 총 5만 1천 명이 거의 2년 동안 조선에 주둔했다. 명나라의 지원군 파병으로 왜란의 전세가 바뀐 것은 사실이었지만 조정과 민간에 끼친 명군의 폐해는 상상을 초월했다. 1593년 1월 말 벽제관전투에서 패한 뒤로 명군은 더 이상 싸우려 들지 않았다. 명나라 장수들의 월권행위와 오만함이 정치와 전쟁수행에 큰 해악을 끼쳤다. 선조와 대신들은 명나라 장수들을 독려하고 접대하느라 여념이 없을 정도였다. 무엇보다 군량을 확보하고 운반하느라 민력이 크게 피폐해졌다.

김성일에게 보낸 편지의 행간에도 명군의 횡포로 인한 이순신의 고뇌가 드러나 있다. 이순신이 명군과 협공하여 왜군에게 화공을 쓰려 했지만, 명군은 전투에 나설 마음이 전혀 없었던 것이다. 비단 작전이라는 공적 차원에서뿐만 아니라 두 나라 장수 간의 사적 차원에서도 많은 문제가 발생했다.

정유재란이 발발하자 명나라는 조선에 다시 수군을 파병했다. 비교적 즉각적인 파병이었던바, 명나라 본토를 노린 왜군의 위협을 감지했던 것이다. 1597년 8월 명나라 수군은 의주를 떠나 남진했고, 9월에는 진린이 광동수병 5천을 이끌고 조선에 들어왔다. 명나라 수군은 당진에 도착해 진을 쳤다. 뒤이어 남방의 수병 2만 1천 명이 추가로 파병되었다. 11월에는 유격 계금피 휘하 수군이 남진하여 전라좌수영에 배속되었다. 이듬해 1598년 7월에는 진린 휘하 명나라 수군 본대가 내려와 이순신 휘하 조선 수군과 합류하게 되었다.

진린은 모략이 있어 병사를 잘 부렸지만 성격이 거칠고 탐욕스러워 명나라 본국에서도 수차례 탄핵을 받은 적이 있었다. 그러다 정유재란 때 다시 발탁되어 출전할 기회를 얻었다. 조선에 와서도 진린과 그 휘하 장졸들은 선조와 대신들 앞에서 거드름을 피웠으며 난폭한 행동을 일삼았다. 명나라와 조선 수군이 합류한 뒤 진린과 이순신 사이에도 알력이 있었다고 전한다. 이순신은 진린에게 전공을 양보하는 등 융숭히 대접함으로써 연합작전을 원만히 수행하려고 노력했다.

진린이 내려온 지 열흘도 안 된 음력 7월 24일의 절이도해전 때였다. 조선 군함 8척과 명나라 군함 30여 척이 연합하여 왜군을 격파했다. 왜군 수급(首級) 70여 개와 왜선 6척을 획득했는데, 전공을 세운 쪽은 거의 전적으로 조선군이었다. 이순신은 왜군 수급 40여 개와 노획한 왜선을 진린에게 양보했다. 이후 진린이 이순신을 높이 평가하여 이야(李爺) 혹은 노야(老爺)라는 경칭으로 불렀다고 한다. 이것은 실록에 전할 정도로 유명한 이야기이다. 나아가 진린은 명나라 황제 신종에게 이순신의 전공과 능력을 보고했고, 신종이 이순신에게 최고 무관직인 도독의 직인 등을 하사품으로 보냈다고 한다.

진린 외에도 이순신과 관계있는 명나라 장수로는 편지에 나오는 계금피와 등자룡이 있다. 계금피는 유격장군으로서 보령에 주둔하다가 일찍이 이순신의 진중에 합류했는데 명나라 장수로는 드물게 그의 덕을 기리기 위해 세운 공덕비가 전한다. 등자룡은 이순신보다 15년 연상의 노장이었지만 용맹하기로 소문난 장수였다. 그는 노량해전에서 이순신과 함께 전사했다. 그의 수급은 왜군이 가져갔다. 명나라 장수로는 유일하게 전사한 인물이다. 진린과 등자룡은 전승을 기원하기 위해 고금도에 관왕묘(關王廟)를 세웠는데, 후일 정조가 새로 탄보묘(誕報廟)란 사액을 내리고 등자룡을 배향하도록 했다. 진린은 왜란이 끝나자 명나라로 돌아갔는데, 명이 망한 뒤 그의 손자가 전라도 해남으로 와서 정착해 광동 진씨 집성촌을 이루었다. 계금피의 후손들은 보령에 있는 공덕비를 참배한 일도 있었다. 2014년에 시진핑 중국 주석이 내한하여 서울대학교에서 특강을 했는데, 그때 그는 등자룡과 진린을 양국 간 우호의 상징으로 내세웠다.

최여화에게 보내는 답장

남구만이 최석정에게 답하다

자고로 소국이 강한 적국을 섬겨서 나라를 보존하는 것은 비유컨대 살기 위해 먹고 마시는 일상사와 같다. 그 누가 이것을 불가하다고 말할 수 있겠는가. 그러나 우리나라가 청나라와 화친했던 일은 그와 크게 다르다. 그때 청나라는 명나라의 원수가 되어 날마다 전쟁을 벌이고 있었기 때문이다. 우리나라는 명나라에게 받은 은혜가 깊어 갚아야 할 의리가 있다. 우리나라와 청나라의 관계는 신라와 당나라의 관계나 고려와 송나라의 관계와 같지 않다. 부모의 나라인 명나라의 원수와 형제국 관계를 맺는 것은 의리상 차마 할 수 없는 일이었다. 그래서 정묘년(1627, 인조 5)에 화친할 때 반대의 목소리가 컸던 것이다. 그러나 당시엔 국력이 너무 약하여 우리 힘으로는 결코 서 있을 수가 없었다. 또한 명나라에서도 우리나라를 해외의 나라라고 여겨 크게 책망하지 않고 우선 화를 늦출 계책을 세우도록 허락했다. 그나마 자위하고 용서받을 여지가 있었던 것이다. 그때 만약 우리나라의 상하가 기필코 명나라를 위하여 사력을 바치려는 마음이 있었다면 정묘년부터 병자년(1636)에 이르기까지 10년 동안 자강(自強)의 방책이 정말 볼만했을 것이다. 그러나

한 가지 방책도 펼쳐진 것이 없었다.

심지어 정묘년에 강홍립(姜弘立, 1560~1627)이 오랑캐를 끼고 침략해 왔을 때 우리나라 재신(宰臣)이 강홍립에게 편지를 보내 진격을 늦춰주십사 청하면서 마침내 형이라 칭하기까지 했다. 또한 청나라가 강홍립을 우리나라로 돌려보냈을 때에도 그가 군사를 이끌고 오랑캐에게 항복한 죄를 묻지 않았다. 오히려 그를 비변사 제조로 차임해서 그에게 군국의 정사를 논하게 함으로써 오랑캐의 마음을 기쁘게 하려고까지 했다.

또 무진년(1628)에는 청나라가 청군에 포로로 잡혔다가 도망쳐 나온 명나라 사람들을 찾아 돌려보내라고 위협하자, 성상께서 대신들에게 그에 관해 수의(收議)하도록 명하셨다. 조정의 신하들 다수가 청나라와 편하게 지내려고만 생각했기 때문에 청나라의 말대로 명나라 사람들을 찾아서 돌려보낸 것이다. 또 뒤에 명나라 사신이 우리나라에 왔을 때 청나라 장수가 수백 기병을 거느리고 안주(安州)에 와서 주둔하며 말하기를, "명나라 사신이 지나갈 때 포박하여 잡아가겠다."라고 한 일이 있었다. 청나라 장수가 제 발로 돌아가 별일 없이 지나갔지만 우리나라는 감히 청나라 장수에게 한마디 대꾸하지도 못했다. 인심과 국력의 나약함이 이 지경이었으니, 무엇을 더 바랄 수 있었겠는가. 그러니 정묘년(1627)의 화친은 저들 앞에서 불쌍하게 보여 동정을 구걸한 것일 뿐이었다. 장차 원수를 갚기 위한 계책에서 나온 것이 아니었다.

이제 청나라의 기세는 하늘을 찌를 듯 버젓이 황제라고 칭하기에 이르렀다. 우리나라를 아우라 칭하게 하는 데 그치지 않고 신하라 칭하게 했다. 그에 그치지 않고 우리나라로 하여금 명나라와 단절하고 명나라를 공격하게 만들었다. 청나라의 형세로 보아 예견된 일이었다. 그래서 병자년(1636, 인조 14) 봄의 척화(斥和)가 정묘년(1627) 때보다 더욱 격렬했던 것이다. 어찌 단지 오랑캐 섬기는 것을 수치스럽게 여겼기 때문만이겠는가. 〔정묘년에는〕 그래도 청나라가 우리나라를 신하라 칭하지 않았으며 명나라와 단절하라는 말을 하지 않았고, 우리나라의 국력이 쇠약했다지만 그전만큼은 되었다. 그러니 우선 예전의 약속을 지키는 것이 한 가지 방도였다고 할 수도 있었다. 그러나 '하늘 흐려 비 오기 전에 뽕나무 뿌리 가져다가 창문 단단히 얽어서 아무도 감히 나를 업신여기지 못하게 한다'라는 《시경》 빈풍(豳風) '치효(鴟鴞)'의 구절처럼 하지 않음으로 말미암아, 정축년(1637)에 성을 내려왔을 때에는 이미 형세가 무너지고 힘이 다하여 이 지경에 이르게 되어 있었던 것이다.

이때에는 단지 두 가지 방도만이 있을 뿐이었다. 만약 '나를 살려준 자를 위해서 죽는 것은 마땅히 따라야만 할 옛 제도이다. 명나라가 전에 이미 우리의 사직을 다시 세워주었다. 그러니 이제 명나라를 위하여 싸우다가 우리의 사직이 망한다 해도 한스러울 것은 없다'고 생각해서, 군신과 상하가 목숨을 바치고 두 마음을 품지 않는다면 이는 의리(義理)를 따르는 논의이다. 만약 '300년 동안 이어온 사직을 하루아침에 망하게 할 수는 없다'고 생각해서, 치욕을 참으며 허리를 굽히고 머리를 조아려 스스로 신하라 칭하며 저들의 말을 감히 어기지 못한다면 이는 이해(利害)를 따르는 논의이다. 이 두 가지 방도 가운데 하나만 있을 뿐, 어찌 '이해와 의리를 모두 온전하게 한다'는 방도가 있었겠는가.

지난날 일찍이 내가 대부(大府, 최석정의 아버지 최후량)를 만났을 때 화의의 일을 거론하며 말씀드리기를, "대야(大爺, 최석정의 조부 즉 최명길)께서 화의를 주장한 것을 사세와 시의(時宜) 측면에서 헤아려보면 불가함은 아닌 듯합니다. 그러나 중요한 직책을 맡아 큰일을 할 수 있는 형편이었는데도 군대를 정비하고 병기를 정돈하자고 요청하셨다는 말을 듣지 못했습니다. 마치 화의만 믿고 그것으로써 국가를 보전하는 계책으로 삼고 계셨던 듯하니 옳지 않았던 것 같습니다."라고 했다. 대부께서 답하시기를, "가존(家尊, 최명길)께서 비록 중요한 자리에 계셨으나 승평부원군(昇平府院君) 김류(金瑬)와 서로 뜻이 맞지 않아서 말씀한 것이 하나도 시행되지 못했으니 어찌하셨겠습니까."라고 했다. 그렇다면 이는 대야의 책임이 아니다. 그러나 지금에 와서 그 당시의 일을 범연히 논한다면 조정의 신하들이 모두 명나라를 위하여 죽으려는 마음이 결코 없었다. 국가를 다스리는 일에 하나도 믿을 만한 것이 없었다. 그래서 점점 침체되어 항복하는 데에 이르고 말았던 것이다. 설혹 정축년(1637) 이전에는 이른바 '의리와 이해 두 가지가 모두 손상됨이 없게 한다'는 방도를 권면할 수 있었다 하더라도, 어찌 그 이후에도 되풀이할 수 있겠는가.

지난번 편지에 쓴 태왕(太王)과 구천(句踐)의 일은 정축년의 일과 같지 않았다. 태왕이 훈육(獯鬻)을 섬긴 것은 다만 가죽과 폐백과 주옥(珠玉)을 바쳤을 뿐이다. 언제 항복하고 빌붙어서 신하라고 칭한 적이 있었으며, 언제 협박을 받고서 임금으로 섬기던 나라와 단절한 적이 있었으며, 언제 원수의 나라에 원병을 보내 부모의 나라를 공격한 적이 있었던가. 이는 본래 견줄 필요도 없는 것이다. 월왕 구천의 경우는 오나라의 신첩이 된 치욕을 당했으니 우리나라의 경우와 거의 같다. 그러나 원병을 보낸 것은 오직 오왕 부차(夫差)가 제나라를 정벌하러 갔을 때밖에 없었다. 가령 부차가 종과 북을 울리며 낙읍(洛邑)으로 가서 주나라 천자의 구정(九鼎)을 빼앗으려고 했을 때 월나라 군대가 앞줄에 섰다면, 맹자가 그것을 올바른 사대(事大)의 행위〔외천(畏天)〕라고 결코 허여하지 않았을 것이다.

우리나라가 청나라와 화친을 맺을 때 처음부터 지극히 어렵게 여긴 것은 명나라를 배반하는 일이었다. 대야께서 화친 전후에 올린 수만여 글자의 상소와 차자에서 이해와 의리를 분석하신 것이 상세하여 구비되지 않음이 없었다. 그런데 유독 이 부분에 대해서는 그다지 명확하게 변론하지 않으셨다. 정축년에 항복할 때 청나라에 원병을 보내어 명나라를 공격하라는 것이 약조문에 기재되어 있었고, 그 일환으로 맨 처음 함께 가도(椵道)를 공격하자는 요청을 받았다. 청나라가 이후에 반드시 명나라 서쪽을 침략하기 위해 우리나라에 파병을 요구할 것임을 사람들이 모두 알고 있었다. 그런데 어찌 대야의 밝은 소견으로도 이것을 미처 내다보지 못하셨다는 것인가.

무인년(1638)에 청나라에서 파병을 요구했을 때 대야께서 자청하여 심양으로 달려가 청으로 하여금 철회하도록 도모하셨다. 그런데 병사(兵使) 유림(柳琳)의 가장(家狀)과 정승 심열(沈悅)의 차자와 묘문(墓文)을 상고해보면 대야의 행차가 출발하자마자 우리나라 군대가 뒤따라 나갔다. 이에 청나라가 대야를 불만스럽게 생각하여 문책할 수 없게 되었지만, 대야께서 행차했다고 해서 우리나라에 대한 위협이 사라지는 것은 애초부터 아니었다. 그래서 당시 조정에서도 대야께서 저들 나라에 도착하기를 기다리지 않고 원병을 보냈던 것이다.

아! 당초에 나라가 망하지 않는 것을 더 중히 여겼기 때문에 항복하지 않을 수 없었던 것이고, 또 항복하던 날에는 명나라를 공격하기로 이미 약속하고 이후 가도를 공격하는 것을 도왔던 것이다. 나라 망함을 불사하고서라도 남한산성에서 결단하지 못했는데, 허리와 목이 거꾸로 매달리고 멱살을 잡히고 난 뒤 스스로 손발을 놀리고자 한들 어찌 그리 될 수 있겠는가. 대야께서 조정으로 돌아온 뒤에 원병을 보내도록 승낙한 동렬(同列)들을 탓하는 말씀이 없었으며, 저들에게 청원을 관철시키지 못했다 하여 군주의 명령을 욕되게 한 죄를 달게 받겠다고 청하지도 않았다. 그렇게 될 줄 알고 계셨던 것이다. 대야께서 의리를 지켜 두 번 심양에 가신 것은 참으로 장하기는 하다. 그러나 일신의 명예를 스스로 깨끗이 하고, 일신의 마음을 스스로 밝히기 위해 가신 것뿐이었다. 나라를 구하려는 계책으로 가신 것은 아니었던 것이다.

또 대야께서 경도(經道)와 권도(權道)를 말씀하셨는데, 권도를 행하기 어려움은 지난번 편지에 이미 쓴 바 있다. 공자가 말씀하시기를, "함께 도에 나아가고도 함께 설 수 없으며, 함께 서고도 함께 권도를 행할 수는 없다〔可與適道 未可與立 可與立未可與權〕"라고 했다. 도에 나아가는 것도 진실로 쉽게 말할 수 있는 바가 아닌데, 권도는 도에 나아가는 것보다 두 단계나 더 높은 것이다. 권도는 바로 성인(聖人)이 크게 쓰는 것〔용(用)〕이니, 성인이 못 되는 사람이라면 권도를 행하여 바름을 얻기가 어찌 어렵지 않겠는가.

주자가 말씀하시기를, "권(權)은 저울질하여 경중을 아는 것이니, 권도를 행한다는 것은 일의 경중을 저울질하여 의(義)에 부합하게 함을 말한다."라고 했다. 《맹자》에서는 다음과 같이 예를 들어 말하고 있다. '참으로 음식과 여색은 가볍고 예는 중하다. 그런데 굶어 죽지 않는 것은 예에 맞게 먹는 것보다 중하다. 그래서 비록 예에 맞지 않더라도 먹을 수 있다. 아내를 얻는 것은 친영(親迎)하는 것보다 중하다. 그래서 비록 친영하지 못하더라도 아내를 얻을 수가 있다. 그러나 비록 굶어 죽는 한이 있더라도 형의 팔뚝을 비틀고 밥을 빼앗아 먹어서는 안 되고, 비록 아내를 얻지 못하는 한이 있더라도 남의 집 담장을 넘어가 처자를 끌어와서는 안 된다.' 옛 성현이 남긴 글 중 권도 즉 경중을 저울질하는 것을 가장 분명하게 설명하는 내용이다. 우리나라가 명나라를 배반하고 청나라를 도와 공격한 것이 형의 팔을 비틀고 처자를 끌고 오는 것과 같은가, 다른가? 이러한 문제는 공자와 맹자가 다시 나오지 않는다면 쉽게 판가름하지 못할 듯하니, 어찌 감히 나의 좁은 소견으로 함부로 말할 수 있겠는가. 종사와 신민의 운명을 맡고 있는 자는 작은 신의를 위하여 아무도 모르게 구독(溝瀆)에서 스스로 목매어 죽는 필부처럼 행동할 수 없다는 말은 참으로 옳다. 그러나 그 또한 사리의 경중이 어떠한가를 따져보아야 한다.

공자는 정사를 묻는 자공(子貢)에게 답하기를, 부득이하게 버려야 한다면 "군비를 버려야 하고 양식을 버려야 한다."고 하시고 또 말씀하시기를, "예로부터 사람은 모두 죽기 마련인데, 백성에게 신뢰를 받지 못한다면 정치는 설 수가 없다."고 하셨다. 정자가 해석하기를, "신뢰는 본디 사람에게 고유한 것이니, 군비와 양식이 그보다 앞설 수 없다. 따라서 위정자는 백성에게 솔선수범하여 죽어도 신뢰를 지켜야 하고 위급하다고 해서 신뢰를 저버리면 안 된다."고 하셨다. 이것이 어찌 종묘

사직을 맡은 자의 일이 아니겠는가.

答崔汝和

自古弱國之事強敵以保其國 譬猶飮食常事然 夫誰曰不可 至於我國之和淸則大異於是 淸人方與明朝爲仇 日事爭戰 而我國之於明朝 恩義深重 非若羅麗之於唐宋而已也 與父母之仇 結爲兄弟 義所不忍 故丁卯和時 群議朋興者此也 然其時國力實弱 決不可支吳 天朝亦以海外之國 不之深責 許其姑爲緩禍之計 此猶可有自恕之地 若使我國上下之心 必有爲明朝致死之心 則自丁卯至丙子十年之間 其爲自強之策 必有可觀 而非但無一籌之展 至於丁卯姜弘立之挾虜入寇也 我國宰臣送書於弘立 請其緩兵 乃以兄稱之 及淸人之以弘立還我也 非但不正其降虜陷軍之罪 乃差備局提調 使與論軍國之政 以悅虜人之心 且戊辰淸人脅我以刷送被虜逃還者 上命收議朝臣 多以爲與之便 故依虜言刷送之 其後明使之到本國也 胡將率數百騎來駐安州曰 明使過去時 我當縛取云 而渠適自還去耳 我則不敢以一言加責於彼 人心國勢之靡靡 一至於此 夫復何望 由此言之 丁卯之和 亦終歸於目前之乞憐 非出於將以有爲也 淸人之勢 浸浸有進 至於肆然爲帝之後 則兄弟不已 必將稱臣 稱臣不已 必將絶明朝 絶明朝不已 必將攻明朝 此乃必至之勢也 以此丙子春斥和 尤激於丁卯 夫豈但以事夷狄爲恥哉 然淸人姑未發稱臣絶明朝之語 而國力之弱猶夫前日 姑守前約亦或一道 至於丁丑下城之際 天之未陰雨 旣不能綢繆牖戶 使人莫敢侮予 而勢弱力竭 及於此地 當是時只有兩道 若曰生我者我爲之死 古之制也 明朝前旣再造我 社稷 今爲明朝亡 社稷 亦無所恨 君臣上下 效死不二 此從義理之論也 若曰三百年 社稷 不可一時覆亡 屈身忍辱 稽首稱臣 唯其言而莫敢違 此從利害之論也 此兩道之外 夫安有利害義理俱全之道也 以此前日曾拜大府 論及和議事曰 大爺之主和 度以事勢時宜 似無不可 但職在樞要 勢可有爲 而未聞

有治兵詰戎之請 若只恃和議 以爲保國之策 似不然矣 大府答曰家尊雖居要地 而與昇平相失 凡有所言 一不見施柰何云 然則此非大爺之責 而到今汎論其時 之事 在朝諸臣 皆無爲明朝必死之心 故其所以治國家者 一無可恃 陵夷至於 下城 然則所謂義理利害 兩無所傷者 可於丁丑以前勉之 豈可於丁丑以後求之 哉 來敎所引太王句踐事 亦有與丁丑事不同者 太王之事獯鬻 只以皮幣珠玉而 已 何嘗降附而稱臣 何嘗爲其所脅而絶臣事之國 何嘗助兵仇讎而攻父母之邦 乎 此則本不必比擬 至於句踐臣妾之辱 殆同於我 而然其助兵者 唯在夫差伐 齊之行而已 設令夫差鳴鐘鼓向洛邑 將取周天子九鼎 而越兵在其顔行 則竊恐 孟子必不以畏天許之耳 我國之媾和於淸人 自初以爲至難者 本在於背明朝 而 大爺前後疏箚數萬餘言 所以陳析利害與義理 無不詳備 獨於此處不甚明辨 丁 丑下城時助兵攻明朝 乃約條中所載 而同擊椵島 又其首發之請也 其後必有西 犯之徵兵 人所共知 豈大爺之明見不及於此哉 及戊寅徵兵時 大爺雖自請赴瀋 以圖拒塞 而考見柳兵使琳家狀 沈政丞悅箚本及墓文 大爺之行纔發 我國之兵 隨出矣 蓋淸人只不加不善於大爺而已 其所以危脅我國則決不可以大爺之行 得其停止 故其時朝廷亦不待大爺之到彼 而已送助兵矣 噫 當初本以亡國爲重 故不得不下城 而下城之日 亦旣約攻明朝 且已助擊椵島矣 寧以國斃 旣不得決 之於南漢 則及至要領倒懸 咽喉見搤之後 乃欲自運其手足 其可得乎 以此大爺 還朝之後 未嘗有咎同列許助兵之語 未嘗以不得請於彼人 乞受辱命之罪者 亦 知事勢之必不可得已也 然則大爺前後赴瀋 雖義誠凜然 只爲自潔一身之名而 已 自明一身之心而已 其於國家計 亦恐無所救矣 來書且有經權之示 權之難 用 前書已及之 孔子曰可與適道 未可與立 可與立 未可與權 然則適道固未易 言 而權則又於適道上加二等矣 此是聖人之大用 下聖人一等則用權而得正 豈 不難哉 朱子曰權所以稱物而知輕重 可與權 謂能權輕重使合義也 若以此推言 之 則食色固輕 禮固重矣 飢而死 重於禮食 故雖不以禮食 亦可以食矣 不得妻

重於親迎 故雖不親迎 亦可以得妻矣 至於紾兄之臂而奪之食 則雖飢而死 亦不可爲矣 踰東牆而摟處子 則雖不得妻 亦不可爲矣 聖賢遺文說權輕重處 此最明白 我國之背明朝而助攻者 其比紾兄臂與摟處子 果有間乎 其無間乎 此等去處 除非孔孟復出 恐未易剖判 何敢以僕之管見 率易立說乎 有宗社臣民之託者 不可爲匹夫溝瀆之行云者 誠是矣 然亦當觀其事理輕重之如何耳 孔子於子貢之問政曰去兵去食 又曰自古皆有死 民無信不立 程子釋之曰信固人之所固有 非兵食所得而先也 是以爲政者 當身率其民 而以死守之 不以危急而可棄也 此獨非有宗社者之事耶

❖

이 편지는 남구만(南九萬, 1629~1711)이 최석정(崔錫鼎, 1646~1715)에게 보낸 답장이다. 작성 시기는 분명치 않다. 다만 답장에 언급된 전 편지가 신미년(1691) 6월의 것이니, 그 얼마 뒤에 작성된 것으로 짐작할 수 있다. 내용은 반세기도 더 지난 정묘년(1627)과 병자년(1636) 호란에 관한 시비이다. 두 전란에서 모두 조선은 패배, 굴복했다. 정묘호란에서는 칭제(稱弟), 병자호란에서는 칭신(稱臣)을 맹약했다.

물질적으로 7년에 걸쳐 전 국토가 유린되었던 왜란에 비해, 호란은 그 피해 기간이나 범위가 훨씬 한정적이었다. 그러나 정신적인 상처는 왜란보다 호란의 경우가 훨씬 더 컸다. 왜란에서는 끝내 굴복하지 않았지만, 호란에서는 제대로 싸워보지도 못하고 칭제 · 칭신하는 결과를 초래함으로써 회한이 남게 되었다. 뒤이어 가해진 청의 간섭과 수탈은 상처를 더 악화시켰다.

그 여파로 화친론에 입각한 항복이 잘못된 결정이었다는 여론이 갈

수록 높아졌다. 호란이 지난 반세기 뒤였지만 척화냐, 화친이냐 하는 정치적인 논란은 여전히 뜨거웠다. 이 답장의 요지는 최명길(崔鳴吉, 1586~1647)에 대한 비판이다. 최명길은 호란 당시 화친과 항복의 불가피성을 주장하고 그 과정을 주도했다. 편지의 수신자 최석정이 바로 최명길의 손자이다. 발신자 남구만은 최석정의 사우이자 같은 소론인데도 그의 조부에 대한 비판을 서슴지 않고 있다. 친소와 당색을 떠나 척화와 화친은 호란 당시는 물론, 반세기가 지난 뒤에도 여전히 뜨거운 논란의 주제였다.

남구만의 본관은 의령이고, 자는 운로(雲路), 호는 약천(藥泉) 또는 미재(美齋)이며, 시호는 문충(文忠)이다. 그는 송준길의 문하에서 수학했다. 1651년(효종 2)에 사마시를 거쳐 1656년(효종 7) 별시문과에 급제했다. 사간원정언, 이조정랑, 사헌부집의, 홍문관응교, 사인, 승지, 대사간, 이조참의, 대사성 등을 역임했다. 1668년부터 외직으로 나가 안변부사와 전라도관찰사를 지냈고, 1674년에는 함경도관찰사를 지냈다. 숙종 초 조정에 복귀하여 대사성, 형조판서 등을 역임했다. 1679년(숙종 5) 한성부좌윤이었던 남구만은 서인의 중심인물로서 윤휴와 허견 등 남인을 탄핵하다가 반격을 받아 남해로 유배되었다. 이듬해 경신대출척(庚申大黜陟)으로 남인이 실각하자 복권되어 도승지, 부제학, 대제학, 대사간 등을 역임했다. 1683년 남구만은 병조판서로 폐사군(廢四郡)의 복치를 주장하여 무창과 자성 등 2군을 설치했다. 이즈음 서인이 송시열의 노론과 그 반대파인 소론으로 분열되었는데, 남구만의 당색은 소론이었다. 그는 1684년 우의정과 좌의정을 거쳐 1687년 영의정에 올랐다. 1689년 기사환국(己巳換局)으로 남인이 득세하자 그는 강릉으로 유배되었고, 1694년 갑술환국으로 서인이 복귀하자 다시 영의정에 등용되었으며, 1696년 중추부영사가 되었다. 1701년 남구만은 세자의 친모임을 감안하여 희빈 장씨의 사약만은 막으려고 하다가 유배되어 정치 무대에서 사라진다. '동창이 밝았느냐'로 시작하는 유명한 시조가 바로 남구만의 작품이다. 그가 말년에 관직에서 물러났을 때 썼다고 한다.

최석정의 자는 여화(汝和)이며, 호는 명곡(明谷) 또는 존와(存窩)이고, 시호는 문정(文貞)이다. 최석정은 남구만과 박세채의 문하에서 수학했다. 1666년 진사시에 합격하고, 1671년 정시문과에 급제하여 검열, 설서, 봉교, 교리 등을 역임했다. 1685년(숙종 11) 부제학 재임 중 당시 소론의 영수인 윤증을 옹호하고 김수항(金壽恒)을 논척하다가 반격을 받아 파직되었다. 그 뒤 복귀하여 이조참판, 한성부판윤, 이조판서 등을 역임했다. 1697년 우의정, 1699년 좌의정, 1701년 영의정에 올랐다. 남구만과 함께 왕세자를 보호하기 위해 희빈 장씨의 사사에 반대하다가 진천에 부처(付處)되었다. 이듬해 풀려난 그는 판중추부사를 거쳐 다시 영의정에 올랐다. 이후 노론과 소론의 격렬한 당쟁 속에서 소론을 영도하며 모두 8차례나 영의정을 지냈다. 최석정을 필두로 동생 석항, 아들 창대 등 그의 가문은 대대로 소론의 대표가 된다.

최석정은 겉으로는 주자학을 추종하면서도 속으로는 양명학을 긍정하는 이른바 외주내양(外朱內陽)의 학문 태도를 지니고 있었다. 당시 그의 조부 최명길은 양명학에 대한 관심을 표명하여 물의를 일으키고 있었다. 최명길의 화친론이 다분히 독단적이던 당시의 주자학적 명분의리론에 대하여 진정한 의리가 무엇인지를 묻는 양명학적 문제 제기였을 수도 있다. 아무튼 최석정은 조부 최명길이 양명학에 뜻이 없었음을 역설했다. 주자학에서 조금이라도 벗어나면 사문난적으로 몰리는 풍토를 의식했던 것이다. 그러면서도 정주학에 매몰되지 않고 왕수인을 양명자(陽明子)로 부르는 등 양명학을 존숭했다. 그가 찬집한 《예기유편(禮記類篇)》도 그 내용에 있어서는 정주(程朱)의 예론과 다른 점이 많아 노론의 거센 공격을 받았고, 결국 판본이 소각되었다. 음운학, 수학에도 정통하여 《경세정운도설(經世正韻圖說)》《구수략(九數略)》 등을 찬술했다. 《구수략》에 그 유명한 9차 마방진(魔方陣)이 실려 있다.

최석정의 부친 후량(後亮)은 최명길의 아우 혜길의 친자인데, 최명길에게 입양되었다. 최후량은 호란 당시 최명길 대신 볼모로 잡혀가 심양에 있다가, 1642년 최명길이 심양에 소환되었을 때 현지에서 봉양 변호했고, 최명길과 함께 귀국했다. 1651년(효종 2) 생원이 되어 남별전참봉(南別殿參奉)에 임명되었으나 부임하지 않다가, 1666년(현종 7) 음보(蔭補)로 종부시주부와 공조좌랑을 거쳐, 1670년부터 배천군수, 사복시첨정, 영천군수를 역임했다.

편지에서 남구만은 호란 당시 조정의 결정이 잘못되었다고 지적하고 있다. 조정의 결정이란 후금(後金) 즉 청에 결사 항전하지 않고 청이 요구한 형제 내지 군신의 맹약을 받아들인 것을 말한다. 척화론 즉 주전론을 누르고 화친론에 입각하여 항복을 결정하고 주도했던 사람은 최명길이었다. 앞서 최석정이 남구만에게 조부 최명길의 입장을 구구절절이 해명한 바 있었는데, 이 편지는 그에 대해 남구만이 조목조목 반박하며 쓴 답장이다.

명나라가 망한 지 반세기가 지난 시점에서도 명나라를 서슴없이 부모의 나라라고 부를 만큼 숭명주의의 뿌리는 깊었다. 숭명주의와 청에 대한 복수심은 동전의 양면이었다. 새삼 호란 당시의 화친론에 대한 비판을 되새기고, 청나라에 복수설치(復讎雪恥, 청나라에 당한 수치를 보복하고 설욕함)를 하자는 북벌론이 대두되었다.

심지어 망한 명나라의 마지막 황제 신종과 의종의 사당이 조선에 지어졌다. 화양서원(華陽書院)의 만동묘(萬東廟)가 그것이다. 화양은 중화의 부활을 뜻한다. 만동은 만절필동(萬折必東)을 줄인 말로, 만 번을 굽이치고 굽이쳐도 반드시 동쪽으로 흐른다는 뜻이다. 명나라에 대한 변함없는 충의의 표현이었다. 원래는 《순자(荀子)》 '유좌(宥坐)'에 나오는 공자와 자공의 대화 중에 나오는 말이다.

숭명의식은 책봉 관행에 부수된 사대 관념 위에 임진왜란 때 명과 혈맹을 맺었다는 데에서 유래된 보은 심리가 더해진 것이다. 반청의식은 후금과 그 뒤를 이은 청나라 여진족보다 조선인이 선민(選民)이라는 관념 위에 두 번의 호란에서 당한 치욕에 대한 복수 심리가 더해져 생겨났다.

숭명반청의식은 다분히 허위적이었다. 숭명반청의식에 잠재된 심리는 현실성의 일면을 부정할 수 없지만, 그나마도 왜곡 내지 조작되었다. 조선은 명나라, 청나라와의 관계를 힘의 관계로 인식하기보다는 이념적 · 윤리적 관계로 파악해 현실성을 잃었다.

명나라와 청나라의 쟁패를 조선으로서는 지켜볼 수밖에 없는 일이었다. 광해군은 그런 상황을 제대로 파악하고 대응했다. 그런데 인조반정으로 말미암아 인식과 대처에 혼란이 일었다. 중종반정에 비해 인조반정은 공감대가 그리 넓지 않았다. 인조와 공신들은 반정의 정당성을 확보하기 위해 명나라에게 책봉 승인을 서둘러 받아야만 했다. 명나라는 청나라의 전신인 후금과 결전을 앞두고 있었다. 조선은 인조의 책봉 승인을 받기 위해서 숭명반금의 기치를 분명히 들어야만 했다. 인조와 공신들은 안으로 영창대군과 인목대비에 대한 광해군의 패륜적 행위를 응징한다는 것을 반정의 명분으로 삼았다. 그 연장선상에서 광해군의 중립 외교 노선이 명에 대한 패륜으로 규정되고, 숭명반금 노선은 혈맹의 상국에 대한 인륜적인 선택으로 미화되었다.

국제 정세를 잘못 인식한 대가는 혹독했다. 현실적인 외교정책을 마련하지 못한 결과 인조가 후금, 그 뒤를 이은 청에게 칭제 · 칭신하는 치욕을 당해야 했고, 재물의 손실과 피탈은 물론 수십만 백성이 포로로 끌려가 이역만리에서 사역당하는 참상을 겪어야 했다. 패전의 굴욕과 후유증에도 불구하고 그 근본적 원인이라 할 수 있는 숭명반청의식의 허위성에 대한 자각은 나타나지 않았다. 패전 이후 국정 운영은 청의 감시 · 간섭하에서 공신 세력, 그 가운데에서도 김자점(金自點, 1588~1651) 등 친청 세력에 의해 주도되었다. 청나라에 대한 적개심이 조선 사회 곳곳에 만연했고, 그에 편승해 숭명반청의식은 반성의 대상이 되기는커녕 증폭되었다.

그럴수록 숭명반청의식의 허위성은 심화되었다. 패전의 후유증을 치료하고 사회를 재건하기 위한 개혁 의지는 그 아래에서 억제되었다. 소모적인 책임론이 난무했다. 편지의 화친과 척화를 둘러싼 논란은 그런 현상 중 하나라고 볼 수 있다. 화친과 척화를 둘러싼 논란은 지난 일에 관한 것인 만큼 현실적인 의미는 크지 않았다. 거기서는 척화론이 우세했다. 비판이 변호보다 우세할 수밖에 없었던 것이다. 척화론의 토대 위에 북벌을 둘러싼 논란이 표출되었다. 북벌론은 그래도 지난 일에 대한 논의가 아니라 장차 다가올 일에 대한 논의였다. 그러나 이 역시 허위적인 숭명반청의식에 입각하고 있다는 점에서는 마찬가지였다.

무릇 허위의식에는 무언가를 숨기기 위한 의도가 깔려 있다. 숭명반청의식은 무엇을 숨기기 위한 허위였을까? 특권 상실에 대한 불안일까? 전례 없는 굴욕과 피해를 겪고도 정권은 반정 주체였던 서인의 내부에 온존해 있었다. 서인 정권 자체에 대한 책임론은 제기되지 않았다. 그것은 숭명반청의식에 의해 가려진 채, 척화론과 화친론의 대결이나 북벌을 둘러싼 논란으로 왜곡 표출되었다.

북벌론은 인조반정의 주역이었던 공서를 대신하여 새로운 서인 세력 즉 청서의 부상과 함께 대두되었다. 화양서원과 만동묘의 설치를 주도한 세력이 바로 청서로서 그들은 북벌이라는 화두를 선점했다. 인조 집권 후기에 발호했던 김자점 등 일부 친청 세력을 제외하면, 숭명반청의식과 북벌론은 정도의 차이는 있을지라도 당색을 초월하여 모든 세력에 의해 공유되었다. 편지의 발신자와 수신자, 남구만과 최석정은 모두 송시열과 갈라선 소론의 핵심 인물이었지만 반청과 북벌의 당위성에 대해서는 조금도 회의를 품지 않았다. 더구나 최석정은 호란 당시 화친을 주도했던 최명길의 손자였는데도 말이다. 북벌론에 대해서는 다음에 소개될 다른 편지를 통해 좀 더 자세히 살피기로 한다.

1616년 건주여진의 누르하치(奴爾哈齊, 1559~1626)는 다른 부족을 통합하여 후금을 세우고 스스로를 황제라 칭했다. 12세기 여진족이 세운 금(金)을 계승한다는 뜻이었다. 1618년 후금이 요동을 차지하자, 이듬해 1619년 후금 공략에 나선 명은 조선에 파병을 강요했다. 광해군은 강홍립을 도원수로 삼아 1만 3천 병사를 보내면서 '기각(掎角)' 즉 협공의 자세만 취할 뿐 '관형향배(觀形向背)' 즉 형세에 따라 행동하라는 밀지를 내렸다.

곧 명과 청의 운명이 교차하는 이른바 사르후(薩爾滸)전투가 시작되었다. 우리 기록에는 심하(深河)전투라고 되어 있다. 전투는 나흘 뒤 허투알라(赫圖阿拉)로 옮겨갔다가 부차(富察)에서 끝이 났다. 명군은 부대별로 각개 진군함으로써 전력을 모으지 못한 결과 각지에서 싸우다가 대패했다. 조선군은 의도적으로 후방에 있다가 부차전투에 참전했다. 잘못된 작전과 악천후로 고전하다가 명군의 후미부대와 함께 마지막 패전을 장식했다. 5천 명만 살아남아 후금에 항복하고, 강홍립을 비롯한 군 수뇌부는 8년 동안 후금의 수도 심양에 억류된다.

강홍립이 심양에 억류되어 있던 해인 1623년에 인조반정이 일어났다. 강홍립이 항복한 것은 기각 관형향배를 하라는 광해군의 명령에 의한 것이었다. 광해군의 중립 외교 노선과 맥락을 같이하는 조치였다. 인조반정 뒤 조정에서는 광해군의 실정 가운데 하나로 그런 대외관 내지 외교 노선을 문제 삼았다. 그리고 왜란에서 조선을 살려내 도와준 은혜 즉 '재조지은(再造之恩)' 심리에 입각한 친명 노선을 표방했다. 졸지에 강홍립은 패장은 물론 불충불의의 항장(降將), 역장(逆將)이 되었다.

정묘년(1627)에 누르하치의 뒤를 이어 등극한 홍타이지가 조선에 쳐들어왔다. 명나라 장군 모문룡(毛文龍, 1576~1629)을 지원하는 등 친명 노선으로 돌아선 인조 정권을 응징하겠다는 것이 그 명분이었다. 한 해 전에 누르하치는 영원성(寧遠城)전투에서 명나라 장수 원숭환(袁崇煥, 1584~1630)에게 패해 죽었다. 홍타이지의 조선 침입 의도는 명나라와 복수의 일전을 불사하기 전 미리 후방의 조선을 제어하기 위한 것이었다. 조선은 인조 즉위 직후에 이괄의 난이 일어나 내전을 치르다시피 하는 바람에 후금을 상대하기 어려운 상태였다. 인조는 강화도로 조정을 옮겨 대응했으나 오래 버티지 못했다. 후금 군과 함께 조선에 들어온 강홍립과 조선의 최명길은 두 나라를 설득하여 형제의 맹약을 관철시켰다.

후금 군이 돌아가고 강홍립은 조선에 남았다. 그는 포로로서 피해자였지만, 배신자로 낙인찍혔다. 인조가 그를 비변사제조에 제수했지만, 주위에서는 그것을 취소함은 물론 극형에 처하라는 목소리가 높아갔다. 인조는 관직을 거두는 선에서 마무리했다. 고국에 돌아온 지 3개월 만에 강홍립은 죽었다. 그 뒤로도 그의 누명은 벗겨지지 않아 후손들 역시 주위의 곱지 않은 시선에 시달려야 했다. 1990년에 지금의 서울 신림동 근처 난곡에 있던 그의 무덤을 옮겼는데, 시신이 부패하지 않고 온전한 모습을 간직했으며, 키는 6척 장신이었다고 목격자들은 전했다.

편지에 언급된 무진년(1628)의 일은 모문룡 사건과 관련이 있을 것이다. 1619년 사르후전투 이후 요동에 거주하던 명나라 사람들과 패잔병들이 조선으로 흘러들어 오기 시작했다. 1621년 3월, 후금이 심양 일대를 점령하자 요동지방을 지키고 있던 명나라 장수 모문룡은 사람들을 모아 압록 강변 진강(鎭江, 오늘날 단둥 부근)에 진을 쳤다. 모문룡은 후금 정벌과 명나라 회복을 표방하며 명나라 조정으로부터 보급을 받는 한편 조선에도 과도한 군비 지원을 요구했다.

모문룡 군사의 규모는 1621년 명나라 조정이 파악한 숫자만 해도 2만 명이 넘었고 이듬해에는 10만 명에 달할 정도로 급속도로 커지고 있었다. 후금은 후방을 위협하는 모문룡의 존재에 예민하지 않을 수 없었다. 1621년(광해군 13) 말 후금의 장수 아민(阿敏)은 모문룡을 치기 위해 5천 군사를 거느리고 압록강을 건너왔다. 모문룡은 용천 관아에 있다가 조선인 복장으로 갈아입고 간신히 탈출했다. 광해군은 모문룡으로 인해 조선이 병화를 입을지도 모른다고 우려했다. 이듬해인 1622년 11월, 광해군은 모문룡에게 평안도 철산 앞바다에 있는 섬 가도로 건너갈 것을 권유했다. 조선 본토를 지키려는 임시방편이었다.

인조는 중립을 지키면서 정세를 관망했던 광해군과 달리 친명주의를 표방했다. 책봉 승인을 앞두고 명나라의 문책에 대비하기 위해 모문룡을 이용했다. 그 대가로 모문룡의 오만불손함과 엄청난 양의 군비 지원 요구를 감내해야만 했다. 결국 이것은 정묘호란의 빌미를 제공한 셈이 되었다. 가도로 들어간 모문룡은 약탈을 일삼았고, 명나라 조정의 권력 투쟁에 끼어들어 본토로 갔다가 원숭환에게 잡혀 1629년 처형된다.

모문룡이 죽고 나서도 명나라 패잔병들은 가도에 그대로 남아 있었다. 정축년(1637) 병자호란 직후 청나라가 가도에 남아 있던 명나라 패잔병들을 소탕하기 위해 조선에 수군 파병을 요구하자, 조선은 병선 100여 척과 임경업 등이 이끄는 수군 3천여 명을 징발했다. 15년 동안 청나라의 서진(西進)을 가로막았던 가도의 명나라 패잔병들은 그렇게 소탕되었다.

참고로 인조가 항복하기까지 병자호란을 간략히 정리해보기로 한다. 병자호란 시 조정은 정묘호란 때와 마찬가지로 강화도로 옮겨 임전할 생각이었다. 왕실 일부는 강화도로 갔지만 인조 일행은 급한 나머지 남한산성에 진을 쳤다. 청나라 군대가 예상 밖의 빠른 행군으로 길을 차단했기 때문이다. 청나라 군대는 기병 위주인 데다 조선의 방어 상태를 훤히 파악하고는 임경업 등이 지키는 북방의 요새를 피함으로써 행군 속도를 낼 수 있었다. 인조 일행이 들어서자마자 남한산성은 곧바로 포위

되었다. 남한산성 주변에서 전투가 벌어졌다.

남한산성은 난공불락의 요새였지만 바다를 사이에 둔 강화도와는 비할 바 아니었고, 원래 예정했던 피란지가 아니었던 만큼 양식 등 군비가 부족했다. 호란의 전투는 인조를 비롯한 조정이 남한산성에서 버티는 사이, 팔도의 근왕병들이 청나라 군대를 공격하는 양상이었다. 인조는 한 달 반 만에 성문을 나와 항복한다. 그렇게 되기까지 남한산성 안의 과정에 대해서는 기록이 많아 잘 알려져 있다. 남한산성 밖에서 근왕병이 치른 전투의 전황에 대해서도 이해가 필요하다.

전국적으로 지역별 근왕병들이 모집되어 전투를 시도했다. 결과적으로 말해 전라도 근왕병들이 광교산전투에서 부분적인 승리를 거둔 것을 제외하고는 대체로 발이 묶이거나 패배를 면치 못했다. 근왕병들에 대한 희망이 보이지 않자 인조는 항복하기로 결심한다. 특히 수적인 면에서나 역량 면에서 기대를 모았던 경상도 근왕병들의 참패 소식이 결정적이었다. 그에 대해서 좀 더 자세히 살펴보기로 한다.

1637년 인조를 구하기 위해 2만 5천여 속오군을 주축으로 하는 경상도 근왕병들이 1월 3일 아침 경기도 광주 쌍령(雙嶺)에 집결했다. 얼마 전에 험천전투에서 패배한 충청도 근왕병도 합류하여 총병력은 4만여 명에 달했다. 총사령관 경상감사 심연은 여주에 주둔했고, 실제 지휘는 우병사 민영과 좌병사 허완이 담당했다. 4만 군사 대부분이 조총병으로 구성되어 있었다. 2만씩 나누어서 민영은 오른편 산등성이에 진을 치고, 허완은 왼편 낮은 곳에 진을 쳤다. 지휘 체계의 혼란과 무분별한 총포 사격으로 화약이 떨어진 틈을 타 청군이 기습 공격을 감행했다. 먼저 좌군이 무너지고 허완이 죽었다. 남아 있던 우군도 화약 폭발 사고를 당한 터에 청군의 공격을 받아 무너지고 민영도 죽었다.

쌍령전투는 임진왜란의 용인전투, 칠천량해전과 더불어 우리 역사상 3대 치욕적 패배 중 하나로 꼽는 전투이다. 용인전투 대신 6.25의 현리(縣里)전투를 꼽기도 한다. 쌍령전투에서 청나라 병력은 선봉이 33명이었다거나 총병력이 300여 명이었다는 설이 있는데, 아무리 많아도 그 수는 수천 명 수준이었을 것이다. 근왕병에 비해 현저히 작은 규모였다. 그런 만큼 참패는 충격적이었다. 무엇보다 지휘 내지 작전 실수로 힘 한 번 제대로 써보지도 못하고 무너진 허무하고 황당한 전투였다. 패전의 참상은 엄동설한에 꽁꽁 언 시체가 쌓여 산을 이루었다는 전언에 잘 나타나 있다.

임진왜란에서처럼 병자호란에서도 의병의 활동이 있었다. 근왕병에는 관병뿐만 아니라 의병도 있었다. 의병의 주체는 사족들이었다. 사족들은 조선 사회의 지배 신분으로서 특권을 누렸지만, '상류사회에 속하는 사람은 반드시 그에 상응하는 행동을 해야 한다'는 이른바 '노블레스 오블리주' 정신을 보여주곤 했다. 쌍령전투에 의병으로 참가하여 전사한 손종로(孫宗老, 1598~1637)도 그중 하나다.

손종로의 본관은 경주, 자는 고경(考卿), 당호는 낙선당(樂善堂)이다. 우참찬을 지내고 청백리에 녹선된 우재 손중돈의 현손이다. 1618년(광해군 10) 무과에 급제했으나 인목대비를 서궁에 유폐하는 사건이 일어나자 벼슬을 버리고 낙향했다. 인조반정 이후 그는 다시 벼슬길에 나가 1634년(인조 12) 남포현감을 지냈다. 도체찰사 김류로부터 치적이 별로 없다 하여 탄핵을 받고 파직되었다. 특기할 사유가 불명인 것으로 보아 당색이 남인이라 서인의 세상에 적응하지 못했던 것으로 볼 수도 있다. 그는 왕이 남한산성에 갇혀 위기에 몰려 있다는 말을 듣고 근왕병에 참여하여 허완의 막하에서 활동하다가 전사했다. 관직이 없던 터라 책무가 없었음에도 불구하고 사족으로서의 의무를 다하려 했다는 점에서 역사에 그 이름이 남았다. '돌아가라'는 손종로의 명을 거역하고 같이 순절한 노비 억부(億夫)의 이야기도 감동을 더한다. 손종로 사후 조정에서는 그에게 훈련원정을 증직했다. 1784년(정조 8)에는 정려가 세워졌으며, 1816년(순조 16) 8월에는 충절로 가증(加贈)되었다.

훗날 정조의 명에 따라 경주 양동마을에는 그와 노비 억부의 충절을 기리는 정충각(旌忠閣)이 지어졌다. 정려의 비문에는 손종로의 공훈을 그의 호 고경(考卿)과 독음이 같은 중국 당나라 안고경(顔杲卿, 692~756)에 비유하는 내용이 담겨 있다. 안고경은 상산태수로서 안록산의 난을 평정하다가 포로로 사로잡혔다. 회유에 굴하지 않고 안록산 무리를 꾸짖다가 톱으로 베임을 당함으로써 충절의 대명사가 되었다. 앞의 고경 즉 안고경은 상산태수란 직책을 맡았기 때문에 그의 충절은 당연한 것이지만, 직책도 없던 손종로의 충절은 순수한 것이었기 때문에 더욱 숭고하다고 칭송하고 있다.

편지에 인용된 태왕은 주문왕의 조부 고공단보(古公亶父)를 말한다. 훈육은 흉노 또는 곤이(昆夷)로서 서쪽 오랑캐이다. 구천은 춘추시대 월나라 왕으로 회계산에서 오나라 왕 부차에게 패하여 신하의 나라가 되었으나 나라를 잘 다스려 십여 년 만에 복수전을 전개, 오나라를 멸망시켰다. 강국 오나라 부차를 약국 월나라 구천이 섬긴 것은 맹자가 말한 '외천'에 의해 허여된 일이었다. 편지 내용 중 외천은《맹자》'양혜왕' 하편에 이렇게 나온다. '큰 나라로 작은 나라를 섬기는 사람은 천리를 즐기는 사람입니다. 작은 나라로 큰 나라를 섬기는 사람은 천리를 두려워하는 사람입니다. 천리를 즐기는 사람은 천하를 보전할 수 있고, 천리를 두려워하는 사람은 나라를 보전할 수 있습니다[以大事小者 樂天者也 以小事大者 '畏天'者也 樂天者保天下 畏天者保其國].' 그리고 '함께 도에 나아가고도' 운운은《논어》'자한(子罕)'에, 그다음 경(經)과 권(權)은《맹자》'고자하'에 나온 구절을 인용한 것이다. 편지 내용에 그 뜻이 비교적 자세히 씌어 있으므로 설명은 생략한다.

이 편지의 실질적 주인공인 최명길의 본관은 전주, 자는 자겸(子謙), 호는 지천(遲川) 또는 창랑(滄浪)이며, 시호는 문충(文忠)이다. 그는 주로 서인 계열의 윤두수, 윤근수, 이항복, 신흠 등에게 수학했다. 이시백, 장유, 김육, 조익 등과 동문으로 서로 교유했다. 주자학 일변도의 학문 풍조를 거슬러 양명학에 대한 관심과 조예가 깊었다. 점술, 풍수지리, 병법에도 능통했다. 1605년(선조 38) 생원시, 진사시를 거쳐 그해 증광문과에 급제하고 관로에 올랐다. 승문원, 예문관, 성균관을 거쳐 1614년(광해군 6) 병조좌랑이 되었다. 그 뒤 인목대비 폐모론에 반대하여 사직했다. 이귀, 김류 등과 인조반정을 주도하고 뒤이어 장인인 장만과 함께 이괄의 난을 평정하여 명실상부 일등공신이 되었다. 조정의 실세로서 대체로 중립 · 절충주의, 현실주의 노선을 견지했다. 명과 후금 사이에서 외교적으로는 광해군의 중립주의를 수용하여 친명화금(親明和金) 노선을 견지했다. 정묘호란 때에는 척화론이 비등한 가운데 화친론을 관철시켜 종사를 보존하고자 했다. 병자호란 때에는 그가 작성한 항복문서를 척화파 김상헌(金尙憲, 1570~1652)이 찢어버리자, 그가 그것을 주워 다시 이어 붙였다는 유명한 일화가 전한다. 비록 청나라에 항복할 것을 주장했지만, 명을 치려는 청의 요구에 원군 파병을 차일피일 미루면서 임경업과 독보 등을 통해 명나라와 소통하는 등 친명 노선을 유지하려고 노력했다.

최명길은 두 번에 걸쳐 심양에 다녀왔다. 첫 번째는 1638년 파병 요청을 철회시키기 위해 자진해서 갔다. 편지에 그 행보에 관한 내용이 나온다. 두 번째는 1643년 임경업과 독보를 통해 명과 소통한 것이 발각되어 청에 소환되었다. 최명길은 앞서 억류되어 있던 김상헌과 함께 사형수를 가두는 감방인 북관(北館)에 갇혔다. 거기서 두 사람이 시를 주고받으며 화해했다는 감동의 일화가 전한다. 김상헌의 '이제야 서로의 우정 되찾으니 / 문득 백년 의심이 풀리는구나[從尋兩世好 頓釋百年疑]'라는 시에 최명길이 '그대의 마음은 돌 같아 끝내 돌이키기 어렵지만 / 내 마음은 둥근 고리 같아 때로는 돌아간다오[君心如石終難轉 吾道如環信所隨]'라고 화답했다(《연려실기술》). 그로부터 2년 뒤인 1645년 그는 소현세자, 이경여 등과 함께 배편으로 돌아왔다. 김상헌은 생삼학사 등과 함께 병보석으로 나와 의주로 이감된 뒤 풀려났다.

최명길은 포로 귀환에도 외교적 노력을 기울였다. 청나라에서는 포로 귀환을 사적인 문제로 보아 터무니없는 환속금을 요구했다. 그는 국가에서 개입하여 환속금을 조정해 개인의 피해를 줄이고, 포로를 전원 귀환시켜야 한다고 역설했다. '환향녀(還鄕女)'에 대해서도 절개를 잃은 것이 전란 탓이라며 그들을 방치하면 안 된다고 강변했다. 그러자 조야에서 국속을 해치는 자라는 비난이 벌떼같이 일었다. 김육과 이원익 등 소수만이 그의 의견에 동조할 뿐이었다. 그즈음에 소현세자가 비명횡사하고 세자빈 강씨는 사사된다. 최명길은 강빈의 목숨만이라도 살리려 간청하다가 삭탈관직이 된다. 최명길은 귀국 2년 만에 죽는다.

최명길의 행보는 상식과 현실에 입각하여 주자학적 명분론의 독단에 대항하는 계몽주의와 강자에 맞서 약자를 돌보는 휴머니즘의 일단으로 볼 수 있다.

은봉 선생께 올림

송시열이 안방준에게 쓰다[계사년(1653) 십이월 십이일]

바야흐로 양덕(陽德)이 이미 나타나서 봄기운이 장차 펴지려 하고 있습니다. 한가히 도(道)를 음미하며 지내시는 데 기거가 만복하시리라 생각합니다.

위무공(衛武公)과 거백옥(蘧伯玉)은 나이 90이 되고 70이 되어서도 공부가 더욱 진보하고 덕이 더욱 닦였으니, 삼가 생각건대 선생께서도 노쇠했다 하여 공부에 힘쓰기를 스스로 포기하지 않는다면, 조예의 성장을 어찌 헤아릴 수 있겠습니까.

지난 경인년(1650, 효종 원년)에 서울에서 누가 와서 전하기를, 신면의 무리가 선생께서 저에게 쓴 편지를 초록(抄錄)해다가 서로 전하여 읽으면서 대단한 논쟁거리로 삼고 있다고 했습니다. 저는 참으로 그런 일이 있었는지 다그쳐 묻고는 시급히 사람을 시켜 서울에 가서 그것을 구해오게 했습니다. 그러나 별지만 베껴 왔을 뿐이어서 본문은 결국 보지 못했습니다. 그 뒤에 외사촌 아우 김현(金灦)이 선생의 문하에서 한 장을 초록해왔는데, 앞서 서울에서 가져온 것과 내용이 같지는 않았지만 대강 다른 데가 없었습니다. 여러 날을 두고 잠심하여 완미해보니 대군자(大君子)께서 도에 입각하여 사람을 아끼신 것으로, 고명한 견해가 보통 사람보다 만 배나 더 뛰어나시다는 것을 알 수 있었습니다. 깊이 감명하고 경탄하는 마음을 이기지 못하겠습니다. 그런데 그 가운데 한두 가지 알 수 없는 점이 있었습니다. 제가 가만히 생각해보니, 이는 면전에서 직접 가르침을 받으면서 피차간의 의견을 충분히 토로해보지 않고서는, 서로 같고 다른 점을 따져서 하나의 정론을 찾아낼 수 없다고 여겨졌습니다. 신병이 조금 나으면 다시 문하에 나아가 청소라도 맡아 하면서 조용히 가르쳐주시기를 청해야 하겠기에 그사이 흥양(興陽)의 수령, 전(全)씨 편에 먼저 편지로 이런 뜻을 써서 올렸습니다. 부침(浮沈, 편지가 받아볼 이에게 도달하지 못하고 도중에서 사라짐) 없이 편지가 잘 갔는지 모르겠습니다. 이제는 본래의 병이 더욱 고질이 되고 근력이 더욱 떨어져서 다시는 사방을 돌아다니고 싶은 마음이 없으니, 그 계획을 이루지 못하여 마침내 천고(千古)의 한이 되어버릴 듯합니다. 그래서 이번에 감히 사람을 보내어 우러러 정인(鼎裀, 일상생활)이 어떠신지를 여쭙고, 겸하여 글로써 대신 저의 진심을 말씀드리오니 삼가 가르침을 주시기 바랍니다.

공자가 《춘추》를 지을 적에 대의가 수십 가지나 되었지만 '존주(尊周)'가 가장 큰 의리였고, 주자가 처음으로 효종(송나라 임금)을 뵙고 배운 것을 남김없이 진달하였으되 금(金)나라를 토벌하여 '복수'하는 것을 우선으로 삼았습니다. 이 대의가 한번 어두워지면 삼강과 구법(九法, 《서경》의 홍범구주, 세상 다스리는 법을 가리킴)이 무너져서 중국이 이적(夷狄)의 손에 들어가고 인류가 금수(禽獸)로 변하게 될 것입니다. 사군자(士君子)가 불행히 이런 때에 살게 되면 출처(出處)와 거취(去就)에 있어서 반드시 지키는 것이 있어야 하지 절대 구차해서는 안 됩니다.

지난 정축년의 화(1637년 인조가 삼전도에서 청태종에게 항복한 일)와 명나라가 무너진 변란은 생각하면 오장이 찢어지는 듯하여 차마 다시 말을 하지 못하겠습니다. 신자(臣子)로서 통분하여 피를 토하고 눈물을 삼키면서, 복수하고 설욕하는 의리에 죽음도 무릅써야 할 것입니다. 그것은 천리로 보나 인정으로 보나 그만둘 수 없는 일입니다. 때가 이러한데 누가 공자와 주자의 의리를 들어 말하기라도 하면, 들으려 하기는커녕 혀를 빼물고 머리를 흔들며, 심지어 저 오랑캐의 세력을 끼고서 우리 임금에게 협박하는 자까지 있었습니다. 식자들이 한심스럽게 여긴 지 오래되었습니다. 저는 스스로 이 세상에 있으나 마나 한 사람이라 깨닫고 산속에 묻혀 자취를 감추어 세상과 길이 하직하려 했습니다. 이는 선생께서도 일찍이 아시고 저에게 그러라고 허여하신 일입니다.

성상께서 즉위하시자 천지가 한 번 새로워졌습니다. 당초 세자 시절부터 슬기로운 뜻이 뛰어나시어 '한나라 무제가 문제보다 더 우월한 것은 평성(平城)의 치욕〔한고조가 흉노를 토벌하러 평성에 이르렀다가 묵돌(冒頓)에게 7일 동안 포위되어 안팎의 연락이 끊기고 먹을 것이 떨어져 크게 곤욕을 치렀던 일인데, 무제 때 이르러서 수차에 걸쳐 흉노를 정벌, 흉노 수십만 명을 잡아 죽임〕을 무제가 씻었기 때문이다.' 하셨습니다. 그것으로 보아 스스로 복수를 책임지려고 하신 뜻을 알 수 있었습니다.

제가 부름을 받고 들어갔을 적에는 지나치게 예우해주시고 물러나 돌아가는 것을 허락지 않으셨습니다. 망령된 생각에, 쓸데없이 예우만 받는 것보다는 늘 생각하고 있는 것을 한번 털어놓기로 작심했습니다. 다행히 성상의 마음에 합당하게 된다면 세상의 도의에 만에 하나라도 도움이 될 수 있게 될 것이니 이것이 더 나으리라 여겼습니다. 그렇다면 한번 망령되이 움직이는 것도 명분이 없지는 않겠다고 생각했습니다.

그런데 감히 주대(奏對)하기를 청했으나 나아가 뵐 수가 없었습니다. 나아가지도 물러가지도 못한 채 아무리 헤아려보아도 방법이 없기에 드디어 한 장의 상소로 물러갈 것을 고했습니다. 그러자 바로 승지를 보내 친절하게 타이르셨는데, 권애하시는 뜻이 천고에 드물게 융숭하셨습니다. 그러나 하루 사이에 이미 나왔다가 도로 들어가는 것은 염치에 관계됨이 있기 때문에 고집스럽고 괴팍한 성질을 끝내 돌리지 못했습니다. 이제 와서 생각해보면 죄가 만 번 죽어도 마땅했습니다. 그래도 저의 본디 마음을 밝은 임금 앞에 단사(丹砂)처럼 환하게 한번 드러내려고 길에서 다시 소 한 장을 올려 공자와 주자가 말한 의리를 대략 진달했습니다. 집에 돌아오니 특별한 유지(諭旨)와 상소에 대한 비답이 내려왔습니다. 성상의 말씀이 친절하고 간곡하여 귀신도 울릴 만했습니다. 성상께서 분부하시기를, '상소 가운데 말을 하려다 만 것〔引而不發〕을 다시 조용하게 다 말해주기 바란다.' 하셨습니다.

대행(大行, 인조)의 계빈(啓殯, 능에 안장하기 위해 빈소에서 관을 꺼내는 일) 날을 당해 소명이 또 내려왔습니다. 올라가서 다 말하지 못했던 소회를 마침내 털어놓는다면 견마(犬馬)의 정성을 조금이라도 펴게 되겠다 싶었습니다. 인산(因山)을 마친 뒤에 한 장의 상소로 저의 충심을 털어놓았습니다. 곧바로 편전에서 인견해주셨습니다. 주고받는 말이 서로 메아리치듯 하고, 성상의 정신과 풍채는 활달했습니다. 청나라를 쳐서 원수를 갚는 데 관한 말에 이르러서는 성상께서 더욱 깊은 뜻을 보이셨습니다.

그때 비로소 성상의 뜻이 어디에 있는지 충분히 알 것 같았습니다.

그러나 일할 때가 말할 때와 같지 못했고 남의 마음이 내 마음 같지 않았습니다. 제가 비록 비루한 사람이지만, 어찌 지체해 있으면서 스스로 낭패를 당할 수 있었겠습니까. 상소를 올리고 이튿날 곧 귀향길에 올랐습니다. 성균관과 사학(四學)의 유생들이 상소하여 만류하기를 청했지만 결국 물러나 돌아왔습니다.

저의 구구한 거취가 비록 말할 만한 것은 못 되지만 그 시작과 끝이 그와 같았을 뿐입니다. 혼자 가만히 생각해보니 이처럼 낭패를 당하게 된 데에는 또한 선생의 책임도 있습니다. 일찍이 선유는 다음과 같이 말한 바 있습니다. '안자(顏子)가 누추한 시골에서 한 그릇 밥과 한 표주박 물〔一簞食 一瓢飮〕로 생활하면서 지조를 지킬 수 있었던 것은 세상에 공자가 있어 선왕의 도를 밝혀 천하를 가르쳤기 때문이다. 만일 공자가 없었다면 안자가 반드시 그렇게 하고만 말지 않았을 것이다.' 만일 이전에 선생께서 스스로 도의를 책임지고 상소를 거듭 올려 공자와 주자의 큰 교훈과 큰 법도를 진언하셨다면, 저 같은 사람이 어찌 감히 하찮고 용렬한 몸으로 분수에 넘치고 외람된 죄를 지을 수 있었겠습니까. 그러나 이미 그런 의리를 우리 임금에게 진달하였으므로 비록 만 번을 죽는다 하더라도 여한은 없습니다.

저의 불초로 인하여 청음(淸陰)과 신독재(愼獨齋) 두 분 원로까지 아울러 흠잡으신 것은 당치 않습니다. 성인들의 교훈은 《대학》만 한 것이 없다 하겠는데, 《대학》의 도는 덕을 밝히고〔明德〕 백성을 새롭게 하는 데〔新民〕 지나지 않습니다. 자기 몸도 제대로 닦지 못하면서 시무를 급하게 여기는 것은 진실로 옳지 못합니다. 그러나 만일 자신을 지키기에만 전일하여 일할 만한 때를 만나서도 영원히 가버리고 돌아오지 않는다면, 이 또한 중정한 길은 아닐 것입니다.

그때 두 원로께서 만났던 기회는 천년에나 한 번 있는 기회라고 할 수 있었습니다. 일할 수 있는 기회를 만나고 일할 만한 임금을 만났던 것입니다. 이런 때 일이 하기 어렵다고 하여 손을 거두고 방관하며 자신만 한가하고 편할 계책을 생각한다고 칩시다. 그것은 역시 무엇을 셈하고 따지는 사심의 발로이지, 참으로 공정한 인자(仁者)의 마음이라 할 수 없을 것입니다.

두 원로께서는 지극한 공심(公心)과 피맺힌 정성에 따라 더없이 무거운 책임을 느끼고 남몰래 대의를 붙잡아 세우고 청고한 의논을 주장하심으로써 사류들의 마음을 수습하고, 흉악하고 간사한 자들을 내쫓으셨습니다. 그래서 두어 달 동안에 세상의 사세가 크게 달라졌습니다. 만약에 흉악한 무리들이 외부의 힘과 결탁하여 그분들을 없애버리려는 계획을 하지만 않았더라면, 대업을 어느 정도 성취할 수 있었을 것입니다.

두 원로에 대해 시기와 사세를 알지 못하고서 경솔하게 시무를 담당하려 했다고 비난하는 것도 당치 않습니다. 옛사람의 말에 '나로서 마땅히 해야 할 일이기 때문에 이렇게 하는 것이다. 성패는 성인도 기필하지 못했는데, 내가 어찌하겠는가.'라는 말이 있습니다. 두 원로께서 그런 말을 모르고 그렇게 하셨겠습니까. 제 나름대로 헤아리고 하는 말이지만 과연 그렇지 않겠습니까.

또한 깨우쳐주신 말씀에, 저의 벗 이유태가 저를 지나치게 칭찬했고, 그것을 일러 아부라고 하셨습니다. 만일 저의 벗 이유태가 사람을 좋아하기만 하고 그 사람의 나쁜 점은 알지 못하는 죄과를 범했다고 한다면 그도 할 말이 없었을 것입니다. 그러나 제가 무슨 권세가 있다고 그가 아부를 했겠습니까. 저와 이유태는 평생 배우고 전수하는 바가 같은 사이로서 은혜와 의리가 지친(至親)과 같으니, 저에게 기대하는 마음이야 있었겠지마는 어찌 아부할 것까지야 있었겠습니까. 이유태가 이처럼 저를 잘못 알고 저 역시 벗 이유태를 잘못 알고 있는 것인지 모르겠습니다만, 그가 아부하지 않을 사람임은 참으로 의심할 바 없습니다.

무릇 하늘에는 음과 양이 있고 땅에는 중화와 오랑캐가 있듯이 사람에는 군자와 소인이 있습니다. 끼리끼리 모이고 나뉩니다. 이렇게 판별하는 것이 먼저입니다. 한쪽의 행위가 모두 꼭 옳지는 않고, 다른 한쪽의 행위가 모두 꼭 그르지는 않습니다. 그러나 붙잡아 세우고 억제하여 막는 방도는 엄격하게 하지 않을 수 없습니다.

원우(元祐)의 제현(諸賢)이 채확(蔡確)을 억제할 수 없음을 우려하여 그의 시구를 가지고 죄를 만들었던 것은 그 때문입니다. 이는 너무 심한 듯도 합니다. 그러나 주자는 그 일을 그다지 그르게 여기지 않고 도리어 범충선(范忠宣)을 옳지 못하게 여겼습니다. 선악의 큰 구분이 이미 정해져 있기 때문에 세우고 누르는 방도는 그렇게 할 수밖에 없었던 것이 아니겠습니까.

지금 두 원로와 저의 벗 이유태는 저 사람들〔김자점 등 친청 세력〕과 물과 불 같은 사이가 되어 저 나라〔彼國, 청나라〕의 협박을 크게 받았습니다. 그러니 양(陽, 선을 뜻함)의 부류인 것이 분명합니다. 그런 마당에 군자라면 무엇을 세우고 무엇을 누를지 마땅히 입장이 있어야 할 것입니다. 저들은 선생의 말씀의 권위에 가탁하여 두 원로와 저의 벗 이유태를 공격하는 근거로 삼고 있습니다. 그러니 식견 있는 사람들이 선생의 말씀에 의심과 불만을 금할 수 없는 것입니다. 저의 어리석은 생각으로, 고명하고 조예가 깊은 분의 견해는 필시 보통 사람의 마음으로는 헤아릴 바가 아니라 여겨집니다. 감히 우러러 질문하오니, 엎드려 바라건대 자세하게 하교하여 몽매함을 열어주신다면 천만번 다행이겠습니다.

사랑해주시는 사사로운 정만 믿고서 하고 싶은 말을 다 하느라 말이 지루하게 늘어져 몹시 황공스럽습니다. 아울러 애긍하게 여겨 용서해주시기 바랍니다. 계절이 바뀌어가는 이때 우리의 도를 위해 더욱 몸을 보호하시어 사모하고 우러러보는 정성을 위로해주시기를 삼가 빕니다. 갖추어 다 말씀드리지 못합니다.

上安隱峯〔癸巳十二月十二日〕

卽日陽德已昭 春令將申 伏惟閒居味道起居萬福 衛武蘧玉九十七十 功益進德益修 伏想文丈不以 衰老自畫於用力 則其所造詣何可量哉 曩在庚寅 有人自京來 傳申冕輩錄得某丈與君書 相與傳誦以爲至論 侍生趣語曰 誠有是哉 亟因人求於京中 則只錄別紙以來 而原書終不得見焉 厥後 外弟金灝自門下錄一本以歸 雖與自京來者詳略不同 然其大致無異也 累日潛玩 有以見大君子愛人以道 而高明之見 出尋常萬萬也 不勝感鐫欽歎之至 第其中有一二未相悉者 私竊以爲此非面承提誨彼此傾倒 則不足以講究同異 以求一定之論也 萬一疾病少間 則當再進門墻 供灑掃而從容請敎 故中間因興陽全守便 先以書布達此意 未知得免浮沈否 今者舊疾益痼 筋力益耗 無復有四方之志 則此計恐不得遂 而遂成千古之恨 故玆敢專人仰候鼎裀 而兼以書替質悃愊 伏乞下敎也 孔子之作春秋也 大義數十而尊周最大 朱子初見孝宗 罄陳所學 而討復爲先 此義一

晦 則三綱淪九法斁 中國入於夷狄 人類化爲禽獸矣 士君子不幸而生乎此等時節 則其出處去就 宜有所在 而不敢苟焉 頃歲丁丑之禍 皇朝淪沒之變 思之腸裂 不忍復言 爲臣子者 痛憤怨疾 沫血飮泣 以盡死於復讎雪恥之義 自是天理人情之不可已者 而當是時 一有以孔朱之義出於口 則吐舌掉頭而不敢聞 至或挾彼勢以要吳君者有之 識者之寒心久矣 故雖自知不足有無於世 而斂跡空山與世長辭 此則函丈之所嘗知而奬許之者也 及至聖上臨御 天地一新 蓋自初潛睿志卓然 以爲漢武優於文帝者 以其有復平城之羞也 則其自任之意 已可見矣逮其被召入臨 猥蒙禮遇 不許退歸 狂妄之意以爲虛受恩禮 不若一罄所懷 幸有以當上心 則庶有世道萬一之補矣 然則一番妄動 不爲無名矣 遂敢請對 而不得進焉 則進退維谷 計無所出 遂以一疏告退矣 至遣承旨敦諭 則眷意隆重 迥出千古矣 然一日之間 旣出還入 有關廉恥 故狷介之性 終不能回 到今思之 罪當萬死 第其素心炳然如丹 終欲一暴於明主之前 故復上一疏於中路 略陳孔，朱之義矣 及其歸家 伏承別諭及疏批 天語丁寧 可泣鬼神 而又敎曰 疏中引而不發者 更須從容盡言之 適丁大行啓殯之日 召旨又下 愚意以爲因此上去 卒罄未盡之懷 則犬馬之誠 庶幾少伸矣 乃於因山之後 以一疏竭其愚衷 則卽於便殿引見 酬酢如響 神采灌輸 至於討復之說 則尤示微意 當此之時 聖意所在 大可見矣 然做時不似說時 人心不如我心 況此鄙陋 寧可遲留 自取狼狽哉 疏入翌日 卽向歸途 館學章甫疏請勉留 而亦終於退歸 區區去就 雖不足言 其終始則不過如此 然每竊私謂如此狼狽 亦文丈有以致之也何也 先儒以爲顔子在陋巷 簞瓢自守者 以世有孔子 明先王之道以敎於天下也 若無孔子 則顔子必不但已 向若文丈以道自任 前後疏章 進陳孔子 朱子之大訓大法 則侍生豈敢以眇然醜劣 自取僭踰之罪哉 然旣陳此義於吳君 則 雖滅死 萬萬無恨矣 至因侍生之不肖 並疵淸陰，愼齋二老 則有不然者 聖人之訓 宜莫如大學 而大學之道 不過曰明德新民而已 不能自修 而急於時務者固不可 若一於自守而遺可爲

之時 長往不返者 亦非大中之道矣 彼時二老所遭 可謂千載一時矣 値可爲之會 遇有爲之君 而以事之難易 而縮手傍觀 爲自暇自逸之計 則亦私意計較之發 而非仁者大公之心也 故二老以至公血誠 自任甚重 密扶大義 主張淸議 收拾士類 黜退凶邪 數月之內 風采頓異 倘靡兇徒結外援以爲斬伐之計 則有爲之兆二三分成矣 若曰 不知時勢而率爾擔當 則有不然者 古人有言曰 爲之在我者 當如是耳 若其成敗 則聖人亦不能必 吳何苟哉 二老豈無所受而爲哉 然此亦蠡測之言 未知果爾否 又蒙諭以李友惟泰稱許侍生之過 故謂之阿附 李友若坐以愛而不知其惡之律 則渠亦無辭 侍生有甚勢而彼乃阿附耶 侍生與李友 生同學死同傳 恩義如骨肉 雖果有希望之心 何待於阿附耶 李友之錯認侍生至此 則侍生之錯認李友 固不可知 然其不爲阿附之人 則十分無疑矣 大抵天有陰陽地有華夷 人有君子小人 方以類聚 物以群分 如此剖判之後 則一番人所爲 未必盡善 一種人所爲 未必盡非 然在扶抑之道 則不可不嚴 故元祐諸賢 憂蔡確之不可制 至案以詩句 雖似已甚 然朱子不甚非之 而反以范忠宣爲不是者 豈以淑慝之大分已定 故左右之道 有不得不然耶 今二老與李友 與一種人爲氷炭而大爲彼國之所咆哮 其爲陽之類審矣 於斯時也 君子之扶抑當有所在 而彼一種人 乃借重於文丈之言 以爲攻二老李友之公案 則識者有不能無疑於文丈之意 而侍生之愚則以爲高明精詣之見 必非常情所測 故敢 此仰質 伏乞詳賜下教 以祛蒙蔀 千萬幸甚 仰恃眷私 悉布胷腸 語涉支離 尤增惶恐 並乞矜恕 時序向新 伏祝爲道加重 以慰瞻仰之誠 不備

❖

이 편지는 송시열이 안방준(安邦俊, 1573~1654)에게 1653년 말에 보낸 것이다. 송시열이 40대 중반, 안방준이 80세를 넘어 죽기 한 해 전에 쓴 편지이다. 앞서 안방준이 송시열에게 보내려고 편지를 써놓고 보내지 않은 것 같다. 거기에는 송시열 및 같은 당색의 원로인 청음 김상헌과 신독재 김집(金集, 1574~1656)의 진퇴, 그리고 이유태(李惟泰, 1607~1684)의 언행에 대해 비판하는 내용이 들어 있었다. 그것이 반대파였던 신면(申冕, 1607~1652) 등에게 유출되는 바람에 비난의 근거로 이용되었다. 그 사실이 돌고 돌아 송시열의 귀에 들어갔다. 편지에서 송시열이 안방준에게 그에 관해 따져 묻고 있다. 반대파란 한당을 가리킨다. 송시열 등의 산당(山黨)과 김육(金堉, 1580~1658) 등의 한당(漢黨)이 갈등하고 대립하던 상황이 편지의 배경이다.

우암 송시열은 송자(宋子)라고 추앙받는다. 성 뒤에 '자(子)' 자가 붙는 인물로는 조선 학자 중 송시열이 유일하다. 공자와 맹자, 주자 등을 잇는 최고의 유학자로 칭송받은 것이다. 정조의 명에 의해 그의 문집을 《송자대전》이라는 이름으로 발간하면서 그 존칭은 공인되었다. 송시열의 생애와 학문은 먼저 편지 내용을 살펴본 다음 다시 좀 더 깊이 있게 들여다보겠다.

안방준은 보성 출신으로 호남을 대표하는 인물이다. 팔십 평생 주로 초야에 묻혀 살면서 성리학에 몰두하였다. 일찍이 퇴계 이황의 제자 박광전과 고경명의 제자 박종정에게 배우다가 서인인 성혼, 정철, 조헌의 제자가 되었다.

안방준의 문집 《우산집(牛山集)》에 수록된 '임진기사(記事)'는 율곡 이이의 이른바 십만양병설에 관한 최초의 기록이라고 한다. 그에 의하면 율곡이 왜란 발발 십여 년 전인 1583년 경연 석상에서 '10만 군병을 미리 양성해 도성에 2만을 두고 각 도에 1만씩 두어 위급한 사태에 대비해야 할 것'을 주장했다. 그때 이것을 반대한 서애 류성룡에 대해 율곡이 시무를 모르는 '속유'라고 반박했다는 내용도 첨부되어 있다. 이른바 율곡의 십만양병설은 이후 김장생의 '율곡행장', 이정귀의 '율곡시장', 이항복의 '율곡신도비명', 송시열의 '율곡연보'에 그 골자가 수록되었다.

율곡에 대해 비판적인 동인들은 안방준의 글을 날조라며 비난했다. 1583년은 안방준 나이가 열 살이 되던 해인데, 그 내용을 어떻게 알 수 있었는지 의심한 것이다. 또한 십만양병설에 대한 가장 자세한 내용이 가장 늦게 집필된 '율곡연보'에 실려 있어 의혹의 근거로 삼았다. 안방준의 글이 율곡을 존숭하는 서인의 사주를 받아 작성된 것이라는 주장도 있다. 그러나 그런 의혹에 대해서는 안방준이 지금은 전해지지 않는 당시의 다른 기록이나 전문을 보고 들어서 글을 작성했을 수도 있다는 반론이 가능하다.

실록에 의하면 안방준은 성품이 강직하고 절의가 있는 인물로 평가된다. 호는 은봉(隱峰)인데, 정몽주의 호 포은(圃隱)과 조헌의 호 중봉(重峯)에서 한 자씩 따서 지은 것이다. 광해군이 즉위한 뒤 권신 이이첨이 그의 명성을 듣고 등용하려 했으나 거절하고 우산(牛山, 현재의 순천시 송광면 우산리)에 은둔하면서 학문과 후학 양성에 힘썼다. 인조반정 공신들이 주축을 이루는 공서(功西) 훈서(勳西) 계열의 김류, 김자점, 이귀 등과도 친분이 있었다. 그에 대립했던 청서(淸西) 계열의 산림 송시열, 송준길 등과도 두루 친분이 있었다. 관직에 여러 번 제수되었으나 거의 출사를 거부하고 후학 양성에 매진했다. 임금의 부름을 받을 때마다 매번 극진한 상소를 올려 극구 사양하곤 했다. 고령에 접어들었던 효종 때 비로소 천거를 받아들여 사헌부지평에 부임한 다음 사헌부장령 등을 거쳐 호조참의에 올랐다. 이후 관직에서 물러나 천수를 다했다.

임진왜란 때 그는 의병을 일으켜 의병장으로 활약했다. 정유재란 때에는 모친을 모시고 피란하던 중 산중에서 왜적을 만났으나 적장을 사살하여 살아났다는 일화가 전한다. 정묘호란과 병자호란 때에도 의병을 일으켰다.

효종은 즉위하자마자 북벌 의지를 키우며 북벌 명분을 표방하던 김상헌, 김집, 송시열 등 산당을 중용하기 시작했다. 산당이란 명칭은 멤버들이 주로 산림처사를 자처했던 데에서 유래했을 것이다. 그러나 친청 세력인 김자점이 청에 이러한 정국을 밀고하여 청의 내정 압박이 가해졌다. 그런 상황에서 효종의 조급한 북벌 의지와 대동법 실시 등의 문제로 견해차가 생기자 산당은 물러남을 선택했다. 그리하여 정치 주도권은 잠곡(潛谷) 김육(金育, 1580~1658)이 주도하는 한당에게 넘어갔다. 한당이란 명칭은 영수 김육이 한강 유역 양주에 살았던 데에서 유래했다고 짐작된다.

선조 때 신구(新舊) 사림 간 대립으로 동서분당이 생겨난 후 처음에는 동인과 서인 사이에 힘의 균형이 이루어졌다. 서인의 지도자 이이의 죽음을 계기로 동인이 정치를 주도한다. 그러나 정여립 옥사 즉 기축옥사(1589)가 일어나 동인은 몰락한다. 정치 주도권은 정철이 이끄는 서인에게 넘어간다. 그러나 서인은 영수인 정철이 광해군을 세자로 책봉하자고 주장하다가 선조의 역린을 건드려 몰락한다. 서인에 대한 처벌 수위를 놓고 동인은 남인과 북인으로 분파한다. 남인은 온건파로서 류성룡을 영수로 했고, 북인은 강경파로서 이산해를 영수로 했다. 광해군을 세자로 밀었던 북인은 광해군이 우여곡절 끝에 왕위에 오르자 자연스레 정치를 주도하게 되었다. 북인의 영수는 남명 조식의 고제(高弟) 정인홍 등이었다.

서인 주도의 인조반정이 일어남에 따라 북인은 몰락한다. 반정 이후 서인 내에서도 분열이 생긴다. 김류와 이귀 등 공신들이 훈서 내지 공서로 불리면서 정치를 좌지우지했다. 인조는 공신들에 맞서 왕권을 강화하기 위해 산림학자들을 등용하기 시작했다. 김상헌, 김육, 김집, 송시열 등이 바로 그들로 서인 가운데 맑은 선비라는 뜻의 청서(淸西)라는 호칭이 붙었다.

반정의 명분은 광해군의 패륜과 중립 외교를 바로잡는다는 것이었다. 중립 외교란 광해군이 명과 후금 사이에서 균형을 잡으며 조선을 지키려 했던 외교 노선을 말한다. 광해군을 몰아낸 반정 세력은 친명 노선을 표방했다. 결과적으로 친명 노선은 정묘호란과 병자호란 두 전란을 야기했고, 조선은 패배하여 청에 굴복했다. 대체로 여당의 핵심인 공서는 화친, 청서는 주전척화를 주장했다.

청의 간섭을 받아들일 수밖에 없는 현실에 맞서 반청 감정이 고조됐고, 북벌론까지 대두되었다. 굴욕적 항복과 피해의 일차적 책임은 서인 내 여당으로서 화친 정책을 추진할 수밖에 없었던 공서에게 부과되었다. 북벌의 실현 가능성을 떠나 척화를 주장했던 청서는 서인 내 야당으로서 명분론에서 우위를 점하기 시작했다. 그러나 호란 이후 청의 간섭하에 친청 세력이 정치를 주도했기 때문에 청서 세력은 대체로 산림에 은거했다.

효종이 등극하면서 청서 세력은 정치 전면에 부상하게 되었다. 효종은 인조의 장자였던 소현세자의 비명횡사로 말미암아 세자가 되었고,

소현세자의 아들이 살아 있었기 때문에 스스로 왕통에 불안을 느낄 수밖에 없었다. 종법의 원칙에 위배되는 승계임이 분명했다. 효종에게는 신료들의 지지가 특별히 필요한 상황이었다. 또한 효종은 굴욕적 패배의 현장을 목격하고 볼모생활을 경험함으로써 반청북벌 의지를 불태우고 있었다. 북벌 의지의 구현은 전쟁을 불사하는 일이었고, 전쟁 준비는 전란의 후유증이 컸던 상황에서 민심을 거스르는 일이었다. 그런 상황들은 효종으로 하여금 신료들의 협조를 절대적으로 필요하게 만들었다. 청서 세력의 부상에는 그런 배경이 있었다.

효종과 청서 세력 사이에는 겉보기와 달리 뚜렷한 견해차가 있었다. 효종 시대의 화두는 북벌이었다. 효종과 청서 신료들은 공히 북벌론을 표방하고 있었지만 효종과 신료들의 북벌론은 정책의 취지나 우선순위 등이 서로 달랐다. 효종은 북벌 실행에 필요한 군비 증강에 관심을 가졌던 데 반해, 신료들은 전란의 후유증 치유를 우선으로 민생 안정을 도모하는 데 더 관심을 가졌다. 군비 증강의 시의적절성, 그리고 그것을 위한 재정 확충 방안을 놓고 갈등이 증폭되었다. 청서 신료들 사이에서도 한당과 산당의 입장이 달랐다. 김육이 주도하는 한당은, 민생과 개혁에 역점을 둠으로써 사족들의 여론에 충실했던 산당과 대비되었다.

산당과 한당 대립의 쟁점 가운데 하나는 대동법이었다. 조세의 형평과 합리화를 통해 재정을 확충하려는 뜻에서 대동법이 태동했다. 대동법은 분명히 국가 재정과 민생 개선을 위해 유력하고 공정한 제도였지만, 개혁을 추구한다는 그 자체만으로도 기존 제도에서 기득권자였던 사족들의 이해관계와 직간접적으로 상충될 수밖에 없었다. 대동법은 공물을 미곡으로 징수하게 한 제도로서 기본적으로 지주인 사족에게 부담이 되었기 때문에 사족들의 저항을 피하기 어려운 정책이었다. 당시 조선 사회의 주체는 사족들이었다. 사족들의 저항은 곧 국론 분열을 의미했다.

김집과 송시열 등 산당은 한당에 비해 대동법 시행에 소극적이었다. 왕실과 국가의 근검절약이 우선이라 하며 지역의 특수성 등 대동법 시행의 기술적 문제를 제기하였다. 산당은 적어도 표면적으로는 북벌의 기치를 선명하게 내걸었는데, 대동법 시행은 호불호를 떠나 국론 분열을 초래함으로써 북벌의 대오에 부담이 된다는 논리를 제시했다. 대동법은 지주 사족들에게는 부담스러웠지만 민생과 국가 재정의 개선에는 유효한 합리적인 제도였다. 대동법을 실시하자는 호소력이 확산되어감에 따라 송시열은 추후 입장을 바꾼다. 그러나 그때까지 산당의 일반적인 노선은 대동법 반대였다.

효종은 대동법을 추진하는 쪽으로 가닥을 잡으면서 한당 쪽으로 기울었다. 효종은 대동법 자체가 타당할 뿐만 아니라 군비 증강을 위한 재원 확보에도 현실적 방안이라고 생각했을 것이다. 김자점의 밀고로 청의 간섭이 유발되어 부담을 느끼던 산당은 효종이 대동법 추진에 힘을 실어주는 등 한당 쪽의 손을 들어주자 퇴진하기에 이르렀다. 송시열은 상소를 남기고 효종의 답을 듣지도 않고 바로 낙향했다. 산당의 퇴진은 효종에 대한 비협조 선언이었다.

이 편지가 작성된 1653년은 김집과 송시열 등 산당 측 인사들이 관직에서 물러나 있을 때였다. 산당의 퇴진을 놓고 대소 신료들 사이에서 비난이 일었다. 북벌을 주장하던 산당이 북벌을 추진하는 효종에게 반발하여 물러난 것은 올바른 처사가 아니라는 비난이었다. 아마도 그런 비난은 효종과 한당 측의 정서를 반영한 것이리라. 송시열의 출처를 비난했다는 신면의 당색은 한당이었다. 신면은 김자점의 옥사가 일어났을 때 그 일당으로 몰려 국문을 받다가 이 편지가 작성되기 한 해 전인 1652년에 죽었다. 아무튼 신면 등은 안방준이 송시열에게 보내려고 쓴 편지의 별지를 근거로 송시열을 비판했다. 거기에는 송시열이 벼슬을 그만두면 안 될 때 그만두고, 그만두어야 할 때 그만두지 않는다고 비판한 내용과 송시열이 상소만 남겨놓고 임금의 윤허를 받기도 전에 낙향해버린 것을 들어 '임금을 섬기는 도리가 아니다'라고 비판한 내용이 들어 있었다. 그에 대한 송시열의 변론을 편지 내용 가운데서 요약하면 다음과 같다.

인조 시대에는 호란 이후 청의 감시와 친청 세력의 발호로 말미암아, 시대와 송시열 자신의 명분인 춘추대의(春秋大義)와 복수설치가 논의조차 어려운 실정인지라 송시열은 관직에서 물러나 있었다. 효종이 즉위하고 나서는 국왕의 북벌 의지를 확인할 수 있었기 때문에 나아갔다. 그러나 주대(奏對)를 회피하는 등 효종의 성의를 확인할 수 없어 물러났다. 그래도 상소를 올려 의견을 개진했으니 국왕과 나라를 저버린 것은 아니었다. 효종의 간곡한 설득이 있어 상소를 올리고 다시 나아갔다. 효종은 송시열을 인견(引見)하면서 의기투합하겠노라 말했다. 그러나 그 뒤로 효종의 행동과 상황이 말과 뜻 같지 않았고, 대의를 구현할 수 없게 되어 물러났다.

한마디로 물러나야 할 명분과 사정이 있었다는 말이다. 조선 사림의 세계에서 물러남은 드문 선택이 아니었다. 대표적인 경우로는 무능, 병약, 노쇠 등을 내세워 물러남을 호소하던 퇴계 이황의 경우가 있었고,

살아 있는 권력 문정왕후와 명종을 지목하면서 치세의 희망이 없다고 극언하며 출사를 거부했던 남명 조식의 경우가 있었다. 송시열의 말대로 보자면, 국왕에게 협조하기를 거부하는 자신의 물러남은 남명 조식에 가까웠다. 차이가 있다면 조식은 처사로서 당대를 마감했음에 비해, 송시열은 국왕과 더불어 일세를 끌어가는 문자 그대로 원로(元老)가 되어갔다.

송시열의 이러한 물러남은 그 정서가 산당에게 공유되어 효종에게 무시할 수 없는 부담감을 주었다. 당대에 북벌을 실현하고자 하는 조급함이 있었던 효종은 산당에 더욱 큰 부담감을 느꼈다. 북벌 추진을 위해 사족 대중의 지지를 얻으려면 산당을 끌어안아야 했다. 하지만 산당은 내수외양(內修外攘)이라는 원론적인 왕도론을 들어 실제로는 북벌을 위한 부국강병책의 발목을 잡았다. 산당의 명분론은 이 편지가 작성된 시기로부터 4년 뒤(1657)에 올린 송시열의 '정유봉사'에 잘 압축되어 나타나 있다.

산당과 거리를 유지하며 한당 중심으로 조정을 이끌어가던 효종은 마침내 산당의 송시열에게 손을 내민다. 1658년 송시열은 이조판서에 취임한다. 그리고 1659년(효종 10) 그 유명한 기해독대(己亥獨對)가 이루어진다.

독대란 임금과 신하가 승지나 사관 등의 배석을 배제한 채 단둘이 만나는 일이다. 조선왕조 역사를 통틀어 독대는 손에 꼽을 정도로 드문 일이었다. 밀실정치를 금기시하는 전통 때문이었다. 효종과 송시열의 독대는 '악대설화(幄對說話)'라는 제목으로 송시열에 의해 작성 · 보관되었다. 독대에서는 북벌, 이이와 성혼의 문묘 종사, 소현세자빈 강씨의 옥사 사건, 그 강씨의 신원을 주장하다가 장살된 김홍욱(金弘郁)의 신원과 복작 등이 논의되었다. 핵심이라 할 수 있는 북벌에 관한 내용은 다음과 같다.

효 종	오랑캐의 일은 내가 잘 알고 있다. 정예포병 십만을 길러 자식처럼 사랑하고 위무하여 모두 결사적으로 싸우는 용감한 병사들로 만든 다음, 기회를 봐서 오랑캐들이 예기치 못했을 때 곧장 산해관으로 쳐들어갈 계획이다. 그러면 중원의 의사와 호걸 중에 어찌 호응하는 자가 없겠는가?
송시열	만에 하나 차질이 생겨 나라가 망하게 된다면 그때는 어찌하시렵니까?
효 종	그것은 경이 나를 시험하는 말이다. 나는 내 능력이 대사를 수행하는 데 충분하다고 말하는 것은 아니다. 다만 천리나 인심으로 보아 그만둘 수 없는데, 어찌 능력이 미치지 못한다 하여 스스로 포기할 수 있겠는가? 나는 이 일을 성사시키기 위해 10년을 기한으로 삼고 있는데, 앞으로 10년이면 내 나이 50이 된다. 그 안에 이 일을 이루지 못한다면 나의 지기가 점점 쇠하여 다시는 가망이 없을 것이다. 그렇게 되면 나도 경이 물러가기를 허락하겠다.

기록에 나타난 분위기로 보아 효종이 10년 기한의 북벌 의지를 강력하게 표명하면서 송시열의 협조를 구하고 있다. 북벌에 매진할 것인즉 10년간 같이 나라를 이끌자는 뜻이다.

안방준의 편지 별지에는 또한 병자호란 이후 벼슬길에 나가는 것을 못마땅하게 여기던 김상헌과 김집 두 원로가 효종 시대에 와서 벼슬에 나온 것에 대해 '이전에는 물러났다가 이후에는 나갔다[前退後進]' 하며 비웃는 내용이 들어 있었다. 두 사람은 산당의 상징적인 인물이다. 송시열은 그에 대해서도 명분과 사정이 있었다고 변론했다.

김상헌은 척화파로서 병자호란 때 최명길이 쓴 항복문서를 찢어버린 것으로 유명하다. 최명길은 그것을 주워 이어 붙였다고 한다. 그러나 척화를 주장한 이유로 심양에 잡혀가서 처형당한 홍익한, 윤집, 오달제 등 소위 삼학사와 김상헌은 그 운명을 달리했다. 김상헌은 미리 성문을 나가서 항복 당시 그 현장에 없었기 때문이다. 그렇지만 그 뒤로도 계속 반청북벌을 주장하다가 청에 잡혀가서 4년간 억류되었다. 김상헌은 같이 잡혀간 조한영(曺漢英, 1608~1670), 채이항(蔡以恒, 1596~1666)과 함께 생(生)삼학사로 불린다. 그간에 볼모로 잡혀가 있던 소현세자나 봉림대군과 정을 많이 나누었던 것으로 보인다. 소현세자는 김상헌과 같이 귀국했다. 봉림대군은 장모에게 쓴 편지에서 연로한 김상헌의 안부를 걱정스레 전하고 있다.

김상헌의 후손들은 조선 말기 세도정치의 주역으로 유명한 안동 김씨이다. 그의 후손인 김조순이 정조의 사돈이자 순조의 장인이 되면서 안동 김씨 세도의 시대가 시작되었다. 그들은 안동 본거지를 떠나 새로이 한양 장동에 집거하여 장동 김씨라고도 불린다. 아무튼 김상헌의 후손들이 조선 말기에 세도의 주역이 되는 역사를 통해 암암리에 이어간 척화론의 전통을 느낄 수 있다.

김집은 사계 김장생의 아들로 서인의 계보에서 이이, 성혼과 송시열을 잇는 연결고리로 존숭되었다. 병자호란 이후 김상헌과 함께 북벌 대의를 표방했다. 특히 허례허식을 폐기하고 반정공신에 부여된 특혜를 회수하여 군비를 증강할 것을 주장했다. 그는 정국을 주도하던 공서에게 배척당했고, 관직에 나아감과 물러남을 거듭했다. 인조 말년에는 친청 세력인 김자점 등이 집권하자 출사를 거부하다가, 효종이 즉위하자 김상헌과 함께 다시 출사하기 시작했다.

김상헌과 김집은 효종의 북벌 의지를 뒷받침하겠다는 것을 명분으로 출사했다. 둘은 산당의 원로로서 한당의 김육이 주도하던 대동법을 완강히 반대했다. 아무튼 김상헌과 김집은 원론적 왕도론을 표방했던바, 그들의 존재와 노선이 효종과 한당에게는 불편했을 것이다. 자연스럽게 한당 일각에서는 그들의 출처를 비난하는 목소리가 일었고 그것이 편지에 반영되어 있다.

편지에서 송시열은 자신에게 아부한다고 비난받는 이유태가 결코 그런 사람이 아님을 항변한다. 이유태는 송시열과 함께 김장생, 김집의 문하에서 수학했다. 김집의 천거로 1634년 희릉 참봉, 건원릉 참봉, 대군사부 등에 임명되었지만 관직에 나가지 않았다. 뒤늦게 1658년(효종 9) 효종 때 송시열과 송준길의 천거로 사헌부지평, 시강원진선, 사헌부집의 등을 역임했다. 현종 즉위 후 공조참의 동부승지 재임 중 정론이 실현되지 않자 관직에서 물러났다. 그 뒤로 그는 이조참의, 이조참판 등에 제수되었으나 나가지 않았다.

문제의 편지 작성 당시에는 물론 그 후에도 이유태는 나아감과 물러남 모두 송시열과 전적으로 뜻을 같이했다. 반대파의 시각에서는 이유태가 맹목적으로 송시열을 추종하는 존재로 보일 수 있었다. 이에 송시열은 이유태와 동도동문을 넘어 지친에 가까운 사이라서 그런 것일 뿐,

이유태가 딴마음이 있어서 그런 것은 아니라고 변호했다.

그런데 말년에는 송시열과 이유태 사이가 거의 절교에 가까운 지경에 이르게 된다. 예송의 여파였다. 여기서 예송이란 1차 기해년(1659) 효종이 승하했을 때와 2차 갑인년(1674) 효종의 비 인선왕후가 승하했을 때 효종의 계모 자의대비의 복상 기간을 둘러싸고 서인과 남인이 대립한 논쟁을 가리킨다. 두 번의 예송 모두 현종 때 벌어진 일이지만 서인과 남인 사이의 정쟁 양상으로 번져 숙종 때에 마무리된다. 송시열이 서인의 영수였다. 기해예송에서는 서인의 주장이 관철되지만, 갑인예송에서는 서인이 패배한다. 갑인예송에서 송시열은 서인 예설의 주창자로서 책임을 면치 못했다. 이유태는 당시 끝까지 송시열을 변호했다. 그러나 변호의 내용이 송시열의 마음에 들지 않았다. 송시열은 이유태에 대한 불만을 감추지 않았다. 그것이 이유태에게 전달되어 두 사람 사이는 파국으로 치달았다.

기해예송에서는 서인의 주장에 따라 자의대비가 기년복 즉 1년복을 입는 것으로 결정되었다. 효종이 적장자라면 3년복을 입어야겠지만, 소현세자의 동생으로 중서자이기 때문에 1년복이 맞다는 논리였다. 그에 대해 허목과 남휴 등은 효종이 왕위에 오른 이상 장자로 보아야 하기 때문에 3년복이 마땅하다고 반박했다.

남인 윤선도(尹善道)가 기년복을 따른다면 이종비주(二宗卑主, 종통을 둘로 나누어 군주를 비하시킴) 즉 효종의 종통은 애매하게 되고, 소현세자와 그의 자손들에게 적통을 주는 격이 된다고 비판하면서 예송은 정쟁으로 비화되었다. 윤선도는 송시열을 모함하고 정쟁을 야기했다는 죄목으로 삼수에 유배되었다. 송시열을 비롯한 서인의 의도가 그런 것은 아닌데, 윤선도가 평지풍파를 일으켰다는 것이었다. 서로를 공격하는 서인과 남인의 집단 상소가 잇달았지만 기해예송은 일단락되었다.

그로부터 15년 뒤 효종의 비 인선왕후가 죽었다. 그때까지 자의대비가 살아 있었고, 역시 복제 문제를 놓고 의견이 충돌했다. 서인들은 대공복(9개월)을, 남인들은 기년복을 주장했다. 이번에는 남인들의 의견에 따라 기년복으로 결정되었다.

그런 결정의 배경에는 서인 내부의 분열이 있었다. 즉 서인 가운데 김우명과 김석주 등 외척이 송시열의 세력을 누르기 위해 남인의 주장을 지지했던 것이다. 공식적으로는 송시열 등의 논리적 혼선이 단죄된 결과였다. 기해예송의 기년설은 공식적으로 국조오례의를 따른 것이었다. 효종이 적장자가 아니라는 송시열 등의 논리는 수면 아래에 있었다. 전례의 국조오례의에 의하면 인선왕후에 대한 자의대비의 상복은 기년복이었다. 그런데 서인들이 대공복을 주장한 것이다. 인선왕후가 적장자부가 아니라는 논리였다. 송시열 등은 효종이 적장자가 아니라는 것을 표면에 드러냄으로써, 기해예송에서 윤선도 등이 주장했던 이종비주 혐의에서 벗어날 수 없게 되었다. 현종이 갑자기 죽고 숙종이 즉위한 뒤 송시열은 결국 함경도 덕원에 유배당한다.

송시열이 예송에서 궁지에 몰리자 이유태는 송시열의 예론이 효종의 종통을 부정하려는 뜻에서 나온 것은 결코 아니라고 변호했다. 그러나 송시열의 예론은 분명히 효종이 적장자가 아니라는 입장이었다. 송시열은 왕이나 사대부나 모두 주자가례를 따라야 한다는 동례설을 견지했던 것이다. 아무리 사림정치를 지향한다고 해도 왕정체제에서 송시열의 그런 입장은 왕권 비하로 인식될 위험이 다분했다. 이유태는 송시열을 걱정하는 뜻에서 그렇게 변호했던 것이다.

이유태의 호의에 반하여 송시열은 윤증 등에게 이유태의 해설에 대해 처벌이 두려워서 변절한 행위라고 혹평했다. 윤증은 송시열의 친구 윤선거(尹宣擧, 1610~1669)의 아들이자 송시열의 제자였다. 윤선거의 비문 문제로 송시열과 윤증 사이에 반목이 생겼고, 그 와중에 이유태의 예설에 관해 윤증이 송시열로부터 들은 내용이 공개되었다. 송시열과 이유태가 70세가 되던 무렵의 일이었다. 이유태는 송시열에게 섭섭함과 모욕감을 숨길 수 없어, '송시열이 죽을 때가 된 것 같다'는 극언을 할 정도로 그와 사이가 멀어졌다.

평생지기였던 이유태와의 결별은 지나치게 강한 송시열의 성격에서 비롯된 것이라고 볼 수 있다. 그의 성격은 이경석(李景奭, 1595~1671)에 대한 혹평에서도 읽을 수 있다. 이경석은 병자호란 때 청나라에 항복하는 과정을 기록한 삼전도비의 비문을 썼다. 이경석, 조희일, 장유 등이 집필자로 천거되었는데, 이경석이 쓴 비문이 우여곡절 끝에 채택되었다. 이경석으로서는 부득이한 일이었다. 송시열은 치욕스런 일이라고 생각했다. 1668년(현종 9) 이경석이 현종에게 궤장을 하사받았을 때 송시열은 궤장연서(几杖宴序)를 지어 보내면서 '수이강(壽而康)'이라는 글귀를 넣었다. 수이강은 주자가 송 흠종(欽宗)을 따라 금나라에 잡혀가 아첨해 만수무강을 누린 손적(孫覿)을 비판할 때 쓰는 표현이었다. 이경석이 청나라에 아부하는 글을 써서 오래 편히 살았다는 뜻이었다. 아니면 오래 편히 살기 위해 그런 글을 썼다는 뜻이리라. 그것은 당시에 문제가 되지 않았지만, 뒷날 윤선거의 행적에 대한 송시열의 비난과 병합되어 회자된다. 평생 송시열의 우군이었던 송준길도 그에 대해서는 송시열이 지나쳤다고 평했다. 박세당(朴世堂, 1629~1703)은 그 일을 두고 이경석을 봉황으로, 송시열을 어미 잡아먹는 악조(惡鳥) 올빼미로 비유했다. 이경석은 송시열 등을 발탁한 인물이다. 박세당은 이경석에 대한 송시열의 비난을 배은망덕으로 규정했던 것이다.

송시열의 성격은 맹신에 가까운 주자학 존숭과 맞물려 그 파장이 증폭되었다. 송시열은 투철한 주자주의에 입각하여 스스로를 초인적인 의지의 소유자로 만들고 많은 추종자를 거느림으로써 학문과 정치의 중심에 우뚝 섰다. 반면에 자신과 생각이 다른 사람들은 철저히 배격하여 분열을 조장하는가 하면, 현실을 인식하고 대처하는 데 있어서 공허한 관념에 갇히는 경향이 있었다. 주자와 다른 경전 해석을 한다고 해서 윤휴를 사문난적으로 몰고 윤선거 등을 부추겨 그에 동의하도록 강요했다.

윤휴는 송시열보다 10년 연하인데, 병자호란 직후 청장년기에는 송시열, 윤선거와 함께 쇄신과 재건에 대한 사명감으로 의기투합했다. 두 사람의 결별은 윤휴가 《대학》과 《중용》 등 유교 경전에 대해 주자의 해석으로부터 벗어나 독자적 해석을 시도함으로써 시작되었다. 1644년 윤휴는 28세 무렵 〈중용설〉을 지었는데, 주자의 해석에만 매몰되지 않고 여러 가지 설을 절충하여 자신의 독자적인 견해를 제시하였다. 학문적 또는 정신적 다양성이 아니라 주자학적 통일이 시대적 과제라고 본 송시열은, 윤휴의 그런 자세를 일탈이라고 규정하고 반성을 촉구했으나 윤휴는 받아들이지 않았다. 그러자 송시열은 윤휴를 이른바 사문난적으로 몰아갔다.

이후 송시열과 윤휴는 학문적인 차원을 넘어 정치적으로 정면 대립했다. 예송에서 두 사람은 각각 서인과 남인의 대표로 격돌했다. 북벌론을 놓고도 두 사람은 공방을 벌였다. 북벌론은 다분히 허위의식에 입각했던 만큼 모든 북벌론이 정치적 이해관계를 숨기고 있었다. 심지어 효종의 강경한 북벌론 또한 국가 비상사태라는 전쟁 분위기를 조성하여 왕위 계승의 종법적 하자를 덮으려는 심리와 연결되어 있었다는 주장이 있다. 그래도 효종 시대에는 왕의 적극적인 북벌 의지로 말미암아 북벌은 살아 있는 화두였다. 효종 이후 시간이 흐를수록 북벌론의 허위성은 더욱더 짙어졌다. 숙종 때 윤휴는 새로이 북벌을 주장함으로써 송시열 등 서인으로부터 북벌론의 화두를 빼앗았다. 청나라에서 오삼계(吳三桂, 1612~1678)의 난이 일어나 위기가 조성되자 조선에서 북벌 여론이 거세게 일었던바, 윤휴가 그 중심에 섰던 것이다. 도체찰사부(都體察使府) 설치, 무과 증설, 호포법과 오가작통의 실시 등 실질적인 조치가 이루어졌다.

윤휴의 북벌론은 송시열 등 서인 내 산당의 소극적 북벌론을 비판함으로써 남인 집권의 명분을 확보하고 전쟁 준비를 내세워 세력을 규합해서 주도권을 장악하려는 정치적 의도가 다분한 논리였다. 서인은 공공연히 그 점을 공격했다. 남인 내부에서도 반대파가 생겼다. 당시 남인의 당색은 청남과 탁남으로 나뉘어 있었다. 송시열의 처벌 등 서인에 대한 자세의 선명성이 당색의 기준이 되었다. 청남은 송시열을 사사해야 한다는 원칙론적 입장을 취한 반면, 탁남은 그럴 것까지 없다는 타협론적 입장을 취했다. 허목과 허적이 각각 청남과 탁남의 영수였다. 윤휴는 허목과 같이 청남에 속했다. 그러나 허목은 윤휴의 북벌론에 반대했다. 정치의 요체는 '안민(安民)'인바, 그 어떤 이유를 막론하고 북벌은 백성을 고통스럽게 하는 전쟁을 의미했기 때문이다. 윤휴가 허적의 아들인 허견의 옥사에 연루되어 사사되면서 북벌론은 사라지게 된다.

송시열은 평생지기 중 한 사람이었던 윤선거가 생전에 윤휴와 단교하라는 요구를 받아들이지 않았다고 해서 윤선거 사후에 그의 제문 작성을 소홀히 했다. 그리하여 윤선거의 아들이자 자신의 고제인 윤증과 결별함으로써 노론과 소론의 분당에 한 원인을 제공했다는 사실은 유명하다.

주자에 대한 존신(尊信)은 송시열의 평생 좌우명이었다. 학문과 처세는 물론 일상 기거 면에서도 주자와 연결시키지 않은 것이 없었다고 해도 과언이 아니다. 안질과 각질에 걸렸을 때에도 주자가 같은 병을 앓았다는 사실을 알고는 영광으로 여겼고, 정혼한 손녀가 혼사 전에 죽은 일을 당했을 때에도 주자에게 비슷한 예가 있다는 것에서 위안을 찾았다.

언급했듯이 윤휴와 윤선거를 배척한 것도 주자학에 대한 사명감에서 비롯되었고, 이경석에 대한 폄하도 주자의 표현까지 그대로 따르려는 습관에서 비롯되었다. 그의 북벌론도 예외가 아니었다. 송시열은 송나라가 여진족 금나라에게 쫓겨 내려간 상황에 대해 주자가 시대정신으로 천명했던 존주대의(尊周大義, 춘추대의에 의거하여 명나라를 중화로, 청나라를 오랑캐로 규정함)에서 북벌론의 정당성을 찾았고, "아픔을 참고 억울함을 머금지만 사세가 절박해 어쩔 수 없었다."라고 한 말로 북벌을 당장 행동에 옮길 수 없음을 정당화했다. 북벌의 실천을 목말라했던 효종에게 치인보다는 수신을 더 중시하고 양병보다는 민생 안정을, 무력보다는 군덕을, 외양(外攘)에 앞서 내수(內修)를 더 생각해야 한다고 종용하면서, "참으로 회복하기에 뜻이 있는 자는 칼을 만지고 손을 흔들어 보이는 데 연연하지 않는다."는 주자의 말을 인용했다.

인간 송시열에 대한 평가는 불요불굴의 신념을 빼놓으면 말할 것이 없다. 그는 그런 신념을 통해 당대에는 물론 후대에도 나름의 중추적 지위를 누렸다. 폐쇄적이고 독단적이라는 반역사적인 한계가 분명히 있었지만 주자학에 대한 송시열의 신념은 역사와 현실에 대한 나름의 확고

한 인식과 처방이었다. 송시열은 양란을 거치면서 흐트러진 사회를 재건하기 위해서 사상적 통일이 필요하고, 주자학을 제외하고는 대안이 없다고 생각했다. 그는 흐트러진 틈 사이로 솟아나는 다양한 새 흐름을 받아들이기에 적합한 그릇은 아니었다.

송시열의 북벌론은 다분히 허위적인 숭명반청의식에 입각한 것이었지만, 효종으로 하여금 선정과 치세를 기약하도록 촉구하는 취지에서 주장한 거라고 볼 수도 있다. 유교에서는 선정과 폭정, 치세와 난세의 갈림길은 무엇보다도 결정적으로 군주의 한마음에 달려 있다고 본다. 유교 경전에서 군주의 마음을 다잡는 방법은 크게 세 가지로 나타난다. 첫째는 경전 공부와 수양을 통해 '요순과 같은 성왕이 되어 지치(至治)를 실현하리라'고 스스로 동기부여를 하도록 만드는 것이다. 《맹자》가 임금들에게 언필칭 요순(言必稱 堯舜)을 강조했던 것이 바로 그런 맥락이다. 둘째는 은나라 이윤이 포악한 태갑을 축출하여 그로 하여금 뉘우치게 하거나 주나라 주공 단이 어린 성왕을 관리했던 것과 같은 직접적 방법이다. 마지막 셋째는 월왕 구천이 오왕 부차에게 복수하기 위해 가졌던 '와신상담(臥薪嘗膽)'의 심리를 조장하는 것이다. 송시열의 북벌론은 바로 마지막 방법이라고 볼 수 있다. 그것은 위에서 말한 바 있듯이 주자가 남송의 효종에게 행했던 방법이기도 했다.

다시 편지로 돌아가서, 위무공은 춘추시대 위나라 임금이다. 그는 나이 95세 때 주위에 대해 경고하기를, "경(卿) 이하 모든 조정의 관원은 나를 늙었다 하여 버리지 말고 반드시 조정의 일을 조심해서 하고, 서로들 나를 경계해줄 것이며, 한두 마디라도 들은 말이 있으면 나에게 가르쳐 달라."고 했다. 거백옥은 춘추시대 위영공 때의 현자이다. 그는 나이

50세가 되어서도 지나간 49세 때의 잘못을 깨달았고 60세가 되어서도 고치기를 게을리하지 않았다고 한다.《논어》'위영공'에 나오는데, 편지 원문의 '칠십(七十)'에서 칠(七)이 육(六)은 아닌지 의심스럽다.

원우는 중국 송나라 철종의 연호이고, 제현(諸賢)은 사마광을 비롯한 문언박, 정이, 여공저, 소식 등 문인 학자 119인을 가리킨다. 채확은 왕안석의 파당으로 왕안석의 신법을 적극 찬동한 인물이었다. 채확이 지은 시에 '높도다, 명신 학증산이여 / 충언과 절개를 상원 무렵에 드날렸지[矯矯名臣郝甑山 忠言直節上元間]'라는 구절이 있었다. 채확은 그 시에서 선인황후(宣仁皇后, 송 고종의 황후)를 측천무후에, 자신을 학처준에 가탁했다. 원우의 제현 가운데 우간의대부 범조우, 우정언, 유안세 등이 그 시구를 논박하여 채확은 죄를 받게 되었다. 상원은 당 고종의 연호이다. 학처준(郝處俊)은 측천무후를 세우도록 간하여 고종이 죽은 다음에 자신이 정권을 잡았다. 학처준의 봉호가 증산(甑山)이다. 송 철종 때 채확이 원우의 제현으로부터 논박을 받고 유배 가게 되자, 범충선 즉 범순인이 채확을 구하려 했다. 한낱 시구를 문제 삼는다는 것은 지나친 처사라는 것이었다. 범충선의 처신에 대해 주자는 '뒷날에 자신이 온전하려는 계책을 한 것'이라고 비판했다.

송시열이 위무공과 거백옥을 언급한 것은 당시 팔십 노인이었던 안방준에 대한 축수의 덕담이었다. 원우의 제현과 채확, 범순인과 주자에 관한 이야기는 포폄의 원칙에 관한 것이다. 무릇 포폄에 있어서는 먼저 큰 기준에 입각하여 이쪽 아니면 저쪽이라는 선택을 분명히 해야 한다는 뜻이다. 송시열은 그것을 산당과 한당 중간에 있던 안방준의 처세를 비판하는 맥락에서 인용한 것이다.

송시열의 생애를 다시 한 번 살펴보겠다. 송시열은 1607년(선조 40) 충청도 옥천군 구룡촌 외가에서 태어났다. 회덕 주변을 옮겨가며 살아 세칭 회덕인으로 불리곤 했다. 연산(連山)의 김장생에게 나아가 수학하다가 1631년 김장생이 죽은 뒤에는 그 아들 김집의 문하에서 학업을 계속했다.

송시열은 27세 때 생원시에서 장원한 다음, 두 해 뒤인 1635년 후일 효종이 되는 봉림대군의 사부로 임명되었다. 병자호란 때 왕이 치욕을 당하고 소현세자와 봉림대군이 볼모로 잡혀가자 낙향하여 학문에 몰두했다.

1649년 효종이 즉위하자 송시열은 세자시강원진선, 사헌부장령 등에 제수되어 관직에 나갔다. 그때 '기축봉사'를 올려 존주대의와 복수설치를 역설함으로써 효종의 북벌 의지에 부합하였다.

1650년 2월 김자점 일파가 청나라에 조선의 북벌 동향을 밀고하여 그를 포함한 산당 일파가 북벌 주동자로 몰린 데다 효종 및 한당과 견해 차이가 생기자 조정에서 물러났다. 1653년(효종 4)에 충주목사, 1654년에 사헌부집의와 동부승지 등에 임명되었으나 나가지 않았다.

1655년 송시열은 모친상을 당했다. 1657년 상을 마치자마자 곧 세자시강원 찬선에 제수되었으나 그 관직을 사양하고 대신 '정유봉사'를 올렸다. 북벌론을 내세우면서 즉각적인 군사 정책을 추진할 것이 아니라 왕도정치를 구현하여 백성을 다스리고 사대부를 우대할 것을 강조하는 내용이었다. 1658년 7월에는 효종의 간곡한 부탁으로 다시 찬선 관직에 나갔고, 9월에는 이조판서에 임명되었다. 기해독대를 통해 알 수 있듯이 효종의 절대적 신임 속에 조정을 주도하기에 이르렀다.

1659년 5월 효종이 급서한 뒤 송시열은 인조의 계비인 자의대비 조

(趙)씨의 복제 문제로 기해예송에 휘말리고, 국구(國舅) 김우명 일가와 알력이 깊어졌다. 그러자 그해 12월 벼슬을 버리고 낙향했다. 이후 현종 시대 15년간 송시열은 조정에서 융숭한 예우와 부단한 초빙을 받았다. 1668년(현종 9)에는 우의정이, 1673년에는 좌의정이 되었다. 그러나 그가 관직에 나간 것은 일시적인 일이었고, 대체로 그 기간에 관직에서 물러나 있었다.

송시열은 진퇴, 출처를 불문하고 선왕 효종의 위광과 사림의 중망 때문에 막강한 정치적 영향력을 행사했다. 사림의 여론은 그에 의해 좌우되었고 조정 대신들은 매사를 그에게 물어 결정하는 일이 많았다.

갑인년(1674)에 와서 변화가 일어났다. 효종의 비 인선왕후가 죽자 자의대비의 상복 문제로 다시 예송논쟁이 일었다. 이번에는 그의 예법을 추종한 서인이 패배했고, 현종은 예법을 그르쳤다는 죄목으로 송시열을 파직했다. 그해 8월 현종이 죽었지만, 정세에는 변함이 없었다. 송시열은 결국 이듬해 1675년(숙종 1) 정월 함경도 덕원으로 유배되었다가 경상도 장기, 거제 등지로 이배되었다. 유배 기간 중에도 남인의 가중 처벌 주장이 일어나 한때 생명에 위협을 받기도 하였다.

1680년 경신환국으로 서인이 다시 정권을 잡자, 유배에서 풀려난 송시열은 중앙 정계에 복귀했다. 그해 10월 영중추부사 겸 영경연사에 임명되었고, 물러나서도 원로 퇴직 관리에 대한 최고의 예우인 봉조하의 예우를 받았다. 그러나 이미 송시열의 전성기는 지나버린 뒤였다.

송시열은 독선적이고 강직한 성격과 무리한 처신으로 말미암아 서인을 분열시키게 된다. 1682년 김석주와 김익훈 등 훈척들이 역모를 조작하여 남인을 일망타진하고자 한 이른바 임신삼고변(三告變) 사건이 있었다. 김익훈은 송시열 자신을 기사회생시킨 경신환국의 주동자로 스승 김장생의 손자였다. 송시열은 김익훈을 두둔했다. 그로 인해 서인 내부에서도 송시열에 대한 비난이 쏟아지며 분열이 생겼다. 송시열과 제자 윤증의 불화가 겹쳐 서인은 1683년 송시열을 추종하는 노론과 그에 대해 비판적인 소론으로 분열되기에 이르렀다. 송시열은 노론의 원로에 불과하게 되었다.

1689년 1월, 희빈 장씨의 아들을 세자로 책봉하는 문제를 둘러싸고 벌어진 정쟁에서 노론이 남인에게 패했다. 송시열은 노론의 영수로서 제주도로 유배되었고, 그해 6월 서울로 압송되어 오던 중 정읍에서 사약을 받았다. 그의 나이 83세 때였다. 1694년 갑술환국으로 다시 서인이 정권을 잡자 관작이 회복되고 제사가 내려졌다. 이때 수원, 정읍, 충주 등지에 그를 제향하려는 서원이 지어졌고, 그 이듬해 문정(文正)이라는 시호가 내려졌다.

송시열의 행적에 대해서는 당파 간에 칭송과 비방이 무성했으나, 숙종 42년(1716) 노론과 소론의 시비를 두고 왕명으로 노론의 입장을 공론으로 정한 병신처분과 1756년(영조 32) 문묘 배향 결정을 통해 송시열의 정치적 정당성과 학문적 권위가 공인되었다. 정조 때 소론과 남인의 정치 참여가 있었지만 순조 이후 노론 일당 전제가 지속되면서 그의 역사적 지위는 더욱 견고해졌다.

심환지가 정사년(1797) 7월 6일 저녁에 정조에게 받은 편지

그간 오래 소식이 끊겼다. 나는 경을 도외시 않는다고 일찍이 경에게 말한 적이 있었다. 아마 경도 나를 믿어 조정의 영욕 때문에 조금이라도 걸음을 옮기거나 모습을 바꾸는 일은 없었을 것이라 생각했다. 게다가 지난 연석에서 말한 바 있는데, 내가 경에게 미덥지 못했던 것인가? 그 뒤 다른 사람을 통해 경에게 전하라고 한 말은 나의 태양증(太陽症)에서 비롯된 것이고 말해놓고도 곧 잊어버렸다. 내가 먼저 경에게 물을 수는 없는 일이라 여러 날을 기다렸을 뿐이다. 인편에 서한이 오지 않아 슬퍼하고 탄식하며 어떻게 마음을 풀어야 할지 모르던 차에 오늘이 무슨 날인지 홀연 그대가 먼저 보내준 편지를 받고 알게 되니, 울적한 마음에 크게 위로가 되었다. 한바탕 웃을 일이다.

기왕의 일은 말할 것 없을 터이지만, 옛사람의 말에 '조금이라도 다른 의도가 있으면 곧 인욕이다'라고 했는데, 이는 바로 지난번 연석에서 경이 보인 모습을 가리키는 말이라 하겠다. 내 마음은 간절히 풍속을 교정하고자 하는 것〔矯俗〕인데, 경의 말은 내 마음과 상반되었다. 이서구(李書九, 1754~1825)를 아끼는 마음이 먼저 깊은 곳에 자리 잡고 있었기 때문에 내 말을 소홀히 듣고 동문서답과 다름없는 연석이 되었던 것이다.

지금 내가 밤낮으로 생각하는 것은 '예의(銳意, 어떤 일을 잘하려고 단단히 차린 마음)' 이 두 글자이다. 그러나 어찌 내 말을 어기지 않게 하려는 것이겠는가? 의리는 정해진 장소나 방향이 없으니 오직 의(義)를 보고 이(理)에 맞도록 할 뿐이다. 천하를 인(仁)으로 이끌면 백성이 따를 것〔從〕이니, 이 '종(從)' 자는 참으로 좋은 것이다. 혁(革)괘의 정전(程傳)을 보면 그렇다는 것을 잘 알 수 있다. 그렇다고 배운 바를 버리고 내가 좋아하는 것을 따르게 하려는 것은 결코 아니다. 《맹자》의 주해를 보면 그것을 분변하기 어렵지 않다. 경이 지난날 했던 말은 내 뜻을 잘못 알고 한 것이라고 하겠다.

이 기회에 경에게 한마디 하고 싶은 말이 있다. 시패(時牌)들이 사촌 이하는 돌아보지도 않으려 하는데, 그것은 참으로 잘못된 폐단이자 고질적인 습속이다. 뜨거운 국을 식은 줄로 알고 먹다가 데는 경우〔懲羹〕와 같이 〔즉 냉채를 먹을 때에도 후후 불면서 먹게 되는 일이 있듯이〕 간혹 조심이 지나쳐 도리어 일이 더 잘못되는 경우가 있다. 서로 도와 함께 이루어야 할 때인데 종종 일이 마음 같지 않은 경우가 있어서 그런 것이리라. 옛적의 훌륭한 사람들이 기꺼워 그리했겠는가?

이서구의 행동은 예전에 하던 대로 했던 위선일 뿐이니, 칭찬할 만한 단서라고는 터럭만큼도 없다. 연석에서 하교한 본뜻을 이해하지 못한 것은 경의 잘못이다. 저 이서구의 어리석은 꼴을 내버려둔 채 뒤따라 두둔하는 것이 어찌 평소 알던 경의 모습이겠는가? 지금부터 의리를 조용히 궁구하여 흠잡을 데 없이 확고한 정도를 찾아야 할 것이다. 지금처럼 믿지 못하는 떠들썩한 습속 때문에 우리 사이를 엿볼 틈이 있게 해서는 안 될 것이다. 다시금 깊이 유념하는 것이 어떠한가? 이제 다 말하고 나니 나의 마음은 구름이 걷힌 듯 개운하다.

보령현감에 관한 일로 말하자면 체직하기에는 너무 아깝다. 공문을 올리더라도 그의 생각이 적중했다고 하고서 도로 내려보낼 생각이다. 그로 하여금 즉시 법례에 따라 공문을 올리게 한다면 아무 일 없을 것이다.

여강의 김양행(金亮行)은 수립한 바가 탁월하다. 추가로 증직하는 일은 마음에 담아두고 있었다. 그의 선조를 따로 특별히 추증하는 일은 그때를 기다렸다가 하는 것이 좋겠다.

이만 줄인다.

其間許久阻信 吳非外卿 曾有設言於卿 意謂卿之信吳 不以朝廷間榮辱 有些移步換形 且況向筵云云 吳不見諒於卿者也 其後轉言於卿者 亦由此漢太陽症 而旣言之 便已忘之 然不可自吳先問於卿 側竢多日 便使不至 且悵且咄 不知何以自解 今辰何辰 忽接先施之來翰 丕慰耿菀之思 還覺好呵 旣往不須說 而古人豈不云乎 才有意便是人欲 卿之向筵光景之謂也 吳心方切於矯俗 卿言相反於吳心 此盖顧惜九也之心 先着肚裏 自不免晴之褻如 無異問東答西 今吳夙宵一念 在於銳意二字 寧或使之惟吳言而莫予違也 但義理無定處方嚮 惟義是視 始合於理 以是率天下以仁而民從之 此從字固好矣 觀於革卦程傳 又可知其然者 棄所學從吳好 甚非矣 觀於鄒書註解 亦有不難卞者 則卿之伊日之言 可謂意不到 因此又有一語於卿者 時輩之少爾則自四寸以下不欲顧見者 誠一弊習痼俗 而懲羹之中 亦有不得不反效其尤處者 相須共成之際 往往有事不

從心而然 古之明碩 亦豈樂爲哉 至於九也所爲 卽曩時之假面 毫無可以一分稱詡之端 則不會筵敎之本意 在卿已是歉德 而任他九也之癡様 從以右袒之者 是豈所知於卿哉 自今潛究此箇義理 惟求其擷撲不破之道 則以今嚚俗(之)不可信決無窺覘於吳輩之間 更須深念 如何如何 今旣悉言之 吳心如雲捲而已 呵呵保倅事 遽甚可惜 雖以公格狀聞 以適中其意爲說 欲爲還下送 而使渠卽爲法例呈公狀 則都無事矣 驪江金山林 樹立卓然 一番加贈 卽所留存心曲者 其先祖之拔例別贈 待其時爲之亦可 姑此 三淸洞門 丁巳七月初一夕

❖

편지 내용을 이야기하기에 앞서 발신자가 국왕이고 수신자가 신료라는 사실에 먼저 눈길이 갈 수밖에 없다. 게다가 문맥을 보니 편지가 일회성으로 끝나지 않고 수시로 오갔음을 알 수 있다. 수신자 심환지(沈煥之, 1730~1802)는 정조의 등극과 노선에 부정적이었던 노론 벽파의 대표격 인물이었다.

정조는 조선의 국왕 가운데 아주 특별한 존재였다. 반대파의 암살 기도와 견제를 이겨내면서 정치적 감각을 터득하고 즉위했다. 보기 드문 뛰어난 자질과 호학을 통해 조정 대신은 물론 산림의 그 어떤 학자에게도 뒤지지 않는 학식을 갖춘 임금이었다. 시간이 흘러 연륜까지 쌓이게 되자 정조는 이른바 '성왕(聖王)' 내지 '군사(君師)'를 자처하게 되었다.

유교의 이상적 군주상은 권력과 지덕(知德)을 겸비한 성왕, 즉 내성외왕이다. 내성외왕의 계보는 요임금, 순임금과 하나라의 우, 은나라의 탕, 그리고 주나라의 문왕, 무왕으로 이어진다. 그런데 유교에서는 왕위에 오르지 못한 주공과 공자에게 성왕에 준하는 권위를 부여한다. 왕위와 지덕이 일치하기란 어렵다는 엄연한 현실을 반영한 것이다. 주공은 종척 중의 현자를 상징하고, 공자는 일반 세상의 현자를 상징한다. 현실적으로 정치는 국왕이 현자의 도움을 받아 다스리는 것이 된다. 그런데 정조는 왕위와 덕망을 겸비한 성왕의 자화상을 그리고 있었다.

유교에는 '군사부일체'라는 말이 있다. 임금과 스승과 아버지는 절대적 권위자라는 것이다. 그런데 그것은 권위의 원천이 셋으로 나뉜다는 말이기도 하다. 임금에 대한 '충'과 아버지에 대한 '효' 사이의 갈등은 너무나 일반적이었다. 국법에 저촉되는 죄를 지은 아버지 고수(瞽瞍)를 위해서라면 왕위마저 아낌없이 버릴 것이라는 순임금의 이야기, 부모상(喪)은 만사 열외의 사유가 되는 전통 등이 그 대표적인 사례이다. 임금과 스승의 권위에 대해서는 공자를 성인으로 추앙하는 유교에 그 지침이 함축되어 있다. 임금은 지덕을 지닌 현자의 가르침과 도움을 받아야 하는바, 신료란 군주에게 복종해야 하는 존재인 동시에 일면 그런 스승으로서의 의미를 지닌 존재이다. 그런데 정조는 스스로 군주인 동시에 신료의 스승, 즉 군사를 자처했던 것이다.

성왕 또는 군사라는 말은 플라톤의 철인왕을 연상시킨다. 철인왕은 국가에 대한 결정적이고 완전한 지식과 그것을 실현시킬 정치적 지혜를 갖춘 군주를 말한다. 그런데 그것은 어디까지나 이상적 모델이다. 현실과 직결시킬 경우 그것은 전제자, 독재자의 부정적 의미로 연결되기 쉽다. 정조가 성왕 내지 군사를 자처하게 되자 그런 부정적 군주의 모습이 드러나게 되었다.

정조의 그런 이미지는 말기로 갈수록 더욱 노골적으로 드러났다. 정조는 1798년 스스로 만천명월주인옹(萬川明月主人翁)이라는 별호를 만들고 서문을 지었다. 만천명월주인옹자서(自序)는 만 갈래 개천, 곧 신민을 비추는 하늘의 밝은 달로 군주의 지위를 표현하여 왕권의 초월 · 절대성을 강조했다. 정조는 심지어 이를 신하들로 하여금 베껴 쓰게 하고 궁궐 곳곳에 내걸도록 했다. 벽파 노론의 영수인 김종수는 국왕이란 모름지기 '자신에게 가르침을 줄 수 있는 자를 신하로 삼기 좋아해야 하는데' 정조가 정반대로 '거만하게 스스로를 성인이라 여기면서 신하들의 의견을 무시하기 때문에 신하들이 서슴없이 할 말을 다하는 기상이 사라지고 있다.'라고 비판했다. 편지에 언급된 바와 같이 심환지가 연회석상에서 이서구를 두둔했던 것도 그런 맥락이었다.

정조가 남달리 공들여 양성한 초계문신 출신 가운데 남인의 총아였던 정약용마저도 정조의 그런 자세를 비판했다. 초계문신제는 세종 대 이래로 실시된 사가독서제의 전통을 이어 37세 이하의 당하관 중 젊고 유능한 문신을 뽑아 잡무 면제 등 여러 가지 특혜를 주며 규장각에서 교육을 시키고 40세가 되면 졸업을 시키는 제도로, 친위 문신 세력의 양성을 기도한 정조의 야심찬 정책이었다. 정약용은 1789년 치러진 식년시에 급제해 바로 초계문신에 뽑혔고, 그해 규장각에서 본 시험에서 다섯 번이나 장원을 차지하여 정조의 눈에 들었다. 이것은 어디까지나 추측이지만 정조가 채제공의 뒤를 이을 남인의 인물로 정약용을 염두에 두었다고 한다. 앞 시대의 예송에서 남인은 '왕자례부동사서(王者禮不同士庶)'를 주장했다. 왕실의 예법은 사(士)와 민(民)의 예법과 달리 적용해야 한다는 것이었다. 그것은 '천하동례(天下同禮)' 즉 왕례의 차별성을 인정치 않았던 노론과 달리 왕권을 존중하는 입장이었다. 정약용의 예를 통해 볼 때 정조의 성왕론 내지 군사론은 상대적으로 왕권의 특수성을 존중했던 남인의 관점에서 보더라도 받아들이기 어려웠던 것이다.

말년에 이르러 신료들이 당색을 초월하여 정조의 자세를 비판하는 지경에 이르자 정조는 고립감을 느꼈다. 건강 악화로 인한 피로감과 조바심이 겹쳤다. 급기야 정조는 정치적 균형 감각을 상실하고 그동안 지켜오던 인사의 원칙을 변경하기에 이른다. 정조는 즉위 후 탕평과 함께 우문지치(右文之治)와 우현좌척(右賢左戚, 사림을 등용하고 척족을 배제함)을 표방해왔다. 규장각 초계문신제 등을 통해 새로운 관료 친위 세력을 양성함과 동시에 당색별 주요 가문, 이른바 고가대족을 탕평적으로 등용함으로써 조정을 장악하려고 했다. 그런데 정조 말기로 갈수록 원로는 물론 새로이 양성된 관료마저도 당색을 막론하고 정조의 성왕 · 군사론적 통치관에 반발하기에 이르렀다. 이에 정조는 새로운 우군을 찾아 장차 순조의 장인으로서 척족이 될 김조순에게 세도를 부탁한다. 김조순의 집에 비장되어오다가 훗날 안동 김씨 외척 세도가 확립된 이후 공개되는 《영춘옥음기(迎春玉音記)》에 그러한 사실이 기록되어 있다.

심환지의 본관은 청송(青松)이며, 자는 휘원(輝元), 호는 만포(晩圃)이다. 심환지는 1771년(영조 47) 정시문과에 병과로 급제했고, 젊었을 때에는 김귀주(金龜柱)와 의기투합하여 정조를 지키는 홍국영(洪國榮, 1748~1781)을 극력 공격했다. 김귀주가 실패하고 정조가 즉위한 뒤로 심환지는 침체를 면치 못하다가 정조 중기에 비로소 정계에 부상하게 된다. 1793년(정조 17) 이후 이조참판, 규장각제학을 거쳐서 이 · 병 · 형조판서를 지냈다. 김종수(金鍾秀), 윤시동(尹蓍東)과 함께 노론 벽파의 의리를 고수하였다. 소론의 대표 격이던 서명선을 공격했고 채제공(蔡濟恭, 1720~1799), 이가환(李家煥, 1742~1801), 이승훈(李承薰, 1756~1801) 등 남인 인사에 대해서는 서학과 관련하여 역률로 엄히 다스려야 한다고 주장했다. 윤시동이 죽은 뒤 심환지는 명실상부한 노론 벽파의 수장으로서

1798년 우의정에 임명되었다. 농업에 힘쓰고 상공업을 억제해야 한다는 논리를 내세워 당시 성행하던 금광 채굴을 금지시킬 것을 주장하기도 했다.

최근 1796년부터 1800년 정조가 죽기 직전까지 심환지에게 보낸 편지 297통이 공개되어 학계를 흥분시킨 바 있다. 심환지의 후손이 보관해왔다. 많은 분량을 잘 보존해왔다는 것에 대해 놀라움을 금할 수 없다. 읽고 나서 태우라고 한 편지도 많은데 그것까지 보존되어 있다.

편지 내용에는 인사 문제에 관한 교감, 정보 수집, 여론 동향, 관직과 관련된 의사 전달, 상소와 관련한 내용 등이 담겨 있다. 어찰 내용은 실록《일성록》등의 공식 기록과 소재는 같지만, 보는 시각이나 구체적 내용 등이 상당히 다르다. 실록에서는 심환지 본인의 의사로 한 것으로 되어 있지만, 실제로는 정조의 지시에 의해 한 것으로 되어 있음이 어찰을 통해 밝혀지기도 했다.

정조의 개혁 노선에 대해 비판적인 벽파 노론의 영수 심환지와 정조의 관계를 어떻게 볼 것인가에 대해서는 관점이 다양하게 나뉜다. 액면 그대로 보아 정조와 심환지가 긴밀한 협조관계에 있었다는 관점이 있다. 정조의 즉위를 탐탁지 않게 여겼고 즉위 후에도 그의 노선에 소극적인 자세로 일관했던 벽파 노론의 영수와 더불어 공작 정치를 불사하고 협력을 이끌어내면서 자신의 노선을 구현해가는 노련한 정치가, 탕평군주로서 정조를 보는 관점이다.

반면에 편지의 표현과 달리 정조와 심환지의 실제 관계는 줄곧 평행선을 달렸다는 관점이 있다. 정조는 나름대로 최대 정파인 벽파를 완전히 배제하고는 정국을 이끌고 가기가 어렵겠다는 판단에서 심환지를 끌어들인 것이고, 심환지도 상당한 정도로 친정체제를 구축한 정조와 완전히 등을 돌릴 수 없는 상황이어서 호응하는 자세를 취했다는 것이다. 그렇게 보면 반대 세력을 설득하거나 압도하지 못하고 끌려다니거나 발목 잡힌 정조의 모습이 나타난다.

그런 관점에 따라 정조의 죽음, 그 이후에 대한 설명도 극적으로 달라진다. 결과로서의 역사에서는 정조의 죽음과 더불어 그의 노선이 폐기되고 심지어 퇴행 현상마저 나타난다. 정조의 죽음에 대한 이른바 독살설은 말년에 정조가 벽파 노론 세력과 불편한 동거를 파기하겠다는 신호로 보였고 그러자 노론이 독살을 감행했다고 본다. 심환지가 독살을 사주했다는 것이다.

독살설에 반대되는 증거도 많다. 그의 손자가 남긴 가장(조부의 행적을 기록한 글)에는 심환지가 정조의 죽음을 매우 슬퍼했다는 기록이 보인다. 무엇보다 정조가 심환지에게 보낸 편지들이 발견되었을 때 독살설은 그 근거를 잃는 듯했다. 독살설과 어울리지 않는 두 사람의 긴밀한 관계가 편지에 표현되어 있었기 때문이다.

그러나 편지를 달리 읽어야 한다는 반론이 제기되기도 했다. 편지는 심환지가 정조를 감시하고 안심시키는 방편이었다는 것이다.

정조는 사도세자의 아들이다. 사도세자는 아버지 영조에 의해 뒤주에 갇혀 배고프고 목마르고 숨 막혀 죽었다. 당시 조정은 노론에 의해 주도되고 있었다. 영조로 하여금 그렇게 하도록 몰고 간, 아니면 적어도 영조의 결정을 말리지 못하고 방관한 책임을 노론은 면할 수 없었다. 엄청난 비극에 대해 불가피한 현실로 받아들여야 한다고 보는 관점과 영조의 처사가 지나쳤다고 보는 관점이 각각 벽파와 시파라는 당색으로 표출되었다. 벽파나 시파는 모두 상대방을 비난하는 어조로 사용된바, 벽파는 꽉 막힌 무리라는 뜻인 듯하고, 시파는 원칙 없이 감정적으로 시류에 휩쓸리는 무리라는 뜻인 듯하다.

벽파의 일부는 정조의 즉위를 필사적으로 방해했다. 정조의 즉위는 결과적으로 시파의 승리를 의미했다. 정조는 탕평책을 실시하여 노론 벽파라 해도 인재를 등용하는 데 배제하지 않았다. 그러나 아버지 사도세자의 황망한 사망의 현장을 목격했던 정조로서는 노론 벽파에 대한 감정이 원초적으로 부정적일 수밖에 없었다. 이후로도 노론 벽파는 정조의 개혁적 정책 기조에 대해 소극적이었기 때문에 정조의 벽파 노론에 대한 부정적 감정은 재위 기간 내내 해소되지 않았다.

정조의 벽파 노론에 대한 감정은 이른바 '임오의리(壬午義理)'의 재론을 시사한 '오회연교(五晦筵敎)'에 잘 드러나 있다. 오회연교란 정조가 죽기 직전인 1800년 5월 그믐날 연석에서 내린 교시로 지난 일을 술회하고 앞으로의 계획을 발표한 일을 말한다. 정조가 죽음을 예감하고 한 일 같지는 않지만, 중대한 결단에 어울리게 비장한 각오가 엿보인다.

임오의리란 1762년에 있었던 사도세자의 죽음에 대한 노론 벽파의 공식 당론을 말한다. 영조는 '사도세자의 죽음은 불가피한 처사였고, 앞으로 그에 대한 논란은 금한다'고 선언했다. 정조는 세자 시절은 물론 1776년 즉위 후에도 20년이 넘도록 임오의리를 준수했다. 그런데 연석에서 금기를 깨고 그에 대한 재론을 시사한 것이다. 정조는 아버지 사도세자의 죽음에 대한 노론 벽파의 책임을 분명히 지적하고 노론 벽파로 하여금 앞으로의 개혁 추진에 적극 호응하지 않으면 용납하지 않겠다는 의지를 표명했다.

정조는 당시 그동안 추진해온 개혁을 일단락 짓고 새로운 국면을 구상하고 있었다. 그에 대해 신료들의 호응은 부정적이었고, 그 중심은 역시 노론 벽파였다. 오회연교는 그런 노론에 대한 정조의 태도 표명이었다.

오회연교의 진의에 대해서는 상반된 해석이 있다. 정조가 노론 벽파를 포용하려는 기존의 탕평 노선을 포기하고 남인 중심의 시파를 중용하겠다는 의지를 천명한 것이라는 해석이 있다. 그와 달리 정조가 오회연교를 탕평책의 변경까지 생각한 것은 아니고, 다만 노론 벽파를 위협하여 신료들의 적극적 호응을 유도하려는 것이라는 해석이 있다. 오히려 노론 벽파의 동조를 요청하려는 정조의 뜻이 담겨 있다는 것이다. 어느 쪽이든 오회연교는 사적인 감정을 보복 · 응징하여 해소하려는 것이 아니라 공적인 개혁을 위한 신료들 동원의 계기로 전환시키려는 정치가, 탕평군주의 면모를 보여준다고 할 수 있다.

정조가 실시했던 개혁은 어떤 것이며, 장래에 어떤 구상을 가지고 있었던가? 정조는 탕평책을 표방하여 당색의 균형을 추구했을 뿐만 아니라, 규장각을 세우고 초계문신제를 시행하여 새로운 인재 양성과 계발을 도모했다. 대체로 새로운 문물을 수용하고 서얼을 등용하는 등 개방성이 돋보였다. 수취의 강화가 아니라 근본적으로 산업의 발전을 통한 부국을 추구했다. 농업을 중시하여 권농과 생산성 개선을 강조하는 등 농업 발전에도 노력했다. 동시에 여러 차례의 통공 정책을 통해 금난전권을 혁파함으로써 상공업의 활성화를 도모했다. 형벌제의 개선을 통해 인권을 실현하고, 암행어사를 활용해서 수탈과 비리를 척결하여 사회정의를 구현코자 노력하였다. 오위제를 근간으로 군제를 개편하고 강병을 추구했다.

화성 건설은 정조의 원대한 정치적 구상에 입각한 결과로 해석되고 있다. 1789년(정조 13) 7월 말경, 정조는 사도세자 능원을 기존의 양주 배봉산에서 수원 화산으로 옮기기로 결정하고 능원 명칭도 영우원에서 현륭원으로 변경했다. 성곽 공사는 많이 늦어져 1794년 1월에 시작되었다. 사도세자의 무덤 이전을 위해 읍내 관청과 주민들을 현재의 수원 팔달산 동쪽으로 이사시키는 데 시간이 걸렸기 때문이다. 게다가 공사가 중단되는 등 곡절이 있었으나 예상보다 훨씬 빨리 1796년 9월에 완료되었다.

화성 건설 과정에는 채제공, 조심태(趙心泰, 1740~1799), 정약용, 김홍도(金弘道, 1745~?) 등 여러 분야 신하들의 열성과 능력이 총동원되었다. 임진왜란 이래 숙종 · 영조 시대의 전국적 축성 경험과 류성룡 · 유형원 등의 선구적 제안까지 수용되었다. 옹성(甕城)과 벽돌 사용 등 중국으로부터 새롭게 배워온 '북학(北學)'의 성과도 적극 활용되었다. 또 측우기, 수차(水車), 기중가(起重架) 등 여러 기계가 제작 · 이용되었다. 기중가는 거중기(擧重機)라고 불리기도 하는데 정약용이 고안한 것이다. 법고창신(法古創新)의 정신에 따라 전통적인 기술과 새로운 과학기술은 물론 예술까지 동원되었다.

화성은 그와 같이 일단 완공되었으나 활용되어 자리 잡는 단계에 도달하지 못한 채 정조가 죽었다. 정조의 구체적인 구상에 대해서는 구구한 해석이 난무했다. 사도세자의 능을 그곳으로 옮긴 것과 관련지어 사적인 효성의 표현에 불과하다 보고, 심지어 진시황의 축성에 빗대어 막대한 재력과 인력의 소모일 뿐이라고 비판하는 해석이 있다. 반대로 새로운 국가 건설을 위한 정조의 야심작이라는 해석도 있다. 천도를 통해 기존의 수도 한양에 뿌리를 둔 반개혁 세력을 거세시키려는 책략이라는 것이다.

그 중간쯤에 해당하는 해석은 흔히 '갑자년 구상'이라고 불린다. 갑자년 즉 1804년은 장차 순조가 될 세자가 15세 성년이 되는 해이다. 그해에 정조는 세자에게 양위하고 상왕으로 물러나 개혁을 뒷받침하려 했고, 화성은 그 거점이었다는 것이다. 상업도시로 설계되어 통공을 통해 성장한 새로운 상업 세력의 집결지로 기능하고, 군사적으로는 정조의 친위대라 할 수 있는 장용영의 외영이 화성에 주둔할 것으로 예상되었다.

편지에 관한 이야기로 돌아가면, 우선 편지를 쓴 시점이 화성 건설이 완료된 지 약 1년이 지난 뒤이다. 정조는 화성 건설의 조기 완료에 다소 고무되고, 진일보한 새로운 국면을 그리고 있었다. 그런데 신료들의 분위기는 냉랭했다. 정조는 그런 신료들에게 조바심과 답답함을 느끼고 있었는데, 경연 자리에서 결국 분노를 터뜨리고 말았다.

비변사 유사당상에 지명된 이서구가 취임을 거부한 것이 도화선이 되었다. 정조는 수차례에 걸쳐 이서구에게 취임하라고 하교했지만, 이서구는 응하지 않았다. 정조는 이서구를 향해 분노에 찬 비난을 쏟아냈다. 지엄한 국왕의 명령에 불응한다는 것은 신하로서 옳지 않은 행실이라는 것이었다. 그런데 심환지가 이서구를 옹호하고 나섰다. 국왕의 명령이 아무리 지중하다 하더라도 무조건 따르라고 강요하는 것은 바람직하지 않다는 논리였다. 그날 연석에서는 일단 정조가 스스로 감정이 격하여 지나친 말을 했다고 마무리했다.

이튿날 이서구에 관한 논의가 이어졌다. 먼저 정조는 신료들의 모순적 행태를 장황하게 논했다. 벼슬에 나오기 전에는 안달하다가, 일단 벼슬을 얻고 난 다음에는 국왕의 명령에 아랑곳하지 않고 안락과 명예를 저울질한다는 것이었다. 이미 비변사 제조로 일해온 마당에 새삼 유사의 직임을 피혐하는 이서구의 행태를 그런 것으로 규정하여, 정조는 명령불복종으로 이서구를 단죄했다. 또 심환지에 대해서는 정조 자신의 말을 옳든 그르든 무조건 따르라는 뜻으로 곡해했다고 비판했다. 급기야 국왕은 군사(君師)인바 그 명령은 절대적이고, 앞으로 불응은 용납하지 않겠다고 단언했다. 그날 심환지는 참석하지 않았는데, 정조는 그 말을 심환지에게 전하라고 명령했다.

이틀 뒤 심환지는 장문의 상소를 올려 사죄와 사직을 청했다. 당시 멀리 떨어져 있었기 때문에 정조의 말을 잘 알아듣지 못하여 참뜻을 곡해했다는 내용이었다. 그리고 보름가량 시간이 흘러 심환지가 정조에게 편지를 보냈는데, 거듭 사죄하고 충성을 표하는 내용이었던 듯하고, 정조가 그에 대해 답장한 것이 위의 편지이다. 이 편지에서 정조는 지병인 태양증으로 말미암아 격정을 이기지 못해 지나친 언사를 표했노라고 사과하면서 심환지에 대한 애정과 신뢰를 표현하고 있다.

주자에 의하면 태양증은 '남에게 조그만 잘못이 있는 것을 보면 참고서 말하지 않으려고 하다가 부득이해서 말하게 되면 입에서 막 나와서 반드시 일을 그르치고야 만다.'라고 한다. 정조는 "나는 평소 태양증이 있어서 다른 사람의 옳지 못한 점을 보면 그때마다 심사가 뒤틀리고 평정심을 잃어 말과 표정에 드러나는 지경에 이른다. 이것은 제왕의 본 모습이 아니므로 근래에 통절하게 마음을 안정시켜 모나지 않으려 애쓰지만 끝내 고치기 어려워 걱정을 금하지 못한다[《일득록(日得錄)》]."고 고백한 바 있다.

위의 편지를 좀 더 깊이 읽기 위해서는 편지 내용상 주인공인 이서구에 관해서 살펴볼 필요가 있다. 이서구의 본관은 전주이고, 자는 낙서(洛瑞), 호는 척재(惕齋)이다. 외가는 평산 신씨이다. 가문의 당색은 노론 벽파였다. 그는 5세 때 어머니를 여의고 외가에서 유소년 시절을 보냈고, 12세 이후 본가로 돌아왔다. 16세 때부터는 박지원을 만나 글 쓰는 법을 배우기 시작했다. 21세(1774, 영조 50) 때 가을에 정시(庭試)를 통해 섭기주(攝記注)로 벼슬을 시작했다. 22세 이후 약 6년간 학문에 전념했는데, 특히 역사책을 깊이 공부했다. 그즈음에 이덕무, 박제가, 유득공과 함께 《한객건연집(韓客巾衍集)》을 통해 사가시인(四家詩人)으로 이름을 날렸다. 사가시인 가운데 이서구만이 적출이고 다른 세 사람은 서얼이었다. 당대의 선진 인사들과 같이 호흡하여 해박했기 때문에 정조에게 인정을 받았다. 이서구는 31세(1784, 정조 8) 때 초계문신으로 선발되었다.

정조는 즉위 직후인 1776년 3월에 규장각을 세웠다. 공식적으로 규장각은 서적을 수집하고 간행하는 기관이었다. 그러나 거기에는 통치 이념을 다지고 정책을 구상하는 데 필요한 인력을 확충하려는 정조의 의도가 깔려 있었다. 실제로 규장각을 통해 많은 인재가 등용되었다.

정조는 교서관을 규장각의 예하로 편입시키고 거기에 이덕무와 박제가 등 서얼 출신 인재들을 임명했다. 규장각은 유망한 소장 관료를 일정 기간 교육하는 초계문신제를 관할했다. 1781년 2월 《문신강제절목(文臣講製節目)》을 발표하고 최초로 20명의 초계문신을 선발했다. 교육의 성과를 높이기 위해서 초계문신에게는 잡무가 면제되는 등 특별하게 배려해주었고, 왕과 직접 대면하는 기회도 주어졌다. 장용영을 통해 친위 무신 세력을 양성하려 했다면, 초계문신제를 통해서는 친위 문신 세력의 양성을 기도한 것이었다. 정조 치세 동안 10차에 걸쳐 138인이 배출되어 요직에 등용되었다.

이서구는 그 가운데에서도 단연 두드러진 인물이었다. 이후 정조의 조정에서 시강원, 홍문관 청요직, 각 조의 참판, 승정원, 한성부, 각 도의 관찰사, 비변사의 유사당상 등 권요직을 순차적으로 거듭 역임하여 정조의 우군으로 기대되었다. 그런데 이서구는 정조 말년에 가면 정조의 기대와 달리 정조의 통치 방식이나 노선에 대해 비판적인 입장을 분명히 드러낸다. 위의 편지를 쓸 당시 이서구는 비변사 유사당상의 취임을 거부함으로써 정조의 기대를 저버리고 격노의 대상이 되었다.

이서구가 비변사 유사당상을 거부한 이유는 비변사 도제조였던 채제공에 의해 혐의가 씌워져 불편한 관계에 있었기 때문이다. 그 며칠 전에 이서구를 포함한 비변사 당상들이 주색이나 일삼는다는 탄핵이 있었는데, 조정 대신들의 중론은 탄핵을 묵살하자는 것이었다. 그런데 좌의정 채제공이 조사를 주장하여 파문을 일으켰다. 이서구가 채제공에 대한 피혐을 주장한 것이 표면적으로는 그로 말미암은 것이었다.

이서구와 채제공 두 사람의 불편한 관계는 한 세대 이전으로 거슬러 올라간다. 오래전 영조 46년(1770)에 이서구의 아버지 이원(李遠)이 사헌부지평으로서 당시 병조판서였던 채제공의 품행을 문제 삼아 논핵한 적이 있었다. 정치적으로 대립하던 가문의 역사가 있었던 것이다. 그것이 이서구가 피혐한, 보다 근본적인 이유일 수도 있다.

분명한 것은 그 시기에 이서구가 노론 벽파의 입장을 드러냈고, 채제공은 자타가 공인하는 남인의 영수로서 시파였다는 사실이다. 도제조와 유사당상은 직책상 명령을 직접 주고받아야 하는 관계였다. 탕평이라 했지만 정조와 신료들, 나아가 당색을 달리하는 신료들 사이에는 갈등과 대립이 상존했다. 이서구가 채제공을 피혐한 이유의 이면에는 당색이 다르다는 사실이 숨어 있었을 가능성이 크다.

뒷날의 이야기지만 오회연교에 대해 정면으로 비판을 제기한 사람이 이서구였다. 선왕 영조의 뜻은 사도세자의 죽음을 거론하지 말라는 것이었음에도 불구하고 이를 거론한 것 자체가 잘못된 것이고, 정조가 사도세자를 죽음으로 몰고 간 것을 잘못이라고 말하면서 관련자를 처벌하지 않겠다고 주장하는 것은 혼란에 빠뜨리려는 술책이라는 것이었다. 벽파 노론을 위협하는 무기로 활용하는 것에 대한 비판이었다. 이서구는 노론 벽파의 당색이 분명했던 것이다.

채제공은 평강 채씨로 홍성에서 태어났고, 호는 번암(樊巖)이다. 당색으로는 남인인데, 노론이 주도하던 영조 때 탕평책에 의해 발탁되었다. 그는 사도세자를 옹호했다. 영조는 세손이었던 정조에게 채제공을 가리켜 "진실로 나의 사심 없는 신하이고 너의 충신이다."라고 말할 정도였다. 정조 즉위 이후 채제공은 홍국영과 함께 정조의 측근을 주도했다. 1780년 그는 홍국영의 비리에 연루되었다는 혐의를 받고 또 당시로서 금기였던 사도세자의 신원을 주장함으로써 벽파의 공격을 초래했다. 파직되었다가 몇 년 지나 1786년(정조 10)에 평안병사로 복귀했는데, 그때에도 벽파의 극렬한 반대가 있었다. 서명선은 그를 향해 "저 사람이 역적이 아니면 제가 역적입니다."라고 선언할 정도였다. 1788년 2월 채제공이 우의정에 임명되었을 때에도 벽파의 반대는 극렬했다. 심지어 노론계 승지들도 왕명 수령을 거부했고, 이조판서는 집행을 거부했을 정도였다. 이듬해 봄 그는 좌의정에 임명되었고, 1793년(정조 17) 잠시 영의정을 맡았다가 물러났다. 1795년 말 좌의정으로 복귀하여 1798년 6월까지 재임하였다. 그 이듬해인 1799년(정조 23) 1월에 삶을 마쳤다.

채제공은 남인 시파의 영수로서 명실상부한 정조의 측근이었다. 벽파의 거세고 집요한 반대에도 불구하고 정조가 탕평, 신해통공, 화성 건설 등을 추진해나가는 과정에서 채제공은 기꺼이 선봉 내지 방패 역할을 수행했다. 심지어 영조에 의해 금기시됐던 임오의리를 거론하는 것도 서슴지 않았다.

사도세자의 아들인 정조의 치세하에서 임오의리를 재론하는 것은 벽파의 몰락으로 이어질 가능성이 있었다. 그러나 공식 천명된 선왕의 유훈이었던 만큼 정조로서도 재론하기가 어려웠다. 자칫 벽파의 결사적인 반발을 초래할 수도 있을 일이었다. 누군가 재론을 주장하고 나설 때마다 정조는 단호하게 봉쇄하곤 했다. 다만 그러면서도 정조는 벽파를 견제하는 수단으로 임오의리의 재론 가능성을 이용했다. 채제공은 그런 정조의 의중을 대변했다고 볼 수 있다. 그는 정조 초기에 임오의리의 재론을 주장하다가 관직에서 밀려난 적이 있었다. 정조가 채제공의 퇴출을 수용한 것은 그 시비 자체를 문제 삼은 것이 아니라 정세나 여건이 호전되지 않았다고 판단했기 때문이다. 상대적으로 채제공의 복귀는 정조가 벽파를 이겨낼 수 있다는 판단에 이르렀음을 보여주는 일이라고 할 수 있다.

정조와 채제공은 남인을 중용하기 시작했다. 이가환과 정약용 등 기호 남인은 물론, 이인좌의 난 이래로 지속되었던 영남 남인에 대한 정치적 금고 상태도 풀었다. 영남 남인들은 그에 호응하듯 만인소를 올려 임오의리의 재론을 주장하기 시작했다. 언급했듯이 뒷날 이서구가 임오의리의 재론을 선언하는 정조의 오회연교를 정면으로 비판한 것으로 보아 편지를 쓸 당시 남인 채제공과 노론 벽파 이서구의 불편한 관계가 짐작이 된다.

이인좌(李麟佐)는 전주 이씨로 세종대왕의 넷째 아들인 임영대군의 후손이다. 본명은 현좌(玄佐)이다. 그의 출생지나 관직에 대한 기록은 전하지 않는다. 그는 윤휴의 손녀사위였다. 조부 이운징은 1678년(숙종 4)에 발탁되어 호남의 수령을 지내다가 경신대출척 때 연루되어 파직당했다. 1689년 복귀하여 관찰사를 역임하다가, 1694년(숙종 20) 갑술환국의 여파로 다시 파직당했다. 그때 이운징의 형 이의징은 사사되어 가문이 몰락하다시피 했다. 이인좌는 경종 대에 와서 노론이 영조를 옹호하다가 일대 몰락하는 신임사화를 통해 득세했으나, 경종이 요절하고 영조가 즉위함에 따라 실각했다. 이인좌는 소론과 남인 세력을 규합하여 반란을 도모했다.

1728년에 일어나 무신란(戊申亂)이라고도 불리는 이인좌의 난 당시 반란군은 삼남지방에서 거병하고 도성에서 호응한다는 계획을 세워 준비했다. 그런데 마침 정미환국(1727)이 일어나자 계획 단계에서 차질이 생겼다. 영조가 노론 일색의 조정을 바꾸어 소론을 등용한 것이 정미환국인데, 그에 따라 소론이 분열되더니 반란 계획이 누설되기에 이르렀던 것이다.

그런 상황에도 불구하고 반란은 진행되어 삼남의 반란군이 거병했다. 주력군은 이인좌가 직접 통솔하는 충청 방면의 반란군이었다. 주력군은 청주성을 함락시키고 안성 방면으로 진군했으나 관군에 의해 진압되었다. 호남 방면의 반란군은 주력군의 실패 소식을 접하고는 내부에 배신이 일어나 전주성에 도달하기도 전에 진압되었다. 영남 방면의 반란군은 주력군이 아니었지만, 다른 방면의 반란군보다 규모도 더 컸고 기세도 더 등등했다. 다른 방면의 반란군이 수천 명 정도의 규모였음에 비해, 영남 방면의 반란군은 7만 명에 달하는 규모였다. 영남이 조정으로부터 소외된 지 오래된 북인 남인의 근거지였기 때문일 것이다. 영남 방면의 반란군은 안음(현재의 함양)에서 시작, 거창과 합천을 점령하여 기세를 올렸다. 안동과 상주에서 좌절되었지만 끈질기게 버텼다.

그로 말미암아 영남은 '반역향'이란 이름을 갖게 되었다. 이시애의 난을 통한 서북지방, 정여립의 난을 통한 호남지방에 이어 영남이 반역향으로 지목된 것이다. 영남 방면의 반란군 진압이 완료된 후 영조가 대구에 '평영남비(平嶺南碑)'를 세웠을 정도였다. 영조는 영남지방의 인심을 되돌리려고 위협과 회유를 반복했다. 그러나 극소수 가문의 호응에 그쳐 효과는 제한적이었다. 탕평책을 실시했음에도 불구하고 영조 시대를 통해 영남 남인의 소외감과 반감은 여전했다.

정조 시대에 와서 보다 더 적극적인 탕평책이 실시되었다. 정조는 노론 벽파의 격렬한 반대를 무릅쓰고 영남 남인과 과감한 소통을 시작했다. 1792년 3월에는 경상북도 안동에서 도산별과가 시행되었다. 세조 때 평양별시 등이 시행된 선례가 있었고, 전란 중 지방에서 과거가 시행된 사례가 있었지만, 도산별과는 취지나 규모 면에서 차원을 달리했다. 7200명의 경상도 유생이 입장하여 인산인해를 이루었으며, 3000개의 답안지가 제출되었다.

그해 4월과 5월, 1만 명이 넘는 영남 유생이 연명한 이른바 영남만인소가 전달되었다. 상소의 내용은 크게 두 가지였다. 하나는 이인좌의 난 당시 반란군의 주력부대는 충청도 출신의 소론과 과격한 일부 남인이며 많은 영남 남인은 자발적으로 일어나 반란군과 싸웠다는 것이었다. 다른 하나는 사도세자가 영조에 충성했을 뿐 아무런 죄가 없다는 것을 선포함으로써 군주의 권한을 강화하고 강력한 개혁을 추진해야 한다는 것이었다. 정조가 상소를 접하고 나서 감읍하여 말을 잇지 못했다고 한다.

채제공은 1793년 5월 영의정에 임명되자 임오의리의 재론을 주장했다. 재야의 남인이 아니라 영의정이 상소를 올린 것이다. 사도세자의 죽음에 대한 책임 소재를 밝혀 연루된 죄인을 처벌하는 것이 영조의 뜻에 부합한다는 내용이었다. 정조는 일단 상소문을 공개하지 않고 돌려보냈다. 그러나 그 내용은 바로 조정에 알려졌고 노론 벽파의 영수 김종수, 홍낙성, 심환지 등 많은 신료들이 일제히 채제공을 공격하고 나섰다.

그해 8월 정조가 이른바 '금등(金縢)'문서를 공개하며 채제공을 비호하고 나섰다. 영조 말년에 채제공이 도승지로 있었을 때 영조가 세손과 채제공에게 금등문서를 주며 휘령전(徽寧殿, 영조 비 정성왕후의 혼전)의 신위 아래 요 자리에 숨겨두라고 했다는 것이다. 문서에는 '혈삼이여! 혈삼이여! 누가 영원히 금등으로 간수할까? 동혜여! 동혜여! 나는 망사의 대에 올라 후회한다[血衫血衫 誰是金藏千秋 桐兮桐兮 予悔望思之臺].' 고 씌어 있었다. 혈삼은 사도세자가 정성왕후 장례 때 입었던 애복(哀服)에 피눈물이 묻어 있었던 것을 말하고, 동(桐)은 사도세자가 짚었던 삭장(削杖)을 뜻한다. 이는 영조가 사도세자의 죽음을 후회한다는 내용으로 진정한 임오의리는 영조의 뜻 즉 사도세자를 신원하고, 나아가 세자의 죽음과 관련된 협의자들인 벽파를 응징하는 것이라는 의미였다.

정조가 임오의리의 재론을 시사한 때는 그로부터 몇 년 뒤인 1800년 오회연교 때였다. 그때까지 정조는 임오의리의 재론을 보류했다. 그러나 1793년 금등문서 공개 이후 임오의리는 공공연하게 벽파를 향한 정조의 무기가 되었고, 벽파를 견제하는 데 활용되었다. 당시 조정에서는 화성 건설을 추진하려는 정조와 반대하던 벽파가 날카롭게 대립하고 있었다. 임오의리의 재론으로 벽파의 화성 건설 반대는 수그러들었고, 채제공은 조정에서 물러나 화성 건설에 전념하였다. 1795년 말 화성 건설이 일단락되자 채제공은 조정에 복귀하여 1798년 초까지 좌의정을 지냈다.

그즈음 노론 벽파에 대한 정조의 정서는 영남 남인에 대한 그의 관심에 반사적으로 나타난다. 정조는 1798년에 왕명을 내려 정약용의 형인 정약전과 채제공의 양아들인 채홍원에게 《영남인물고》라는 책을 편찬하게 했다. 그것은 조선 초기부터 각 고읍별 541명의 인물에 대한 언행과 사적을 담은 책이었다. 정약용이 쓴 서문에는 회재 이언적과 퇴계 이황이 특별히 언급되어 있다.

다시 편지 이야기로 돌아가자. 심환지는 채제공에 대한 이서구의 피혐 자체를 옹호하기보다는 국왕의 명령을 무조건 따라야 한다는 정조의 말을 문제 삼았다. 심환지는 《논어》 '자로'의 '나라를 잃게 하는 한마디 말[一言而喪邦]'이라는 구절에 빗대어 말했다. 군왕이 신민으로 하여금 자기 말을 어기지 못하고 따르게 하는 데 즐거움을 둔다면 나라를 잃을 수 있다는 것이다.

정조는 심환지가 인용한 《논어》의 구절뿐만 아니라 《맹자》 '양혜왕' 하의 구절까지 덧붙여 인용하여 단순히 신하로 하여금 "배운 바를 버리고 내가 좋아하는 것을 따르게 하려고 말한 것은 결코 아니다."라고 강변했다. 군주인 정조 자신의 주장이라서가 아니라 그것이 올바른 의리이기 때문에 복종해야 한다는 것이었다. 사사로운 이유로 피혐을 일삼아 왕명을 거역하는 풍속을 바로잡자는 것이며[矯俗], 국왕은 군사 즉 임금이자 스승이므로 왕명을 곧 설교로서 받아들여야 한다[率敎]는 것이었다.

정조와 심환지의 논쟁은 이서구의 피혐에 관한 시비에만 국한되는 것이 아니라, 보다 더 근본적인 정치 논쟁의 차원으로 넘어갔다. 정조와 신료의 바람직한 관계에 관한 논쟁이 된 것이다. 신료들이 왕명을 받드는 것과 국왕이 신료들의 의견을 경청하고 수용하는 것이 병립하지 못하고 상충하는 장면이었다. 극단적으로 말하면 정치의 요체가 왕명이냐 공론이냐, 군권이냐 신권이냐 하는 문제로 바꾸어볼 수도 있다. 그것은 조선왕조 정치의 본질에 관한 문제로 역사의 저변에 잠재되어 있다가 역사의 길목마다 다양한 형태로 표출되었던 것이다. 이례적인 것은 다만 정조가 그 문제를 스스로, 그것도 정면으로 제기했다는 점이다.

편지에는 이서구에 관한 건 외에도 시속에 관한 건, 보령현감 인사와 김양행의 추증에 관한 건이 언급되어 있다. 시패들이 사촌 이하는 돌아보지도 않으려 하는데, 그것은 참으로 잘못된 폐단이자 고질적인 습속이다. 뜨거운 국을 식은 줄로 알고 먹다가 데는 경우[懲羹]와 같이 [즉 냉채를 먹을 때에도 후후 불면서 먹게 되는 일이 있듯이] 간혹 조심이 지나쳐 도리어 일이 더 잘못되는 경우가 있다. 서로 도와 함께 이루어야 할 때인데 종종 일이 마음 같지 않은 경우가 있어서 그런 것이리라. '옛적의 훌륭한 사람들이 기꺼워 그리했겠는가?'라는 부분은 해석이 잘 안 된다. 당시 정쟁의 핵심을 고가대족의 해체, 사족 내부 갈등의 심화로 보는 뜻일 것 같기도 하다. 번역 자체에 대해서도 확신을 못 하겠다. 보령현감의 일도 내막을 확인하지 못했다.

김양행(金亮行, 1715~1779)은 김상헌의 후손으로서 영의정 김수항(金壽恒)의 증손, 김창업의 손자, 증참판 김신겸(金信謙)의 아들이자 좌의정 이

이명(李頤命)의 외손이다. 담헌 홍대용에게 천문 · 역학 · 과학을 가르친 육촌 형 김원행과 함께 노론 청류로 활약한 인물이었다. 영조 때부터 여러 번 징소가 있었으나 그는 벼슬길에 나서지 않았다. 정조는 즉위한 뒤 김양행을 영의정에 제수했으나 김양행이 출사를 거부하자 소론인 좌의정 김상철을 대신하게 했다고 한다. 1779년(정조 3) 8월 6일 정조는 영릉(寧陵)에 참배하러 가는 길에 여주에 살던 김양행을 만났다. 김양행은 정조의 귀경길에 동행했다가 돌아온 뒤 4개월 만에 죽었다. 그의 절개는 당시 실세였던 홍국영을 외면한 것으로 설명된다. 남인 채제공이 중용됨으로써 노론의 불만이 팽배해 있던 국면이라 노론 인사에 대한 추증이 벽파 노론의 영수인 심환지를 달래려는 유화적 제스처였을 수도 있었다. 아니면 김양행과 증조부가 같은 안동 김씨 김조순의 등장을 예고하는 것이었을까.

참고로 1800년 정조 사후 심환지와 이서구의 행보를 부기한다. 순조가 어린 나이로 왕위를 계승하자, 정순왕후(貞純王后)가 수렴청정을 하고 심환지가 영의정에 올라 원상(院相)이 되었다. 심환지는 불과 2년 뒤에 죽는데, 짧은 기간이었지만 철저하게 노론 벽파의 입장에 따라 정국을 운영했다. 정조와 정반대의 길을 갔다. 심지어 순조의 장인으로 내정된 김조순을 견제했다. 정조와 가까웠던 시파라는 것이 그 이유였다. 측근인 김관주(金觀柱), 정일환(鄭日煥), 권유(權裕) 등을 등용하는 한편, 신유사옥을 일으켜 서학에 관련된 남인을 주륙했다. 그는 정조가 하나의 독자적인 군영으로 키운 장용영을 없앴다. 뒷날 심환지의 평판은 매우 나빴다. 순조 6년(1806) 3월, 심환지는 죽은 지 4년 만에 정조 사망 당시 어의(御醫) 심인을 천거한 것, 정조의 유언을 날조하여 순조의 혼인을 방해한 것 등의 죄목으로 삭탈관직이 되었다. 어의 천거 건은 오늘날 정조 독살설의 근거로 제시되기도 한다. 어의의 과실, 그런 어의를 천거한 책임에 그치는 것이 아니라 심환지가 어의를 천거, 사주하여 정조를 독살했다고 보는 것이다. 40년 뒤 〈순조실록〉을 편찬할 때 사관은 그가 '본래 아둔하고 재능이 없어 공적이 보잘것없었고, 오직 자기편만 감싸고 다른 쪽은 배척하는 당동벌이(黨同伐異)를 일삼았다'고 혹평했다. 다만 지위가 높았는데도 매우 검소했다는 한 가지 찬양은 있다.

이서구는 정조 사후 1800년(순조 즉위년)부터 1804년까지 벽파 반동의 시기에 형조판서, 호조판서, 이조판서, 공조판서, 대사헌, 한성부판윤 등을 역임했다. 벽파의 주요 인물이었던 것이다. 순조의 친정과 함께 시파 김조순이 득세한 1805년 이후로는 모든 관직을 사임하고 경기도 포천 양문에 은거하여 15년을 살았다. 조정에서 여러 차례 벼슬을 내렸으나 일체 응하지 않았다. 특히 1824년(순조 24)에는 우의정에 제수되었지만 일곱 차례나 사직 상소를 올려 끝내 출사를 거부했다.

박지원의 편지

1 홍덕보에게 답함 [3]

박지원이 홍대용에게

형암(炯菴, 이덕무)과 초정(楚亭, 박제가) 등이 관직에 발탁된 것은 신통한 일이라 하겠습니다. 태평성대에 진기한 재주를 지니고 있으니 당연히 버림받는 일이 없겠지요. 이제부터 하찮은 녹이나마 얻게 되어 굶어 죽지는 않을 터입니다. 어찌 사람에게, 허물 벗은 매미가 나무에 달라붙어 있거나 땅속 지렁이가 지하수만 마시듯이 살라고 요구할 수야 있겠습니까.

다만 그들은 귀국한 뒤 안목이 더욱 높아져서 한 가지도 뜻에 맞는 것이 없으며, 간혹 날카로운 재기를 표정에 드러내곤 합니다. 흔치 않은 중국 유람〔기유(奇遊)〕 이야기는 이미 《간정록(乾淨錄)》을 통해서 귀에 젖고 눈에 익어 실로 제 자신이 답사한 듯하니 다시 야단스럽게 탐문하고 토론할 필요가 없었습니다. 그 밖에 기이한 일이 없다고 보지는 않지만, 잠시 억눌러두고 일부러 노구교(蘆溝橋) 서쪽의 일에 대하여는 말하지 않았습니다. 그런데 그 친구들이 이를 자못 괴이히 여겨 답답한 생각이 없지 않은 모양이니, 아마 나의 이런 의중을 깨닫지 못한 듯합니다.

혜풍(惠風, 유득공)이 길에서 천자를 보니 참으로 장관이었다고 합니다. 왼쪽에 천자기(天子旗)가 펄럭이고 누런 비단덮개를 씌운 수레에다가 수천 대의 수레와 수만 명의 기병이 뒤따르는 광경은 마치 벼락이 치는 듯 귀신이 조화를 부리는 듯 휘황찬란했다고 합니다. 그때 천자가 친히 말을 세우고 고삐를 당긴 채 손짓하여 우리 조선 사람을 불러 대등하게 서서 우러러보도록 했다 합니다. 그의 콧날은 우뚝 솟아 두 눈썹 사이까지 쭉 뻗었고, 눈꼬리는 몹시 길어 귀밑머리 부분까지 옆으로 뻗쳤으며, 턱수염은 덤불 같고 광대뼈는 툭 불거져 나왔더랍니다. 그래서 내가 대꾸하기를, "그것은 바로 진시황(秦始皇)의 복사판일세."라 했습니다. 혜풍이 묻기를, "어찌 그걸 아십니까."라고 하기에, 내가 "이미 《삼재도회(三才圖會)》의 제왕상(帝王像)을 보고 알았네."라고 답했습니다. 세 사람이 모두 크게 웃더니 내 앞에서 더 이상 중국에서 본 장관을 자랑하지 않았습니다.

형암이 향조(香祖)가 쓴 '연암산거(燕巖山居)' 넉 자를 얻어다 주기에 새겨 산중 서재에 걸었습니다. 그 진본을 형에게 드리니, 고항첩(古杭帖)에 함께 붙여 넣어서 오래도록 전해지게 하는 것이 어떻겠습니까. 그 수인(首印, 서화의 앞부분에 찍는 도장)은 '서월역상기(暑月亦霜氣, 무더운 여름철에도 서리 내린 듯 서늘함)'라고 했습니다. 낙관과 미지(尾識)에 '덕원(德園)'이라 칭했는데, 그것이 그의 자인지, 호인지 그건 모르겠습니다.

형암, 초정, 혜풍 이 세 사람의 현재 직함이 모두 검서관으로, 공교롭게도 한데 뭉치게 되었습니다. 그런 데다 그들이 평소 함께 지내며 교유하고 지취(志趣)도 같기 때문에 저절로 시기와 원망을 사는 일이 자못 많았습니다. 요새 와서는 더욱 심하다 하는데, 이는 괴이한 일이 아닐 것입니다. 시기와 질투가 없다 하더라도 스스로 경계하고 삼가야 할 것인데, 하물며 신분은 낮으면서 벼슬길은 영화롭고 직책은 임금을 가까이 모시면서 일은 어려우니, 더욱 사람들과 교제를 자제하고 술도 조심하면서 오로지 서적 교열의 일에만 전념해야 하지 않겠습니까. 그런데 허황된 영화를 좇는 자들이 날로 그 곁에서 법석을 떨어 피하려 해도 피할 길이 없다 하니, 형세가 그럴듯도 합니다. 이미 서한으로 이러한 나의 뜻을 알려주긴 했습니다. 물론 형암은 세심한지라 스스로 조심할 터이지만, 초정은 너무도 재기를 잘 드러내고 자기주장이 강하니 어찌 능히 나의 뜻을 알겠습니까.

나는 지금 산골 오두막집에 처박혀 있으니, 산 밖의 일을 듣지 못할 뿐만 아니라 묻지도 않아 그들의 일에 상관할 바 없습니다. 다만 평소 그 친구들을 사랑하고 아끼는 마음이 있기로는 형과 사뭇 같기 때문에 편지를 쓰면서 자연히 언급하게 된 것입니다. 그사이에 서신 왕래가 있었는지, 그 친구들이 중국 다녀온 일기를 이미 완성하여 보여드렸는지 모르겠습니다.

答洪德保書〔第三〕

炯楚輩遷喬 可謂奇矣 盛世抱珍 自無遺捐 從此得霑微祿 足以不死 安可責人如枯蟬抱木 簸蚓飮泉而已哉 第其東還以來 心目益高 百無可意 眉眼之間時露鋒穎 奇遊一段 已於乾淨錄中 耳染目擩 實如足踏 不須更事探討 非爲更

無奇事 聊以抑之 故不語蘆溝以西事 諸君輩頗亦怪之 不無鬱陶之意 想不喩此意也 惠風之道見天子 眞是壯觀 黃屋左纛 千乘萬騎 燀爀如雷霆鬼神 而親駐馬按轡 手招東人 令平立仰視 其鼻脊隆起 直揷天庭 眼尾甚長 横拂鬢間 鬍髯若林 楞骨如岳云 吳答曰 此始皇帝副本也 惠風曰 何以知之 曰吳已識之於三才圖會帝王像中矣 三人者皆大笑 對我不復自詑其奇觀 炯也得香祖筆 燕巖山居四字以贈 故已刻揭山齋 而其眞本奉納 合附古杭帖中 以爲傳久之地 如何 其印首章 爲暑月亦霜氣 名字章及尾識 稱德園 未知其字與號也 三人見卿巧湊一團 其平生遊居也同 志趣也同 故自中猜怨頗多 而近者尤甚云 無足恠者 雖無猜疾 自當戒謹 而況處卑而塗榮 職近而事艱 尤當息交誠飮 專精校閱 而浮華者日噪其側 欲避無門云 勢似然矣 已以一書 報知此意 而炯也自爾細心 能自防愼 楚也太銳自用 則安能知之 吳今枯落鄕廬 山以外事 不惟不聞 亦所不問 無關他事 第其平生愛惜者存 與吳兄頗同 故臨書自然及之 未知其間有嘗往復 而諸君日記已成 有所示否

2 누군가에게 쓰다(안의현감으로 재직할 때)

한참 무더운 중에 다들 편안하신가. 성흠(聖欽)은 근래 어찌 지내고 있는지 늘 마음에 걸려 더욱 잊을 수가 없다. 중존(仲存)과는 이따금 서로 만나 술잔이라도 기울일 수 있겠지만, 백선(伯善)은 청교(靑橋)를 떠나고 성위(聖緯)도 이동(泥洞)에 없다 하니, 이처럼 긴 여름날에 어찌 지내는지 모르겠구나.

듣자니 재선(在先)이 이미 벼슬을 그만두었다던데, 집에 돌아온 뒤로 몇 번이나 서로 만나보았는가. 그가 조강지처를 잃은 터에 무관(懋官) 같은 좋은 친구마저 잃어 이 세상에서 오래도록 외톨이로 쓸쓸하게 살게 되었으니 만나보지 않아도 알 만하겠다. 천지간에 딱한 사람이라 할 것이다.

오호, 통재라!

일찍이 벗 잃은〔絶絃〕 슬픔이 아내 잃은〔叩盆〕 슬픔보다 더 심하다고 말한 적이 있었다. 아내를 잃은 자는 그래도 두세 번 장가라도 들 수 있고 서너 차례 첩을 들여도 안 될 바 없다. 그것은 마치 솔기가 터져 옷이 찢어지면 깁거나 꿰매는 일과 같고, 그릇과 세간이 깨지거나 부서지면 새것으로 바꾸는 일과 같다. 혹 후처가 전처보다 더 나은 경우도 있고, 혹 나는 비록 늙었으나 후처가 어리면 신혼의 즐거움이 새로울 수도 있다.

그러나 벗을 잃은 아픔은 그와 다르다. 내가 눈을 가졌지만 누구와 더불어 내 보는 것을 함께하며, 귀를 가졌지만 누구와 더불어 내 듣는 것을 함께하며, 입을 가졌지만 누구와 더불어 내 맛보는 것을 함께하며, 코를 가졌지만 누구와 더불어 내 냄새 맡는 것을 함께하며, 마음을 가졌지만 장차 누구와 더불어 나의 지혜와 깨달음을 함께한단 말인가.

종자기가 죽으매, 백아가 석 자 오동나무 고목 거문고를 끌어안고 장차 누구를 향해 타며 장차 누구더러 들으라 한단 말인가. 부득불 찼던 칼을 뽑아 들고 단칼에 다섯 줄을 긁어 쟁그랑 소리가 났을 것이다. 그렇게 하여 줄을 자르고, 끊고, 던지고, 부수고, 깨뜨리고, 짓밟아서 죄다 아궁이에 쓸어 넣어 단번에 불살라버린 뒤에야 마음이 후련했을 것이다. 그러고는 제 자신에게 묻고 답했겠지.

"속이 시원한가?"

"그래, 시원하다."

"울고 싶은가?"

"그래, 울고 싶다."

그 울음소리가 천지를 가득 메워 마치 금석(金石)에서 울려 나오는 듯하고, 눈물이 솟아나 화제(火齊)나 슬슬(瑟瑟)처럼 앞섶에 뚝뚝 떨어졌을 것이다. 눈물을 드리운 채 눈을 들어 보노라면 산에는 사람 하나 없는데 물은 흐르고 꽃이 피어 있다. 백아가 보이느냐고 물을 테지? 그래, 보인다.

與人〔安義時〕

劇暑中 僉履起居連勝否 聖欽近作何樣生活否 懸懸 尤不能忘也 仲存時得相逢飮酒 伯善失青橋 聖緯無泥洞 則未知如此長日 何以消遣否 在先聞已罷官云 未知歸後 幾番相逢否 彼旣喪糟糠之妻 又喪良友之如懋官者 悠悠此世 踽踽凉凉 其面目言語 不見可想 亦可謂天地間窮民

嗚呼痛哉 吳嘗論絶絃之悲 甚於叩盆 叩盆者 猶得再娶三娶 卜姓數四 無所不可 如衣裳之綻裂而補綴 如器什之破缺而更換 或後妻勝於前配 或吳雖皤而彼則艾 其宴爾之樂 無間於新舊 至若絶絃之痛 我幸而有目焉 誰與同吳視也 我幸而有耳焉 誰與同吳聽也 我幸而有口焉 誰與同吳味也 我幸而有鼻焉 誰與同吳嗅也 我幸而有心焉 將誰與同吳智慧靈覺哉 鍾子期死矣 爲伯牙者抱此三尺枯梧 將向何人鼓之 將使何人聽之哉 其勢不得不拔佩刀 一撥伍絃 其聲戛然 於是乎斷之絶之 觸之碎之 破之踏之 都納竈口 一火燒之 然後乃滿於志也 吳問於我曰爾快乎 曰我快矣 爾欲哭乎 曰吳哭矣 聲滿天地 若出金石 有水焉迸落襟前 火齊瑟瑟 垂淚擧目則空山無人 水流花開 爾見伯牙乎 吳見之矣

3 남공철 직각(直閣)에게 답함

금년(1793) 정월 16일에 형님이 지난 섣달 28일 띄운 서한을 받고 나서 비로소 그대가 내각(內閣, 규장각)에 재직하고 있음을 알았습니다. 바삐 서한을 펴보고 평안히 계심도 알았습니다만, 반도 못 읽고 혼비백산하여 두 손으로 서한을 떠받들고 꿇어 엎드려 머리를 땅에 조아렸습니다.

대개 사신(私信)이기는 하지만 임금의 명령을 받든 것이라 처음에는 당황스럽고 두렵더니 곧이어 눈물이 마구 쏟아졌습니다. 참으로 위대한 천지는 만물을 기르지 않음이 없고, 밝은 일월은 미물이라도 비추지 않음이 없음을 알게 되었습니다. 그러나 '글방에 돌아다니는 아이들 책〔兎園之遺冊〕'이 위로 티끌 하나 없이 맑은 대궐을 더럽힐 줄 어찌 생각이나 했겠습니까.

이곳은 천 리나 동떨어진 하읍이지만 임금의 위엄은 지척에 있는 듯 느껴집니다. 이 몸은 소야(疎野)한 일개 천신(賤臣)이건만 임금의 은교(恩敎)는 측근의 신하를 대할 때나 차이가 없으며, 엄격한 스승처럼 대하시고 자상한 어버이처럼 가르치시어 임금의 총명을 현혹시킨 죄로 처형〔兩觀熒惑之誅〕을 가하지 않았을 뿐 아니라 오히려 한 편의 순수하고 바른 글을 지어 속죄하도록 명하셨습니다. 서캐나 이〔蟣虱〕 같은 이 미천한 신하가 어찌 군부(君父)께 이런 은애(恩愛)를 입을 수 있다는 말입니까.

아! 선비로 이 세상에 태어난 자로서 요순 같은 임금의 교화를 받고도 풍융화평(渢瀜和平)한 반향을 진작시키지 못했고, 《서경》의 전모(典謨)나 《시경》의 대아(大雅) 같은 저작을 본받아 임금의 뜻을 아름답게 표현함으로써 국가를 융성시키는 데 공명(共鳴)을 이루지 못했습니다. 이는 진실로 선비의 수치입니다. 더구나 나 같은 자는 중년에 들어 불우하게 살다보니 자중하지 않고 글로써 장난거리를 삼아 때때로 곤궁한 시름과 따분한 심정을 드러내곤 했으니 모두 조잡하고 실없는 말이요, 스스로 광대와 같이 굴어 남에게 웃음거리를 제공했으니 참으로 천박하고 비루하다 하겠습니다.

게다가 천성마저 게으르고 산만하여 수습하고 단속할 줄 몰라, 나도 모르는 사이에 화로(畵蘆) 조충(雕蟲) 따위의 잔재주가 나 자신을 그르침은 물론 남까지 그르치게 되었고, 부부(覆瓿) 호롱(糊籠)에나 알맞은 글 때문에 거듭 와전된 내용이 널리 퍼짐에 따라 더욱 잘못되게 만들었습니다. 차츰차츰 패관소품(稗官小品)으로 빠져든 것은 나도 모르게 그리된 것이요, 이리저리 굴러다니다가 위항(委巷)에서 흠모를 받게 된 것도 그러기를 바랐던 것이 아닌데 그리된 것입니다. 이로 말미암아 문풍(文風)이 진작되지 못하고 선비의 풍습이 날로 퇴폐하게 된다면, 이는 진실로 임금의 교화를 해치는 재앙 같은 백성이요, 문단의 폐물이라 할 것입니다. 그러하니 현명한 임금이 다스리는 밝은 세상에서 형벌을 면한 것만 해도 다행한 일이라 하겠습니다.

스스로는 웅대하고 전중한 문체를 거역하면서 아이들이 글의 법도를 잇지 않음을 탄식했습니다. 벌레 울고 새 지저귀는 소리나 읊으면서 "노인들은 새로운 것을 듣지 못해 무식하다."고 말했습니다. 이로 말하자면 나나 그대나 똑같이 죄가 있다 하겠습니다. 지금에 와서는 도깨비가 요술을 못 부리고 상곡(桑穀)의 재앙이 저절로 소멸되게 되었으니, 그 본심을 따져보건대 비록 잔재주에 놀아난 결과로 드러났습니다만, 이는 진실로 무슨 마음이었을까요. 스스로 종아리를 치며 똑똑히 기억

해둬야 하겠습니다.

허물과 죄를 용서하시니 임금의 덕화(德化)에 함께 포용되었음을 확실히 알았습니다. 마음을 고치고 생각을 바꾸어 발탁되도록 그대나 나나 같이 자포자기하지 않고 죽도록 힘써야 하겠습니다. 어찌 감히 지난날의 죗값을 치르고〔黥刖之補〕 뒤늦게나마 만회할 것〔桑榆之收〕을 급히 도모하여 다시는 성세(聖世)의 죄인이 되지 않도록 하지 않겠소.

4 부附) 원서原書)

남공철이 박지원에게 쓰다

서울에는 한 자가 넘게 눈이 내려 두꺼운 옷을 껴입지 않고는 외출도 못 할 지경입니다. 남쪽 소식은 어떤지 몰라 그립고 애달픈 마음 그지없습니다. 요즘 정사에 바쁜 몸 건강하신지요? 영남은 가뭄의 피해를 이루 다 눈뜨고 볼 수 없을 지경이라는데, 귀하의 고을은 세금 독촉이며 진휼 사업에 마음이 괴롭지나 않으신지 이것저것 염려가 됩니다. 기하생(記下生, 기억해주는 아랫사람)은 먼지 분분한 세상과 어수선한 몽상 속에서 예전의 저 그대로입니다.

지난번에 명과 청의 문체를 배웠다 하여 주상 전하의 꾸지람을 크게 받았습니다. 치교(穉敎) 심상규(沈象奎, 1766~1838) 등 여러 사람과 함께 함추(緘推)를 당하기까지 했습니다. 특히 저는 내각으로부터 종중조율(從重照律)을 받고 그 죗값으로 속전을 바쳤습니다. 그 돈으로 술과 안주를 마련하여 내각에서 북청 부사로 부임하는 사집(士執) 성대중(成大中,

1732~1809)의 송별연을 벌였습니다. 사집의 문체가 순수하고 바르기 때문에 이런 어명이 내렸던 것입니다. 승지인 낙서(洛瑞) 이서구와 여러 검서(檢書)가 이 송별연에 참여했으니 문원(文苑)의 성사요, 난파(鑾坡)의 미담이라 영광스럽고 감격스러워서 아뢰는 바입니다.

어제 경연에서 저에게 다음과 같이 하교하셨습니다.

> 요즈음 문풍이 이와 같이 된 것은 그 근본을 따져보면 모두 박 아무개의 죄이다. 《열하일기(熱河日記)》는 내 이미 익히 보았으니 어찌 감히 속이고 숨길 수 있겠느냐? 이 사람은 바로 법망에서 빠져나간 거물이다. 《열하일기》가 세상에 유행한 뒤 문체가 이와 같이 되었으니 당연히 결자해지(結者解之)하게 해야 한다. 속히 순수하고 바른 글 한 편을 지어 급히 올려 보냄으로써 《열하일기》의 죗값을 치르도록 하라. 그리하면 비록 남행(南行) 문임(文任)이라도 주기 어찌 아까워하겠는가? 그렇지 않으면 마땅히 중죄를 내릴 것이다.

그리고 저에게 이런 뜻으로 편지를 써서 보내라 하교하셨습니다. 이런 주상 전하의 말씀을 들으면 필시 영광으로 여기는 마음과 송구한 마음이 한꺼번에 뒤섞일 줄 아오나, 다만 이 '순수하고 바른 글 한 편'은 진실로 졸지에 지어내기는 어려울 터이니, 어떻게 하시게 해야 할지 모르겠습니다. 이는 실로 유교를 돈독히 하고 문풍을 진작하며 선비의 취향을 바로잡으시려는 우리 성상의 고심과 지덕(至德)에서 나온 것이니, 어찌 감히 그 만에 하나라도 보답하지 않을 수 있겠습니까.

하물며 집사는 허물을 자책하고 속죄해야 하는 도리상 더욱이 잠시라도 늦추는 것이 용납되지 않는 처지입니다. 그러나 그 제목을 정하기가 딱하게도 쉽지 않으니 명·청의 학술을 배척하는 글 한두 권을 지어서 올려 보냄이 좋지 않겠습니까. 아니면 영남의 산수에 대한 기문 한두 권, 아니 서너 권을 순수하고 바른 문장으로 지어내는 것이 어떨는지요. 이렇든 저렇든 막론하고 두어 달 안에 올려 보내심이 어떨는지요. 편지를 보내는 것은 이 때문입니다.

이만 줄입니다.

答南直閣〔公轍〕書

本年正月十六日 得吳兄去臘廿八日所出書 方知足下職在內閣 忙手發函 又審足下起居萬勝 奉讀未半 魂神飛越 雙擎跪伏 以首頓地 蓋書雖私抵 命自天唧 始則惝怳震惕 繼而涕泗橫流 誠知天地之大 無物不育 日月之明 無微不燭 然豈意兎園之遺冊 上汚 龍墀之淸塵也哉 下邑千里之遠 而 天威不違於咫尺 踈野一介之賤 而恩敎無間於近密 嚴師而臨之 慈父而詔之 不惟不加以兩觀熒惑之誅 乃反命贖其一部醇正之書 蟣蝨賤臣 何以得此於君父也 噫 士之生斯世者 躳逢堯舜之化 不能振渢瀜和平之響 追典謨大雅之作 黼芾皇猷 以鳴國家之盛 固士之恥也 况如僕者 中年以來 落拓潦倒 不自貴重 以文爲戱 有時窮愁無聊之發 無非駁雜無實之語 自同俳優資人諧笑 固已賤且陋矣 性又懶散 不善收檢 未惡雕蟲畵蘆之技 旣自誤而人誤 致令覆瓿糊籠之資 或以訛而傳訛 駸尋入稗官小品 則莫知爲而爲 轉輾爲委巷所慕 則不期然而然 文風由是而不振 士習由是而日頹 則是固傷化之災民 文苑之棄物也 其得免明時之憲章 亦云幸矣 至若違鴻厖典厚之體 嗟小子之不肯搆 悅蟲鳥啾唧之音 曰昔人之無聞知 是則僕與足下俱有罪焉 今其魑魅莫衒 桑穀自消 究厥本情 雖伎倆之所使是誠何心 自楚撻而爲記 赦過宥罪 固知幷囿於陶甄 改心易慮 庶不自棄於菁莪 是則僕與足下 至死所共勉者也 敢不亟圖其黥刖之補 桑楡之收 無復作 聖

世之辜人也

原書附

洛雪盈尺 非重裘不能出 未知南信如何 瞻悵無已 伏惟履玆政體候萬相 嶺以南災荒溢目 貴縣則催科營賑 不至惱神否 種種伏慮 記下生粉塵絲夢 依舊吳也 頃日以文體之學明淸 大被恩譴 與稗敎諸人 至蒙緘推記下生 則又自內閣從重照律收贖 贖錢設酒饌 自本閣餞送 北靑府使成士執 槩士執文體醇正 故有是命也 洛瑞令及諸檢書 皆與此會 文苑盛事 鑾坡美談 榮極感隨 玆以仰報耳 昨日筵中 下敎于賤臣曰 近日文風之如此 原其本則莫非朴某之罪也 熱河日記 予旣熟覽 焉敢欺隱 此是漏網之大者 熱河記行于世後 文體如此 自當使結者解之 仍命賤臣 以此意作書執事 斯速著一部純正之文 卽卽上送 以贖熱河記之罪 則雖南行文任 豈有可惜者乎 不然則當有重罪 以此卽爲貽書事下敎矣 承此恩言 想必榮悚俱集 而第此純正書一部 誠難猝然辦得 未知欲何以爲之耶 此實出於我 聖上敦世敎 振文風 正士趣之苦心至德 敢不對揚其萬一 况執事則其在訟愆贖罪之道 尤不容頃刻暫緩 而命題苦不易 以排斥明淸學 作一二卷文字 上送爲好耶 不然則南中山水記一二卷 或三四卷 醇正著出好耶 毋論如此如彼 數月內上送 如何如何 爲此姑不備

◆◇◆

첫 번째 편지의 발신자 박지원(朴趾源, 1737~1805)과 수신자 홍대용(洪大容, 1731~1783), 그리고 내용에 등장하는 이덕무(李德懋, 1741~1793)와 박제가(朴齊家, 1750~1815), 유득공(柳得恭, 1748~1807)은 모두 '북학파'로 불리는 학자들이다. 비록 허위의식이긴 했지만 북벌론이 여전히 견고하게 자리 잡고 있던 풍토에서 북학론은 신선한 충격이었다.

북학파이기 이전에 그들은 '백탑파'였다. 백탑(白塔, 현재의 탑골공원 원각사지십층석탑) 근처에 모여 아지트를 만들었기 때문에 붙은 이름이다. 그들은 생활과 문예 모든 면에서 자유분방하고 창의적인 기풍을 추구했다. 당시 문풍의 주류는 이도위문(以道爲文)·이도재문(以道載文)·도문일치(道文一致) 등으로 표현되는 도학사상이었다. 더구나 주자학을 제외한 다른 모든 학문 연구를 사문난적으로 몰아 탄압하던 경직된 풍조였다. 백탑파의 등장은 그러한 전래의 경직된 문풍에 대한 도전을 의미했다. 백탑파의 주제로 북학이 등장하면서 북학파라는 명칭이 시작된다고 볼 수 있다.

정조 3년(1779) 6월 이덕무와 박제가는 유득공, 서이수(徐理修)와 함께 규장각의 외각(外閣)인 교서관의 검서로 임명되었다가, 1781년 1월 규장각의 내각으로 소속을 옮겼다. 검서는 서적의 교정과 서사(書寫)를 담당하던 규장각 5~7품 벼슬이다. 그 한 해 전에 이덕무와 박제가는 음력 3월부터 7월까지 사은진주사 일원으로 북경을 다녀왔다. 귀국 이후 이덕무는 〈입연기(入燕記)〉, 박제가는 《북학의(北學議)》를 각각 저술했다. 유득공은 그해 가을 문안사 일원으로 중국 심양을 다녀왔다. 그해 7월부터 9월까지 건륭제가 심양을 순행했는데, 유득공이 그 행차를 목격했다.

《간정록》은 홍대용이 중국 학자들과 나눈 필담을 엮은 책이다. '乾' 자의 음은 일반적으로 '건'이지만 여기서는 '간'으로 읽는다. 훈이 하늘이면 건으로 읽고, 마르다이면 간으로 읽는 것이 옳다고 한다. 마르다는 뜻의 중국 발음이 간에 가깝기는 하다.

홍대용의 본관은 남양, 호는 담헌(湛軒)이다. 덕보(德保)는 그의 자이다. 홍대용은 천안에서 태어나 어린 시절을 부친의 임지였던 나주에서 보냈고, 이후 청주에서 살았다. 그의 가문은 6대조가 인조반정 공신 가문이었고, 조부 홍용조(洪龍祚)가 대사간을 지냈으며, 부친 홍역(洪櫟)은 나주목사를 지냈다. 서인 노론 가문이었다. 홍대용은 산림으로 추앙받던 김원행(金元行, 1702~1772)에게 수학했다. 김원행은 노론의 상징적 인물 가운데 한 사람인 김창집의 손자였다.

홍대용은 여러 번 과거에 실패하여 중앙 정계에 진출하지 못한 반면, 폭넓은 학문적 소양을 쌓아 박학다식했다. 1765년 동지사 서장관인 숙부 홍억(洪檍)의 자제군관(子弟軍官)으로 3개월간 북경을 다녀왔다. 자제군관은 주로 사신의 자제나 친척으로 임명된 군관으로 사신의 개인 수행비서 격이었다. 홍대용은 항주 출신의 선비 엄성(嚴誠), 반정균(潘庭筠), 육비(陸飛)와 교분을 맺었다. 그들은 유리창(琉璃廠)의 간정동(乾淨衕)에 있던 여사(旅舍)에서 수만 언의 필담을 나누었다. 1766년 필담 내용과 만남의 과정에 대한 기록과 이후 주고받은 편지들을 모아 3권의 책으로 엮었다.《간정동회우록》으로 제목을 붙였는데,《간정록》은 그 약칭이다. 이 책의 서문을 박지원이 쓴 것으로 유명하다.

홍대용은 한문과 한글로 각각《담헌연기(湛軒燕記)》와《을병연행록(乙丙燕行錄)》을 남겼다. 그는 북경에서 선교사로서 흠천감(欽天監)을 맡고 있던 유송령(劉松齡, A. von Hallerstein)과 포우관(鮑友管, Anton Gogeisl)을 만나 망원경으로 태양을 관찰하고 흑점에 관해 대화를 나누기도 하면서 서양 문물과 천문학을 접했다. 홍대용은 이미 지구구형설 · 지전설 · 우주무한론(별들 밖에 별들이 있어 우주는 끝이 없다는 이론)에 관한 지식을 터득하고 있었던 터였다. 나주에 있었던 20대 때 그곳의 과학자 나경덕과 함께 천문 관측기구인 혼천의와 천문대인 농수각(籠水閣)을 만들었을 정도였다. 파이프 오르간을 보고 연주했다는 기록도 있다. 우주와 자연에 관한 지식은 그의 대표적 저술인《의산문답(醫山問答)》에 잘 정리되어 있다.

홍대용의 그런 경험과 업적은 이른바 북학의 선구로서 박지원을 통해 더욱 풍성해지고 다시 이덕무, 박제가, 유득공 등에게 전달되어 만발하게 된다. 홍대용의《담헌연기》와《을병연행록》은 이덕무, 박제가, 유덕공 등의 북경 기행이나 그들의 저술《입연기》《북학의》 등의 가이드 역할을 했다. 박지원의《열하일기》는 그런 기행문류의 결정판이었다고 할 수 있다.

당시 박지원은 황해도 금천 연암협(燕巖峽)에 은거하고 있었다. 그의 호 가운데 가장 많이 쓰이는 '연암'의 발원지가 그곳이다. 정조의 등극 이후 세도가 극에 달했던 홍국영은 박지원을 위험인물로 지목하고 그의 생명을 위협했다. 박지원 가계의 당색이 정조의 등극에 부정적이었던 노론 벽파인 데다 박지원이 백탑파의 지도자로 부상하고 있었기 때문이다. 백탑파는 정치적 실천보다 문명 비판에 더 주안점을 두고 있었지만, 양자가 별개일 수는 없었다. 세도가 홍국영의 눈에는 새로운 모든 것이 불온하게 보였을 것이다. 이 편지가 쓰인 당시는 홍국영이 실각한 직후였다.

박지원은 1737년(영조 13) 한양의 서쪽 반송방(盤松坊) 야동(冶洞, 서소문 밖 풀무골)에서 태어났다. 조부 박필균은 영조 때 경기도관찰사, 대사간, 지돈령부사 등 고위직을 지낸 인물이었다. 당색은 노론 벽파였지만 당파에 초연했다. 손자인 박지원도 그 영향으로 관직에 나갈 생각을 일찍 접었다. 그의 젊은 시절은 우울증과 불면증, 방랑으로 점철되었다. 박지원이 그로부터 벗어날 수 있었던 것은 백탑파 인물들과 나눈 우정 덕분이었다. 그의 편지에 우정이 깃들어 있는데, 바로 그런 배경 때문이다.

1780년(정조 4) 44세 때 그는 처남 이재성의 집에 머물고 있다가 삼종형 진하사 박명원(朴明源)을 따라 북경에 갔다. 1780년 6월 25일 출발하여 압록강을 거쳐 북경과 열하를 여행하고 그해 10월 27일 귀국했다. 그간의 견문을 웅장하면서도 예리하고 유려한 필치로 정리한 것이 그 유명한 《열하일기》이다. 그의 스승 격인 홍대용이 북경을 다녀온 지 15년 뒤, 그의 후학인 이덕무, 박제가, 유득공이 북경을 다녀온 지 2년 뒤의 일이었다.

열하는 오늘날 하북성 승덕(承德)에 속해 있으며, 북경에서 동북쪽으로 약 250킬로미터 떨어진 곳에 있다. 뜨거운 하천이라는 뜻의 열하는 피서산장으로 유입되는 하천이 겨울에도 얼지 않은 데에서 유래한 이름이다. 1703년 행궁을 짓기 시작한 이래 청나라 말까지 번영을 누려 북경 다음가는 정치 중심지가 되었다. 박지원이 중국에 갔을 때 마침 건륭제가 그곳을 순행 중이었다. 그래서 《열하일기》라는 이름의 연행록이 나오게 되었던 것이다.

'노구교 서쪽의 일'은 북경에서 보고 들은 것들을 가리키는 듯하다. 《삼재도회》는 명나라 때 왕기(王圻)가 편찬한 책이다. 천문 · 지리 · 인물 · 시령(時令) · 궁실 등을 그림으로 설명하고 있다.

향조는 반정균(潘庭筠, 1742~?)의 자이다. 호는 추루이며, 절강성 전당(錢塘) 사람이다. 그는 시와 서화에 두루 능했으며, 과거 급제 후 벼슬은 어사였다. 이덕무는 1778년 연행 당시 연경 종인부(宗人府) 근처에 있던 반정균의 자택을 여러 차례 방문했다. 거기서 스승 박지원에게 주기 위해 '연암산거'라는 글씨를 받아 왔던 것이다.

이덕무는 이미 중국 문사들 사이에 널리 알려진 인물이었다. 이덕무의 친구이자 유득공의 숙부인 유련(柳璉)이 1776년 서호수(徐浩修)의 수행원으로 청나라에 갔을 때 이덕무와 유득공, 박제가, 이서구 등 네 명의 시를 청나라의 저명한 시인이자 학자인 이조원(李調元)과 반정균에게 소개한 바 있었다. 그들은 네 명의 시를 극찬하며 이듬해 1777년 청나라에서 《한객건연집》으로 간행했다. 건연(巾衍)은 천을 바른 책 상자이다. 훗날 이 책은 네 명의 시집이라 하여 《사가시집(四家詩集)》으로, 그리고 네 명은 사가시인으로 불렸다. 이덕무와 박제가는 이듬해 1778년 북경에 갔을 때 반정균, 이정원(李鼎元), 기균 등으로부터 환대를 받았다. 이정원은 반정균과 함께 《한객건연집》의 간행을 주도한 이조원의 동생이다.

박지원은 이덕무로부터 전해 받은 반정균의 글씨를 현판에 새겨 서재에 건 다음, 그 원본을 다시 홍대용에게 선물했다. 반정균은 그 누구보다 홍대용의 지기였기 때문이다. 홍대용은 연행에서 돌아온 직후인 1766년 반정균과 엄성, 육비 등 중국 문사의 편지를 모두 4개의 서첩(書帖)으로 장정하고 '고항문헌(古杭文獻)'이란 제목을 붙였다. 편지에서 말한 고항첩이 이 책일 것이다. 박지원은 반정균의 글씨를 거기에 붙여두는 것이 제격이라 생각하여 아낌없이 선물했던 것이다.

이덕무의 호는 형암보다 청장관(靑莊館)이 더 익숙하다. 그의 저술 총서 《청장관전서》가 유명하기 때문이다. 형암, 청장관 외에도 아정(雅亭), 영처(嬰處), 동방일사(東方一士), 신천옹(信天翁) 등의 호가 있고, 자는 무관(懋官)이다. 전주 이씨로 정종의 후손이다. 통덕랑 이성호(李聖浩)의 서자였다.

박제가의 호로는 초정(楚亭) 외에도 정부(貞否) 또는 정유(貞蕤), 위항도인(葦杭道人) 등이 있으며, 자로는 재선(在先), 차수(次修), 수기(修其) 등이 있다. 본관은 밀양이다. 승정원우부승지를 지낸 박평(朴坪)의 서자로 한성부에서 태어났다. 가계의 당색은 소북이었으나 박지원을 만나 노론 북학파로 전향했다.

유득공의 자로는 혜보(惠甫), 혜풍(惠風) 등이 있고, 호로는 영재(泠齋), 영암(泠菴), 가상루(歌商樓), 고운거사(古芸居士), 고운당(古芸堂), 은휘당(恩暉堂) 등이 있다. 문화 유씨이다. 유득공의 증조부인 유삼익(柳三益)과 외조부인 홍이석(洪以錫)이 서자였다. 또한 조모인 우계 이씨 역시 이서우의 서녀였다. 가계의 당색은 본래 남인이었으나 연암 박지원의 문하에 들면서 노론 북학파로 전향한다. 상고시대의 역사에 남다른 관심과 조예가 깊었고,《발해고》를 쓴 것으로 유명하다.

이 세 사람과 서이수가 검서로 발탁되어 당대에 '사검서'로 불렸다. 그들은 왕실과 조정 차원에서 도서를 수집하고 보존 · 간행하여 문예를 부흥시키려는 정조의 기대에 따라 심력을 다했다. 이덕무와 박제가는 무사 백동수와 함께《무예도보통지》를 간행하기도 했다.

정조가 그들을 지근에서 일하는 검서로 발탁한 것은 대단한 사건이었다. 네 사람 모두 서얼 출신이었기 때문이다. 그들은 선망과 시기의 대상이 되었다. 박지원은 기쁜 만큼 걱정스러웠다. 그들의 북학론을 위험시하는 시선이 만연해 있었다. 내용 못지않게 문체까지 문제가 되었다. 그나마 이덕무는 온건한 입장을 취했다. 다른 사람들이 청 문명 예찬론에 기울었던 반면, 이덕무는 북벌론의 정서를 공유하고 있었다. 가장 과격한 북학론자는 박제가였다. 박제가는 심지어 우리말과 글을 중국말과 글로 바꾸자는 주장도 서슴지 않았다. 그래서 박지원은 편지에서 박제가를 특히 걱정하고 있는 것이다.

편지의 행간에서 박지원을 비롯한 북학파 간의 우정을 느낄 수 있다. 서로 생각의 차이는 엄연히 존재했지만 그들은 의기투합했다. 백탑 부근에 모여 살면서 우정을 나누던 일화가 많이 남아 있다. 다음의 일화가 유명하다.

> 이덕무가 끼니를 잇기 위해 아끼던《맹자》한 질을 팔았다. 못내 마음이 편치 않았다. 그는 유득공을 찾아가 오늘 맹자에게 밥을 얻어먹었노라고 농담을 했다. 그 말을 알아들은 유득공은 이덕무를 위로하기 위해, 술은 좌씨에게 얻어먹어야겠다며《좌씨춘추전》을 팔아 술을 사 왔다.

두 번째 편지는 박지원의 우정론이라고 부제를 붙일 만한 글이다. 박지원은 정조 16년(1792) 음력 1월에 안의(安義)에 부임하여 정조 20년(1796) 음력 2월까지 현감으로 재직했다. 안의는 오늘날 함양이다. 무관은 이덕무인데, 그가 사망한 사실이 언급되어 있다. 이덕무의 사망은 1793년 1월 25일의 일이니, 편지는 그 얼마 뒤에 쓰였을 것이다. 성흠은 이희명(李喜明, 1749~?), 중존은 박지원의 처남인 이재성(李在誠, 1751~1809), 성위는 이희명의 형인 이희경(李喜經, 1745~?)을 말하고, 재선은 박제가의 자이다. 백선은 누군지 확인되지 않았다. 그들은 모두 박지원을 중심으로 우정을 나누었던 술벗 글벗이었다. 멀리 떨어진 임지에서 벗들을 걱정하고 그리워하는 마음이 진하게 느껴진다.

종자기와 백아의 우정은《열자(列子)》'탕문(湯問)'에 나온다. "백아는 거문고를 잘 탔고 종자기는 그 거문고 소리를 잘 알아들었다. 백아가 거문고를 탈 때 높은 산을 생각하면 종자기는 '훌륭하다. 우뚝 솟은 그 느낌이 태산 같구나.'라고 했고, 백아가 흐르는 물을 생각하면 종자기는 '멋있다. 넘칠 듯이 흘러가는 그 느낌이 강 같구나.'라고 했다. 백아가 생각하는 바를 종자기는 다 알아맞혔다. 종자기가 죽자 백아는 자기를 알아주는 사람[知音]이 세상에 더 이상 없다 하여 거문고를 부수고 줄을 끊고 종신토록 거문고를 타지 않았다." 이 고사는 《여씨춘추(呂氏春秋)》 '본미(本味)'에도 나온다. '백아절현(絶絃)'은 참된 친구를 잃었을 때의 슬픔을 뜻한다.

고분(叩盆)은 아내의 죽음을 말한다. 동이를 두드린다는 뜻인데, 장자가 아내가 죽었을 때 그랬다는 데에서 유래한 말이다. 《장자》 '지락(至樂)'에 나온다. 상처(喪妻)한 남편에게 '고분지통(叩盆之痛)이 오죽하십니까.'라고 하는 인사말이 있다.

친구 재선이 상처하고 친한 친구까지 떠나보낸 것을 안타깝게 여기는 부분에서는 당시 여성관을 유추할 수 있다. 비교적 앞선 문물을 습득하고 주장한 이들이었으나 여성관은 유교에 근거해 고루하기 짝이 없다. 요즘 페미니스트들에게 비난을 면치 못할 일이다. 아내가 죽으면 젊은 여성을 얻거나 첩을 들일 수 있으므로 벗의 죽음이 더 슬프다는 대목은 페미니스트가 아닌 남성들도 이해하기 어려울 것이다. 다만 여성이나 아내에 대한 홀시라기보다는 우정을 강조하는 뜻으로 읽어야 할 듯하다. 사실 오늘날은 우정이 사라진 세상이다. 여성이나 아내에 대한 사랑과 친구에 대한 우정은 제로섬의 관계에 있는 것이 아니라 차원이 다른 감정이다.

세 번째 편지는 남공철(南公轍, 1760~1840)이 박지원에게 쓴 편지와 박지원이 남공철의 편지에 대해 쓴 답장이다. 남공철은 정조의 명에 따라 편지를 써서 박지원에게 보냈다. 박지원의《열하일기》가 식자들 사이에서 당대를 풍미하고 있었던 것이다. 정조는 그 문체가 패관소품(稗官小品)으로 육경(六經)과 고문(古文)의 순정(醇正)한 기풍에 거스르는 것이라고 비판했다. 박지원에게 순정한 문체로 이른바 자송문(自訟文)을 쓰도록 했다. 박지원의 답장이 자송문에 갈음하는 형식이었다. 정조가 그것을 보고 문장의 수려함에 감탄했다고 한다.《연암집》에 실린 대로 박지원의 답장을 먼저 싣고 남공철의 원편지를 첨부했다.

패관소품체는 소설이나 수필과 같은 가벼운 한문 문체로, 조선 시대의 정통 산문 문체인 고문체에 대해 비하(卑下)의 개념이다. 패관은 중국 한나라 때 항간에 떠돌던 이야기를 모아 기록하던 관직의 이름이다. 패관소품은 패관잡기(雜記), 소설 등 다양한 이름으로 불린다. 그것은 도문일치의 주류 문풍에서 벗어나 취미와 감성을 바탕으로 상상력을 발휘하여 자유롭게 표현하는 새로운 문학으로 문체, 제재, 심미안 등 여러 면에서 기존 고문과는 판이했다.《서유기》《수호지》《삼국지연의》《금병매》 등 사대기서(四大奇書)를 비롯하여《오강설(吳江雪)》《옥교리(玉嬌梨)》《평산냉연(平山冷燕)》 등 수많은 연애소설에 이르기까지 크고 작은 문학작품들이 거기에 속했다. 패관소품은 영조 시대부터 경화세족 문사들 사이에서 널리 읽히기 시작했고, 나아가 그것은 새로운 문체의 실험으로 나타나기 시작했다. 백탑파 문사들이 바로 그 선봉이었다고 할 수 있다. 서학에 기울었던 이가환 등도 문체상으로는 같은 부류에 속했다.

패관소품이 크게 유행하면서 그 문체적 특징이 성균관 유생의 문장이나 과거 시험에 쓰이던 문체〔科文〕와 젊은 관료의 책문(策問)까지 파급되기에 이르렀다. 정조는 이러한 문풍의 급속한 변화가 사회적 혼란으로 이어질 것을 우려했다. 더구나 패관소품이 사람의 심술(心術)에 큰 해악을 끼칠 것이라고 여겨, 마침내 제재에 나서게 되었던 것이다.

남공철의 본관은 의령이나 그는 한양 사람이다. 자는 원평(元平), 호는 사영(思穎) 또는 금릉(金陵)이다. 1780년(정조 4) 초시에 합격하고, 1784년 부친 남유용(南有用)이 정조의 사부였던 관계로 음보(蔭補)로 세마에 제수되었고, 이어 산청과 임실의 현감을 지냈다. 1792년 친시문과에 급제하고 정조가 친위 관료를 양성할 목적으로 설치한 초계문신에 선임되는 등 정조의 총애를 받았다. 정조 때에는 홍문관부교리, 규장각직각에 이어 대사성에 임명되었다. 관운은 정조 사후인 후년에 더욱 좋았다. 순조 즉위 후 〈정조실록〉 편찬에 참여했으며 아홉 번씩 이조판서에 제수되었고 대제학을 역임했다. 1807년(순조 7)에는 동지정사로서 연경에 다녀왔고, 1817년에는 우의정에 임명된 뒤 14년간이나 재상을 역임했으며, 1833년에는 영의정으로 치사해 봉조하가 되었다.

남공철은 젊은 시절부터 박지원을 비롯하여 이덕무, 유득공, 박제가, 이서구 등 이른바 북학파와 교분이 있었다. 북학파 인사들이 순정한 문체를 추구하는 정조의 취지에 호응하지 않았음에 비해, 남공철은 김조순, 심상규, 성대중 등과 함께 패관문체를 일신하려는 정조의 취지에 적극적으로 호응했다. 특히 육경고문은 물론 구양수의 문장을 숭상했다. 당대 제일의 문장가로서 많은 금석문을 남기기도 했다.

이른바 순정한 문체 사건은 흔히 '문체반정(文體反正)'이라고 불린다. 그런 호칭의 원조는 일본인으로서 한국사의 권위자인 다카하시 도오루(高橋亨)라고 알려져 있다. 당시에는 '비변문체(丕變文體)', '문체지교정(文

體之矯正)', '귀정(歸正)' 등이 사용되었다. 반정(反正)이란 용어가 지니는 정치적 함의로 인해 재고의 여지가 많다고 하여 '문체순정(醇正)', '문체파동'이라고도 한다.

호란이 끝난 지 한 세기가 지나고 청나라가 번성함에 따라 청나라의 문물이 조선 사회에 깊이 침투하게 되었다. 사도세자가 《금병매》《수호지》《서유기》 등 명 · 청 시대의 중국 소설을 탐닉했을 정도였다. 임오년 사도세자는 죽기 직전에 《중국역사회모본(中國歷史繪模本)》이라는 화첩의 서문을 썼던바, 그것은 그런 소설의 그림이 그려진 책이었다. 본인의 신분을 숨기기 위해 펴낸이를 '완산 이씨'라고 썼지만, 사도세자의 친필로 확인되었다. 서양의 문물도 그와 함께 수입되었다. 새로운 문물의 범람은 사회적 혼란에 빠질지 모른다는 위기의식으로 이어졌다. 정치적 갈등을 수반하여 당쟁을 야기함으로써 정조가 표방하는 탕평주의가 위협받을 수도 있었다. 정조는 한문 문체를 순정한 문체로 환원시켜 지켜나가는 것을 정도라 생각하고 새로운 풍조에 제동을 걸고자 했다.

1787년 이상황(李相璜)과 김조순(金祖淳)이 한원(翰苑)에서 함께 숙직하며 《당송백가소설》《평산냉연》 등을 읽다가 정조에게 발각된 일이 있었다. 《평산냉연》은 청나라 연애소설로 평여형(平如衡), 산대(山黛), 냉강설(冷江雪), 연백함(燕白頷) 이 네 재사(才士)와 가인(佳人)이 연애하여 혼인에 이른다는 내용의 소설이다. 정조는 두 사람에게 오로지 경전에만 힘쓰고 잡서를 보지 말라고 주의를 주었다. 1791년 정조는 서학문제에 대한 대처 방안으로 '서양학을 금하려면 먼저 패관잡기부터 금해야 하고, 패관잡기를 금하려면 먼저 명말청초 문집부터 금해야 한다'는 원칙을 천명했다. 1792년에는 중국에 사신으로 가는 박종악(朴宗岳)

에게 패관소기 및 일체의 중국 서적을 사 오지 말라고 명하기도 했다. 한편 주자의 어류를 뽑은 《주자선통(朱子選統)》을 비롯하여, 당송팔대가의 대표적 고문을 뽑은 《팔자백선(八子百選)》 등을 출간하여 고문의 모범을 제시했다. 규장각을 세운 취지도 그런 맥락이었다.

이른바 문체반정의 시초는 1792년 노론 벽파 이동직(李東稷)이 올린 상소였다. 이동직은 남인 시파 이가환의 문체를 공격했다. 서학에 물들었다는 것이다. 정조는 서학 못지않게 패관잡기 문제도 심각하다며 패관잡기식 문체 중 가장 대표적인 것으로 박지원의 《열하일기》를 꼽았다. 《열하일기》는 출간되지도 않은 상태에서 필사본으로 번져나가 있었다.

정조는 박지원에게 순정한 고문으로 글을 지어 바칠 것을 명했다. 직각 남공철도 그해 초계문신으로서 지어 올린 책문 중에 패관소품식 문체가 들어 있다는 정조의 견책을 받아 지제교 직함을 박탈당했으며, 어명으로 규장각으로부터 죄를 추궁하는 편지를 받고 그에 대한 답서를 지어 올려야 했다. 이상황, 김조순, 심상규 등도 지난날의 일로 새삼 정조의 견책을 받고 자송문을 지어 바쳐야 했다. 가장 혹독한 징계를 받은 사람은 이옥(李鈺)이었다. 이옥은 과거에서 장원을 차지했지만 합격이 취소됨은 물론 응시 자격마저 박탈당했다. 답안에 패관체 문장이 섞여 있었다는 것이 그 이유였다. 정조는 문체가 불순한 자는 아예 과거에 응시하지도 못하도록 규제했던 것이다.

이 사건은 문체 자체에 대한 정조의 의식보다 정치적 의도 차원에서 접근해야 한다는 해석이 있다. 당대 어느 누구보다도 학문적 수준이 높았던 정조는 문체 문제를 통해 신료들을 장악하려 했다. 탕평의 기조를 유지하기 위해 서학 문제로 곤궁에 처한 남인을 간접적으로 지원하려는 차원에서 노론 문사들에게 특히 유행했던 패관잡기 등의 문제를 거론했다는 것이다. 정조에게 지적받은 박지원, 남공철, 심상규, 김조순 등이 모두 노론이었다.

그 이면에는 더 근본적인 문제가 있다. 정조의 이른바 성왕과 군사라는 개념이 숨어 있었던 것이다. 정조는 스스로 덕과 왕위를 겸비한 성왕을 자처했다. 성왕은 군주인 동시에 스승 즉 군사였다. 유교가 추숭하는 성왕의 계보는 요 · 순 · 우 · 탕 · 문왕 · 무왕에서 끝이 난다. 그 후로는 왕위와 유덕자 즉 스승이 분리된다. 주공과 공자는 각각 공적과 학문을 통해 이후 백왕의 스승이 되었다. 현실의 왕국에는 누군가 주공이나 공자를 대신하는 왕의 스승 자리가 있었다. 그런데 정조가 덕과 왕위의 통일체인 성왕과 군사를 자처했던 것이다. 문체는 학문의 사항이고, 학문은 스승의 영역이다. 정조가 문체의 향방을 결정하겠다는 것이 스승을 자처하는 것이 아니겠는가?

남공철과 김조순은 정조가 만족할 만한 수준의 자송문을 썼다. 박지원은 위의 답장으로 그에 대신했다. 이옥은 정조의 명을 거부하고 관직을 버렸다. 김조순은 정조와 사돈을 맺어 순조의 외조부로서 안동 김씨 세도의 길을 열었다.

원래 글방에서 아동들에게 가르치던 교재 따위를 토원책(兎園冊)이라 했는데, 자신의 저술을 겸손하게 일컬을 때 쓰는 말이다. 여기서는 연암이 자신의《열하일기》를 가리켜 겸손하게 표현한 말이다.

양관(兩觀)은 원래 궁궐 정문의 좌우에 있는 망루를 가리키는 말이었으나 궁궐이란 뜻도 가지게 되었다. 공자가 노나라의 재상 직무를 대행했을 때 난신 대부 소정묘(少正卯)를 노나라 궁궐의 양관 아래에서 처형했다고 하여 '양관지주(兩觀之誅)'란 성어가 생겼다. 또한 노나라 임금과 제나라 임금이 회합한 자리에서 제나라 측이 광대와 난쟁이의 유희를 공연하자 공자는 필부로서 임금의 총명을 현혹케 한 죄를 물어 그자들을 처형하도록 했다고 한다. 《사기》 47 공자세가에 나온다.

화로는 호로(葫蘆, 표주박)를 그대로 따라 그린다는 말로 참신함이 없이 단순하게 남을 모방하는 것을 말하며, 조충은 벌레 모양의 글자[蟲書]를 새기듯이 자구를 수식하여 글 짓는 것을 말한다.

'부부'는 무릇 항아리를 덮는다는 뜻이다. 허균의 문집 제목이 《성소부부고(惺所覆瓿藁)》인데 '성소'는 그의 호이고, '부부고'는 그렇고 그런 글이라는 의미의 겸사로 쓴 말이다. '호롱'은 종이로 농을 바른다는 뜻이다. 항아리 덮개로 삼거나 농이나 바르기에 족한 시원치 않은 글을 가리킨다.

함추는 함사추고(緘辭推考)의 준말로 6품 이상의 관원이 경미한 죄를 범한 경우 서면으로 죄를 추궁하고 서면으로 진술을 받는 것을 말한다. 심상규는 정조로부터 그의 이름과 자를 하사받을 정도로 총애를 받았다. 그런데 1792년 음력 11월 규장각대교로서 함추를 받았다. 또한 그가 올린 함답(緘答)이 구두(句讀)가 제대로 떨어지지 않는다는 이유로 그 글을 언문으로 번역하여 주해(註解)를 달아 올리라는 견책을 받았다.

성대중은 호가 청성(青城), 본관은 창녕이다. 정조에게 인정을 받아 규장각의 외각인 교서관에 오래 재직했으며 어명으로 문신들이 지어 올린 응제에서도 자주 장원을 차지했다. 정조 16년 12월 정조는 성대중이 공령부체(功令賦體, 과거 시험의 문체)로 지어 올린 글을 칭찬하면서 서얼 출신인데도 특별히 북청 부사에 임명하고 규장각에서 그의 송별연을 베풀어주도록 명했다. 이것이 바로 편지에 언급된 송별연인데, 거기에 승지 이서구, 규장각직각 남공철, 서영보(徐榮輔)와 함께 검서로 이덕무와 유득공이 참여했다. 성대중은 정조의 보수적인 문예 정책에 적극 부응하여 출세한 인물로 박지원, 이덕무, 유득공, 박제가, 남공철 등과도 교분이 깊었다. 이서구는 호가 척재(惕齋) 또는 강산(薑山)이며 본관은 전주(全州)이다. 백탑파 인물 중에 드물게 서얼이 아니다.

난파는 한림원의 별칭인데 여기서는 규장각을 가리킨다. 집사는 편지에서 상대방에 대한 경칭으로 쓰였다. 여기서는 박지원을 가리킨다. 남행은 조상의 공덕으로 과거를 거치지 않거나 자신의 높은 학행으로 조정에 천거되어 오르는 벼슬, 즉 음직(蔭職)을 이른다. 문임은 홍문관이나 예문관의 종2품 벼슬인 제학(提學)을 이른다.

박지원은 집안과 주변의 거듭된 권고로 1786년(정조 10) 50세 때 음보로 처음 출사했다. 그해 7월 선공감 감역에 제수되었다. 옷소매를 줄이고, 군사훈련 · 정병양성 · 군비축적 등을 건의했으나 채택되지 않았다. 1789년 6월 평시서와 사복시주부를 역임했다. 그해 가을에 휴가를 얻어 연암협으로 들어갔다가 복귀하여 금부도사, 사헌부감찰을 거쳐 제릉령(齊陵令)이 되었고, 1791년에는 한성부판관을 지냈다. 그해 12월 안의현감으로 나가 임기를 마친 다음 1796년 제용감주부, 의금부도사, 의릉령(懿陵令)을 역임했다. 이후 면천군수(1797), 양양부사(1800) 등 지방 수령을 지냈다. 면천군수 시절에 박지원은 《과농소초》《한민명전의》 등 농업 연구서를 지어 정조에게 바쳤다.

그는 정조 사후 1801년에 사직하고, 1803년에 풍병이 들어 고생하다가, 1805년 한성부 가회방 재동 자택에서 세상을 떠났다. 묘소는 선영이 있는 경기도 장단 송서면 대세현(大世峴)에 있었는데, 실전되었다가

1959년 황해북도 개풍군 전재리 황토고개에서 봉분이 퇴락된 채로 발견되었다. 1990년대에 북한에서 황진이와 박지원 등 명사들의 묘소를 재정비했다고 한다.

정약용과 이기경이 주고받은 편지

1 정약용이 이기경에게 쓴 편지

요즈음 꿈결같다 해도 거짓이 아닐 것입니다. 첫째는 나의 죄요, 둘째는 그대의 허물이라 할 것입니다. 내가 은밀한 경고를 따르지 않고, 사람을 그릇 믿고 잘못 처사하였다는 죄는 충분히 알고 있습니다. 그러나 그대가 하루도 지켜보지 않고 사람을 크게 잘못 보았으니 의리에 허물이 없다고 할 수 없습니다. 지금 그대가 나를 버릴 리 없고, 또한 버려서도 안 되고, 또한 감히 버리지도 못할 것입니다. 그러므로 나 또한 차마 말하지 않을 수 없습니다. 선을 권하는 것은 그대의 미명(美名)이요, 허심탄회하게 받아들이는 것은 나의 고치(高致)일 것입니다. 만일 아래로는 물이 흘러가고 위로 하늘에는 구름이 흩어지듯 아무 생각 없이 저 언덕 위에서 누군가가 방관한다면 반드시 말하기를 '이들은 참된 친구'라고 하겠지요. 그대가 갈라서 두 쪽으로 나눈 뒤부터는 '패공의 좌사마'가 여러 사람이 되니 어찌 한이 되지 않겠습니까. 다만 한 말씀을 그대에게 드리노니, 그대의 입으로 정약용을 끊는 것과 나의 입으로 이기경을 끊는 것은 반회(泮會) 두 글자에 불과합니다. 만일 감동을 받아서 지난날처럼 즐거이 지낼 수 있다면 죽어도 눈을 감을 수 있겠습니다.

進士丁若鏞與李進士基慶書

近日事 尙寐無吪 一則弟罪 二則兄過 弟之不遵密戒 錯信人 誤處事 知罪知罪 兄之不竢終日 錯認人 逕庭 義理 不能無過 今則兄於弟 不必棄 亦不可棄 亦不敢棄 有次三者 則弟又不忍不言 責善兄之美名 虛受弟之高致 若使水流雲空則厓上傍觀 其必曰 斯輩也 眞皆友道 一自兄劈而兩之之後 沛公之左司馬不一而足 寧不悢悢 但有一言 聊以寄兄 兄口絶丁 弟口絶李 不過泮會二字 若蒙感動 懽如疇昔 死可瞑目

2 이기경이 정약용에게 보낸 답장

내가 그대들에게 말한 것과 다른 사람에게 말한 것을 하나하나 진술하겠습니다. 그대가 만일 이 일로 나에게 화를 낸다면 나는 마땅히 달게 받을 것입니다. 만일 이 말 이외에 더 들은 것이 있다면, 그대는 모름지기 다시 나에게 질문하여 십분 지당한 곳으로 돌아가도록 해야 할 것입니다. 내가 말한 것은 다음과 같습니다.

정모와 이모가 작년 겨울 성균관에 있을 때 공부를 빙자하고 실은 다른 일을 했다. 그러나 내가 심복하는 바가 아니었다.

정모가 처음에는 호기(好奇)의 습관으로 혹 그 책을 들추어 보았으나 근래에는 벗어났으므로 나의 교정(交情)이 그전과 꼭 같다.

그 학문의 '십계'에는 임금 섬기는 일이 없고, 부모 공경하는 일이 넷째 차례에 있으니, 결코 선비가 볼만한 것이 못 된다. 사대부로서 이런 학문을 하는 자는 혹시 세상을 싫어하거나 허황되게 높은 데를 흠모하는 풍에 연유한다고 하겠다. 촌부나 우부나 모두 그 가운데서 착한 것만을 지킬 수 있겠는가. 조금이라도 허위가 그 사이에 섞이게 되면 백련교(白蓮教)의 부적물이 다시 오늘날에 생겨날까 두렵다.

자제로서 혹 그 부형을 속이면서 몰래 이 학문을 한다면 사람의 도리로 할 바가 아닐 것이다.

이 학설은 마도이며 요술이니, 요마(妖魔)의 끝에는 반드시 화색(禍色)이 있을 것이다. 사람들이 마땅히 삼가 피하여야 한다.

내가 말한 것은 이것에 불과합니다. 이름을 대면서 누가 이 학설을 한다는 말은 하지 않았습니다. 만일 불법(佛法)을 좋아하지 아니한 것으로 부혁(傅奕)의 죄를 삼는다면 부험(符驗)이 올 때 지옥의 한 자리는 마땅히 내가 달게 받겠습니다. 그대가 만일 이 학설을 참으로 좋은 도리라고 여긴다면, 진실로 마땅히 여러 사람이 모인 가운데에서 선포하고 열 눈이 보는 데에서 자처하면서, 온 세상 사람으로 하여금 모두 아무개가 아무 학설을 한다고 알려야 할 것입니다. 대장부가 덧없이 빠른 세월 속에 살면서 머리와 꼬리는 두려워하여 가리고 발만 드러내놓음이 어찌 참으로 가련하고 부끄럽지 아니하겠습니까. 그대의 총명과 지혜로, 고요한 밤에 잠이 안 올 때 아래에서 기를 얻어 맑게 깨달아, 그 가운데에서 좋은 것과 좋지 않은 것을 아울러 어찌 점검하지 않으십니까. 좋은 것은 비록 버리기 어렵다 하나, 좋지 않은 것은 버리지 않을 수 없을 것입니다. 그대는 장차 어떻게 처리하겠습니까.

李進士答書

弟之向兄輩 說道於他人者 弟當一一陳之 兄若以此事怒弟則 弟當甘受 若於此說之外 更有所聞則 兄須更質於弟 以歸十分至當之地焉

弟之言曰 丁某 李某 昨冬在泮 名做功令 實爲他事 非吳之所心服也

又曰 丁某 始以好奇之習 或披閱其書 而近則脫濕 故吳之交情 如前如一

又曰 厥學十誡之中 無事君之事 孝敬父母亦在第四 決非士子之所可見也

又曰 士夫爲此學者 或有於厭世高尙之風 而至於愚婦村夫 安保人人皆善 一有虛僞雜乎其間則 白蓮符水 恐復起於今日

又曰 人家子弟 或有欺其父兄 暗爲此學者則 恐非人理之所可爲也

又曰 此學 魔道也 妖術也 妖魔之末 必有禍色 人宜謹避

弟之所言 不過如斯 本無指的姓名曰某也 爲此學之說 若以不喜佛法 爲傅奕之罪則 符到時 地獄一座 弟當甘受 兄若曰 此學眞箇好道理則 固當布之於稠人之中 自處於十目之視 使一世之人 皆知某也爲其學 大丈夫生此瞥火光陰之中 畏首畏尾 掩而露足 豈非眞箇可憐可羞 兄之高明聰慧 何不於靜夜無寐之時 下得氣淸得情 將其中 好處不好處 竝將點檢去 好處雖曰難棄 不好處亦有不可不棄之端 則兄將何以處之也

3 이기경에게 답함

보내준 편지 받고 놀라 자빠질 뻔했습니다. 우리 두 사람의 정분이 극진하다고는 할 수 없지만, 그렇다고 원망할 것도 없는 사이입니다. 그러나 갑자기 편지를 보내 조금도 언짢은 마음이 없는 듯하시니, 저는 비록 이해한다 해도 장차 남들이 무어라고 말하겠습니까.

족하도 스스로 상정(常情)에서 벗어났다고 말했습니다. 스스로도 앞뒤가 없이 너무나 갑작스럽다고 생각하신 것입니다. 무릇 일이 상정 밖에서 나오면 폐단이 없을 수 없습니다. 그런데 지난 몇 년 동안 족하가 한 일 가운데 상정 밖에서 나온 것이 한두 가지가 아니었습니다. 족하는 자존심이 너무 강하고 너무 깊게 헤아립니다. 그래서 무릇 다소의 사물에 부닥치면 손길 따라 순조롭게 할 수 없어 갖가지 병폐가 발생하는 것입니다. 족하에 대해 알지 못하는 사람은 유별난 도량을 지닌 사람인가 하겠지만, 저만은 족하의 병근(病根)을 깊이 알고 있습니다. 그래서 순백(純白)이나 계화(季華)의 무리를 만나면 언제나 아무 친구는 마음에 병이 있는데 다른 사람은 알지 못한다고 말했던 것입니다.

지금 편지를 보내 서로 안부를 묻는 것이 좋은 뜻이긴 합니다. 그러나 의당 다소간 말이라도 있어야 할 터인데, 전혀 아무 말이 없었으니 어리둥절할 뿐입니다. 족하는 노부(老夫)를 자처하는 처지라 흉중에 본래 한 가지 일도 걸림이 없어 오동나무에 걸린 달과 버드나무에 부는 바람처럼 청허(淸虛)하고 쇄락(洒落)할 수 있으십니까. 그러나 어찌 저에게도 그러할 것을 기대하셨단 말입니까. 저는 비루하고 인색하여 그러한 경지에 도달할 수 없습니다. 아마 족하도 결코 그렇지 못하리라 생각됩니다. 그간의 일에 대해 다소간 말이라도 있어야만 했습니다.

족하는 저에게 실제로 곡절이 없다고 하나, 지금 순순히 조화하고 예전처럼 서로 어울린다면 세상이 원한을 감춘 채 사귄다고 시끄럽게 떠들 것입니다. 제가 그런 원한이 없다고 해도 남들은 믿지 않을 것입니다. 결국은 족하와 제가 모두 시정배처럼 이합집산하고 겉과 속이 다르게 면종복배한다는 비방을 면치 못할 것입니다. 족하는 그리 생각하지 않습니까.

족하와 저는 다 같이 뉘우침이 있어야 할 사람입니다. 도연명의 귀거래사에 '지난날의 잘못은 탓할 수 없으나 앞으로 잘할 것을 생각한다.' 하였으니 참 훌륭한 말입니다. 전에는 저 역시 한 소년이었고 족하 또한 한 소년이었으니 혈기가 안정되지 않아서 수족을 함부로 움직였던 것입니다. 지난 일이야 이제 와서 어찌 바로잡을 수 있겠습니까. 이제는 흉중의 잡념을 없애고 눈앞의 광경을 제대로 살펴야 하겠습니다. 성현들의 경전을 열심히 공부하여 즐기며 순박한 경지를 회복하도록 힘써야 할 것입니다. 그러면 마음이 날로 안온해지고 복록이 나날이 돈후해져서 자연히 기쁘고도 순조롭게 될 때가 있을 것입니다.

이러한 방법으로 하지 않고 제 마음대로 곧장 이루려 하면, 말을 해도 사람들이 믿어주지 않을 것이며 행한다 해도 일이 순조롭지 않을 것입니다. 끝내는 침 뱉고 꾸짖으며 비웃고 손가락질받는 욕됨을 면하지 못할 것입니다. 족하는 부디 삼가기 바랍니다.

혹 이대로 미적미적 지내면서 서로 의심하고 놀라게 한다면 지난날의 정분까지도 보장하기 어려울 것이니 어찌 두렵지 않겠습니까. 아드님의 삼가례(三加禮) 날이 가까워오니 진실로 즐겁고 기뻐할 만합니다. 무릇 예(禮)는 집안의 형세에 따라 알맞게 해야 하는 것이며 또 성옹(星翁)

선생이 남기신 예서도 있습니다. 어찌 군색한 지경에 이르기야 하겠습니까.

答李基慶

得來書不勝驚倒 吳兩人者 未可謂盡分 然無可怨也 然遽有書牘 略無芥滯 我雖領意 人將謂何 卽足下亦自以爲似若常情之外者 蓋疑其太無漸也 夫事之出於常情之外者 不能無獘 足下自向年以來事之出於常情之外者 不一二也 足下自視太大量度太深 凡遇多少事物 不能隨手順下 所以百般瘡疣 都由此發 不知者疑其有別樣成府 而鏞獨深知其病根 故每對純百季華之輩 輒云某友有心疾 他人不知也 今致書相問 未嘗非好意也 亦宜有多少話說 而脫然刊落 都無點檢 足下能自處以老夫胸中本無一事 梧月楊風 淸虛洒落 而又以是待之於鏞耶 鏞則鄙吝不能到此 而竊恐足下亦全未全未也 夫旣不能如此 則自宜有多少話說 且足下於我 實無曲折 然今若順然調和 依然追逐 則一世譁然 將謂匿怨而友之 我實無怨 人竟不信 足下與我 俱不免市井離合之譏 陰陽面背之謗 足下慮未及此耶

足下與我 均是有悔者也 善乎元亮之詞曰悟已往之不諫 知來者之可追 向者我亦一少年 人亦一少年 血氣未定 手足妄動 當時之事 何足追理 剗却胸中蓁翳 照管眼前光景 汲汲從事於聖經賢傳之業 熙熙致身於回淳反朴之域 則心界日以安穩 福祿日以敦厚 自當有怡然理順時也 不出於此而信心直遂 則言而民莫之信 行而物莫之順 終不免乎唾罵嗤點之辱 足下愼之愼之 又或荏苒征邁 胥疑迭驚 則今日以前之心 亦難必保 可不懼哉 令胤三加在邇 良足嘉悅 凡禮宜稱有無 自有星翁遺式 何至窘匱乃爾耶

城：新朝本에는 '成'으로 씌어 있다.

❖

정미년(1787) 10월 이승훈, 정약용(丁若鏞, 1762~1836) 등이 반촌(泮村)에서 천주교 서적을 읽고 연구하다가 발각되어 문제가 되었다. 이른바 정미반회 사건이다. 발설한 사람은 이기경(李基慶, 1756~1819)인데, 원래 그는 이승훈, 정약용과 함께 천주교 서적을 대하며 보조를 같이하다가 갈라서게 되었다. 그해 겨울 이승훈, 정약용 등이 반촌에 있는 김석태(金石太)의 집에 모여 서학 서적을 보고 있다는 사실을 극단적 천주교 배척론자인 홍낙안(洪樂安, 1752~?)에게 발설했다. 홍낙안은 왕에게 알려 그들을 벌주어야 한다고 극렬하게 주장했다. 홍낙안은 남인이면서도 같은 남인이 신봉하는 천주교에 적대적인 공서파에 속했다. 1790년 증광문과에 응시해 장차 만연하게 될 사학(邪學)의 위험성을 경고하는 답안을 써서 급제하기도 했다. 이 사건은 서학 서적의 수입을 금지하고 소장한 서적을 불태우게 하는 것으로 마무리되었지만, 서학을 무군멸친(無君滅親)의 사교(邪敎)로 공식 규정하는 계기가 되었다. 위의 편지들은 그 사건과 관련하여 정약용과 이기경이 주고받은 편지이다.

정약용의 본관은 나주이다. 자는 미용(美庸)이고, 호는 다산(茶山) 또는 사암(俟菴)이고, 당호는 여유당(與猶堂)이다. 경기도 광주부 초부면 마재[마현(馬峴), 현재의 남양주시 조안면 능내리]에서 태어났다. 진주목사를 지낸 부친 정재원으로부터 가학을 전수받았다. 정재원은 첫 부인인 의령 남씨와 혼인하여 큰아들 약현을 낳았고, 둘째 부인인 고산 윤선도의 오대손녀 해남 윤씨와 혼인하여 약전 · 약종 · 약용 삼 형제와 딸 하나를 낳았다. 약용은 넷째 아들이다.

1776년 정약용은 승지 홍화보의 딸 풍산 홍씨와 혼인하여 6남 3녀를 낳았으나 생전에 4남 2녀를 잃었다. 누나의 남편으로 정약용보다 여섯 살 위인 이승훈, 형 정약전의 처남으로 그보다 여덟 살 위인 이벽(李檗, 1754~1786)과 친하게 지내면서 학문으로 명성이 높은 이가환을 만났다. 이가환은 이승훈의 외삼촌이자 성호 이익의 종손(從孫)이었다. 정약용은 이들을 통해 이익의 학풍을 이어받았다.

이기경은 전주 이씨이다. 그의 자는 휴길(休吉), 호는 척암(瘠菴)이다. 1777년(정조 1) 사마시에 합격하고, 1789년 식년문과에 급제하여 승문원에 들어갔으며 강제문신에 뽑힌 뒤 지평, 감찰, 예조정랑을 역임했다. 그즈음 그는 이승훈과 이벽 등을 통해 천주교 서적을 보고 정약용 등과 함께 연구하다가 서학을 배척하는 입장에 서게 되었다. 천주교를 공격하기 위하여 《벽위편(闢衛編)》《사교징치(邪教懲治)》 등을 펴냈는데, 정조 · 순조 시대의 천주교사 연구에 중요한 자료가 된다.

세 번째 편지에 쓴 족하라는 호칭은 글자 그대로 풀이하면 발아래 즉 아주 가까운 곳이란 뜻으로, 또래 사이에서 상대에 대한 경칭으로 쓰인다. 오늘날 형제자매의 자식을 일컫는 조카라는 말의 어원이 족하이다.

정약용의 편지에 인용된 패공의 좌사마는 유방과 항우의 이야기에 나온다. 한고조 유방이 초패왕 항우와 쟁패하는 과정에서 중원의 요지인 관중(關中)을 먼저 점령했다. 항우가 유방을 치려 하자, 유방은 관중으로 들어간 것이 욕심 때문이 아니라고 변명했다. 이때 유방의 좌사마 조무상(曹無傷)이 항우에게 밀사를 보내 '패공은 관중의 왕위를 노리고 진나라 왕인 자영을 재상으로 삼아 관중의 보물을 독차지하려 한다.'고 참언하여 항우의 분노를 부채질했다. 항우는 홍문에서 연회를 열고 유방을 불러 죽이기로 했다. 유방은 거기서 항우로부터 조무상의 참언을 듣게 된다. 유방은 주위의 도움으로 간신히 목숨을 건져 돌아간 즉시 조무상을 죽였다. 좌사마 조무상은 그로 인해 남을 참소하는 소인의 대명사가 되었다. 정약용은 이기경을 그 좌사마에 비유한 것이다.

이기경의 편지에 나오는 백련교는 미륵불의 하강과 구세를 주장하는 비밀 결사 종교이다. 백련교의 부적물 운운한 것은 민란과 같은 사회 혼란의 조짐을 뜻한 것이다. 백련교는 중국 송대에 일어나 원대에 홍건적의 난과 결부되기도 했다. 청대에 와서는 건륭제 후반기에 관료의 부패와 그로 인한 농민 착취가 극에 달하자 곳곳에서 농민반란이 일어나기 시작했는데, 백련교도가 그 중심에 있었다. 이른바 백련교도의 난은 1796년에 발발하여 9년 뒤에 진압되니, 1787년의 정미반회 사건보다 더 뒤에 일어난 일이다. 백련교는 그 이전부터 불온한 종교로 낙인찍혀 있었던 것이다. 이기경은 천주교를 사교(邪敎)의 대명사인 백련교에 비유하고 있다.

부혁은 중국 당나라 시대의 척불론자이다. 당시 주문을 외워 사람을 죽일 수도, 살릴 수도 있다는 한 승려가 있었다. 부혁은 그 승려에게 주문을 외워 자신을 죽여보라고 했다. 승려가 주문을 외웠지만 부혁이 죽기는커녕 오히려 승려가 쓰러져 다시는 일어나지 못했다. 이기경은 자신이 서학을 배척하는 것은 부혁이 불교를 배척한 것과 같다고 주장하고 있다.

순백과 계화는 정약용, 이기경 등과 같이 공부하고 시회(詩會)를 열곤 했던 벗들이다. 순백은 권영석, 계화는 정탁을 말한다. 《여유당전서》에 이기경의 용산 정자에 모두 같이 모여 사륙문을 익혔다는 기록이 있다. 아무튼 이기경은 친구들 사이에서 회자될 정도로 성격이 독선적이고 언론이 거칠었던 모양이다.

성옹은 성호(星湖) 이익(李瀷, 1681~1763)을 가리킨다. 1795년 10월 정약용은 서학 관련 문제로 탄핵을 받아 동부승지에서 충청도 홍성 근방의 금정찰방으로 좌천되었다. 그때 이익의 종손(從孫)인 이삼환(李森煥, 1729~1813)을 비롯하여 십여 명의 선비들과 함께 이익의 《가례질서(家禮疾書)》를 열흘에 걸쳐 교정했다. 위 편지에서 말한 성옹의 예서란 바로 그 책일 것이다.

이익의 후손과 정약용의 교류를 들여다보면 일단의 기호 남인의 계보를 확인할 수 있다. 이익은 기호 남인의 계보에서 핵심적인 인물이다. 이가환은 이삼환과 육촌 사이로 이익의 종손이자 정약용의 자형 이승훈의 외숙이었다. 정약용의 가문은 이익의 가문과 인척관계였다. 기호 남인의 계보는 퇴계의 제자 한강 정구에서 시작된다. 정구는 관직을 멀리하여 학문에 매진했고, 퇴계뿐만 아니라 남명 조식의 문하에도 출입하여 영남 유학의 계보에서 앞의 모든 학문의 조류가 모이는 저수지의 위상을 지녔다. 그는 특히 예학에 정통했다. 양천의 미수 허목이 정구에게 수학함으로써 기호 남인의 첫 고리가 되었다. 허목이 송시열 등 서인과 예송을 벌였던 것도 예학에 정통했던 정구에게 수학한 사실과 무관하지 않을 것이다. 허목은 반계(磻溪) 유형원(柳馨遠, 1622~1673)과 이지안(李志安, 1601~1657) · 하진(夏鎭, 1628~1682) 부자 등과 교류했다. 이지안 · 하진은 각각 이익의 조부와 부친이다. 허목의 인맥 가운데 특별한 존재가 윤휴였다. 윤휴는 계보상 독특한 위치에 있었다. 뒷날 후학들 사이에서 윤휴와 허목 중 누구를 남인의 정통으로 볼 것인가를 두고 논란이 일어난다. 성호 이익은 허목을 정통으로 보고 윤휴를 패리(悖理)로 본 반면, 다산 정약용은 윤휴의 노선이 선명한 데 비해 허목의 노선은 선명하지 못하여 다소 문제가 있는 것으로 보았다. 윤휴가 정치적이었다면, 허목은 학구적이었다고 볼 수 있다.

편지 내용을 이해하기 위해서는 정약용과 이기경의 관계를 좀 더 자세히 살펴볼 필요가 있다. 이기경과 홍낙안은 정약용 등의 서학 편력을 집요하게, 심지어 그들을 죽이고 말겠다는 자세로 물고 늘어졌다. 언급한 바와 같이 그들은 같은 남인의 당색을 따랐고, 특히 이기경은 같이 어울려 시회를 즐기는 사이로서 정약용과 1789년 초계문신 동기였다. 그런 이기경이 정약용을 그토록 공격한 것은 무슨 이유였을까?

일단은 서학을 사학(邪學)이라고 단정한 이기경 나름의 소신에 입각한 것이었다고 보아야 할 것이다. 이기경은 정약용을 유배 보낸 신유사옥 뒤에《벽위편》을 펴낸 바 있는데, 그것은 무엇보다도 서학을 배척한 그의 소신의 발로였다. 이기경의 가문은 정약용의 가문에 비해 한미했다. 그래서 그런지 그가 정약용보다 6년 연상이었음에도 불구하고 정조의 총애는 상대적으로 정약용에게 쏠렸다. 이기경이 정약용을 질시할 만한 상황이었던 것이다.

이 편지를 쓴 시점이 또한 자못 궁금하다. 앞의 두 편지를 쓰게 된 계기는 정미 반촌 사건이었다. 발설자는 같이 현장에 있었던 이기경이었지만, 그것이 홍낙안을 통해 조정에 문제로 제기된 것은 1791년에 발생한 진산사건 이후라고 실록은 전한다. 진산사건의 여파로 서학의 지도자로서 이승훈과 권일신(權日身)이 문초를 받게 되었는데, 홍낙안이 증인으로서 정미 반촌 사건을 진술했던 것이다. 그렇다면 편지는 아마도 1791년 홍낙안의 진술 이후에 쓴 것일 것이다.

세월이 흐른 뒤 이기경은 정약용에게 사죄하는 마음으로 편지를 보냈다. 마지막 편지가 그에 대한 정약용의 답장이다. 정약용이 유배에서 풀려난 해가 1818년인데, 이기경은 그 이듬해에 죽는다. 마지막 편지는 그 1년 사이에 쓴 답장일 것이다.

《논어》 '공야장'에 '새가 죽으려 할 때는 그 울음소리가 슬프고, 사람이 죽으려 할 때는 그 말이 착하다.'라는 말이 있다. 죽음을 예감했던 것일까. 이기경이 젊은 시절의 우정을 생각나게 하는 감상적인 편지를 쓴 듯하다.

사실 이기경은 옛 친구 정약용에게 미안함을 지울 수 없었을 것이다. 진산사건 때 그는 정미반회 사건의 발설자로 조사받는 과정에서 발언의 경위 등에 문제가 있다고 문책을 받아 경원에 유배되었다. 이기경은 당시 모친상을 당한 상태였는데, 정약용은 이기경의 유배 기간에 모친의 소상, 대상, 제사를 챙기는가 하면 그의 자식들까지 돌보았다. 무엇보다도 정약용은 1795년 이기경의 사면에 결정적인 도움을 주었다. 원래 이기경은 사면 대상에서 빠져 있었는데 정약용이 노력해서 사면 대상에 올려준 것이다. 반면에 이기경은 뒷날 정약용을 신유사옥에 연루시키는 데 주동적인 역할을 했다. 뒤늦게나마 이기경은 그런 지난날을 되돌아보았을 것이다. 아무튼 이기경의 편지를 받은 정약용의 답신은 냉랭했다. 아무 일도 없었던 듯이 지난 유배 시절을 건너뛰어 옛 시절로 돌아갈 수는 없었다. 정약용은 다소 고지식한 인물로 정평이 나 있는바, 그의 인품이나 성격으로 볼 때 그런 처사를 용납하지 못했을 것이다.

정약용은 혼인하던 해(15세 때인 1776년) 벼슬길로 나가는 부친 정재원을 따라 한양에서 화순으로, 19세 때에는 예천으로 가서 살았다. 1783년 그는 세자 책봉 경축 증광시에 합격하고 회시로 생원이 되었다. 같은 해 음력 9월에 장남 학연이 태어났다. 22세 때(1784)에는 진사가 되어 성균관에 들어갔는데, 학문이 뛰어나 정조의 총애를 받았다.

23세 때(1785) 정약용은 이벽을 통해 천주교에 입문하게 된다. 이벽은 이승훈에게 세례를 받았다. 이승훈은 정약용의 자형으로서 그 한 해 전인 1784년 중국 사행에 따라갔다가 거기서 그라몽 신부에게 영세를 받았다. 조선 역사상 최초로 세례를 받은 사람이 되었다. 귀국 후 이승훈은 중인(中人) 김범우의 집에 교회를 창설하고 포교에 나섰다. 정약용은 그때 이승훈, 이벽과 인척으로 절친한 관계였기 때문에 천주교에 기울게 되었다.

정약용이 서학을 접한 것은 그보다 몇 년 더 앞선 일이었다. 1779년경부터 권철신을 중심으로 그의 아우 권일신, 정약전, 이승훈, 김원성 등이 천진암에서 강학회를 열었는데 거기서 호기심으로 서학을 논하곤 했다. 정약용도 천진암 강학회의 일원이 되었다. 이벽이 강학회에 가담하면서 서학 공부는 신앙의 성격을 띠기 시작했다. 특히 이벽은 천진암이 아닌, 같은 앵자산 동쪽 아래쪽에 자리 잡은 주어사(走魚寺)에 머물면서 신앙심을 키웠다. 1784년 이승훈이 북경 사행에 따라갔다가 선교사들을 만나 교리를 배우고 영세를 받게 된 것도 이벽의 주문이었다.

1785년 봄 김범우의 집에서 이승훈, 이벽과 정약전 · 약종 · 약용 형제, 권일신 부자(父子) 등이 집회를 하던 중 형조 관원들에게 적발된 을사추조적발사건이 일어났다. 성화상과 서적들을 압수당하고 종교 활동을 금지당했다. 김범우만 단양에 유배되고, 나머지 사람들은 배교 약속을 조건으로 풀려났다. 김범우만 중인이었고 나머지 관련자는 모두 사대부였다. 김범우는 심문 과정의 후유증으로 숨져 조선 최초의 천주교

순교자가 되었다. 그즈음에 차남 학유가 태어났다.

정약용은 성균관 시험에서 여러 번 일등을 차지해 정조로부터 발군의 실력을 인정받았지만, 정작 대과 급제가 늦어져 주위를 안타깝게 했다. 1786년에는 대과 초시에 수석으로 합격했지만, 회시에는 낙방했다. 성균관에 적을 두고 공부하다 1789년(정조 13) 대과에 급제하여 관직에 진출했다. 그때 그의 나이 28세로 벼슬길의 시작이 빠른 편은 아니었던 셈이다. 이른바 정미반회 사건은 그사이 1787년 10월경에 일어났다. 서학 서적을 불태우고 소지를 금지하는 조치가 내려졌다.

정조의 총애가 있었지만 정약용의 벼슬길은 순조롭지 못했다. 그는 승정원 가주서를 거쳐 예문관 검열에 발탁되었다. 그것은 약관의 정약용에게 특혜에 가까운 인사 조치였고 노론 벽파의 비판을 초래했다. 정약용은 정조의 만류를 거역하고 자진 사퇴했다. 서산 해미에 유배되었다가 정조의 배려로 11일 만에 풀려났다. 1791년 정약용은 초계문신으로 발탁되었다. 1792년에는 부친 정재원을 여읜다. 특명으로 배다리와 화성 건설에 참여했다. 화성 건설 때에는 거중기를 제작하여 활용한 것으로 유명하다. 이후 그는 사간원과 홍문관 요직을 역임했다.

정약용이 초계문신이 되던 해인 1791년에 신해사옥이 있었다. 그것은 전라도 진산에서 양반 출신인 윤지충(尹持忠)과 권상연이 폐제분주(廢祭焚主, 제사를 폐하고 신주를 불태움)를 함으로써 일어난 사건으로, '신해진산의 변'이라고도 한다. 그해 5월 윤지충이 모친상을 당했는데, 천주교의 교리를 지키기 위해서 제사를 지내지 않고 신주를 불태웠다. 그의 외사촌인 권상연 역시 그에 따랐다. 그 사실이 유림들 사이에 알려져 관가에 고발되었다. 이것이 조정에 알려져서 천주교를 공격하려는 공서파와 천주교를 신봉하거나 묵인하려는 신서파 사이에 심한 논쟁으로 비화되었다. 공서파는 윤지충의 행위에 대해 유교 사회의 제례 질서를 파괴하는 패륜이며 무부무군의 불효 불충이라면서 신서파를 공격했다. 특히 홍낙안은 진산군수 신사원(申史源)에게 두 사람을 체포하라고 독촉하는 한편, 좌의정 채제공에게 두 사람의 처형과 천주교 탄압을 요청하는 장서를 보냈다. 천주교 배척 상소가 끊이지 않자, 조정에서는 신사원에게 두 사람을 체포할 것을 명했다. 두 사람은 체포되고 나서도 제사가 허례라며 끝까지 교리의 타당함을 역설하다가 불효 불충 역모 죄로 함께 사형을 당했다.

신주를 불태우고 제사를 지내지 않는다는 것은 당시의 유교적 전통에 대한 전면적 거부로 극단적인 처벌을 면하기 어려웠다. 사건의 확산을 바라지 않았던 채제공은 단서가 없는데도 홍낙안이 모함할 마음에 사건을 과장했다고 정조에게 간하고, 윤지충과 권상연을 처형시키고 천주교 교주로 지목받은 권일신을 유배시키는 것으로 사건을 마무리했다. 이기경은 이런 채제공의 처사를 공격하다가 경원에 유배되었다. 이후 천주교 신앙을 가진 사람들은 전통적인 제사 의식을 포기하지 못해 신앙을 버리는 이와 제사 의식을 포기하고 더욱 독실해지는 이로 나뉘었다. 조정에서는 공서파와 신서파의 대립이 격화일로를 걸었다.

오늘날 천주교는 조상에 대한 제사를 금지하지 않고 있다. 유교적 제사를 '민간의 풍속, 정신이 바뀐 현 세대에서는 한갓 효성을 표시한 민간 의식에 불과한 것'이라고 규정했다. 그것은 1939년 12월 8일에 발표된 로마 교황 피우스 12세의 교시 내용이다.

사실 천주교가 동방에 전래되기 시작한 16세기에는 유교적 제의를 배척하지 않았다. 1584년 중국에 들어온 예수회(Jesuits) 신부 마테오 리치가 중국의 전통문화를 받아들이는 적응주의 선교 방식을 택했다. 배공제조(拜孔祭祖)의 예절은 천주 신앙에 반대되는 것이 아니라고 보았다. 조상에 드리는 제사는 후손이 선조와 부모를 공경하는 것이며, 공자에 드리는 제사는 제자가 스승을 섬기는 사랑의 표현으로서 우상숭배가 아니라는 것이었다. 예수회의 선교 활동은 비교적 순탄했다.

예수회 선교보다 반세기가량 뒤인 1631년에 도미니크회(Dominican Order), 1633년에 프란체스코회(Franeiscan Order)가 중국 선교에 가담하면서 상황이 달라졌다. 그들은 예수회의 적응주의 선교 방식을 영합주의라고 비판하고 나섰다. 거기에는 그럴 만한 이유가 있었다. 예수회는 선비 계층의 지식인을 상대로 선교했지만, 도미니크회와 프란체스코회는 중국 오지를 찾아가 시골에서 선교했기 때문이다. 시골 사람들의 조상숭배는 그곳 토속신앙과 섞여 단순한 민간 의식으로 받아들이는 데 어려운 점이 있었던 것이다.

중국 천주교회에서 조상 제사에 대한 의례 논쟁이 시작되었다. 이 논쟁은 교황청에 제소되어 약 백여 년간 지속되었다. 논쟁의 초점은 하느님을 중국어로 천(天)이나 상제(上帝)라 할 수 있는가, 공자에게 공경의 제사를 지낼 수 있는가, 죽은 조상에게 제사를 지내도 되는가, 이렇게 세 가지였다. 1715년 교황 클레멘스 2세는 하느님을 반드시 '천주(天主)'라고만 해야 하고, 공자에 대한 제사와 조상숭배는 허용할 수 없고, 죽은 조상의 위패에 이름을 쓰고 그 밑에 신위(神位)라고 쓸 수 없다고 칙서를 내렸다. 이 칙서는 1742년에 다시 한 번 강조되어 선포되었다. 그로부터 중국 선교는 혼란에 빠지고 박해를 받기 시작했다.

당시 천주교에서는 이미 유교적 제사가 우상숭배로서 금지되어 있었지만, 천진암 강학회에서는 마테오 리치의 《천주실의》를 비롯한 예수회 신부들의 글을 연구했기 때문에 제사 문제는 제기되지 않았을 수 있었다. 그러나 이승훈이 세례를 받고 김범우의 집에서 집회를 여는 단계에서 달라졌다. 교회의 조직이나 운영을 정비하기 위해 1790년 윤유일(尹有一)을 통해 북경 구베아 주교에게 자문을 받기에 이르렀다. 당시 조선의 천주교는 북경 교구에 속해 있었기 때문이다. 자문 내용에 조상 제사와 신주 문제가 포함되어 있었는데, 구베아 주교는 교황청의 칙서에 입각하여 조상 제사를 금지하고 신주를 폐기하도록 했다. 진산사건의 배경에는 그런 사정이 있었다.

진산사건의 당사자 윤지충은 정약용의 외삼촌 윤득렬의 손자였다. 윤지충은 정약용을 통해 서학을 접했다. 정약용은 그 사건에 직접 연루되지 않았고 윤지충, 권상연 등과 입장도 달랐다. 정약용은 뒷날의 '자명소(自明疏)'에서 제사를 지내지 않는 것은 갈백(葛伯)이나 승냥이, 수달 같은 짐승과 다름없다고 주장했다. 갈백은 제사를 지내지 않는다는 이유로 은나라 탕왕에 의해 주벌 대상이 되었다. 정약용은 한때 서학에 빠졌던 것을 인정하면서, 다만 천문 · 역상 · 농정 · 수리에 관한 기구와 측량, 실험하는 방법에 관심이 한정되었노라고 변명했다.

서학을 같이 공부하던 사람 가운데 신앙심이 남달랐던 이벽은 신유사옥이 일어나기 5년 전에 이미 죽었다. 그는 자살하겠다고 위협하며 서학을 만류하는 부친에게 굴복했다고 한다. 조선 최초로 세례를 받은 이승훈도 비슷한 경험을 했다. 을사추조적발사건에 연루되어 의금부에 끌려가 심문을 받았는데 이승훈 역시 부친의 강요에 못 이겨, 배교를 선언하고 천주교를 이단이라 배척하는 글을 지어 바쳐야 했다.

정약용은 1794년에 성균관에서 강의했고, 이후 경기도 암행어사로 임명되어 연천과 삭녕 등을 순찰했다. 1795년에는 승정원 동부승지가 되어 중앙 요직으로 진출했다. 그러나 중국인 신부 주문모의 입국과 전교 활동이 알려져 체포령이 내려지면서 반대파의 공세가 거세짐에 따라 그는 서학 전력이 문제시되어 충청도 홍성 부근의 금정찰방으로 좌천되었다. 이가환도 성균관대사성과 공조판서 재임 중 충주목사로 좌천되었다. 당시 조정에서는 이가환과 정약용이 서학과 관련하여 대표적인 인물이었던 것이다.

정약용은 다시 중앙으로 복귀하여 병조참지에 이어 동부승지에 임명되었다. 동부승지 임명은 1797년 6월의 일인데, 정약용은 동부승지 임명에 사의를 표하는 상소문을 올렸다. 일명 자명소(自明疏)에서 정약용은 자신이 한때 천주교에 경도되었지만 나중에는 천주교를 버렸다고 변명했다. 정조는 정약용을 곡산부사에 임명했다.

정약용의 성향을 보여주는 곡산부사 때의 일화가 있다. 이계심이라는 사람이 관리의 부패에 항의하여 조세 납부를 거부해 물의를 일으키고 있었다. 정약용은 이계심을 조사한 후 관리의 부패에 항의한 이계심 같은 사람은 오히려 '천금을 주고 사야 할 사람'이라며 무죄를 선고했다. 백성들의 칭송을 받았음은 물론이다. 이 판결이 나중에 정약용의 목숨을 구하게 된다.

1799년 정약용은 다시 중앙으로 복귀하여 형조참의가 되었는데 곧 서학과 관련하여 탄핵을 받아 사퇴하고 만다. 그는 고향 마재로 내려가 은거하지만, 정조와의 교감은 계속되어 복귀가 예정되었다. 1800년 6월 12일 정조는 정약용에게 《한서선(漢書選)》 10권을 보내 5권은 집에 두고 5권은 책 제목을 써서 도로 보내라고 하면서, 그달 그믐경에 그를 부르겠다고 했다. 그러나 그믐이 오기 전인 6월 28일 정조는 세상을 떠났다.

순조가 11세라는 어린 나이에 즉위하여 55세의 영조 계비 정순왕후가 수렴청정했다. 노론 벽파 심환지가 2년간 영의정을 지냈다. 정조 시대의 정책이 거의 폐기되었다. 특히 남인 시파에 대한 배제와 탄압이 극심했다. 정약용은 서학의 무리라는 낙인이 찍힌 상태를 더 이상 견뎌낼 수 없었다. 급기야 1801년 신유사옥에 연루되어 18년간 유배생활을 시작하게 된다.

1801년 초 정순왕후는 천주교 엄금에 관해 하교를 내렸다. 그 내용은 '천주교 신자는 인륜을 무너뜨리는 사학(邪學)을 믿는 자들로서 인륜을 위협하는 금수와도 같은 자들이다. 마땅히 마음을 돌이켜 전향하게 하고, 그래도 개전하지 않으면 처벌하라.'는 것이었다. 신유사옥은 그로부터 시작되었다. 정순왕후는 반대파를 일망타진하기 위해 이른바 오가작통법의 연좌제를 통해 천주교 신자를 대대적으로 잡아들였다. 이때 형인 정약종과 자형 이승훈이 사형을 당했다. 이가환은 옥사했다.

정약용은 정조 때 자명소에 썼듯이 자신의 입장을 일관되게 유지했다. 서학에 빠진 적이 있었던 것은 사실이나 신앙은 단연코 부정해왔다는 배교 논리였다. 형 정약종의 죄에 관해 추궁을 받자 그는 "위로는 임금을 속일 수 없고, 아래로는 형을 증언할 수 없으니, 나는 오늘 죽음이 있을 뿐이다."라고 했다. 나아가 정약용은 주문모 신부와 천주교 신자를 추적하는 데 결정적인 도움을 줬다. 믿음이 약하고 사리 분별력이 상대적으로 떨어지는 노비나 어린이를 중점적으로 심문하여 천주교 신자에 대한 정보를 알아내는 방법을 제안했다. 자형 이승훈이 정약용에 대해 '천 사람을 죽여도 정약용을 죽이지 않으면 의미가 없다.'고 하면서 자신이 정약용에게 세례를 주었다고 보복성 자백을 할 정도로, 정약용은 신자들에게 배신감을 안겨주었다. 그는 형 정약전과 함께 극형을 면하고 자신은 장기에, 형은 신지도에 각각 유배되었다.

그러나 그것으로 위기가 끝난 것은 아니었다. 그해 가을에 정약종의 사위로서 자신의 조카사위인 황사영(黃嗣永, 1775~1801)의 백서(帛書) 사건이 일어났다. 황사영이 신유사옥의 전말과 그에 대한 대책으로 서양의 군사력을 동원해야 한다는 내용을 흰 비단에 적어 중국 북경의 가톨릭 주교에게 보내려다 사전에 발각된 사건이었다. 홍낙안과 이기경 등 정적들은 정약용을 기어코 죽이려 했다. 정약용은 이 사건에 연루되었지만 직접 관련되었다는 혐의나 증거가 없었다. 그는 황해도관찰사를 지내고 돌아온 노론 정일환의 변호에 힘입어 이번에도 극형을 면했다. 정일환은 정약용이 곡산부사로 재직했을 때 선정을 베풀어 칭송이 자자한데 이런 사람을 죽인다면 백성들에게 원성을 살 거라고 변호했다. 정약용은 장기에서 강진으로, 정약전은 신지도에서 우이도로 유배지를 옮겼다.

정약용은 이 유배 기간에 《목민심서》《경세유표》 등 저술 대부분을 남겼다. 둘째 형 정약전도 물고기의 생태를 기록한 《자산어보》라는 명저를 남겼는데, 그는 1816년에 유배지에서 죽었다.

정약용은 1818년(순조 18) 5월에 유배가 풀렸다. 승지(承旨) 물망에 올랐으나 악연 서용보(徐龍輔, 1757~1824)가 방해하여 승지 자리에 오르지 못했다. 정약용이 경기도 일대로 암행어사를 나갔을 때 당시 경기도관찰사였던 서용보의 비리를 적발하면서 두 사람의 악연이 시작되었다. 이후 서용보는 정승 반열에 올라 정약용의 유배와 해배 과정에 불리하게 영향력을 행사하더니 마지막 임용 기회까지 집요하게 방해했다. 정약용은 고향 마재로 내려가《흠흠신서》등을 저술하고, 미완의 글들을 다듬으면서 지냈다. 1836년 2월 고향 마재에서 죽었다. 마재는 지금의 남양주인데 그곳에는 정약용 생가가 보존돼 있고, 실학박물관이 들어서 있다.

김정희의 편지

1 이우선에게 [5]

지난해에는 '만학(晩學)'과 '대운(大雲)'을 보내더니, 올해에는 우경(藕耕)의 '문편(文編)'을 보내주었다. 이 책은 모두 세상에서 흔히 구할 수 있는 것이 아니니, 천만리 먼 곳에 가서 사 온 것이고, 그것도 여러 해가 걸려야 비로소 얻을 수 있는 것이다. 단번에 쉽게 손에 넣을 수 있는 책이 아니다.

그런데 바다 건너 힘없이 사는 나 같은 사람에게 주다니! 세상의 도도한 물결은 오로지 권세가와 재력가만 좇는데, 그대는 이토록 심력을 기울여 얻은 책들을 권세가나 재력가에게 주지 않고 나에게 준 것이다.

태사공은 '권세나 이익 때문에 사귄 사람들은 권세나 이익이 떨어지면 흩어지는 법'이라고 했다. 그대 역시 그런 세상에 사는 사람인데, 어찌 권세와 이익에 초연하여 나를 대한단 말인가. 태사공의 말이 틀린 것인가.

공자께서 말씀하시기를, '세한(歲寒, 겨울)이 되어 다른 나무가 시든 뒤에야 비로소 송백(松柏, 소나무와 잣나무)이 푸르다는 것을 알게 된다'고

했다. 송백은 사시(四時) 내내 잎이 지지 않는다. 세한이 되기 전에도 송백이고, 세한이 된 후에도 송백이다. 그런데 공자께서는 유독 세한이 된 후의 송백을 칭송하셨다.

지금 그대가 나를 대하는 것을 보면 이전이라고 더 잘 대해준 것도 아니요, 이후라고 더 소홀히 대해준 것도 아니었다. 그러나 이전의 그대는 칭찬할 만한 것이 없었는데, 이후의 그대는 성인의 칭찬을 받을 만하다. 성인은 단지 푸름을 지키는 송백의 정조와 절개만 보고 유독 칭송한 것이 아니다. 세한을 겪은 때와 같은 인간의 어떤 역경을 보고 느낀 바가 있었기 때문이다.

오호! 서한(西漢)의 순후한 시대에 급암(汲黯)이나 정당시(鄭當時) 같은 현자에게도 시절에 따라 빈객이 찾아오기도 하고 돌아서기도 했다. 그러고 보면 하규(下邽)의 적공(翟公)이 붙인 방문(榜文)은 박절한 염량세태(炎凉世態) 인심에 대한 풍자의 극치라 할 것이다. 슬프도다!

與李藕船〔五〕

去年以大雲晩學二書寄來 今年又以藕耕文編寄來 此皆非世之常有 購之千萬里之遠 積有年而得之 非一時之事也 且世之滔滔 惟權利之是趍 爲之費心費力如此 而不以歸之權利 乃歸之海外蕉萃枯槁之人 如世之趨權利者 太史公云以權利合者 權利盡而交疏 君亦世之滔滔中一人 其有超然自拔於滔滔權利之外 不以權利視我耶 太史公之言非耶 孔子曰 歲寒然後 知松栢之後凋 松栢是貫四時而不凋者 歲寒以前 一松栢也 歲寒以後 一松栢也 聖人特稱之於歲寒之後 今君之於我 由前而無加焉 由後而無損焉 然由前之君無可稱 由後之君 亦可見稱於聖人也耶 聖人之特稱 非徒爲後凋之貞操勁節而已 亦有所感發於歲寒之時者也 於乎西京淳厚之世 以汲鄭之賢 賓客與之盛衰 如下邳榜門 迫切之極矣 悲夫

2 우선에게 추신

동기성(董基誠, 1787~1847) 즉 자선(子詵)은 지금 연경에서 무슨 관직을 맡고 있는지? 근래의 위봉서린(威鳳瑞麟, 위엄 있는 봉황과 상서로운 기린이란 뜻으로 불세출의 현자를 비유하는 말)으로서 보천욕일(補天浴日, 하늘을 깁고 태양을 씻긴다는 뜻으로 큰 공적을 비유하는 말)의 재능과 경대제세(驚代濟世, 시대를 놀라게 하고 세상을 구제함)의 학문을 가진 분이다. 문장마저 심박절려(沈博絶麗, 깊고 넓고 절묘하고 아름다움)하지만 그것은 다음이다. 그간에 저서가 키만큼이나 쌓였을 것이니 여러 공들이 모두 알고 있을 것이다. 그의 글을 찾아봐주기 바란다.

이조락(李兆洛, 1769~1841) 즉 신기(申耆)의 글도 세상에 알려졌을 것이니 그것도 함께 알아봐주기 바란다. 이들은 모두 위묵심(魏默深) 등을 배출하게 한 이들이니 쉽게 보아 넘겨서는 안 된다.

풍안해(馮晏海)의 〈금석색(金石索)〉이 추각(追刻)되어 해동에 이미 전래되었으니 이것도 함께 찾아봐주기 바란다.

藕船追申

董基誠子詵現在京現任何官 卽近世之威鳳瑞麟 有補天浴日之才 驚代濟世之學 至於沈博絶麗之文章 尙屬第二 想於其間 著作等身 諸公似皆知之 試覓其文字 李兆洛申耆文字 似行於世 竝叩之 是皆魏默深輩 發源而胎息者 毋歇后看 馮晏海金石索 有追刻 而已有東來 亦圖之

3 석파에게 [2]

흥선대원군에게 쓰다

세후 서신에 대해서는 마치 해가 새로워짐을 본 듯, 꽃이 활짝 핀 때를 만난 듯 기쁨을 느낄 수 있었습니다. 다만 퇴락하고 방만하고 초췌한 이 사람은 융숭한 보살핌을 감당할 수 없을 뿐입니다. 산사(山寺)에 가자는 약속 또한 덧없는 세상의 맑은 인연일 뿐 어찌 이루기가 쉽겠습니까. 그래도 우선 좋은 방편을 기다려야겠지요. 굳이 스스로 번뇌하고 수고롭게 할 필요는 없을 것 같습니다.

《난화(蘭畫)》 한 권에 대해서는 망령되게 써놓은 것이 있어 부쳐드리니 거두어주시겠습니까. 대체로 이 일은 바로 하나의 하찮은 기예(技藝)이지만, 마음을 다하여 공부해야 하는 바는 성문(聖門)의 격물치지의 학문과 다를 것이 없습니다. 군자에게는 일거수일투족 그 어느 것도 도(道) 아닌 것이 없습니다. 도를 따르기만 한다면 굳이 완물상지(玩物喪志)에 대한 경계(警戒)를 논할 것이 있겠습니까. 그러나 그리하지 않는다면 곧 속사(俗師)의 마계(魔界)에 불과할 것입니다. 심지어 '가슴속에 서책 5천 권을 담는 일이나 팔목 아래 금강저(金剛杵)를 휘두르는 일'은 모두 그 길로 입문하는 것입니다. 아울러 큰 복이 있기를 바라면서 이만 줄입니다.

與石坡〔二〕

年後一椷 如瞻歲新 如逢花開 喜可知耳 但此頹放憔悴 不足以當崇注 山寺一約 亦浮世淸緣 何以易就 且須隨喜方便 不必自惱自勞也 蘭話一卷 妄有題

記 順此寄呈 可蒙領存 大抵此事直一小技曲藝 其專心下工 無異聖門格致之學 所以君子一擧手一擧足 無往非道 若如是 又何論於玩物之戒 不如是 卽不過俗師魔界 至如胷中伍千卷腕下金剛 皆從此入耳 並候崇祉 不備

❖

김정희(金正喜, 1786~1856)의 일생은 유배를 배경으로 설명하지 않을 수 없다. 그는 중년과 말년에 각각 남쪽 끝자락의 제주도와 북쪽 변방의 북청에서 유배생활을 했다. 많은 문장과 서화가 그런 유배와 관련이 있다. 첫 번째 편지가 바로 그런 것으로 제주도 유배 시절을 배경으로 한다. 제자 이상적(李尙迪, 1804~1865)이 청나라에서 구해 보내준 귀중한 책을 받고 가슴에서 우러나오는 감사의 뜻을 표한 편지이다. 두 번째 편지는 북청 유배에서 풀려난 뒤의 것인 듯한데, 노령이라는 나이가 무색하게 왕성한 학구열을 보이고 있다. 마지막 세 번째 편지는 흥선대원군 이하응에게 보낸 것인데 작성 연대는 미상이다. 고종이 즉위하여 이하응이 대원군에 오른 때는 1863년 말로 그의 나이 44세가 되던 해였다. 편지는 그 이전에 쓴 것이다. 김정희는 1856년, 이하응이 37세 때에 죽는다. 김정희가 30년 이상 연상이었기 때문에 편지는 김정희의 노년, 대원군의 청장년 시기의 것이라고 추정된다. 난을 매개로 예술론을 피력하고 있다.

첫 번째 편지는 '세한도(歲寒圖)'의 서문 또는 발문이라고 보는 것이 정확할 것이다. 김정희의 문집인 《완당전집》에서는 서독 즉 편지로 분류되어 있지만, 그 뒤에 편집된 문집인 《담연재(覃揅齋)유고》에서는 '세한도서(序)' 또는 '자제(自題)세한도'라는 제목으로 실려 있다.

제주도에 유배 중이던 김정희에게 유배 4년째인 1843년에 역관 이상적이 계복(桂馥, 1736~1805)의 《만학집(晩學集)》과 운경(惲敬, 1757~1817)의 《대운산방문고(大雲山房文藁)》를 북경에서 구해 보내왔다. 계복은 소학(小學), 시학(詩學) 및 금석(金石), 전각(篆刻)에 조예가 깊었다. 운경은 고문에 밝았는데 특히 한비자와 이사 등 법가의 문헌에 정통했다. 이상적은 이듬해(1844)에 또 하장령(賀長齡, 1785~1848)이 위원(魏源, 1794~1857)과 같이 편찬한 《황조경세문편(皇朝經世文編)》을 보내주었다.

우경과 묵심은 각각 하장령과 위원의 호이다. 하장령과 위원은 유교의 본령인 경세치용을 중시한 사람들이었다. 《황조경세문편》은 학문 일반에서 군사 문제까지 광범위한 주제를 다룬 책이다. 당시 청나라에서 유행하던 고증학적 접근은 주자학에 대해 비판적이었다. 아직 주자학의 기세가 완강했던 조선의 학계와 마찰을 일으켰다. 《황조경세문편》에는 반주자학적 글이 거의 배제되어 있어서 조선 지식인들이 쉽게 받아들였다. 그것은 문학과 시무를 총망라하는 책으로서, 1827년에 간행되어 1840년 연암 박지원의 처조카 이정리(李正履)에 의해 조선에 처음 전래된 이래, 식자들 사이에서 애독되었다. 제주도에 유배되어 있던 김정희로서는 접하기 어려운 책이었다. 더구나 총 120권 79책의 방대한 양이었다. 그런데 이상적이 김정희에게 그 책을 구해 보내주었던 것이다. 감사의 마음을 이루 다 말로 표현할 수 없었을 것이다.

김정희는 세한도를 그리고 편지글을 붙여 이상적에게 답례했다. 1844년 김정희의 나이 59세 때의 일이다. 김정희의 답례 역시 예사로운 일이 아니었다. 비록 유배 중이라 하지만 엄연한 사대부이자 왕실의 인척이기도 했던 김정희와 어디까지나 중인 역관이었던 이상적의 신분을 생각하면 특히 그러했다.

김정희는 1786년(정조 10) 충청남도 예산에서 경주 김씨 김노경(金魯敬, 1766~1837)과 기계 유씨 사이에서 장남으로 태어났다. 고조부가 영의정 등을 역임했고, 영조의 딸 화순옹주가 증조모였다. 증조부 집에 자식이 없어 조부가 양자로 들어갔고, 다시 백부 김노영 집에 자식이 없어 김정희가 양자로 들어갔다. 아무튼 김정희는 화순옹주의 후손으로 왕실의 인척이었다. 김정희의 이력을 더 살피기 전에 세한도 편지의 수신자 이상적에 대해서 알아보자.

이상적은 우봉(牛峰) 이씨로 호는 우선(藕船)이다. 그의 가문은 대대로 역관을 배출했는데, 증조부 이희인과 조부 이방화가 역관의 교육 기관인 교회청(教誨廳) 훈상(訓上, 정3품)을 지냈으며, 생부 이정직과 양부 이명유는 사역원 첨정(僉正, 종4품)을 지냈다. 형제와 사촌, 조카, 손자도 모두 연행 때 수역관과 교회청 훈상을 지내거나 역관을 맡아 청나라를 드나들었다. 외가도 역관 집안이었는데, 장인 김상순과 처남 김경수가 모두 여러 차례 청나라에 다녀왔다.

이상적은 23세 때 역과에 합격한 뒤 청나라를 열두 차례나 드나들었다. 역관은 한 차례 북경을 다녀오면 수완이 뛰어나야 그 뒤에 거듭 선발될 수 있었는데, 열두 차례나 드나들었다는 것은 그만큼 그가 역관으로서 출중했다는 것을 의미했다. 그는 단순히 통역에만 능했던 것이 아니라 시문에도 탁월하여 헌종이 그의 시를 즐겨 읊었을 정도였고, 청나라 문인들과도 폭넓고 두터운 인맥을 형성했을 정도였다. 양자강 이남에서 발생했던 태평천국의 난을 보고할 수 있었을 정도로 외교관으로서도 역량을 발휘했는데, 그것은 바로 그런 인맥이 있었기에 가능했을 것이다. 그런 공로로 그는 온양군수를 거쳐 지중추부사가 되었다.

이상적은 김정희와 대등한 관계일 수 없었으나 그에게는 신분의 차이를 뛰어넘을 만한 인품과 역량이 있었다. 그는 김정희와 더불어 조선은 물론 청나라의 시문에 대해서도 평론을 주고받았다. 또한 금석학에도 조예가 깊었다. 김정희가 북한산 진흥왕 순수비를 발견하고 그 건립 연대를 추정할 때 고증이 잘못되었음을 지적할 정도였다.

이상적은 김정희의 세한도 편지에 감동하여 다음과 같은 답장을 보냈다고 한다. 원문을 찾지 못해 여기에서는 그동안 많이 소개된 번역문을 인용하기로 한다.

> 세한도 한 폭을 엎드려 보매 눈물이 흘러내리는 것을 깨닫지 못했습니다. 어찌 이다지도 제 분수에 넘치는 칭찬을 하셨으며, 그 감개 또한 그토록 진실하고 간절하신지요. 아! 제가 어떤 사람이기에 권세와 이익을 따르지 않고 도도한 세파에서 초연히 빠져나올 수 있겠습니까. 다만 구구한 작은 마음에 그렇게 하지 않을 수 없었을 따름입니다. 하물며 이러한 서책은 변덕이 죽 끓듯 하는 정치판에 있는 사람에게는 적합하지 않습니다. 비유컨대 마치 문신을 새긴 야만인이 선비의 장보관(章甫冠)을 쓴 것과 같다고 하겠습니다. 그래서 저절로 청량(淸凉)한 세계에 있는 사람에게 돌아간 것일 뿐입니다. 어찌 다른 이유가 있겠습니까.
>
> 이번 사행에 이 그림을 가지고 연경에 들어가 표구를 한 다음 옛 지인들에게 두루 보이고 시문을 청하고자 합니다. 다만 두려운 것은 이 그림을 보는 사람들이 제가 참으로 속세를 벗어나고 세상의 권세와 이익을 초월한 것처럼 여기지나 않을까 하는 것입니다. 어찌 부끄럽지 않겠습니까. 참으로 과당하신 말씀입니다.

김정희의 나이 마흔이 갓 넘은 1827년, 효명세자가 대리청정하기 전에 그의 가문은 순탄했다. 김정희의 당색은 노론 벽파였으나 순조 초기 벽파의 세상에서는 물론 순조의 친정 이후 시파의 세상에서도 순탄했다. 김정희가 부친 김노경을 수행하여 청나라에 다녀온 것도 그사이의 일이었다. 순조의 처가인 안동 김씨가 시파로서 세도를 부렸지만, 순조의 외가인 반남 박씨가 균형을 이루었던바, 그 완충지대에 김정희의 가문이 있었다고 볼 수 있다.

효명세자가 대리청정을 하면서 이윽고 김노경 · 정희 부자에게 폭풍이 몰아친다. 안동 김씨 세도를 척결하려는 김로(金鏴, 1783~?) 등 효명세자의 측근들이 김노경 · 정희 부자를 권력의 핵심으로 끌어들였다. 1830년 대리청정 3년 만에 효명세자가 급서하여 정세가 급변했다. 안동 김씨 측의 반격을 받아 김노경은 유배를 면치 못하게 되었다. 1833년 그는 유배에서 풀려나 복직되었다. 영조의 탄신을 맞아 그 부마의 후예를 챙긴다는 명분이었다. 순조는 김노경에 대해 적대적이지 않았던 것이다.

1834년 순조가 죽고 어린 헌종이 즉위하여 순원왕후의 수렴청정이 시작됨에 따라 그 친정인 안동 김씨의 독주가 이어졌다. 1840년 김노경의 죄가 다시 거론되었다. 김노경은 1837년에 이미 죽고 없었다. 대신 김정희가 연루되었다. 김노경 · 정희 부자의 죄목은 윤상도의 배후라는 것이었다. 윤상도는 순조 말년에 외척 반남 박씨의 대표 격이었던 박종훈 등을 고발하다가 축출된 인물이다. 사실 윤상도의 배후는 순조의 인척 안동 김씨 측이었다. 그것이 드러나기 시작하자 안동 김씨 측은 이미 죽은 김노경과 그의 아들 김정희에게 그 혐의를 씌워 자신들은 빠져나가고자 했다. 다행히 우의정이던 절친 조인영의 구호를 받아 김정희는 극형을 면했다. 조인영은 헌종의 인척으로 안동 김씨를 견제하던 풍양 조씨의 대표 격 되는 인물이었다. 김정희는 제주도 대정으로 유배되기에 이르렀다. 세한도는 그 시절의 작품이다.

편지 내용 중 태사공의 말은《사기》의 정나라 세가에 나온다. 정나라 여공이 자신의 즉위를 위해 위험을 무릅썼던 보하(甫瑕)를 죽였다. 그에 대해《사기》의 저자 사마천이 권세나 이익 때문에 모이는 사람들은 권세나 이익이 떨어지면 흩어지기 마련이라고 논평했다. 공자의 말은《논어》'자한(子罕)' 28장에 나온다. 급암과 정당시 이야기는《사기》'열전'에 나온다. 급암은 직언으로 유명하고, 정당시는 겸손으로 유명하다. 급암과 정당시 열전은 하규(下邽) 사람 적공(翟公)의 이야기로 마무리된다. 그가 정위 벼슬에 있었을 때 빈객이 문 앞을 늘 가득 메웠다. 자리에서 밀려나자, 문 앞에 참새 그물을 칠 정도로 빈객의 발길이 뚝 끊겼다. 얼마 후 그가 원직에 복귀했을 때 다시 빈객이 줄을 이었다. 적공은 말없이 문 앞에 다음과 같은 방문을 써서 붙였다.

> 한 번 죽을 뻔하다가 한 번 삶에 사귐의 진정을 알겠고, 한 번 가난하다가 한 번 부함에 사귐의 태도를 알겠고, 한 번 귀해지고 한 번 천해짐에 사귐의 정을 알겠다[一死一生 乃知交情 一貧一富 乃知交態 一貴一賤 交情乃見].

두 번째 편지는 겉봉에 추신이라 적혀 있다. 안부와 소식을 전하는 편지 뒤에 사무적인 항목을 따로 붙인 별지인 듯하다. 앞의 편지에 거론된 사람과 책 말고도 그가 더 읽고 싶다는 책명과 저자명이 씌어 있어 김정희의 학문적 관심을 구체적으로 살피는 데 유용한 내용이다.

김정희의 제주도 유배 기간은 무려 8년이었다. 그러나 그것으로 김정희의 유배 인생이 끝난 것은 아니었다. 1851년 제주도 유배에서 풀려난 지 3년 만에 다시 정쟁에 휘말려 2년간 북청으로 유배를 떠나게 된다. 순원왕후의 수렴청정이 끝났을 때에는 헌종의 외가인 신정왕후 측 풍양 조씨가 세도를 잡았다. 김정희가 유배에서 풀려났을 때에는 그에게 우호적인 조인영이 우의정 자리에, 권돈인이 이조판서 자리에 있었다. 김정희는 형조참판으로 복귀했다. 그러나 곧바로 헌종이 요절하고 안동 김씨가 철종을 옹립하면서 판세는 다시 안동 김씨 쪽으로 기울었고, 김정희의 정치적 앞날에 암운이 드리우기 시작했다. 급기야 그는 다시 유배된다.

헌종의 삼년상이 끝나고 그 신주를 종묘에 들이는 과정에서 예송논쟁이 불붙었다. 진종(眞宗)의 신주를 종묘에서 영녕전으로 옮기는 조천(祧遷)을 둘러싼 논쟁이었다. 진종은 영조의 장자인 효장세자의 추존인데, 영조는 정조의 왕통을 생부 사도세자가 아니라 진종에 붙였다. 진종은 왕통의 대수로 보면 천묘를 해야만 했는데, 거기에는 문제가 있었다. 철종은 정조의 아우 은언군 인(裀)의 손자로 선왕 헌종과 항렬이 같았던 것이다. 항렬로 보면 진종은 철종의 증조부가 되니 천묘(遷廟)가 불가하다는 주장이 대두된 것이다. 천묘론과 불천(不遷)론이 대립했는데, 그 이면에는 세도정치의 갈등이 있었다. 천묘론은 안동 김씨의 중심인물인 김흥근이, 불천론은 풍양 조씨의 측근인 권돈인이 각각 그 선두에 서 있었다. 양측의 이론가로는 홍직필과 김정희가 활약했다. 불천론은 익종의 처가이자 헌종의 외가인 풍양 조씨의 입장이었던 것이다. 또한 그것은 익종과 헌종의 정통성을 강조하면서 안동 김씨가 주도한 철종의 즉위에 심각한 항렬상 문제가 있음을 암시했다.

논리의 우열보다 이미 안동 김씨로 기울었던 정치 지형에 따라 승부는 결정이 났다. 1851년 권돈인과 김정희가 유배 길에 올랐다. 1852년 유배에서 풀려난 김정희는 1856년 죽을 때까지 과천에서 여생을 보낸다. 두 번째 편지가 그 시기에 쓰인 것이다.

위원은 장존여(莊存與, 1719~1788)와 유봉록(劉逢祿, 1776~1829)을 이어 공자진(龔自珍, 1792~1841) 등과 함께 금문 공양학파를 이끈 사람이다. 아편전쟁을 통해 등장한 임칙서(林則徐, 1785~1850)도 그 일원이었던바, 그들은 서세동점에 대한 위기의식에서 자강운동을 지향했다. 첫 번째 편지에 나온《황조경세문편》도 그런 맥락에서 나왔고, 20년 뒤인 1847년에는 지향점이 훨씬 더 뚜렷하고 내용이 더 보강된《해국도지(海國圖志)》가 나왔다.《해국도지》는 처음에 60권으로 나왔는데, 1852년에 증보하여 100권이 되었다. 취지는 이이제이(以夷制夷)의 논리에 입각하여 서양을 이해하고 그 장점을 취해야 한다는 것이었다.《해국도지》는 조선과 일본의 개항에도 결정적인 영향을 미쳤는데, 김정희도 읽었다는 사실이 이상적에게 보낸 다른 편지에 나타나 있고, 개화파의 선구자 박규수가 일찍부터 그 책을 탐독한 것으로 유명하다. 김정희는 편지에서 동기성과 이조락의 근황 및 저술을 물으면서 그들이 위원과 관련 있는 인물이라고 언급한다. 그가 위원을 얼마나 높이 평가하고 있는지를 확인할 수 있는 대목이다.

특기할 것은 고증학과 공양학은 당시 청나라에서 상충되는 학문이었다는 점이다. 언급한 바와 같이 위원은 공양학파였다. 그런데 김정희는 위원 이상으로 옹방강(翁方綱, 1733~1818)과 완원(阮元, 1764~1849) 등 고증학파를 존중했다. 김정희에게서는 고증학과 공양학이 무리 없이 절충 내지 조화되고 있었던 것이다. 그것은 청나라 문물의 주체적 수용이라는 의미로 정리될 수 있다. 북학파의 사상이 김정희를 통해 개화사상으로 이어지는 흐름을 읽을 수 있다.

세 번째 편지는 김정희가 흥선군 이하응에게 보낸 것이다. 학예일치(學藝一致)의 학문론과 예술론을 주장하고 있다. '가슴속에 서책 5천 권을 담는 일이나 팔목 아래 금강저를 휘두르는 일'은 이른바 내면의 '문자향(文字香) 서권기(書卷氣)'와 금강저를 휘두르는 듯 힘찬 필치를 비유한 말이다. 이하응의 난 그림은 '석파란'이라고 불린다. 이하응은 글과 그림을 김정희에게 배웠다고 한다.

흥선군 이하응은 고종의 생부로서 훗날 일반적으로 '대원군'으로 불리는데, 석파는 그의 호이다. 남연군(南延君) 이구(李球, 1788~1836)의 아들이다. 남연군은 인조의 3남 인평대군의 후손이지만, 사도세자의 4남 은신군 앞으로 입후되었다. 영조의 증손자이자 정조의 조카가 된 것이다. 김정희의 증조부 김한신은 영조의 서녀 화순옹주의 부마, 월성위였다. 족보상 촌수로 따지면 김정희는 이하응의 5촌 아저씨가 된다.

이하응의 양할아버지 은신군의 부인은 남양 홍씨로 홍담용의 딸이다. 참고로 홍담용은 홍대용의 사촌. 그녀 여동생의 남편은 김노경으로, 그의 동생 김노영의 아들 김정희를 양자로 삼은 관계로 김정희는 이하응의 아버지 남연군과 사촌 사이가 된 것이다.

이하응은 김정희와 인척간이라는 정서와 인맥을 공유했다. 안동 김씨의 세도하에서 이하응과 김정희는 정치적으로 동병상련의 관계였다. 흥선군 시절 이하응이 아들을 고종으로 세우기 위해 안동 김씨의 숙적 풍양 조씨 쪽 신정왕후에게 접근했음은 주지의 사실이다. 김정희는 풍양 조씨의 중심인물인 조인영의 비호를 받은 바 있었다.

김정희는 세도정치 시대를 살았다. 그가 정치적으로 권력의 중심에 있었던 시기는 그의 나이 30대 후반, 즉 순조 후기 효명세자의 대리청정기 3년간이었다. 그가 40대로 접어든 헌종 즉위 이후로는, 헌종 말기 제주도 유배에서 벗어나 잠시 관직에 복귀했던 때를 제외하면, 권력과 무관하게 칩거하는 학예인이었다. 그러나 김정희는 참으로 그 시대를 대표하는 인물이었다. 오늘날 우리가 그 시대의 인물 가운데 어느 누구 못지않게 김정희를 기억하고 있다는 사실이 그 방증이다.

김정희 본인은 대체로 권력의 핵심에서 비켜나 있었지만, 그의 주변에는 당대나 후대나 권력의 핵심에 있었던 인물이 많았다. 안동 김씨의 중심인물 김유근, 풍양 조씨의 중심인물 조인영, 그리고 재상이었던 권돈인과 막역한 사이였다. 당대의 그는 세도정치의 그늘에 있었지만 후대에 권력의 중심에 서게 되는 이하응, 민규호 등은 김정희의 문하를 드나들었다. 언급했듯이 이하응은 훗날의 흥선대원군, 민규호는 명성황후의 친정을 대표하는 민씨 세도의 중심인물이 된다.

김정희의 인맥은 신분과 분야를 초월했다. 김정희의 문하에는 수천 명이 있었다는 말이 전한다. 강위(姜瑋, 1820~1884)와 같은 개화기 선각자도 있었고, 차(茶)로 유명한 초의선사(草衣禪師) 의순(意恂, 1786~1866) 같은 승려도 있었으며, 허련(許鍊, 1809~1892) 같은 화가도 있었다. 특히 국제적인 감각에 걸맞게 역관들과도 인맥을 맺었다. 세한도의 주인공인 이상적, 그리고 그의 제자로서 뒷날 개화파 원로 역할을 하는 오경석 등도 김정희의 인맥이었다.

나아가 김정희는 국경을 초월하는 거대한 흐름의 중심에 있었다. 청나라의 석학 옹방강과 완원 등 지식인과 직접 또는 간접적으로 교류했다. 북학파의 거두 박제가를 사사했으며, 박지원의 손자로서 북학파와 개화파를 매개하는 박규수가 김정희의 문하에 있었다.

국경을 초월하는 김정희의 감각과 지성은 일찍이 북학파의 거두 박제가에게 수학한 무렵으로 거슬러 올라간다. 박제가는 네 차례에 걸친 청나라 사행을 통해 100명이 넘는 중국 지식인과 교유하면서 국제적 안목을 높인 지식인이었다. 아쉽게도 김정희가 20세 되던 해에 박제가가 죽었지만, 김정희는 그에게 청나라에 대한 열린 마음과 정보를 물려받았다. 김정희가 연경에 도착한 후 가장 먼저 만났던 사람은 박제가가 세 번째 연행 때 사귄 조강(曹江)이라는 상해 출신의 지식인이었다. 그리고 이 조강을 통해 서송(徐松)이라는 학자를 소개받았고, 다시 서송을 통해 당대 최고의 대학자 옹방강과 완원을 만나게 된다.

김정희에게 가장 크게 영향을 미친 사람으로 말하자면 박제가, 옹방강, 완원 중 단연 완원이었다. 완원의 이름에서 '완(阮)' 자를 따다 완당이라고 호를 지었을 만큼 김정희의 삶과 철학, 학문과 예술 세계에서 완원이 차지하는 비중은 컸다. 첫 번째 스승 박제가와 교류한 시기는 15세 무렵부터 20세까지 불과 5년 정도밖에 되지 않았던 데 반해 완원과 교류한 시기는 처음 만난 1809년부터 완원이 사망한 1849년까지 무려 40여 년 가까이 이어졌다.

추사나 완당만큼 일반적으로 불리지는 않지만 보담재(寶覃齋)라는 또 하나의 유명한 호는 옹방강과 관계가 있다. 옹방강은 송나라 소동파를 존숭하여 보소재(寶蘇齋)라는 당호를 걸었다. 그의 호는 담계(覃溪)였다. 김정희는 담계 옹방강을 존숭한다는 뜻으로 당호를 보담재(寶覃齋)로 정했다. 옹방강과 완원은 고증학적 방법론으로 경학을 비롯하여 금석, 서화 등 다방면에 걸쳐 당대의 학계를 이끈 대학자였다. 그들을 사사하면서 김정희는 실사구시(實事求是)의 조선 실학을 열게 되었다.

김정희는 호가 많기로 유명하다. 애매한 것까지 합치면 무려 343개, 확인된 것만 해도 70여 개라고 한다. 그중 가장 유명한 것이 추사와 완당이다. 추사는 가장 일찍이 사용했던 호라고 할 수 있는데, 그에 대해 명기된 해설은 없다. 그래서 추사에 '추상같이 엄정한 금석서화가' 정도의 의미를 부여하는 사람도 있고, 술이부작(述而不作)과 실사구시의 춘추 즉 역사 정신을 부여하는 사람도 있다.